プリント形式のリアル過去問で本番の臨場感！

愛媛県

愛光高等学校

2025年春受験用

解答集

本書は，実物をなるべくそのままに，プリント形式で年度ごとに収録しています。
問題用紙を教科別に分けて使うことができるので，本番さながらの演習ができます。

■ 収録内容

・解答集(この冊子です)

書籍ＩＤ番号，この問題集の使い方，最新年度実物データ，リアル過去問の活用，
解答例と解説，ご使用にあたってのお願い・ご注意，お問い合わせ

・2024(令和６)年度 ～ 2020(令和２)年度　学力検査問題

JN132556

○は収録あり	年度	'24	'23	'22	'21	'20	
■ 問題収録		○	○	○	○	○	
■ 解答用紙(数学は書き込み式)		○	○	○	○	○	
■ 配点							
■ 英語リスニング音声・原稿							

全教科に解説
があります

☆問題文等の非掲載はありません

教英出版

■ 書籍ＩＤ番号

入試に役立つダウンロード付録や学校情報などを随時更新して掲載しています。
教英出版ウェブサイトの「ご購入者様のページ」画面で，書籍ＩＤ番号を入力してご利用ください。

書籍ＩＤ番号　101338

（有効期限：2025年9月30日まで）

【入試に役立つダウンロード付録】
「ラストチェックテスト(標準／ハイレベル)」
「高校合格への道」

■ この問題集の使い方

年度ごとにプリント形式で収録しています。針を外して教科ごとに分けて使用します。①片側，②中央のどちらかでとじてありますので，下図を参考に，問題用紙と解答用紙に分けて準備をしましょう（解答用紙がない場合もあります)。

針を外すときは，けがをしないように十分注意してください。また，針を外すと紛失しやすくなりますので気をつけましょう。

① 片側でとじてあるもの

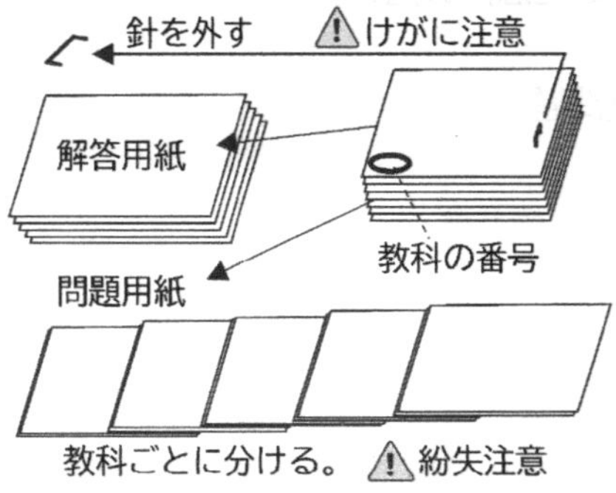

② 中央でとじてあるもの

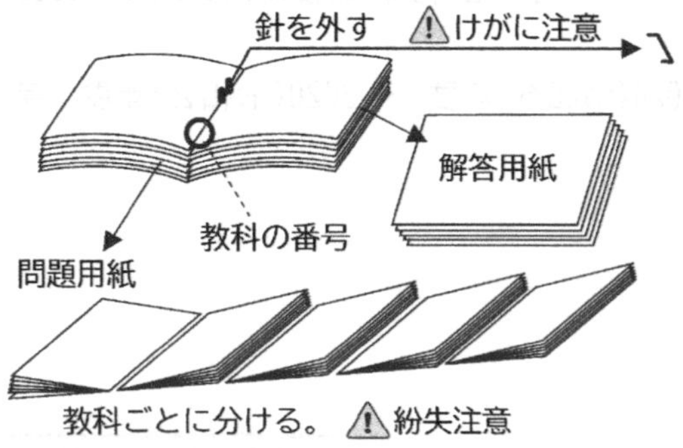

※教科数が上図と異なる場合があります。
解答用紙がない場合や，問題と一体になっている場合があります。
教科の番号は，教科ごとに分けるときの参考にしてください。

■ 最新年度 実物データ

実物をなるべくそのままに編集していますが，収録の都合上，実際の試験問題とは異なる場合があります。実物のサイズ，様式は右表で確認してください。

問題用紙	Ｂ４片面プリント(数は書込み式) 社：Ａ４冊子(二つ折り)
解答用紙	Ｂ４片面プリント

リアル過去問の活用

~リアル過去問なら入試本番で力を発揮することができる~

本番を体験しよう！

問題用紙の形式（縦向き／横向き），問題の配置や余白など，実物に近い紙面構成なので本番の臨場感が味わえます。まずはパラパラとめくって眺めてみてください。「これが志望校の入試問題なんだ！」と思えば入試に向けて気持ちが高まることでしょう。

入試を知ろう！

同じ教科の過去数年分の問題紙面を並べて，見比べてみましょう。

① 問題の量

毎年同じ大問数か，年によって違うのか，また全体の問題量はどのくらいか知っておきましょう。どのくらいのスピードで解けば時間内に終わるのか，大問ひとつにかけられる時間を計算してみましょう。

② 出題分野

よく出題されている分野とそうでない分野を見つけましょう。同じような問題が過去にも出題されていることに気がつくはずです。

③ 出題順序

得意な分野が毎年同じ大問番号で出題されていると分かれば，本番で取りこぼさないように先回りして解答することができるでしょう。

④ 解答方法

記述式か選択式か（マークシートか），見ておきましょう。記述式なら，単位まで書く必要があるかどうか，文字数はどのくらいかなど，細かいところまでチェックしておきましょう。計算過程を書く必要があるかどうかも重要です。

⑤ 問題の難易度

必ず正解したい基本問題，条件や指示の読み間違いといったケアレスミスに気をつけたい問題，後回しにしたほうがいい問題などをチェックしておきましょう。

問題を解こう！

志望校の入試傾向をつかんだら，問題を何度も解いていきましょう。ほかにも問題文の独特な言いまわしや，その学校独自の答え方を発見できることもあるでしょう。オリンピックや環境問題など，話題になった出来事を毎年出題する学校だと分かれば，日頃のニュースの見かたも変わってきます。

こうして志望校の入試傾向を知り対策を立てることこそが，過去問を解く最大の理由なのです。

実力を知ろう！

過去問を解くにあたって，得点はそれほど重要ではありません。大切なのは，志望校の過去問演習を通して，苦手な教科，苦手な分野を知ることです。苦手な教科，分野が分かったら，教科書や参考書に戻って重点的に学習する時間をつくりましょう。今の自分の実力を知れば，入試本番までの勉強の道すじが見えてきます。

試験に慣れよう！

入試では時間配分も重要です。本番で時間が足りなくなってあわてないように，リアル過去問で実戦演習をして，時間配分や出題パターンに慣れておきましょう。教科ごとに気持ちを切り替える練習もしておきましょう。

心を整えよう！

入試は誰でも緊張するものです。入試前日になったら，演習をやり尽くしたリアル過去問の表紙を眺めてみましょう。問題の内容を見る必要はもうありません。どんな形式だったかな？受験番号や氏名はどこに書くのかな？…ほんの少し見ておくだけでも，志望校の入試に向けて心の準備が整うことでしょう。

そして入試本番では，見慣れた問題紙面が緊張した心を落ち着かせてくれるはずです。

※まれに入試形式を変更する学校もありますが，条件はほかの受験生も同じです。心を整えてあせらずに問題に取りかかりましょう。

2024 解答例 令和6年度 愛光高等学校

《国　語》

一　問一．a．把握　b．斬新　c．臨む　d．温床　e．考慮　問二．エ　問三．イ　問四．ア

問五．ポスト・トゥルースの現代において、コンテクストを見抜き、真実を見極められるようになることや、自分と異なる立場の人の背景を理解して受け入れられやすい語りができるようになること。　問六．様々な解釈が可能だが長い歴史を持つため恣意的な解釈のできない古典作品に、多様な読みの技法で立ち向かっていくという行為。

問七．ウ

二　問一．a．ウ　b．ア　問二．ウ　問三．オ　問四．イ　問五．エ　問六．脇田の不誠実な振る舞いがあったおかげで、かえって自分とさえが結ばれるということ。　問七．真面目すぎて恋心に鈍感な自分の気性を見抜いた脇田がさえに結婚を申し込みながらあえて不誠実に振る舞うことで、自分とさえとが結ばれるように仕向けたということ。　問八．エ，オ

三　問一．a．ウ　b．イ　c．オ　問二．X．オ　Y．イ　問三．ア　問四．娘の変わり果てた姿をいたましく思うとともに、そうまでして自分の元に来てくれたことに、感動する気持ち。　問五．流された父を追ってはるばるやってきて、重い病を患った父のために、我が身も顧みずに一心に仏に祈る娘の姿を、ありがたく思ったから。　問六．エ

《数　学》

1　① $-2x^8y^6$　② $-\frac{1}{18}$　③ $-\sqrt{3}$　④ $2(x-2)(x-3)(x-6)(x+1)$　⑤4　⑥83　⑦50　⑧20

※2　a＝3　b＝2

3　(1) $(\frac{35}{2}-\frac{1}{8}x)$ g　※(2)15

4　(1)A(－2，4)　B(3，9)　※(2)a＝3　D(－3，9)　※(3) $y=-\frac{5}{6}x+\frac{13}{2}$

※5　(1) $\frac{5}{6}$　(2) $\frac{13}{30}$　(3) $\frac{1}{5}$

6　(1)1

(2)△ABCはAB＝BCの二等辺三角形であるから，BM⊥AC

△BDMはBM＝MD＝1，BD＝$\sqrt{2}$の直角三角形であるから，BM⊥MD

直線AC，MDは平面ACD上の平行でない2つの直線より，直線BMと平面ACDは垂直である。

※(3) $\frac{\sqrt{3}}{6}$

※の式と計算は解説を参照してください。

《英　語》

I　放送原稿非公表のため，解答例は掲載しておりません。

II　1．2つ目のマシュマロをもらえないということ。　2．ア．II　イ．IV　3．1．ア　2．オ　3．キ　4．イ　5．ウ　4．ウ，カ，エ　5．あ．handled　い．asked　う．considered　え．affect

6．C．私たちは，喫煙が健康に悪く，禁煙が長期的な健康につながることを知っている。　D．これらはミッシェルのような心理学者がまだ解こうとしている疑問である。

Ⅲ　1．A．on　B．and　　2．①faces south and has a big window to get a lot of sunlight　②unusual to find one that has everything you want　　3．(a)　　4．a，d，e

Ⅳ　way／safe／information

Ⅴ　1．umbrella　　2．prepare　　3．nurse　　4．media　　5．supermarket

Ⅵ　1．○　　2．anything wrong　　3．of the night view　　4．○　　5．time to relax

Ⅶ　①The value of health becomes clear when we lose it.　　②When you are healthy, you don't think it's special.

③it makes you realize how weak you are　　④nothing is more important than being healthy for

《理　科》

【1】　(1)ウ　　(2)ア．$2H^+$　イ．$4e^-$　ウ．$2H_2O$　　(3)0.18　　(4)$CH_4+2H_2O \rightarrow CO_2+4H_2$

(5)熱量…16800　メタン…640

【2】　(1)電離　　(2)$HCl \rightarrow H^+ + Cl^-$　　(3)78　　(4)66.7　　(5)イオンの濃度が大きい　　(6)2.8

【3】　(1)9　　(2)24　　(3)36　　(4)6　　(5)9　　(6)ウ

【4】　(1)イ，ウ，ク　　(2)352　　(3)ウ

【5】　(1)右図　　(2)ウ　　(3)水蒸気量…10.3　雲底高度…750　　(4)A．ア　B．ウ

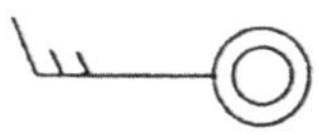

(5)寒冷前線　　(6)気温…イ　気圧…ア

【6】　(1)肺胞　　(2)エ　　(3)864　　(4)ⅰ．イ　ⅱ．○　ⅲ．×

【7】　(1)X．化石燃料　Y．ニュートラル　Z．バイオマス　　(2)イ，ウ，オ　　(3)a．変換前…カ　変換後…ウ

b．変換前…イ　変換後…エ　　(4)ア　　(5)無性生殖　　(6)突然変異　　(7)イ

《社　会》

1　問1．い　　問2．お　　問3．え　　問4．お　　問5．お　　問6．イギリスが，アラブ人とユダヤ人に対し第一次世界大戦後に同じ場所での独立国家建設を認める発言をおこなったから。　　問7．え　　問8．え

問9．え　　問10．あ

2　問1．あ　　問2．あ　　問3．い　　問4．う　　問5．う　　問6．い　　問7．お　　問8．あ

問9．え　　問10．え

3　問1．え　　問2．い　　問3．か　　問4．あ　　問5．カーボンニュートラル　　問6．い　　問7．う

4　問1．え　　問2．い　　問3．穀物メジャー　　問4．え　　問5．シリコンバレー　　問6．か　　問7．い

問8．い

5　問1．え　　問2．(1)憲法改正の国民投票　(2)①50　②3　　問3．か　　問4．(1)え　(2)い　　問5．い

問6．く

6　問1．う　　問2．う　　問3．く　　問4．あ　　問5．い　　問6．う　　問7．い　　問8．う

2024解説 令和6年度 愛光高等学校

《2024　国語　解説》

一 問二　傍線部①の前に、「相手の話の内容、あるいは文章の意味を理解するには、そこで使われている語の意味を把握する以上に重要なことがあります。それは、その文章や会話を成立させている『コンテクスト＝文脈』を理解することです～コンテクストの共有が成り立っていないと、文章や会話の意味がまるでわからないということにもなってしまいます」と述べられている。つまり、三人の会話の内容を理解するためのコンテクストが明示されていないため、使われている語の意味はわかっていても、会話の意味をスムーズに理解できなかったのである。よって、エが適する。

問三　傍線部②の前に「文学について語る場合、人は、自分なりに作品の背景としてのコンテクストを設定し、それに作品を関連づけて語る」「その解釈が説得的なものと感じられるのは、作品とコンテクストがなめらかに結びついているから」と述べられている。また、後に「そのコンテクストの設定に関する多くの方法を知っていれば、作品についてさまざまな読み方が可能となり～斬新な視点で作品について語ることができるようになります」と述べられている。よって、イが適する。

問四　「たとえば、前回のアメリカの大統領選の勝者はトランプ前大統領ですが」からの３段落を参照。「総得票数ではヒラリー・クリントン候補が二〇〇万票以上彼（＝トランプ前大統領）を上回っていました」という事実がある。これは、「クリントン支持者や～われわれ日本人にとっては、トランプ候補の大統領選出の正当性への疑義につながる」。しかし、「この数値に対してトランプ前大統領は、三〇〇万～五〇〇万の未登録移民がクリントン候補に投票した結果だと指摘」した。この発言は、「移民排除を訴えたトランプ前大統領の支持者たちには」、「彼らの投票行動の正しさを支持する言葉として～心に響いたはず」である。これは、「一つの出来事も、異なるコンテクストの設定によって、一八〇度違う相貌を呈することが」ある例といえる。「同様のこと」として、次の選挙のイも挙げられているが、「一八〇度違う相貌を呈すること」の例としては、アが適する。

問五　続く４段落の内容、特に「むしろそうした相手（＝巧みな語りによって、人を説得できる人物）にまんまと騙《だま》されないようにし、どこに真実や事実があるのかを見極めるためにこそ、多様な語りの技法に習熟する必要がある」、「それと同時に、異なる立場にある人に何かを伝え、さらに相手から自身の主張への同意を得るには、相手に受け入れられやすい語り口で語る必要があります」などをまとめる。

問六　続く３段落に述べられている。「長い解釈の歴史を持つ古典というテクスト」に向かうことは、「自身のコンテクスト設定能力の試金石となる」。また、「コンテクストの設定方法」を学ぶためには、「われわれもさまざまな読みの技法に通暁《つうぎょう》する必要が」あり、そのために「種々の技法を駆使して古典作品の読解に立ち向か」っていくという行為が必要であると筆者は考えている。

問七　筆者は、「『空気を読めよ』といった表現」を、「明示されないコンテクストを理解すること」の必要性を示している例として引用している。「相手にコンテクストを読み取ることを強要するように感じて、良い表現だとは思わない」という意見は、引用された表現に対するＣさんの印象であり、本文の趣旨に合致していない。よって、ウが正解。

二 問二　樫村伊兵衛《かしむらいへえ》は、直前まで「脇田宗之助《わきたそうのすけ》」と「さえ」の縁談は順調に進んでいると思いこんでいたので、ア・イのように「さえ」の言動からその心情を推察したり、エのように脇田の行動の意味を推測したりする余裕はない。ただ、「仲介した身として」脇田の行動の真意を問いただし、大切な存在である「さえ」を守ろうとしている。よって、ウが適する。

問三　傍線部①と②の間の７行、特に３行目と７行目に着目する。「さえ」の自分に対する強い思いにはある程度気がついたが、自分が仲介した立場上、脇田の言動の真意を確かめるまでは、その気持ちに「正面から向き合うことができない」ということ。だからその後、「あとでゆく、そのときあとを聞こう、おれからも話すことがある、いいか」という含みのある言い方をしている。よって、オが適する。

問四　「伊兵衛はずばずばと云《い》った、『……その得た人望に依《よ》って、どんな政治を行なうか知らない、然しまず、人気を取るという遣《や》り方には嘘《うそ》がある。其許《そこもと》の政治が正しいものなら、敢《あえ》て事前に人気を取る必要はない筈《はず》だ。おれは筆頭年寄として絶対に反対する」より。ここで「人気を取る（＝「実現が容易ではないとわかっている政策を打ち出して人気を取ろうとする」）という遣り方と言っているのは、少し前の二人の問答にも出てきた、脇田が自分から風評を出し、「おれが国老の座に坐《すわ》ればあのとおり実行する」と言っている「年貢《ねんぐ》、運上《うんじょう》、半減。家臣一統の扶持《ふち》を表高《おもてだか》に復帰するという」政策のこと。よって、イが適する。

問五　この後、伊兵衛が「さえ」に「他人《ひと》の妻になるとなるときまってから、どうにもならぬほど大切なものに思われだしたのだ。おれはずいぶん苦しい思いをしたよ」と言っているように、伊兵衛は「さえ」への気持ちに以前から気づいていた。しかし、自分が仲介した縁談が、このような形で終わるとは予想していなかったので複雑な心境であることが想像できる。また、「あとでゆく～おれからも話すこともある、いいか」と言い残してきたことから、脇田を訪ねた後、「さえ」に自分の本当の気持ちを話す決意をしていたことがわかる。理由がどうあれ「古い友達」の「別れの挨拶」としての脇田への平手打ちを、「達成感」「爽快感」「快感」「晴れやかな気分」などと表現するのは適さない。よって、エが適する。

問六・七　傍線部⑤の直前に、「あの雨があって、この彩虹《にじ》の美しさが見られるんだ」、傍線部⑥の直前に「脇田め、それを承知のうえか、自分がひと雨降らさなければ、二人の上に彩虹の立たぬことを」とある。また、傍線部⑤の直後には、「そう云った刹那だった。彼の耳に、『仕合《しあわ》せを祈るぞ』という宗之助の別れの言葉が甦《よみが》えってきた」とある。

問八　ア．３つの表現からは、情熱や深い情感は感じられても、「嫉妬深さ」は感じられない。　イ．脇田は深い思慮を持っているが、腹の底がわからないところがある人物として描かれている。よって「裏表がない、快活な人物」とはむしろ逆の印象を与える。　ウ．伊兵衛は、「さえ」と脇田の縁談の仲介をして以後、「さえ」が大切なものに思われて「苦しい思い」をしている。ただ立場上、脇田の真意を問いただすまでは、「さえ」の気持ちに向き合うことができないでいる。したがって、「すれ違いが滑稽さを生んで」という描写はない。　エ．問二・三のような思いが根本にあり、二人の間を後押しするつもりか、脇田の挑発的な言動もあり、一触即発の緊張感のあるやりとりとなっている。　オ．移り変わる天候は、伊兵衛と「さえ」の心情の隠喩になっている。　カ．伊兵衛は「世間の人々からの信頼を集めたい」わけではなく、それはむしろ脇田である。また、伊兵衛は問六・七で脇田の役割に気づき、思うところはあったが、二人は友人としての付き合いを断ったままであり、政治的な対立は続いている。「対立を乗り越えた末に互いへの信頼や友情が生まれてくる感動的な展開」とは言えない。　よって、エとオが適する。

三　**問一 a**　「事の聞こえも便なかるべければ」が、「おほやけ使ひ」が、「堅くいさめて免《ゆる》さず」だった理由。よって、ウが適する。　**b**　同じ段落の２文目から傍線部②の直前までが、橘逸勢《たちばなのはやなり》の「娘」が「女の身」で行った苦難の旅。よって、イが適する。　**c**　「此《こ》の娘」が「国の守《かみ》」に告げた「帝《みかど》に事の由《よし》を申し」の内容を「お聞きになった」相手。よって、オが適する。

問二Ｘ 「流さるる人の習い」であって、直後の「事」や娘の願いと反する内容であることに注意しよう。よって、オが適する。　Ｙ　現代語でも用いる「辛《から》くも」（＝ぎりぎりのところで。ようやく）に近い内容。よって、イが適する。

問三 「あらず」は「ある」の未然形＋打ち消しの助動詞「ず」で、「ない」の意味。「まして、女の身なれば～べくもあらねど」と続いているところがヒントになる。よって、アが適する。

問四 別れる時には「娘は云はぬことを憚《はばか》り忘れ、恥を捨てて、悲しみをたれて、もろともに行かんとす」と「嘆き悲しむ類《たぐ》ひ多かりける中」でも、最も強い気持ちを見せた。しかも、朝廷からの使いに許されなくてもあきらめずに、命の危険も顧みずに、苦難の旅を経て、傍線部②の直前のような姿になって会いに来た。

問五 傍線部③の前後に「これを見聞く人、涙を流し、あはれみ悲しまぬはなし」「わざと詣でつつ、縁を結ぶ類ひ、多くなんありける」とある。つまり、都ほどには文化も仏教も浸透《しんとう》していなかった遠江の国から伊豆にかけての人々は、献身的な娘の行動に仏性を見て、これを通して仏教をありがたく感じたと考えられる。

問六 「国の守」に告げた「娘」の発言を参照。この時点でも父の名誉回復を気にかけ、これがなければ「孝養の終り」にならないと考えているのがわかる。「其《そ》のありさまを」知った帝の対応の速さに対する娘の「悦《よろこ》びて、則《すなは》ち、彼の骨をくびにかけ、帰り上りにけり」からも、両者の気持ちを読み取ることができる。よって、エが適する。

【古文の内容】

昔、橘逸勢という人が、謀反の罪に問われ、伊豆に流されることになったとき、逸勢に関係がある人で、嘆き悲しむ者が多かった中に、（父との別れが忍びなく）悲嘆に暮れた女の子で、特別に去り難く思う者がいた。橘逸勢も、このようなつらい目に遭ったことはともかくとして、娘と別れる事を悲しく思った。娘は言ってはならぬことを慎むのも忘れて、恥を捨てて、悲しみのままに、いっしょに行こうとする。

朝廷からの使いは、限りなくかわいそうだと思ったが、（本人だけが行くのは）流される人の慣例だから、そのこと（＝娘の同行）が知れ渡ったら都合が悪いので、（娘を）堅くいさめて許さなかった。非常に強い父への感情があったのだろうか、（娘は）父の泊まる宿を尋ねながら、駅伝いに毎夜追いかけて行った。丈夫な人でさえ、知らない野山を越えて夜ごとに訪ねていくのは、できることではない。まして、女の身であれば、普通なら至り着くはずもないけれど、仏様もあわれだと思われたのだろうか、やっとのことで、ついにその土地に至り着いたのだった。遠江《とおとうみ》の国（＝現在の静岡県西部）の中とか、（流刑地には）まだ途中である道のあたりに、（娘は）容姿は人にも見えず、影のように痩せ衰えて、ぐっしょり濡《ぬ》れた様子で（父を）尋ねて来た。待っていて（娘を）見た親の心は、いかばかりであっただろうか。

そのようにして、行き着いて、それほども経たずに、父は重い病気になったので、この娘は、一人で付き添い残っていて、昼間は一日中、夜も遅くまで仏に一心に祈るさまは、まったく自分の身や命を惜しんでいなかった。これを見聞きした人は、涙を流し、憐《あわ》れみ悲しまない者はなかった。後には、広く国中の人がそろってこの娘を崇敬し合った。熱心に詣でながら、仏道に入るきっかけを作るような人も多くいた。

さて、時が経って後、（この娘が）国司に告げて言い、「帝に事の次第を申して、お許しを頂いて、父の遺骨を都に持って上って孝養（＝子が親を大切に養うこと）の終わりにしたい」と頼むと、そのありさまを（帝は）お聞きになって、驚いて、特に異論も言わずに、お許しになった。（娘は）喜んで、まもなく、父の遺骨を首にかけ、（都へ）帰り上ったのだった。

昔も今も、心から深く思い、誠意を尽くせば、必ず成就するものである。

《2024　数学　解説》

1　(1)　与式$=\frac{x^4}{y^4}\div\frac{x^2y^2}{16}\times(-\frac{x^6y^{12}}{8})=\frac{x^4}{y^4}\times\frac{16}{x^2y^2}\times(-\frac{x^6y^{12}}{8})=\mathbf{-2x^8y^6}$だから，$x=\frac{4}{3}$，$y=\frac{3}{8}$を代入して，

$-2\times(\frac{4}{3})^8\times(\frac{3}{8})^6=-\frac{2\times4^8\times3^6}{3^8\times8^6}=-\frac{2\times(2^2)^8\times3^6}{3^8\times(2^3)^6}=-\frac{2^{17}}{3^2\times2^{18}}=-\frac{1}{3^2\times2}=\mathbf{-\frac{1}{18}}$

(2)　与式$=\frac{-(6-4\sqrt{6}+4)}{\sqrt{2}}-(4\sqrt{3}-3\sqrt{2}-2\sqrt{2}+\sqrt{3})=\frac{8\sqrt{3}-10\sqrt{2}}{2}-(5\sqrt{3}-5\sqrt{2})=$

$4\sqrt{3}-5\sqrt{2}-5\sqrt{3}+5\sqrt{2}=\mathbf{-\sqrt{3}}$

(3)　与式$=2\{(x^2-5x)^2-36\}=2(x^2-5x+6)(x^2-5x-6)=\mathbf{2(x-2)(x-3)(x-6)(x+1)}$

(4)　**【解き方】$4n^2+165=p^2$（pは自然数）…①となるような，pとnの組み合わせを考える。**

①は$(p+2n)(p-2n)=3\times5\times11$と変形できる。p，nは自然数だから，$p+2n>0$であり，等式から$p-2n>0$を満たすので，$p+2n$，$p-2n$はともに自然数である。$p+2n>p-2n$をふまえると，条件に合う組み合わせは，$(p+2n,\ p-2n)=(15,\ 11)(33,\ 5)(55,\ 3)(165,\ 1)$の4組あり，自然数nの個数は**4**個ある。$(p+2n)+(p-2n)=2p$となり，2pの値が最大になるとき，pの値も最大となるから，$(p+2n,\ p-2n)=(165,\ 1)$のとき，$2p=165+1$より$p=83$となり，最大値をとる。

したがって，$\sqrt{4n^2+165}$の最大値は**83**である。

(5)　∠CAB，∠ABC，∠BCAの二等分線が，それぞれD，E，Fで円と交わるとき，円周角の定理より，∠EFC＝∠EBC$=\frac{1}{2}$∠ABC＝30°，∠CFD＝∠CAD$=\frac{1}{2}$∠CAB＝20°だから，∠EFD＝30°＋20°＝**50°**である。

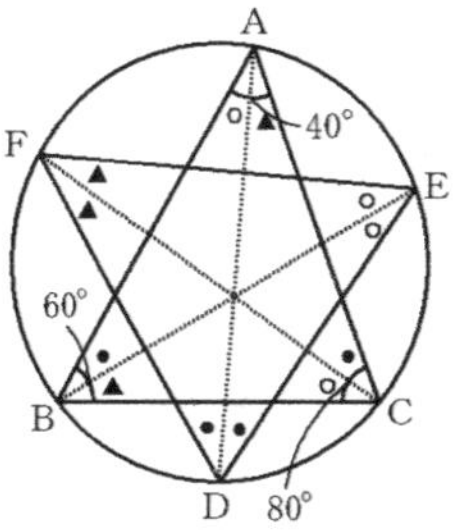

∠FDE，∠DEF，∠EFDの二等分線が，それぞれA，B，Cで円と交わるとき，等しい角に同じ記号をつけると右図のようになる。

△DEFの内角の和より，2▲＋2○＋2●＝180°だから，▲＋○＋●＝90°…①

∠BCAについて，○＋●＝80°…②

①－②より，▲＝10°となるので，∠EFD＝2▲＝**20°**である。

2　**【解き方】一方の式について，xとyを入れかえた式と連立して解く。**

$4x+y=-3$…①，$7y+16x=3$…②とする。②－①×4でxを消去すると，

$7y-4y=3+12$　　$3y=15$　　$y=5$となる。$y=5$を①に代入して，$4x+5=-3$より$x=-2$となる。

次に，$-ax+by=16$に$x=-2$，$y=5$を代入して，$2a+5b=16$…③，$ax+by=11$に$x=5$，$y=-2$を代入して，$5a-2b=11$…④とする。③×5－④×2でaを消去して，$25b+4b=80-22$　　$29b=58$

$b=\mathbf{2}$となる。④に$b=2$を代入して，$5a-2\times2=11$より$a=\mathbf{3}$となる。

3　(1)　1回目にAから取り出した食塩の量は$\frac{17.5}{100}x$ g，1回目にBから取り出した食塩の量は$\frac{5}{100}x$ gである。

よって，1回目の操作後の，Aの食塩の量は，$100\times\frac{17.5}{100}-\frac{17.5}{100}x+\frac{5}{100}x=\mathbf{\frac{35}{2}-\frac{1}{8}x}$(g)

(2)　**【解き方】Aから2回目に食塩水を取り出したとき，Aの食塩の量は$(1-\frac{2x}{100})$倍になる。**

1回目の操作後の，Bの食塩の量は$100\times\frac{5}{100}-\frac{5}{100}x+\frac{17.5}{100}x=5+\frac{1}{8}x$(g)

Aの食塩の量について，$(\frac{35}{2}-\frac{1}{8}x)(1-\frac{2x}{100})+(5+\frac{1}{8}x)\times\frac{2x}{100}=100\times\frac{13}{100}$　　整理して，$x^2-75x+900=0$

これを解くと，$x=15$，60となる。$2x<100$より，$x<50$だから，$x=\mathbf{15}$である。

4　(1)　放物線$y=x^2$の式と，直線$y=x+6$の式を連立して解くと，$x=-2$，3となる。よって，Aのx座標は-2だから，y座標は$-2+6=4$より，**A(－2，4)**，Bのx座標は3だから，y座標は$3+6=9$より，**B(3，9)**

(2)　**【解き方】傾きが1または－1の直線は，x軸，y軸とそれぞれ45°に交わる。**

直線ＣＤは直線ＡＢと垂直だから，傾きは－１である。線分ＢＣはy軸に平行なので，直線ＣＤと直線ＡＢの交点をＥとすると，△ＢＣＥは直角二等辺三角形になる。このとき，ＣＥ＝ＤＥより，△ＢＣＤも直角二等辺三角形なので，Ｄはy軸についてＢと対称であり，**Ｄ(－３，９)**である。また，ＢＣ＝ＢＤ＝３－(－３)＝６だから，ａ＝９－６＝**３**である。

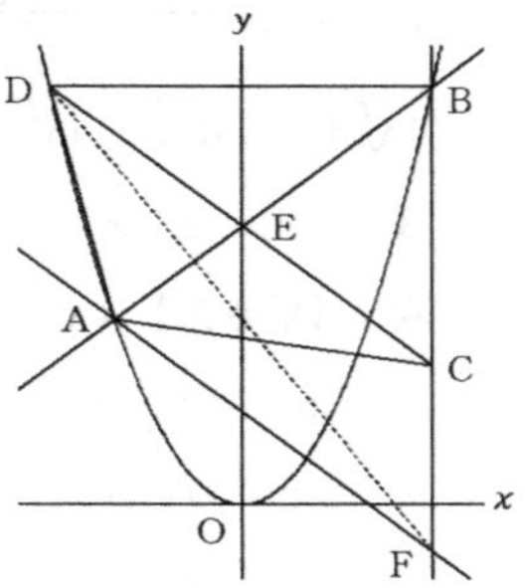

(3)　**【解き方】右図のように，直線ＣＤに平行で，Ａを通る直線ＡＦを引く。このとき，△ＡＣＤ＝△ＦＣＤだから，Ｄを通り，△ＦＢＤの面積を２等分する直線の式を求めればよい。**

直線ＣＤは直線$y=x+6$と垂直に交わるので，直線ＣＤの傾きは－１である。

よって，直線ＡＦの式を$y=-x+b$とおき，Ａの座標を代入すると，

$4=-(-2)+b$より$b=2$となるので，直線ＡＦの式は$y=-x+2$である。

直線ＡＦの式に$x=3$を代入すると，$y=-3+2=-1$だから，Ｆ(３，－１)

ＢＦの中点をＭとすると，Ｍのx座標は３，y座標は$\dfrac{(\text{BとFの}y\text{座標の和})}{2}=4$

したがって，直線ＤＭの式を$y=px+q$とおき，Ｄ，Ｍの座標を代入し，連立して解くと，$p=-\dfrac{5}{6}$，$q=\dfrac{13}{2}$となるので，求める直線の式は，$\boldsymbol{y=-\dfrac{5}{6}x+\dfrac{13}{2}}$である。

5　(1)　１枚目が０以外であればよいので，求める確率は，$\boldsymbol{\dfrac{5}{6}}$である。

(2)　**【解き方】一の位が０のときと，０以外のときで場合分けして考える。**

一の位が０のとき，千の位，百の位，十の位の決め方はそれぞれ５通り，４通り，３通りあるから，$5\times4\times3=60$(通り)ある。一の位が２，４のとき，一の位の決め方が２通り，千の位の決め方が４通り，百の位の決め方が４通り，十の位の決め方が３通りあるから，$2\times4\times4\times3=96$(通り)ある。

よって，求める確率は，$\dfrac{60+96}{6\times5\times4\times3}=\boldsymbol{\dfrac{13}{30}}$

(3)　**【解き方】３枚目と４枚目のカードを並べてできる数が，04や32のように，４の倍数となればよい。**

６枚のカードからできる，２桁以下の４の倍数は，04，12，20，24，32，40，52の７個ある。

十の位以下の数が04，20，40のとき，千の位の決め方は４通り，百の位の決め方は３通りだから，$4\times3\times3=36$(通り)ある。十の位以下の数が12，24，32，52のとき，千の位の決め方は３通り，百の位の決め方は３通りだから，$3\times3\times4=36$(通り)ある。したがって，求める確率は，$\dfrac{36+36}{6\times5\times4\times3}=\boldsymbol{\dfrac{1}{5}}$

6　(1)　△ＡＣＤは３辺の長さの比が$1:2:\sqrt{3}$の直角三角形だから，

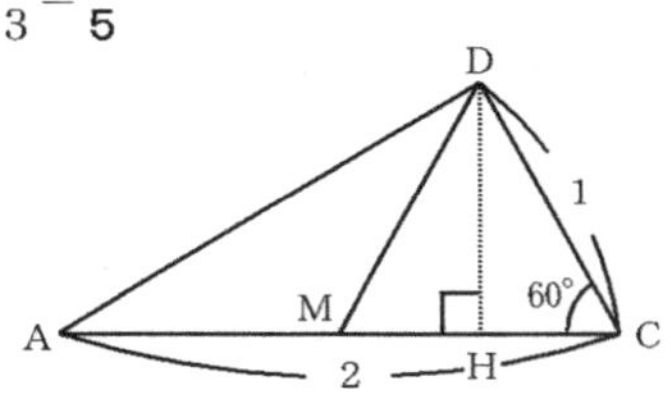

$CD=\dfrac{1}{2}AC=1$である。右図で，$CH=\dfrac{1}{2}DC=\dfrac{1}{2}$なので，

$MH=MC-CH=1-\dfrac{1}{2}=\dfrac{1}{2}$，$DH=\sqrt{3}CH=\dfrac{\sqrt{3}}{2}$

△ＤＭＨにおいて，三平方の定理より，$DM=\sqrt{(\dfrac{1}{2})^2+(\dfrac{\sqrt{3}}{2})^2}=\boldsymbol{1}$

(2)　まず，問題文の仮定を図にかきこんで，証明のために必要な条件を探そう。条件が足りない場合は，問題の内容に応じて，図形の性質，平行線の同位角・錯角などからわかることもかきこんでみよう。

(3)　**【解き方】(2)で証明した内容を利用する。**

$AD=\sqrt{3}CD=\sqrt{3}$なので，$\triangle ACD=\dfrac{1}{2}\times1\times\sqrt{3}=\dfrac{\sqrt{3}}{2}$

四面体ＡＢＣＤにおいて，底面を△ＡＣＤとしたときの高さはＢＭだから，求める体積は$\dfrac{1}{3}\times\dfrac{\sqrt{3}}{2}\times1=\boldsymbol{\dfrac{\sqrt{3}}{6}}$である。

《2024　英語　解説》

Ⅱ 【本文の要約】参照。

1　第1段落2行目の選択肢より，今マシュマロを食べてしまえば「2つ目のマシュマロをもらえないということ」を表している。

3　1　・in front of~「～の前に」　4　・like ~「～のような」　5　・instead of~「～の代わりに」

4　Researchers recorded <u>which children</u> ate <u>the marshmallow</u> and which <u>ones</u> waited.：文中に疑問詞を含む間接疑問文。ones は children のこと。

6　(C)　We know that A and that B.「私たちはAのこととBのことを知っている」という文。

(D)　These は直前の2つの疑問を指す。　・try to ~「～しようとする」

【本文の要約】

自分が一人きりで部屋にいる，と想像してほしい。その部屋には机が一台あり，その机の上にマシュマロが1つあるのが見える。さて，あなたには2つの選択肢がある。すなわち今，その1つを食べるか，数分待ってあとで2つ食べるか，である。あなたは2つ目のマシュマロを待つだろうか？もちろん決めるのはあなただ。今，マシュマロを1つ食べることもできる—(A)<u>しかし，食べてしまえばそれで終わりである。</u>

これは，1960年代に未就学児のグループが直面したジレンマである。彼らは，ジレンマにあ対処した(＝handled)方法が，これまでで最も有名な心理学研究の1つであることを知らなかった。私はスタンフォード大学のマシュマロテストがどのようなものだったのか，成功について何と言っているか，その結果，今日まで心理学に与えてきた影響について，語ろうと思う。

テストのルールは単純なものだった。スタンフォード大学のウォルター・ミッシェル教授のチームは，だいたい4，5歳になる子ども1アの前に(＝in front of)マシュマロを1つ置いた。彼らはその子どもに，自分たちは部屋を離れるが数分後に戻ってくる，と告げた。研究者たちが戻ってくる前にマシュマロを食べた子どもたちは，2つ目のマシュマロをもらえなかった。研究者たちが戻ってくるまで待った子どもたちは，2つ目のマシュマロをもらえた。

研究者たちは，どの子どもがマシュマロを食べて，どの子どもが待ったのかを記録した。数年後，その子どもたちが10代になった時，研究者たちは再びその子どもたちと面会し，その両親に子どもたちの認識能力について一連の質問，すなわち彼らがストレスにどのように対処しているか，またプレッシャーがかかっているときの自制心を示す能力について，い質問した(＝asked)。また，その子どもたちの大学進学適性試験の点数も調査した。それから数年後，研究者たちは彼らの自制心を再度テストした。

彼らはどのようなことがわかったのだろうか？Ⅱア要約すると，ミッシェルのチームは，子ども時代の自制心の発達が，その後の人生の成功において強い影響を与えたことがわかったのである。成功は様々な面で現れた。概して，2つ目のマシュマロを待った子どもたちは，以下のとおりであった。

・大学進学適性試験の点数がより高かった

・薬物乱用のレベルがより低いと報告された

・より太り過ぎになりにくかった

・親によると，より社交性が高く自制心があった

実験の結果は1980年代と1990年代に発表された。それ以来，心理学の世界ではその研究を重要なものとうとらえている(＝has considered)。なぜなら，その研究は私たちに，人格が子どもたちの将来の成功にどう影響しているかを判断する様々な方法を提供してくれるからである。

マシュマロテストにより研究者たちは，自制心と成功の間につながりがあることがわかった。子ども時代に自制心があると，大人になったときの成功にえ影響を与える(＝affect)。しかしながら，2オ何が(＝what)自制心に影響しているのだろうか？子どもたち全員がすぐにマシュマロを食べたとは限らない。

ミッシェルのチームは，「ホットアンドクール」という思考システムを展開した。これは，3キなぜ(＝why)マシュマロをすぐに食べてしまった子どもたちがいるのか，その原因を明らかにしている。これと同じシステムは，必要でもない高価なものを買ったり，煙草を吸ったりする4イような(＝like)，束の間の喜びにあなたを巻きこむのに一役買う。

ほとんどの人は，誘惑されていないときは「クール」システムの状態にいる。これは長期にわたる利益について考える認識能力である。(c)私たちは，喫煙が健康に悪く，禁煙が長期的な健康につながることを知っている。私たちは，もし待つなら，もっと多くのマシュマロがもらえることを知っている。私たちは，もし目覚まし時計の一時停止ボタンを押す5ウかわりに(＝instead of)ジムに行くなら，後でもっと爽快な気分になり，そして長い目で見ればより健康になることを知っている。

しかしながら，「ホット」な刺激はクールシステムを弱くする。心の中にあるものが刺激により温められ，熱くなってしまうと，もはや行動を自制することができない。Ⅳイ私たちは煙草を吸い，マシュマロを食べ，一時停止ボタンを押してしまう。

なぜ他の人よりも「熱くなりやすい」人がいるのだろうか？なぜ他のものよりも「よりホットな」刺激があるのだろうか？(D)これらはミッシェルのような心理学者がまだ解こうとしている疑問である。

Ⅲ 【本文の要約】参照。

1 (A) ・depend on ～「～による／～次第である」 (B) ・both A and B「AとBの両方とも」

2 ①…, if the room faces south and has a big window to get a lot of sunlight and fresh air, : ・face ～「～に面する」
②…, but it is unusual to find one that has everything you want, such as … : ・it is … to ～「～することは…だ」
one は apartment のこと。

3 (a)が適切。 ・mind「気にする／嫌だと思う」 impossible「不可能な」⇔possible「可能な」×

4 (a)○「Ted は大学に徒歩で通いたいので，どこに住むべきかを気にしている」…Ted の3回目の発言と一致。
(b)×「Ted は一人で住むのが怖いので，最初から，2人で住むためのアパートを探しに来た」…本文にない内容。
(c)×「Kei は Ted の望みにかなうアパートがあることを確信しているので，それを見つけるのに数時間費やすだろう」…本文にない内容。 (d)○「Ted は最新のキッチンやバスルームだけでなくバルコニーもあるアパートを借りたい」…Ted の4回目の発言と一致。 (e)○「Ted の友達は Ted とルームシェアをするなら，自分の犬と一緒にいることはできない」…Ted の7回目の発言と一致。 (f)×「Ted は Kei に言われたので，アパートを探すことを諦めた」…本文にない内容。

【本文の要約】

Kei：おはようございます！ご用件を伺いますが？

Ted：この辺《あた》りにアパートを借りたいのですが。お願いできますか？

Kei：もちろんです！どうぞお座りください。どのようなアパートをお探しか，お話しください。お客様お一人でお住まいですか？

Ted：ええと，それは空き具合にAよります(＝depends on)。できれば一人で住みたいのですが，やむを得ず友達とより広い場所をシェアしてもいいです。

Kei：わかりました。まず，4(a)どんなアパートをお考えですか？

Ted：4(a)一番大事なことは場所です。街中，できればこの辺りに住みたいのです。大学や地下鉄に歩いて行きたいので。僕は車を持っていませんし。

Kei：なるほど，それでは駐車場がなくてもア(a)かまいませんね(＝mind)。

Ted：はい。それから，安全で頑丈な建物に住みたいと思っています。居間と食堂と寝室もほしいですね。それから，4(d)もちろん最新のキッチンとお風呂も。ああそうだ，バルコニーもあるといいですね。それとテーブル，ソファ，ベッドのような家具が備え付けてあれば言うことなしですね。最後に，もし部屋が南向きで大きな窓があって，たっぷりの日差しと新鮮な空気を取り込めたら，申し分ありません。

Kei：わかりました。では，ご予算はどのくらいですか？つまり，月々の家賃はおいくらを考えていますか？

Ted：1か月 700 ドルくらいのところを見つけたいのですが。

Kei：あの，今この辺りで，1か月 1200 ドル未満の良好物件はありませんよ。それに食堂やバルコニーはありません。実は地下鉄の駅の近くでしたら，近代的で頑丈な建物はありますが，街中からは少なくとも６マイル離れています。こう言うのもなんですが，お客様がおっしゃるものすべて，家具に日光に新鮮な空気，を備えたアパートを見つけるのは簡単ではありません。現実を見ていただきたいものです。

Ted：確かにそうでしょう。多分，僕は現実を受け入れるべきですね。でも，ここから遠いところに住むのはいやなのです。1か月 1400 ドルくらいで，もっと近くに寝室が２つある所はないでしょうか？友達と一緒に住めるようなところは？

Kei：午前中少しお調べして，見つかったかどうかお知らせします。イ(a)不可能だ(＝impossible)とは申しませんが，お約束できかねます。お調べするのに少しお時間をください。もし素晴らしい物件が見つけたら，午後には内見に行けると思います。ああ，それから一つ確認なのですが，お客様はペットを飼っていないですよね？

Ted：ええ，ペットはいません。4(e)友達も，必ず犬を家族のところに置いてきます。田舎に住まいがあるので。

Kei：よかったです。それではBお客様とお友達の(＝both you and your friend)金銭的な情報を必ずお持ちください。

Ted：わかりました。それではお昼ごろ伺います。ありがとうございました。

Kei：では後ほど，お持ちしています。

V　1　「(　　)は，長い柄に雨からあなた自身を守るための布やビニールカバーが付いている」，用例「ハリーは雨の中，彼の（　　）で私が濡れないようにしてくれた」より，umbrella「傘」が適切。　・protect A from B「BからAを守る」　・keep＋人 ～「(人) を～にしておく」

2　「(　　)ことは，準備することである」，用例「私たちはプレゼンのためのレポートを（　　）ためにもっと日数が必要だろう」より，prepare「準備する」が適切。　・make A ready「Aを準備する」

3　「(　　)は，医師と共に，病気の人を世話する仕事をする人である」，用例「その（　　）は患者の体温を測った」より，nurse「看護師」が適切。　・take one's temperature「～の体温を測る」

4　「テレビ，ラジオ，新聞，雑誌をひとまとめにして『(　　)』と呼ぶことができる」，用例「彼らは自分たちの話をニュース（　　）で語った」より，media「マスメディア」が適切。　・the news media「報道機関」

5　「(　　)は，あらゆる種類の食材や家庭用品を売る大型店である」，用例「私はコンビニより（　　）の方が何でも安いので好きだ」より，supermarket「スーパーマーケット」が適切。　・prefer A to B「BよりAを好む」

VI　1　○　文意「ママの気分が良いことを願うよ。さもないと帰宅が遅かったことで私を叱るだろう」

2　×anything was wrong→○anything wrong：語尾が-thingの語を形容詞で修飾するときは，〈-thing＋形容詞〉の語順にする。　文意「少し動転しているように見えるよ。何か悪いことでもあるの？」　・a little bit「少し」

3　×the night view→○of the night view：・remind A of B「AにBを思い出させる」　文意「この写真を見るといつも香港の夜景を思い出す」

4　○　文意「彼らが全員，週末に帰宅したいと思っている訳ではなかった」　・eager to ～「～したいと思う」

5　×times to relax→○time to relax：「時間」を意味する time は数えられない名詞。　文意「多忙な週の後は，寛いだり，友達と付き合ったりする時間を見つけるべきです」　・hang out with ～「～と付き合う」

Ⅶ　①「健康の価値」＝the value of health　「明らかとなる」＝become clear

②「そこに何か特別なものを感じることはない」→「それ（＝健康）が特別だと思わない」＝you don't think it's special

③「自分がいかに脆い存在なのかに気付かされる」→「それ（＝健康）が，あなたがどれほど弱いか，理解させる」＝it makes you realize how weak you are　・make＋人＋～《動詞》「(人）を～《動詞》させる」

④「健康であること以上に大切なことは他にない」→「健康であることより大切なものは何もない」＝nothing is more important than being healthy　「快適な生活をおくるために」→「快適な生活のために」＝for a pleasant life

・nothing is more … than ～「～よりもっと…なものはない」

《2024　理科　解説》

【1】

⑴　アでは二酸化炭素，イでは酸素，エではアンモニアが発生する。

⑵　電池において，負極は電子を放出する極だから，水素原子が電子を１つずつ失って水素イオンと電子２つに分かれる。正極は電子を受け取る極だから，酸素が水素イオンと同じ数（４つ）の電子を受け取って水素イオンと結びつき，水ができる。

⑶　同じ距離を走るのに必要な体積比は，水素：ガソリン＝50：15＝10：３であり，それぞれの密度から，質量比は(0.040×10)：(0.75×３)＝0.40：2.25＝８：45である。よって，ガソリン1.0kgで走ることができる距離と同じ距離を走るためには，水素は$1.0\times\frac{8}{45}$＝0.177…→0.18kg必要である。

⑷　反応にかかわる物質の化学式を並べて〔$CH_4+H_2O \rightarrow CO_2+H_2$〕とし，矢印の左右で原子の数が等しくなるようにそれぞれの化学式の係数を考える。係数をａ～ｄとすると，〔$a\,CH_4+b\,H_2O \rightarrow c\,CO_2+d\,H_2$〕と表せ，Cに着目するとａ＝ｃ，Oに着目するとｂ＝２ｃ，Hに着目すると４ａ＋２ｂ＝２ｄとなる。４ａ＋２ｂ＝２ｄについて，ｄ＝２ａ＋ｂ　ｄ＝２ｃ＋２ｃ　ｄ＝４ｃとなるので，ａ：ｂ：ｃ：ｄ＝１：２：１：４となる。

⑸　熱量…水160Ｌ→160000㎤→160000ｇが40－15＝25(℃)上昇しているから，発生した熱量は4.2×160000×25＝16800000(Ｊ)→16800kJである。　メタン…16800kJの熱量を発生させるのに必要な水素の質量は16800÷52.5＝320(ｇ)である。また，水素原子と炭素原子の質量比が12：１であることから，反応にかかわるメタン〔CH_4〕と水素〔$4H_2$〕の質量比は，(12＋１×４)：(４×１×２)＝２：１だから，320ｇの水素を生成するのに必要なメタンは320×２＝640(ｇ)である。

【2】

⑶　加えた水の体積にかかわらず，吸水性高分子の質量は8.00ｇで同じになったから，吸水性高分子0.20ｇが吸収できる水は最大で8.00－0.20＝7.80(ｇ)だと考えられる。よって，0.20ｇの10倍の2.00ｇの吸水性高分子では7.80ｇの10倍の78ｇまで水を吸収できる。

⑷　表より，最大限に水を吸収した吸水性高分子0.20ｇの体積は38.0－30.0＝8.0(mL)だから，吸水性高分子2.00

gでは80.0mLになると考えられる。よって，80.0÷1.2＝66.66…→66.7倍である。

(5)　食塩は水に溶けるとナトリウムイオンと塩化物イオンに電離する〔$NaCl \rightarrow Na^{+} + Cl^{-}$〕。これにより，吸水性高分子の外側のイオンの濃度が高くなることで，内側(すき間)との濃度の差をなくすように，水が内側から外側に移動する。このときはたらく圧力を浸透圧という。

(6)　実験2で用いた20.40gのサンプルXは，$0.20 \times \frac{20.40}{8.0} = 0.51$(g)の吸水性高分子に水を十分に吸収させたものである。よって，放置後に取り出した3.28gのサンプルXに含まれる水は3.28－0.51＝2.77→2.8gである。

【3】

(1)　ばねを6cm押し縮めたときにばねがもつエネルギーは，2Nのおもりが18cmの高さにあるときの位置エネルギーと同じ大きさである。位置エネルギーはおもりの重さと高さに比例するから，2Nの2倍の重さの4Nのおもりが同じ位置エネルギーをもつときの高さは18cmの半分の9cmである。

(2)　グラフより，ばねの縮みが6cmのときのばねにはたらく力は12Nである。図2のように，2本のばねを並列につないだとき，全体の長さを6cm縮めるにはそれぞれのばねを6cm縮める力が必要だから，12×2＝24(N)である。

(3)　押し縮めたばねがもつエネルギーはばねが1本のときの2倍になるから，おもりの高さもばねが1本のときの2倍の36cmになる。

(4)　図3のように，2本のばねを直列につないだとき，全体を6cm押し縮めるには，1本のばねを3cm縮める力が必要である。よって，グラフより，6Nと読み取れる。

(5)　1本のばねを3cm押し縮めて手を放すと2Nのおもりは4.5cmの高さまで上ったから，3cm押し縮めたばねが2本になれば，2Nのおもりは4.5×2＝9(cm)の高さまで上る。

(6)　台のストッパーをはずすと，台が自由に動くので，おもりの運動エネルギーの一部が台の運動エネルギーに移り変わり(おもりの運動エネルギーがすべておもりの位置エネルギーに移り変わらなくなり)，おもりが台を上る最高点の高さは低くなる。

【4】

(1)　イ，ウ，クの操作をすることで，振動数が多くなり，音が高くなる。

(2)　表より，ラの振動数は，低い方のドの振動数の$\frac{5}{3}$倍だから，低い方のドの振動数は$440 \div \frac{5}{3} = 264$(Hz)である。よって，ファの振動数はその$\frac{4}{3}$倍だから，$264 \times \frac{4}{3} = 352$(Hz)である。

(3)　(2)の設定を利用すると，1320Hzは表中の低い方のドの振動数の1320÷264＝5(倍)である。このドよりも2オクターブ高いドの振動数は2×2＝4(倍)であり，1320Hzはさらにその$\frac{5}{4}$倍だから，表中のミよりも2オクターブ高いミだと考えられる。

【5】

(1)　雲量は0～1のときが快晴，2～8のときが晴れ，9～10のときがくもりである。

(2)　1hPaは100Paだから，1011.4hPaは101140Paである。(ウ)において，5mm^2→0.000005m^{2}に，釘の重さ1g→0.01Nとたたいた力0.5Nの合計0.51Nがかかるから，〔圧力(Pa)＝$\frac{力(N)}{面積(m^2)}$〕より，$\frac{0.51}{0.000005} = 102000$(Pa)となり，101140Paに最も近くなる。

(3)　水蒸気量…観測地点において，気温は17.5℃(飽和水蒸気量は14.9g/m^3)であり，湿度は69.1%だから，空気中に含まれる水蒸気量は14.9×0.691＝10.2959→10.3g/m^{3}である。　雲底高度…空気中に含まれる水蒸気量は約10.3g/m^{3}だから，これと飽和水蒸気量が等しい11.5℃が，この空気の露点である。よって，H＝125×(17.5－11.5)＝750(m)となる。

⑸　表１より，前線通過後に積乱雲が観察されたので，通過した前線は寒冷前線だと考えられる。寒冷前線付近では，寒気が暖気を激しく持ち上げることで，積乱雲が発達しやすい。

⑹　暖気から寒気に変わるので気温は下降する。また，低気圧の中心が遠ざかっていくので気圧は上昇する。

【６】

⑶　１回の呼吸で取りこまれる酸素の割合は吸気の21.1－16.6＝4.5(％)である。運動中，１分間の呼吸数は80回で，１回の呼吸における吸気の量は240㎖だから，取りこまれる酸素は240×0.045×80＝864(㎖)である。

⑷　(ｉ)．(ア)×…ａが大静脈，ｂが肺動脈，ｃが大動脈，ｄが肺静脈である。血液は，全身→ａ→右心房→右心室→ｂ→肺→ｄ→左心房→左心室→ｃ→全身…の順に流れる。　(ⅲ)．(ア)×…アミノ酸の分解によってアンモニアが生じる。　(イ)×…有害なアンモニアは肝臓で無害な尿素につくりかえられ，尿素は腎臓でこしとられて尿になり，体外に排出される。

【７】

⑷⑸　さし木による生殖のように，元の個体の体の一部が分かれて新しい個体ができる生殖を無性生殖という。無性生殖では，新しい個体は元の個体と全く同じ遺伝子を受け継ぐため，元の個体と全く同じ形質になる。なお，植物において，体の一部から新しい個体ができる無性生殖をとくに栄養生殖という。

《2024　社会　解説》

1　問１　い　　ペルシア戦争では，アテネの勝利に貢献した市民の発言力が強まり，その結果直接民主政が完成した。

問２　お　　Ⅲ(ウマイヤ朝の西ゴート王国征服　８世紀前半)→Ⅰ(ルネサンス　14～16 世紀)→Ⅱ(18～20 世紀)

問３　え　　Ｘはフランス南部のポン・デュ・ガール，Ｙはイタリア・ローマのコロッセウム。

問４　お　　宗教人口は，キリスト教＞イスラム教＞ヒンドゥー教＞仏教の順に多い。

問５　お　　Ⅲ(バビロン捕囚解放　紀元前６世紀)→Ⅰ(１世紀前半)→Ⅱ(７世紀前半)

問６　イギリスは，戦費をユダヤ人から調達しようとして，「連合国の見方をすれば，パレスチナの地でのユダヤ人の民族的郷土の設立を支持する」と約束した，史料②のバルフォア宣言を発表した。その一方で，同盟国側で参戦していたオスマン帝国の支配下にあったアラブ人の協力を得ようとして，「オスマン帝国に対して反旗を翻せば，旧トルコ領(パレスチナ含む)でのアラブ人国家の建設を支援する」と約束した，史料①のフサイン・マクマホン協定を結んでいた。

問７　え　　秦の始皇帝は，書を燃やし，儒者を生き埋めにする焚書坑儒を行った。

問８　え　　あ．誤り。宋(北宋)の時代には，すでに高句麗は唐と新羅に滅ぼされている。い．誤り。新羅と同盟して白村江で日本を破ったのは唐である。う．誤り。ユーラシア大陸の東西にまたがる大帝国となったのは元である。

問９　え　　(あ)は 17 世紀，(い)は 20 世紀初頭，(う)は 13 世紀。

問10　あ　　二十一か条の要求は 1915 年に出され，日清戦争は 1894 年に起きた。

2　問１　あ　　③誤り。滋賀県に延暦寺を建てたのは最澄。④誤り。空海の教えは密教であり，阿弥陀堂がつくられるようになったのは浄土の教えの広まりによる。

問３　い　　Ⅰ(12 世紀)→Ⅲ(13 世紀初頭)→Ⅱ(13 世紀後半)

問４　う　　Ｘ．誤り。伯耆国の守護大名は山名氏之であった。Ｙ．正しい。西条から東を除く伊予国だけが河野氏の支配地域として認められていたと考えられる。

問５　う　　曾根崎は大阪市北区の地名。上方(京都・大阪)を中心とした町人たちによる文化を元禄文化という。

問6　い　　X．正しい。Y．誤り。江戸時代の関所は通行税をとるためではなく，防衛のためのものであった。「入り鉄砲に出女」といわれたように，江戸から大名の妻子が出ること，鉄砲などの武器が江戸に持ち込まれることを特に取り締まった。

問7　お　　Ⅲ(大政奉還)→Ⅰ(王政復古の大号令)→Ⅱ(五箇条の御誓文)

問8　あ　　日刊新聞はすでに明治時代に発刊されていた。

問9　え　　国民政府は，首都を南京(b)から武漢，さらに重慶(c)に移した。

問10　え　　(あ)は白黒テレビ，(い)は洗濯機，(う)はカラーテレビ。

3　問1　え　　用材には針葉樹，薪炭材には広葉樹が適していることから考える。針葉樹は冷帯，広葉樹は熱帯から温帯にかけて広く分布する。

問2　い　　2019 年の二酸化炭素排出量が 1990 年とほとんど変わらないAは，日本と同様に以前から先進国として工業が発展していた国だからアメリカ合衆国である。1990 年に比べて二酸化炭素排出量が4～5倍になっているBとCは，2000 年以降に急激に発展した中国とインドである。世界の工場と呼ばれる中国の方が，工業化が進み，二酸化炭素排出量も多いと考えられるので，Bを中国，Cをインドと判断する。

問3　か　　オセアニアで最大面積を誇るオーストラリアは，内陸部のほとんどが砂漠地帯で森林面積は少ないから，森林面積が最小のCはオセアニアである。南アメリカでは広葉樹，北アメリカでは針葉樹が多いことから，木材伐採高に占める針葉樹の割合が低いAは南アメリカ，高いBは北中アメリカである。

問5　カーボンニュートラル　　二酸化炭素排出量から吸収量と除去量を差し引いた値をゼロにすることをカーボンニュートラルという。2020 年，当時の菅首相は 2050 年までにカーボンニュートラルを目指すことを宣言した。

問6　い　　①～③の文を読むと，標高は②＞①＞③の順に高いと考えられる。地形図を見ると，C＞A＞Bの順に標高が高いことがわかる。

問7　う　　X．誤り。各県の県庁所在地とその隣接市町村では，5％未満の減少率のところが多い。Y．正しい。

4　問1　え　　1970 年の生産量が多いYはアメリカ合衆国，2000 年以降，急激に生産量を伸ばしているZは中国である。

問2　い　　乳児死亡率の高い(う)と(え)はインドとブラジルのいずれかだから，アメリカ合衆国は(あ)か(い)のどちらかである。ドイツは，日本と同様に少子高齢化が進み，すでに人口減少が起きていることから，(あ)をドイツ，(い)をアメリカ合衆国と判断する。(う)はブラジル，(え)はインド。

問4　え　　ブラジルは大豆の生産量・輸出量が世界一であり，中国は生産量が多いが，国内需要が多いために輸入量が多くなることから，Xが輸入量，Yが生産量，Zが輸出量と判断する。

問5　シリコンバレー　　サンフランシスコ郊外に Apple，Meta，Google などのインターネット関連企業やスタンフォード大学などの教育・研究機関が立ち並ぶ。

問6　か　　集積回路の輸入額が多く輸出額が少ないYは，集積回路を使った機械類を数多く生産していることになるから，世界の工場と呼ばれる中国である。アジア NIEs とアメリカ合衆国を比べた場合，アジア NIEs の方が圧倒的に集積回路の取扱量は多いから，Xがアジア NIEs，Zがアメリカ合衆国である。

問7　い　　カリフォルニア州では，白人＞アジア系＞黒人の順に多い。

問8　い　　東部のピッツバーグは温暖湿潤気候のX，内陸部のソルトレークシティは年較差の大きいZ，西部のサンフランシスコは地中海性気候のYである。

5　問2(1)　憲法改正の国民投票　　日本国憲法第 96 条では，衆議院と参議院の各議院の総議員の3分の2以上の賛成で，国会が憲法改正の発議を行い，国民投票において，有効投票の過半数の賛成を得られれば，天皇が国民の名において憲法改正の公布をするとある。 **(2)** ①＝50　②＝3　　解散・解職など重大な審議については3分の1以上の署名が必要と覚えておこう。

問3　か　　a．誤り。大選挙区制（1選挙区から複数を選出する）は多党制が成立しやすい。b．正しい。c．正しい。例えば，A，B，Cの3人が立候補した小選挙区で，Aが 40%，Bが 30%，Cが 30%を獲得した場合，当選者はAだが，死票の割合（BとCの割合の和）は当選したAの割合を上回っている。

問4(1)　え　　a．正しい。b．正しい。c．誤り。選挙権年齢は満 18 歳に引き下げられたが，若い世代の政治参加は進まず，全体の投票率も上がっていない。 **(2)** い　　18 歳未満の者は選挙運動が禁止されている。

問5　い　　政治資金規正法によって，情報公開が義務付けられている。

問6　く　　a．誤り。55 年体制は自由民主党と日本社会党による体制である。b．誤り。細川護熙を内閣総理大臣とした非自民の連立政権が成立し，55 年体制は崩壊した。c．誤り。55 年体制の崩壊以降，2009 年と 2012 年の衆議院議員総選挙で政権交代が起きているが，それ以外では起きていない。

6　**問2**　う　　1950 年代後半から 1973 年までの高い経済成長率を続けた期間を高度経済成長期という。あ．誤り。財閥は明治から大正時代にかけて現れ，第二次世界大戦後にＧＨＱによって解体された。い．誤り。変動相場制は1973 年に導入され，そこから円高が続いた。え．誤り。バブル景気は 1986 年から 1991 年にかけて起こった。

問3　く　　a．誤り。消費税は，税金を納める人と負担する人が異なる間接税である。b．誤り。消費税は，国税と地方税の両方ある。10%のうち 7.8%分を国税，2.2%分を地方税としている。c．誤り。消費税は，所得に関係なく一律にかかるため，所得の低い人ほど負担割合が高くなる逆進性の問題がある。

問4　あ　　図1を見ると，単独世帯の割合が高くなっていることが読み取れる。

問5　い　　a．誤り。労働組合をつくることはできるが義務ではない。b．正しい。c．誤り。ストライキなどをするのに使用者の承認を経る必要はない。

問8　う　　a．誤り。人口の少ない地方自治体では財源が不足するため，地方交付税交付金や国庫支出金などの依存財源に頼る部分が多い。b．誤り。国庫支出金は，道路建設や学校建設など，使途を限定されて配分される。c．正しい。

2023 解答例　令和5年度　愛光高等学校

《国　語》

□一 問一．a．安寧　b．唱える　c．奔放　d．猛威　e．添わせ　　問二．ウ　　問三．エ

問四．イ　　問五．自然そのものを感じられる部分を残しながら、人間に都合のよいように自然を整え、都市や環境を構築するという、自然と人とのつりあいを取った暮らし。　　問六．造られた庭に愛着を持つ人々によって、荒ぶる自然とそれを整えようとする人の営みとがせめぎ合う「ほどほどの心地よさ」が保たれていくべきだ。

問七．ア　　問八．オ

□二 問一．a．ア　b．エ　　問二．ウ　　問三．老人はそもそも口数が少なく、脳卒中にでもなれば、より一層無口になるのは当然のことなので、自分は松吉の態度を全く気にしていないということ。　　問四．ア

問五．ゆっくり走る電車を運転した松吉の仕事は罪の少ないものだと言って、マイクが自分の生き方を肯定してくれたことに感謝したから。　　問六．オ　　問七．イ

□三 問一．a．ウ　b．イ　　問二．エ　　問三．耳うときもの（主人）が潔癖であるので、虫の触れた飯だと聞くと、それを食べる気にはならないから。　　問四．オ　　問五．ウ　　問六．耳が遠かった頃は、聞きたくもない他人の話を知ったり、騒がしい鳥や虫の声が聞こえたりする煩わしさがなかったから。　　問七．エ

《数　学》

[1] ①$-\frac{b}{2a}$　②$-2+\frac{2\sqrt{5}}{7}$　③$(x-2y)(2xy-2yz-zx)$　④(1，60)，(3，20)，(4，15)，(5，12)

⑤180　⑥675　⑦$4\sqrt{3}\pi$　⑧$\frac{\sqrt{2}}{6}\pi$

※[2] $x=8$　$y=5$

※[3] 120円

[4] (1)A(−4，8)　B(2，2)　※(2)P(−2，0)　Q(0，10)　※(3)$(\frac{4}{5}，0)$

※[5] (1)$\frac{1}{12}$　(2)$\frac{1}{20}$

[6] (1)線分ABの中点をOとすると，$\overset{\frown}{CD}=\frac{2}{3}\overset{\frown}{AB}$より，$\angle COD=180^\circ\times\frac{2}{3}=120^\circ$

また，$\angle AOC+\angle BOD=180^\circ-\angle COD=60^\circ$であることと，

△OAC，△OBDが二等辺三角形であることより，

$\angle PAB+\angle PBA=\frac{180^\circ-\angle AOC}{2}+\frac{180^\circ-\angle BOD}{2}=\frac{360^\circ-(\angle AOC+\angle BOD)}{2}=\frac{360^\circ-60^\circ}{2}=150^\circ$

したがって，$\angle APB=180^\circ-(\angle PAB+\angle PBA)=30^\circ$となり，∠APBの大きさは一定である。

(2)$\frac{4}{9}\pi$

※の式と計算は解説を参照してください。

《英　語》

Ⅰ　放送原稿非公表のため，解答例は掲載しておりません。

Ⅱ　1．(A)たった1キログラムのごみが，電灯を4時間働かせておくのに十分なバイオガスを生産する。　(C)自動車やガソリンスタンドのようなものに対する必要な変化をもたらすための十分な資金を工面すること。

2．①takes ②turned ③burns ④go 3．and buses have used a fuel called bioethanol 4．but

5．renewable 6．make／it 7．ⓐメタン ⓑ捨てる部分 ⓒ汚染 ⓓ育つ

Ⅲ 1．that 2．you can guess how it got its name 3．you keep your daily routine healthy when you are feeling down 4．(b) 5．(b), (d)

Ⅳ 1．ウ 2．ア 3．ア 4．エ 5．イ

Ⅴ 1．each／other 2．change／trains 3．has／belonged 4．reminded／me 5．forward／to

Ⅵ 1．②→of 2．③→to staying 3．①→am 4．②→stops 5．②→ask

Ⅶ ①However, we need imagination even in the medical community.

②we might make the wrong decision if we don't have enough imagination.

③I believe we should think of our minds as something we can develop.

④reading novels helps us understand others' experience.

《理 科》

【1】(1)エ (2)3 (3)(i)A．ウ B．イ (ii)A．ウ B．ウ (4)カ (5)ウ (6)イ，ウ (7)イ

【2】(1)a．マグニチュード b．P c．S (2)ア (3)d．$\frac{D}{V_1}$ e．$\frac{D}{V_2}$ f．$\frac{D}{V_2}-\frac{D}{V_1}$ g．$\frac{V_1V_2}{V_1-V_2}$

(4)20

【3】(1)ウ→エ→ア→イ→オ (2)a．空気 b．水 (3)X．沸騰 Y．沸点

(4)①62 ②78120 ③280000 ④28 (5)71

【4】(1)マグネシウム…$2Mg+O_2 \rightarrow 2MgO$ 銅…$2Cu+O_2 \rightarrow 2CuO$ (2)7：3 (3)67 (4)0.16 (5)0.56 (6)25

【5】(1)南／5 (2)(a)2.8 (b)75 (c)2 (3)15 (4)2 (5)20 (6)60 (7)ウ

【6】(1)0.5 (2)1.5A (3)13.5W (4)①＞④＞②＞③ (5)11，15 (6)①＝④＞②＝③

《社 会》

1 問1．う 問2．え 問3．い 問4．え 問5．ヨーロッパとの貿易をおこない，利益を得ようとした。

問6．え 問7．あ 問8．え 問9．お 問10．え

2 問1．い 問2．え 問3．え 問4．甲午農民戦争〔別解〕東学党の乱 問5．あ 問6．い

問7．あ 問8．う 問9．か 問10．い

3 問1．い 問2．え 問3．え 問4．お 問5．とうもろこし 問6．あ 問7．か 問8．う

4 問1．排他的経済水域〔別解〕ＥＥＺ 問2．か 問3．ストロー 問4．地方公共団体と民間企業が共同

問5．う 問6．白化

5 問1．う 問2．効率 問3．(1)あ (2)ＮＡＴＯ 問4．一人でも反対されると否決されるので，物事が決まりにくい。 問5．か 問6．あ 問7．国際慣習法

6 問1．1．利潤 2．土地 問2．X．税 Y．社会資本 問3．う 問4．え 問5．あ 問6．え

問7．い 問8．あ

《2023 国語 解説》

一 問二 最後から２段落目の「大上段に振りかぶって『地球温暖化対策』とか『持続可能な社会』を考えるのも重要なことだと思うが、歴史の中、文化の中に蓄積され、すでにヒトに内在しているはずの知恵や感受性に気づいてみることも同じくらい重要なのではないか」という言い換えが参考になる。よって、ウが適する。

問三 掃除は「あらゆる文化・文明においてそれぞれの方法で行われてきた」。そんな「世界中の掃除の情景を映像として集めた」ものを「編集して眺めると」、筆者は改めて「人類は掃除をする生き物」であることに思い至り、心を動かされた。よって、エが適する。

問四 人間は「未墾の大地を、自分たちに都合よく整え、都市や環境を構築する」が、一方の自然も「放っておくと荒ぶる姿となって、人の営みを蹂躙《じゅうりん》する」。そうした自然に対する人の行為と、人に対する自然の作用との「バランスこそ掃除の本質」なのである。よって、イが適する。

問五 「自然は人を保護するためにあるわけではない」ので、「放っておくと荒ぶる姿となって、人の営みを蹂躙する」。だから、「未墾の大地を」、自然をほどほどに残しながら、「自分たちに都合よく整え、都市や環境を構築する」というバランスの取れた暮らしをしてきたということ。

問六 筆者は、「打ち寄せる波が砂浜をあらう渚《なぎさ》のように、人為と自然がせめぎ合う『ほどほどの心地よさ』を探し当てること、それが庭の本質である」と述べている。具体的には、傍線部⑤の直前の「しでかされた庭に愛着を覚え、これを慈《いつく》しむ人々が現れて、程よく落ち葉を掃き、苔《こけ》をととのえ、樹々《きぎ》の枝葉を剪定《せんてい》し、守り続けた結果として『庭』は完成していく」ことである。

問七 傍線部⑥の直前に、「日本のラグジュアリー(＝心地よさ)の要点には清掃がある。ただ単に、磨きあげるのではなく、自然や草木といったものに心をそわせつつ」とある。具体的には「石や木、漆喰《しっくい》や畳といった素材に気持を通わせつつ、その自然な様相を味わい楽しむ感覚が掃除であり、そういう営みの中に日本のラグジュアリーは宿るのかもしれない」と説明している。傍線部⑥の「張り」は、「ラグジュアリー」「充実感」ととらえてよい。よってアが適する。

問八 Ｅさんの意見は、「掃除はもちろん日本だけのものではないが、お茶を飲んだり、花を立てたりという行為を『茶の湯』だの『生け花』だのに仕立てるのが得意な日本人である。住居まわりの環境を整える『掃除』という営みを『庭』という技芸に仕上げたのかもしれない」という筆者の考え方に即している。よって、オが適する。

二 問二 「今回の発作から、もともと口数の少なかった松吉は前にも増してものをしゃべらなくなっていた」ので、和夫は「化学療法が効いて足の痛みが薄らぎ、気分がいいですよ、と笑顔を見せていたマイクの横に、重苦しく押し黙った老人を置くのは気がひけた」のである。よって、ウが適する。

問三 マイクは「枯れ木にはえるキノコの話」で、松吉を枯れ木、キノコを脳卒中に例えている。和夫の心配に対し、マイクは「枯れ木は多くを語らないものです」、つまり老人はそもそも口数が少ないもので、「キノコ」のはえた「枯れ木」、すなわち脳卒中になった老人ならなおさら「多くを語らない」ことが当然なので、気にしていないということを和夫に伝えようとしている。

問四 「強力な制癌《がん》剤の投与を受けている」マイクにとって、「ベトナムの空中戦の緊張感を頭の中で追体験することは、思いのほか体力を消耗する作業だった」が、松吉に「真剣な対応を」し、戦闘機の話をしてくれたことに、松吉も同じ操縦者として「寝巻の前を合わせ、きちんと背を伸ばし」て対応している。よって、アが適する。

問五　松吉は「ちっぽけな電車を運転しておりました」とマイクに話した。するとマイクは、「人の作る機械は、その速度が速くなればなるほど大きな罪を造るようです。乗るなら罪の少ない乗り物に越したことはないのです」と、松吉のゆっくり走る電車の運転手という生き方を肯定してくれたので、松吉は「ベッドの上に正座して深々と頭を下げ、泣い」て感謝の意を示している。

問六　マイクは松吉を「枯れ木」に喩《たと》えていたが、「ベッドの上に正座して深々と頭を下げ、泣」くほど、電車の運転に情熱を注いでいたことが伝わり、彼の姿に活力を感じ認識を改めている。よって、オが適する。

問七　「窓一杯に盛りの青葉が夕陽《ゆうひ》を受けて、そう遠くない先にたしかな紅葉を予感させる微《かす》かな赤みを帯びて風にそよいでいた」「森はもう秋の準備をしているのに、人間だけが初夏と思っているんだな。大いなる錯覚だな」とある。季節の変化と人間の人生を重ね合わせている。松吉が電車への情熱を宿したまま「秋の準備をして」老いてゆく姿を見て、マイクは自分もまだ「初夏だと思っている」のは「大いなる錯覚」だと感じた。やがて癌が進んで衰えていく自分の存在も、自然の営みとして受けいれようとしている。よって、イが適する。

三 **問二**　「耳うときもの」は、「『いま言い給《たま》ふことはなにぞ』と、二度三度問ひ返せば、人も笑」う様子が「恥づかし」かったのである。よって、エが適する。

問三・四　【古文の内容】を参照。

問五　「耳うときもの」は、虫の入った飯を黙って出されたり、食が進まないことを心配するどころか残り物がたくさん食べられると喜ばれたりと、使用人にぞんざいに扱われていると知り、腹を立てている。よって、ウが適する。

問六　「うとかりし世」とは、「耳うとき」頃という意味である。「耳うときもの」は、耳がとてもよく聞こえるようになったが「隣の物語には、聞き苦しきことも多く、ここやかしこの言葉より、鳥の声、虫の音、遠近もらさず聞こゆれば、かしがましさ言ふばかりな」かったので、「うとかりし世を恋し」いと感じている。

問七　「耳うときもの」は、確かに使用人が虫の入った飯を出すという不正に「知らぬさま」をしているが、そのことについての是非は問題になっていない。よって、エが正解。

【古文の内容】

　仙人が伝えた薬だと言って、大変耳がよくなる薬を所有して伝える者がいた。耳が遠い者が、「今おっしゃったことは何ですか」と、二度三度と問い返すと、人も笑って言いもしない有様であった。聞こえないまま黙っていると、また（人が）笑う様子は、さすがに見えていたのだろう。（この耳が遠い者は）あまりの恥ずかしさに、例の薬を請い受けて飲んだところ、急に耳がとてもよくなったことはうれしかったものの、あまりに遠く離れた場所のことまでも、もれなく聞こえた。（耳が遠い者の使用人の）米炊き男が、「この飯に虫が這って入ってきたが、（主人に）言えば機嫌を悪くなされることが恐ろしくて、こっそり（虫を）取って捨てた」と、とてもひそひそと言うのも聞こえた。（耳が遠い者は）知らないふりをしたが、潔癖なので、（その話を）聞くと（食べるのを）とても嫌がる気持ちになって、箸もつけなかったので、また例の男たちがささやいて「昨夜は酒をお過ごしになられたと思っていたが、予想通り（体調が悪くて飯に）見向きもなさらない。お互い今日は、（残り物を）多く食べましょう。うれしいことだ」などというのも聞こえた。（耳が遠い者は使用人が）憎くてたまらなかったが、（話を）聞いたともやはり言いにくい。まして隣の（家の）話には、聞き苦しいことも多く、ここかしこの言葉から、鳥の声、虫の音、遠近もれなく聞こえたので、やかましさは言葉にできなくて、「耳ほどうるさいものはない」と、耳が遠かった頃を恋しがったということだ。

《2023　数学　解説》

1　(1)　与式$=-a^2\div\dfrac{b^5\times2}{a^6}\times\dfrac{b^6}{a^9}=-\dfrac{a^2\times a^6\times b^6}{b^5\times2\times a^9}=-\boldsymbol{\dfrac{b}{2a}}$

(2)　与式$=\dfrac{\sqrt{54}}{2\sqrt{27}}-\dfrac{\sqrt{3\times12^2}}{2\sqrt{27}}-\dfrac{5-2\sqrt{10}+2}{7\sqrt{2}}=\dfrac{\sqrt{2}}{2}-\dfrac{\sqrt{16}}{2}-\dfrac{7-2\sqrt{10}}{7\sqrt{2}}=\dfrac{\sqrt{2}-4}{2}-\dfrac{\sqrt{2}(7-2\sqrt{10})}{14}=$
$\dfrac{7(\sqrt{2}-4)-\sqrt{2}(7-2\sqrt{10})}{14}=\dfrac{7\sqrt{2}-28-7\sqrt{2}+4\sqrt{5}}{14}=\dfrac{-28+4\sqrt{5}}{14}=\boldsymbol{-2+\dfrac{2\sqrt{5}}{7}}$

(3)　与式$=2x^2y-x^2z+4y^2z-4xy^2=(2x^2y-4xy^2)-(x^2z-4y^2z)=2xy(x-2y)-z(x^2-4y^2)=$
$2xy(x-2y)-z\{x^2-(2y)^2\}=2xy(x-2y)-z(x+2y)(x-2y)=(x-2y)\{2xy-z(x+2y)\}=$
$\boldsymbol{(x-2y)(2xy-2yz-zx)}$

(4)　$a<b$より，$c<d$であり，aとbの最大公約数がgだから，cとdの最大公約数は1(互いに素)である。このとき，aとbの最小公倍数ℓはgcdと表せるから，$\dfrac{\ell}{g}=60$のとき，$\dfrac{gcd}{g}=60$より，$cd=60$である。
$cd=60$となる$(c,\ d)$は，$(1,\ 60)$，$(2,\ 30)$，$(3,\ 20)$，$(4,\ 15)$，$(5,\ 12)$，$(6,\ 10)$があり，このうち最大公約数が1となる**(1，60)，(3，20)，(4，15)，(5，12)**が④にあてはまる。$a+b=855$のとき，$gc+gd=855$より，$g(c+d)=855$となり，$855=3^2\times5\times19$より，gが自然数となる$c+d$は，$4+15$のときで，$g=\dfrac{855}{4+15}=45$である。よって，$a=45\times4=$**180**，$b=45\times15=$**675**である。

(5)　**【解き方】球の半径をr cmとすると，立方体の1辺の長さは2r cmである。また，球の体積は$\dfrac{4}{3}\pi r^3$，球の表面積は$4\pi r^2$で求められる。**

(a)　縦a cm，横b cm，高さc cmの直方体の対角線の長さは，三平方の定理を利用すると，$\sqrt{a^2+b^2+c^2}$で求められるから，立方体の対角線の長さについて，$\sqrt{(2r)^2+(2r)^2+(2r)^2}=6$が成り立ち，
$(2r)^2+(2r)^2+(2r)^2=6^2$　　$3\times4r^2=36$　　$r^2=3$　　$r=\pm\sqrt{3}$　　$r>0$より，$r=\sqrt{3}$
よって，求める球の体積は，$\dfrac{4}{3}\pi\times(\sqrt{3})^3=\boldsymbol{4\sqrt{3}\pi}$(cm³)である。

(b)　立方体の表面積について，$(2r)^2\times6=\sqrt{2}$が成り立ち，$24r^2=\sqrt{2}$　　$r^2=\dfrac{\sqrt{2}}{24}$
よって，求める球の表面積は，$4\pi\times\dfrac{\sqrt{2}}{24}=\boldsymbol{\dfrac{\sqrt{2}}{6}\pi}$(cm²)である。

2　**【解き方】操作によってできた食塩水に含まれる食塩の量について，連立方程式を作る。**

1 kg=1000 gである。x%の食塩水1000 gが入っているAに，y%の食塩水200 gを混ぜたから，できた食塩水$1000+200=1200$(g)に含まれる食塩は，$1000\times\dfrac{x}{100}+200\times\dfrac{y}{100}$(g)である。この食塩水の濃度が7.5%だから，含まれる食塩は，$1200\times\dfrac{7.5}{100}$(g)である。これらより，$1000\times\dfrac{x}{100}+200\times\dfrac{y}{100}=1200\times\dfrac{7.5}{100}$が成り立ち，これを整理すると，$5x+y=45$…㋐となる。

この後，7.5%の食塩水から200 gを，y%の食塩水$1000-200=800$(g)が入っているBに入れて混ぜたから，できた食塩水1000 gに含まれる食塩は，$200\times\dfrac{7.5}{100}+800\times\dfrac{y}{100}$(g)である。この食塩水の濃度が$\dfrac{11}{16}x$%だから，含まれる食塩は，$1000\times(\dfrac{11}{16}x\div100)$(g)である。これらより，$200\times\dfrac{7.5}{100}+800\times\dfrac{y}{100}=1000\times(\dfrac{11}{16}x\div100)$が成り立ち，これを整理すると，$55x-64y=120$…㋑となる。

㋐×11－㋑でxを消去すると，$11y+64y=495-120$　　$75y=375$　　$\boldsymbol{y=5}$

㋐に$y=5$を代入すると，$5x+5=45$　　$5x=40$　　$\boldsymbol{x=8}$

3　**【解き方】1個あたり$10x$円値下げすると，1日の売り上げが$30x$個増えることから，方程式を作る。**

1個あたりの値段を$400-10x$(円)にすると，1日の売り上げは$500+30x$(個)になるから，売上金額が240800円のとき，$(400-10x)(500+30x)=240800$が成り立つ。これを解くと，$100(40-x)(50+3x)=240800$
$(40-x)(50+3x)=2408$　　$2000+120x-50x-3x^2=2408$　　$3x^2-70x+408=0$

２次方程式の解の公式より，$x=\frac{-(-70)\pm\sqrt{(-70)^2-4\times3\times408}}{2\times3}=\frac{70\pm\sqrt{4900-4896}}{6}=\frac{70\pm\sqrt{4}}{6}=\frac{70\pm2}{6}$

$x=\frac{70-2}{6}=\frac{34}{3}$，$x=\frac{70+2}{6}=12$　問題文より，$x=\frac{34}{3}$は適さないから，$x=12$

よって，10×12＝**120**(円)値下げすればよい。

4 (1) 放物線$y=\frac{1}{2}x^2$と直線$y=-x+4$の交点について，$\frac{1}{2}x^2=-x+4$　$x^2+2x-8=0$

$(x+4)(x-2)=0$　$x=-4,\ 2$　よって，図より，Aは$x=-4$，$y=-(-4)+4=8$だから，

A(－4，8)，Bは$x=2$，$y=-2+4=2$だから，**B(2，2)**である。

(2) **【解き方】平行四辺形ＡＰＢＱの面積が△ＡＯＢの３倍だから，△ＡＰＢの面積は△ＡＯＢの$\frac{3}{2}$倍である。**

直線$y=-x+4$とy軸との交点をC，Pを通り直線$y=-x+4$に平行な直線とy軸との交点をRとすると，底辺と高さの等しい三角形の面積は等しいから，△ＡＰＢ＝△ＡＲＢである。したがって，ＣＲ：ＣＯ＝△ＡＲＢ：△ＡＯＢ＝△ＡＰＢ：△ＡＯＢ＝３：２である。C(0，4)より，ＣＯ＝４だから，ＣＲ＝$\frac{3}{2}$ＣＯ＝６で，Rのy座標はCのy座標より６小さく，４－６＝－２より，R(0，－２)である。よって，直線ＰＲの式は$y=-x-2$であり，Pのy座標は$y=0$だから，$0=-x-2$より，$x=-2$となり，**P(－2，0)**である。また，BはPからx軸方向に２－(－２)＝４，y軸方向に２－０＝２移動した点だから，QはAからx軸方向に４，y軸方向に２移動した**(0，10)**となる。

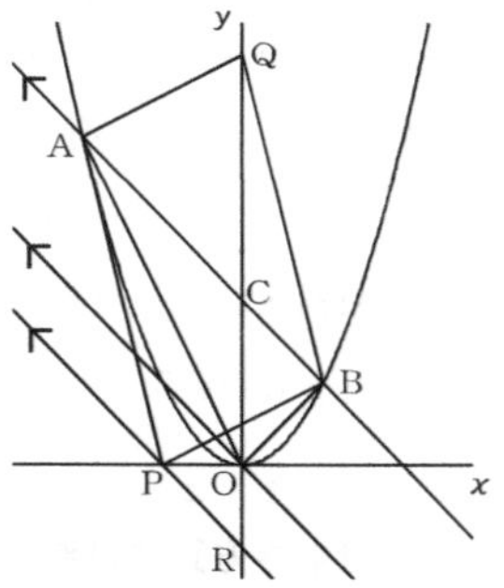

(3) **【解き方】平行四辺形ＡＰＢＱの周の長さが最も短くなるのは，ＡＰ＋ＰＢが最も小さくなるときだから，Ａをx軸について対称移動した点Ａ′とＢを結ぶ直線と，x軸との交点がＰとなる。**

A(－４，８)をx軸について対称移動した点A′の座標は，A′(－４，－８)である。２点A′，Bの座標より，直線A′Bの傾きは，$\frac{2-(-8)}{2-(-4)}=\frac{5}{3}$だから，Bから$x$座標が－２増加して０になると，$y$座標は$-2\times\frac{5}{3}=-\frac{10}{3}$増加して$2-\frac{10}{3}=-\frac{4}{3}$となるので，直線A′Bの式は，$y=\frac{5}{3}x-\frac{4}{3}$である。Pは$y=0$だから，$0=\frac{5}{3}x-\frac{4}{3}$より，$x=\frac{4}{5}$となり，**P($\frac{4}{5}$，0)**である。

5 (1) **【解き方】$\frac{b}{a}=2$となればよい。**

ｃはどのカードを引いてもよいので，考えなくてよい。ａは１～６の６通り，ｂは１～10の10通りあるから，ａとｂの数字の組み合わせは，６×10＝60(通り)ある。$\frac{b}{a}=2$となる，[ａ，ｂ]は，[１，２]，[２，４]，[３，６]，[４，８]，[５，10]の５通りある。よって，求める確率は，$\frac{5}{60}=\frac{\mathbf{1}}{\mathbf{12}}$である。

(2) **【解き方】直線ℓの切片(ｃの値)が決まると，傾き($\frac{b}{a}$)も決まるから，ｃの値で場合分けして考える。**

(1)の解説より，ａとｂの数字の組み合わせは60通りあり，ｃは１～４の４通りあるから，ａ，ｂ，ｃの数字の組み合わせは全部で60×４＝240(通り)ある。直線ℓが点(６，10)を通るとき，$10=\frac{b}{a}\times6+c$となり，傾きは，$\frac{b}{a}=\frac{10-c}{6}$と表せる。ｃ＝１のとき，$\frac{b}{a}=\frac{10-1}{6}=\frac{3}{2}$だから，[ａ，ｂ]は，[２，３]，[４，６]，[６，９]の３通り，ｃ＝２のとき，$\frac{b}{a}=\frac{10-2}{6}=\frac{4}{3}$だから，[ａ，ｂ]は，[３，４]，[６，８]の２通り，ｃ＝３のとき，$\frac{b}{a}=\frac{10-3}{6}=\frac{7}{6}$だから，[ａ，ｂ]は，[６，７]の１通り，ｃ＝４のとき，$\frac{b}{a}=\frac{10-4}{6}=1$だから，[ａ，ｂ]は，[１，１]，[２，２]，[３，３]，[４，４]，[５，５]，[６，６]の６通りあるから，全部で３＋２＋１＋６＝12(通り)ある。よって，求める確率は，$\frac{12}{240}=\frac{\mathbf{1}}{\mathbf{20}}$である。

6 (1) ∠ＣＯＤ＝120°であることから，∠ＡＯＣと∠ＢＯＤの大きさの和，△ＡＯＣと△ＢＯＤがともに二等辺三角形であることから∠ＰＡＢと∠ＰＢＡの大きさの和が一定であり，∠ＡＰＢの大きさが一定であることを導く。

(2)　**【解き方】$\angle APB$の大きさが一定だから，３点A，P，Bは同一円周上にあるとわかる。右図の$\overset{\frown}{P_1P_2}$の長さを求めればよい。**

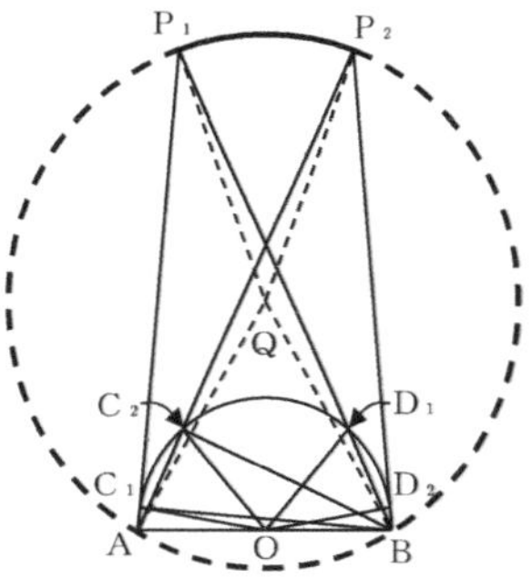

３点A，P，Bを通る円の中心をQとすると，円周角の定理より，

$\angle AQB=2\angle APB=60°$ とわかるから，$\triangle QAB$は正三角形で，

$QA=AB=2$である。

また，$\angle P_1QP_2=2\angle P_1AP_2=2(\angle P_1AB-\angle P_2AB)$である。

$\angle P_1AB=\angle C_1AB$，円周角の定理より，$\angle C_1AB=\frac{1}{2}\angle C_1OB=\frac{1}{2}(180°-10°)=85°$ である。$\angle AOC_2=180°-\angle C_2OD_2-\angle D_2OB=180°-120°-10°=50°$ だから，$\angle P_2AB=\angle C_2AB=\frac{1}{2}\angle C_2OB=\frac{1}{2}(180°-50°)=65°$ である。

したがって，$\angle P_1QP_2=2(\angle P_1AB-\angle P_2AB)=2(85°-65°)=40°$ である。

よって，求める長さは，$2\pi\times2\times\frac{40°}{360°}=\frac{4}{9}\pi$である。

《2023　英語　解説》

Ⅱ【本文の要約】参照。

１（A）　・enough … to ～「～するのに十分な…」　　（C）　・find the money「資金を工面する」

２①　話の流れから，take「占領する」が適切。主語が単数で時制が現在だから，動詞の語尾に s を付ける。

②　受け身の文だから，turn の過去分詞 turned が適切。　・turn A into B「AをBにする／AをBに変える」

③　話の流れから，burn「燃える」が適切。主語が単数で時制が現在だから，動詞の語尾に s を付ける。

④　・go on and on「延々と続く」

３　In Brazil, cars and buses have used a fuel called bioethanol for years.：現在完了の文。a fuel called bioethanol「バイオエタノールと呼ばれる燃料」は，〈called《過去分詞》＋bioethanol《語句》〉が後ろからfuel《名詞》を修飾する形。

４　それぞれの空所の前後の文が逆の内容だから，逆接の接続詞 but が適切。

５「水素は私たちが水から生成するなら再生可能な燃料」，「しかしそれが（化石燃料から生産するなら）再生可能ではない（＝but it is not renewable）」という流れ。

６　英文の hydrogen「水素」から，Hydrogen に入る文。These ‘clean’ ways of making hydrogen「これらの水素を生産するする『クリーンな』方法」は第２段落１～２行目に述べられているから，２文目の make it が適切。

７ⓐ　バイオガスより，バクテリアがごみなどを分解して生成されるものだから，「メタン」が適切。

ⓑ　バイオ燃料より，ここで述べられている食用植物はサトウキビを指す。再利用されるのは砂糖を採った後のサトウキビの「捨てる部分」が適切。　ⓒ　水素の第１段落２～３行目に述べられている「汚染」が適切。

ⓓ　バイオ燃料より，第１，２段落の内容から「育つ」が適切。バイオ燃料は，人が「育てる」燃料であることを読み取る。

【本文の要約】

燃料になる木を栽培したり，生ごみから燃料を得たりすることを想像してください。空中を走る車や，汚染物質ではなく水を排出する車を想像してください。世界中で人々は驚くような新しい燃料を作っています。

バイオガス

バイオガスは，植物や自然廃棄物からバクテリアによって作られます。バクテリアはごみを分解し，問７ⓐメタンのようなガスを生成します。たいていの場所ではそうしたガスが空気を汚染するのですが，ブラジルのサンパウロ近郊のある場所ではパイプが地下からバイオガスを取り出します。そのガスは発電所で燃やされ，40 万人のための電気を作り出します。

インドの村人たちは動物や食物のごみを使ってバイオガスを作ります。バクテリアがごみを特別な容器の中で分解し，そのガスが調理や電灯に使われるのです。(A) たった１キログラムのごみが，電灯を４時間働かせておくのに十分なバイオガスを生産します。スウェーデンでは，トイレの排泄物から自動車用のバイオガスさえも生成しています。70 か所のトイレの１年分の排泄物が，小型車１台を１万６千キロメートル走らせるのに十分な燃料を生成します。

バイオ燃料

バイオ燃料は問７ⓓ育つ燃料から生成されます。最古のバイオ燃料は木材ですが，問７ⓓ今日では様々な種類の植物を（古いコーヒーでさえも）使って新たなバイオ燃料を生成します。バイオ燃料の問題点は，その燃料を育てるために多くの土地を①占領してしまう（＝takes）こと，つまり食べ物を栽培するための土地を減らしてしまうことです。もしココナッツのバイオ燃料でロンドンからアムステルダムへ飛行機で行きたい場合，ココナッツを約 300 万個栽培する必要があります。また，他にも問題点があります。人々はバイオ燃料のための植物を栽培するために，森林を破壊するかもしれません。

ブラジルでは長年，自動車やバスがバイオエタノールと呼ばれる燃料を使っています。バイオエタノールは素晴らしいものです。なぜならすでに食用として栽培している植物の問７ⓑ捨てる部分から作るからです。ほとんどのブラジルのバイオエタノールは，砂糖のために栽培する背の高い植物であるサトウキビから作られています。サトウキビは機械で粉砕され，その液体を取り出して砂糖を作ります。その植物の残りが②紙にされたり（＝is turned into paper），バイオエタノールを作るために使われたりするのです。

水素

最もクリーンな燃料は水素です。水素が③燃える（＝burns）と水だけを作ります。すでに水素を使った車はもちろん，ヘリコプターさえありますが，この気体は生産するのが難しいのです。現在，ほとんどの水素は化石燃料から生産されますが，これは問７ⓒ汚染を引き起こしてしまいます。水素の約４パーセントが水から作られますあが（＝but），この過程には多くの電力を使い，また危険な場合もあります。

2010 年，技術者たちは太陽光を使って水素を作る機械を発明しました。バクテリアを使って水素を作ろうとしている人たちもいます。６こうした水素を作る「クリーンな」方法はまだ登場したばかりです。もしそれらがもっと安価になるなら，将来みんなが水素自動車を運転するかもしれません。

再生可能，あるいは…

科学者たちは多くの新しい燃料を開発していますが，大半の人が使えるようになるまでには時間がかかるでしょう。最大の問題点は，(C) 自動車やガソリンスタンドのようなものに対する必要な変化をもたらすための資金を工面することです。例えば，今日アメリカには約 14 万か所のガソリンスタンドがありますいが（＝but），そのうちバイオエタノールを販売しているのはたった 2800 箇所しかありません。

再生可能エネルギーは，太陽光や風力など，④この先ずっと存在する（＝go on and on）ものから得るエネルギーのことです。この記事で取り上げた燃料は，再生可能なものも，そうでないものもあります。バイオ燃料は再生可能です。なぜなら毎年生成できるからです。水素も水から生成するなら再生可能な燃料ですが，化石燃料から生産するなら５再生可能（＝renewable）ではありませんね。

Ⅲ 【本文の要約】参照。

1　that が適切。(A)は，(A)に続く文が後ろから，前にあるprogram《名詞》を修飾するから，関係代名詞の that が適切。

（B）は，（B）以下全体が，前にあるrecommend《動詞》の目的語になるから，接続詞の that が適切。

2　I think you can guess how it got its name.：you can guess に間接疑問が続く文。how 以下の語順に注意。

3　…, but it's very important that you keep your daily routine healthy when you are feeling down.：keep A B「AをB（の状態）にし続ける」の形。Aが your daily routine，Bが healthy にあたる。　・feel down「落ち込む」

5　(a)「『日曜日の恐怖』に悩む人は×ほぼいない」　(b)○「『日曜日の恐怖』と『サザエさん症候群』は同じ感情に対する異なる名称である」…ポールの５回目と７回目の発言と一致。　(c)×「『サザエさん症候群』は有名なアニメ番組にちなんで名づけられたが，それはそのストーリーが悲しいからである」…本文にない内容。　(d)○「あなたが悲しい気持ちになっても，それが必ずしも鬱ということではない」…ポールの 10 回目の発言内容と一致。(e)×「鬱を克服するために，他者との言葉のやりとりをやめる必要がある，そして自分にあらゆる集中力を向けるべきである」…本文にない内容。

【本文の要約】

ポール：ミカ，調子はどう？

ミカ　：ポール，私はちょっと悲しい気分なの。

ポール：何があったの？どこか具合でも悪いのかな？

ミカ　：具合が悪い訳じゃないの。

ポール：リラックスしなよ！今日は日曜日なんだから！

ミカ　：実はそれが理由だと思う。

ポール：どういうこと？

ミカ　：日曜日の夕方，私は翌日のこと，つまり月曜日のことを考え始めちゃうの。そしていつもそれが少しストレスなんだ。学校や友達，そしてもちろん学校での勉強は好きなんだけど，そういう状態なんだ。

ポール：5(b)うーん，それは「日曜日の恐怖」ってやつだね。

ミカ　：「日曜日の恐怖」？それって何？

ポール：君だけでなく多くの人が，日曜の夕方は憂鬱になるっていう経験をしているよ。そしてこれは「日曜日の恐怖」と呼ばれているんだ。

ミカ　：この感情にそんな名前がついているなんて知らなかったわ。

ポール：5(b)日本語では「サザエさん症候群」って言うと思うよ。

ミカ　：サザエさんですって！面白いね。

ポール：どうしてその名前がついたか，君はわかると思うけど。

ミカ　：日曜日の夕方は「サザエさん」を見るから？

ポール：その通り。サザエさんは日曜の夕方６時半に始まる長寿テレビアニメ番組さ。だからサザエさんは日本では週末の終わりの象徴なんだよ。番組が７時に終わると，多くの人が憂鬱になる。月曜がやってくるから，現実と向き合わなくてはいけないからね。

ミカ　：じゃあ今日の夕方はサザエさんを見るのをやめるべきかな？

ポール：ミカ，それはあまり役に立つ方法じゃないと思う。でも君にアドバイスしよう。5(d)悲しみについてあまり深く考えないほうがいいよ。だってそれは自然な心理的反応だからね。悲しみそれ自体はア(b)悪い(＝bad)ことではないんだ。何か悪いことが起こったら僕たちは悲しくなる。何か楽しいことが起こったら楽しい気分になる。5(d)他の感情と同様，悲しみは自然な感情だからね。もし悲しみが一時的なのもので，時とともに過ぎ去っていくのなら問題ない。でも悲しみが長く続くときは注意しなければいけないよ。この段階では，良いことが起こったときでさえ人は悲しく感じてしまう。これが「鬱」と呼ばれるものさ。鬱は心の病だよ。心の健康を害する原因になるんだ。

ミカ　：そんな状態を避けるにはどうしたらいいの？

ポール：鬱に対処するには，友達と連絡を取る，運動をする，健康的な食生活をする。大したことではないように聞こえるかもしれないけれど，落ち込んでいるときには毎日のルーティーンを健康的なものにしておくことがとても大切なんだよ。ああそうだ，おもしろい映画やテレビドラマを見るのをお勧めするよ。笑いは最良の薬だからね。

ミカ　：わかったわ。じゃあ今夜サザエさんを見ようっと！

V　1　「ロナルドとエマは気心の知れた友達である」＝「ロナルドとエマはお互いに（＝each other）よく知っている」

2　「あなたは次の駅でこの電車から降りて，別の電車に乗るべきです」＝「あなたは次の駅で乗り換える（＝change trains）べきです」

3　「彼は２年間そのバスケットボールチームにいる」＝「彼は２年間そのバスケットボールチームに所属している（＝has belonged）」　・belong to ～「～に所属する」

4　「私は昨日そのメールを受け取った時，会議を思い出した」＝「私が昨日受け取ったメールは私に会議のことを思い出させた（＝reminded me of that meeting）」　・remind＋人＋of＋もの「（人）に（もの）を思い出させる」

5　「春休みが待ちきれない」＝「春休みを楽しみに待っている（＝are looking forward to）」

Ⅵ　1　②for→of：・it is＋人の性質などを表す形容詞＋of＋人＋to ～「～してくれるなんて（人）は（人の性質などを表す形容詞）だ」　・help＋人＋with ～「（人）の～を手助けする」

2　③to stay→to staying：・get used to ～ing「～するのに慣れている」

3　①are→am：I に対する be 動詞だから，are ではなく am が適切。not only A but also B「AだけでなくBも」の直後の動詞はBに合わせる。

4　②stopped→stops：後の you will ～から未来を表す文だが，Just after ～「ちょうど～すれば」は接続詞の if や when のように，未来のことであっても現在形で表す。

5　②asking→ask：・Why not＋動詞の原形?「～したらどうですか？」…提案するときの表現

Ⅶ　①「必要とされる」＝need を補う。「医学の場においても」→「医学的なコミュニティにおいてさえも」＝even in the medical community

②「～してしまいかねない」→「もし…ならば，（ひょっとして）～してしまうかもしれない」＝we might ～ if …「間違った決定をする」＝make the wrong decision「想像力が欠けている」＝「十分な想像力がない」＝we don't have enough imagination

③「人の心は育てることができるものであると捉えるべきだ」→「私たちの心を私たちが発達させることができるもの（何か）と見なすべきだ」＝we should think of our minds as something we can develop　・think of A as B「AをBと見なす」

④「小説を読むこと」＝reading novels　「（人）が～するのに役立つ」＝help＋人＋動詞の原形

《2023　理科　解説》

【1】

(1)　例えば，二酸化炭素で考えると，濃度が339－257＝82(ppm)増加したことによる温暖化への寄与度の比が26だから，1ppmあたりでは$\frac{26}{82}$＝0.3…である。同様に求めると，メタンは12，フロン－12は約7.1，一酸化二窒素は50となり，1ppmあたりの寄与が最も大きいのは一酸化二窒素だと考えられる。

(2)　植物がつくった有機物を動物が食べるときと，植物や動物の死がいや排出物などの有機物を微生物が分解するときに有機物が移動するから，植物と動物を結ぶ点線，植物と微生物を結ぶ点線，動物と微生物を結ぶ点線の３本である。

(3)　植物は光合成を行うときには二酸化炭素を吸収して酸素を排出し，呼吸を行うときには酸素を吸収して二酸化炭素を排出する。動物は光合成を行わず，呼吸を行うときには酸素を吸収して二酸化炭素を排出する。ただし，ここでは物質の出入りではなく，元素の出入りについて答える。動物の呼吸では，酸素元素は吸収されるだけでなく，二酸化炭素に含まれる形で排出されていることに注意しよう。

(4)　植物は光のエネルギーを受けて光合成を行う。昼間でも光があたらなければ光合成を行わない。

(5)　愛さんは，植物が吸収した二酸化炭素は光合成によって有機物に合成されるが，生物の呼吸によって再び二酸化炭素になって排出されるので，植物だけを保護しても大気中の二酸化炭素の減少にはつながらないと考えている。大気中の二酸化炭素を減少させるには，二酸化炭素から合成された有機物を生物の体内に有機物のまま固定しておかなければならないので，生物の重量は増加する必要がある。

(6)　イ○…図２では，光合成量のグラフが二酸化炭素の吸収量，呼吸量のグラフが二酸化炭素の排出量を表しているので，２つのグラフの差が森林に取り込まれている二酸化炭素の量である。よって，30年後の方が80年後より，森林に取り込まれている二酸化炭素の量が多い。　ウ○…35年後からは呼吸量が増えて光合成量がほとんど変化していないから，光合成を行わない部分が成長していったと考えられる。

(7)　アでは薪の原料，ウではバイオエタノールの原料として利用することで，吸収した二酸化炭素が再び二酸化炭素になって排出されるから，大気中の二酸化炭素量の減少は小さい。また，80年後以降になると光合成量と呼吸量の差が非常に小さくなっていくと考えられるので，エのようにそのまま保存するよりも，イのように光合成量と呼吸量の差があるうちに切り倒し，吸収した二酸化炭素を有機物のまま固定した状態で利用すると，大気中の二酸化炭素量の減少が大きくなる。

【2】

(2)　イ×…高潮ではなく津波である。　ウ×…水分が抜けることで地盤がやわらかくなる液状化現象が起こる。エ×…ハザードマップには，地震の発生に関する予想は示されていない。

(3)　震源距離をD，P波の伝わる速さをV_1とすれば，初期微動が到達するまでの時間は$\frac{D}{V_1}$(秒)である。S波についても同様に考えると，$\frac{D}{V_2}$(秒)となる。初期微動継続時間は，S波が到達するまでにかかる時間とP波が到達するまでにかかる時間の差で求めることができるから，$T=\frac{D}{V_2}-\frac{D}{V_1}$となる。この式をDについて解くと，$\frac{D}{V_2}-\frac{D}{V_1}=T$　$\frac{D(V_1-V_2)}{V_1V_2}=T$　$D=\frac{V_1V_2}{V_1-V_2}\times T$となる。

(4)　P波が震央であるXに到達するのは地震が発生してから$\frac{16}{8}$＝２(秒後)である。通常であれば地震発生から２＋３＝５(秒後)に緊急地震速報が受信されるから，緊急地震速報の受信とS波の到達が同時になる地点の震源からの距離は４×５＝20(km)である。この地点と震央(X)と震源の３点を結んだ三角形は直角三角形になるから，この地点の震央からの距離は，三平方の定理を利用して，$\sqrt{20^2-16^2}=12$(km)となり，緊急地震速報がS波の到達に間に合わない領域(Xを中心とした円)の面積は12×12×π＝144π(km^2)である。緊急地震速報の受信が遅れた場合についても同様に考えると，緊急地震速報の受信は地震発生から２＋12＝14(秒後)，Ｓ波の到達が同時になる地点の震源からの距離は４×14＝56(km)，この地点の震央からの距離は$\sqrt{56^2-16^2}=\sqrt{2880}$(km)，Ｓ波の到達に間に合わない領域の面積は$\sqrt{2880}\times\sqrt{2880}\times\pi=2880\pi$($km^2$)である。よって，2880π÷144π＝20(倍)が正答となる。

【３】

(4)　①85－23＝62(℃)　②水300mL→300cm^3の質量は300ｇである。ここでは水300ｇの温度が62℃上昇したので，水が吸収した熱量は4.2×300×62＝78120(Ｊ)である。　③35kJ→35000Ｊより，35000×８＝280000(Ｊ)となる。
④$\frac{78120}{280000}\times100=27.9\to28\%$

(5)　使われたプロパンガスは330Ｌだから，プロパンガスの燃焼によって生じた熱量は99×330＝32670(kJ)である。また，水１ｇの温度を１℃上昇させるのに必要な熱量は4.2Ｊだから，水１Ｌ(1000ｇ)の温度を１℃上昇させるのに必要な熱量は4200Ｊ→4.2kJである。ここでは，17℃の水200＋20＝220(Ｌ)の温度が42－17＝25(℃)上昇したことになるから，水の温度上昇に使われた熱量は4.2×220×25＝23100(kJ)であり，熱効率は$\frac{23100}{32670}\times100=70.7\cdots\to$71%である。

【４】

(2)　表１で，加熱後に増加した質量が結びついた酸素の質量だから，１班の結果に着目すると，0.70ｇのマグネシウムに1.00－0.70＝0.30(ｇ)の酸素が結びついたことになる。よって，マグネシウム：酸素＝0.70：0.30＝７：３となる。２班の結果で求めても同じ比になる。

(3)　加熱後の物質はすべて酸化マグネシウムになっていると考えればよい。(2)より，マグネシウムと酸化マグネシウムの質量比は７：(７＋３)＝７：10だから，酸化マグネシウム0.70ｇ中のマグネシウムの質量は$0.70\times\frac{7}{10}=$ 0.49(ｇ)である。よって，失ったマグネシウムは1.50－0.49＝1.01(ｇ)であり，その割合は$\frac{1.01}{1.50}\times100=67.3\cdots\to$67%である。

(4)　(2)と同様に実験を正確に行った１班の結果から，銅と酸素の質量比を求めると，0.32：(0.40－0.32)＝４：１となる。４班では，加熱後の質量の増加は結びついた酸素によるものだから，結びついた酸素は0.61－0.52＝0.09(ｇ)である。よって，0.09ｇの酸素と結びつく銅は0.09×４＝0.36(ｇ)だから，酸化せずに残っている銅は0.52－0.36＝0.16(ｇ)である。

(5)　配布されたマグネシウムの質量をxｇとすると，銅の質量は$2x$ｇである。また，マグネシウムと酸化マグネシウムの質量比は７：10，銅と酸化銅の質量比は４：(４＋１)＝４：５だから，それぞれの酸化物の質量に着目すると，$x\times\frac{10}{7}+2x\times\frac{5}{4}=1.10$が成り立ち，$x=0.28$となる。よって，配布された銅の質量は0.28×２＝0.56(ｇ)である。

(6)　同じ質量のマグネシウムと酸素に含まれる原子の数の比は２：３だから，マグネシウム原子１個と酸素原子１個の質量比は$\frac{1}{2}:\frac{1}{3}=3:2$である。また，酸化マグネシウム〔MgO〕はマグネシウム原子と酸素原子が数の比１：１で結びついてできるから，１班の加熱後の質量が1.00ｇであることに着目すると，1.00ｇのうち，$1.00\times\frac{3}{3+2}=0.60$(ｇ)がマグネシウムの質量である。つまり，加熱前の質量が0.70ｇだから，0.60ｇのマグネシウムに対して0.70－0.60＝0.10(ｇ)の酸素がすでに結びついていたことになる。マグネシウムと酸素が結びつくときの正しい質量比は３：２だから，0.10ｇの酸素と結びついていたマグネシウムは$0.10\times\frac{3}{2}=0.15$(ｇ)であり，その割合は$\frac{0.15}{0.60}\times100=25$(%)である。

【５】

⑴　４秒間で南へ向かって20m移動したから，速度は南向きに$\frac{20}{4}$＝５（m/ｓ）である。

図ｉ

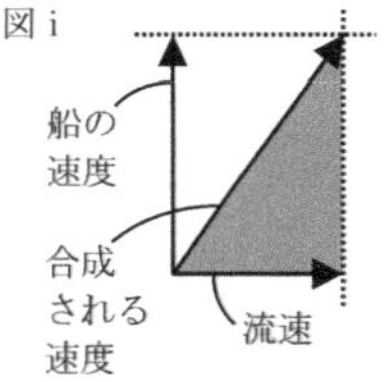

⑵(a)　1.6＋1.2＝2.8（m/ｓ）　(b)　船の速さは1.6−1.2＝0.4（m/ｓ）になるから，$\frac{30}{0.4}$＝75（秒）かかる。　(c)　図ｉのようにして合成される速度を求めればよい。色のついた三角形は辺の比が３：４：５の直角三角形だから，1.2×$\frac{5}{3}$＝２（m/ｓ）となる。

⑶　投げ上げられた瞬間の速さが25m/ｓだから，水平方向の速度は25×$\frac{3}{5}$＝15（m/ｓ）である。

⑷　最高点に到達した瞬間，鉛直方向の速度は０m/ｓになる。図４より，0.5秒で20−15＝５（m/ｓ）小さくなっているから，20m/ｓ小さくなる（０m/ｓになる）のは0.5×$\frac{20}{5}$＝２（秒）である。

⑸　２秒後までのグラフを斜辺とする直角三角形の面積を求めればよいから，$\frac{1}{2}$×２×20＝20（m）となる。

⑹　最高点に到達するのが２秒後だから，地上に落下するのはさらにその２秒後の４秒後である。水平方向の速度は15m/ｓで一定だから，移動距離は15×４＝60（m）である。

⑺　それぞれの放物運動の最高点での力学的エネルギーに着目する。衝突後の位置エネルギーは衝突前の位置エネルギーの半分になるが，この運動では最高点に達した瞬間にも運動エネルギーをもっていて，水平方向の速度に変化がなかったとすれば，衝突の前後で運動エネルギーは等しい。よって，ウが正答となる。

【６】

⑴　断面積が半径の２乗に比例することに注意する。④は①に対し長さも半径も２倍だから，④の抵抗値は①の２×$\frac{1}{2\times2}$＝0.5（倍）である。よって，①の抵抗値は１Ωだから，④の抵抗値は0.5Ωである。なお，②の抵抗値は１×２＝２（Ω），③の抵抗値は１×$\frac{1}{2\times2}$＝0.25（Ω）である。

⑵　①と②は並列つなぎだから，①と②のそれぞれに電源の電圧と同じ３Ｖがかかる。⑴解説より，②の抵抗値は２Ωだから，〔電流（Ａ）＝$\frac{電圧（V）}{抵抗（Ω）}$〕より，②を流れる電流は$\frac{3}{2}$＝1.5（Ａ）である。

⑶　①を流れる電流は$\frac{3}{1}$＝３（Ａ）である。よって，〔電力（W）＝電圧（Ｖ）×電流（Ａ）〕より，①の消費電力は３×３＝９（W），②の消費電力は３×1.5＝4.5（W）であり，図１の回路全体の消費電力は９＋4.5＝13.5（W）である。

⑷　図２では，回路全体の抵抗値は0.25＋0.5＝0.75（Ω）だから，③と④を流れる電流は$\frac{3}{0.75}$＝４（Ａ）である。また，〔電圧（Ｖ）＝抵抗（Ω）×電流（Ａ）〕より，③にかかる電圧は0.25×４＝１（Ｖ）だから，③の消費電力は１×４＝４（W）であり，④にかかる電圧は３−１＝２（Ｖ）だから，④の消費電力は２×４＝８（W）である。よって，⑶解説と合わせると，消費電力が大きい順に①＞④＞②＞③となる。

⑸　水の量は同じだから，図１と図２で，回路全体の発熱量が等しいとき，水の上昇温度も等しくなる。〔発熱量（Ｊ）＝電力（W）×時間（ｓ）〕より，図１の10分→600秒の発熱量は13.5×600＝8100（Ｊ）である。よって，回路全体の消費電力が４＋８＝12（W）の図２で発熱量が8100Ｊになる時間は，$\frac{8100}{12}$＝675（ｓ）→11分15秒である。

⑹　それぞれの発熱量は，①が９×600＝5400（Ｊ），②が8100−5400＝2700（Ｊ），③が４×675＝2700（Ｊ），④が8100−2700＝5400（Ｊ）である。よって，①＝④＞②＝③となる。

《2023　社会　解説》

１　**問１**　（う）　倭の五王は，中国の南朝の皇帝に対して朝貢した。古墳時代までの日本の首長は，中国の皇帝に対して朝貢をしており，対等の立場を主張したのは，飛鳥時代の遣隋使以降である。

問２　（え）　1420 年とあることから，当時の朝鮮は李氏朝鮮である。李氏朝鮮は，李成桂によって 1392 年に建国された。（あ）は百済，（い）は新羅，（う）は高麗。

問３　(い)　15 世紀の日本は室町時代だから(い)があてはまる。(あ)誤り。株仲間は江戸時代の同業者の集団。(う)誤り。大阪が天下の台所と呼ばれたのは江戸時代。(え)誤り。工場制手工業が行われたのは江戸時代後半。

問４　(え)　文中に「ザビエルは彼の出身地であるこの町を最初に訪れた」とあることから鹿児島と判断する。フランシスコ＝ザビエルは，1549 年，鹿児島の坊津に初めて上陸した。

問５　豊臣秀吉はバテレン追放令を出して禁教としたが，南蛮貿易を認めたために，禁教は徹底されなかった。

問６　(え)　Ｘ．誤り。江戸幕府を開いた徳川家康は，当初キリスト教に対して寛容であった。Ｙ．誤り。開国後もキリスト教は容認されず，明治政府も当初はキリスト教を禁教とした。

問７　(あ)　井伊直弼が暗殺された桜田門外の変の内容である。紀尾井坂は，大久保利通が暗殺された場所。坂下門は，老中安藤信正が襲撃された場所。虎の門は，即位前の昭和天皇が狙撃(未遂)された場所。

問８　(え)　徳川吉宗は紀伊徳川家，徳川家斉は一橋徳川家，徳川家茂は紀伊徳川家。

問９　(お)　Ⅲ(品川台場建設　1854 年)→Ⅰ(安政の大獄　1858～59 年)→Ⅱ(和宮降嫁　1862 年)　1853 年のペリー来航後，幕府は江戸湾の防備のために品川沖に台場を建設した。朝廷の許可を得ずに日米修好通商条約を結んだ井伊直弼は，批判する公家・大名・攘夷論者を処罰・処刑する安政の大獄を行った。その後，桜田門外の変で井伊直弼を失った江戸幕府は，朝廷と手を結ぶ方針をとり，当時の孝明天皇の妹和宮を将軍家茂と結婚させることで，天皇の権威を借りて，幕府の権力を取り戻そうとした。

問 10　(え)　Ⅰ．誤り。『日本書紀』などの国史は，文中に「過去から記録されたものや，伝聞したものをまとめた」とあるように二次史料であり，すべて事実とは認定できない。Ⅳ．誤り。答える側の記憶に曖昧さはありえるが，伝聞ではなく体験した内容なので，歴史研究の素材として適している。

2　問１　(い)　日本は明に対して朝貢形式の貿易を行ったから，明から船が日本に派遣されることはなかった。また，朱印船は江戸時代に徳川家康が大名や商人に与えた朱印状をもつ船のことである。

問２　(え)　(あ)誤り。薩英戦争は生麦事件がきっかけである。また，フェートン号事件は長崎で起きた。(い)誤り。ラクスマンは根室に来航した。(う)誤り。薩摩藩が専売制にしたのは奄美三島の黒砂糖などである。

問３　(え)　日清修好条規は，明治時代に結ばれた。

問４　甲午農民戦争〔別解〕東学党の乱　甲午農民戦争が起きると，反乱を鎮圧できない朝鮮政府の求めに応じて清が軍隊を送ると，日本もこれに対抗して出兵し，日清戦争が始まった。

問６　(い)　Ｘ．正しい。Ｙ．誤り。地租は，地券に書かれた土地所有者が現金で納めた。

問７　(あ)　第１回衆議院議員総選挙における選挙権は，「直接国税を 15 円以上納める満 25 歳以上の男子」に与えられた。

問８　(う)　義務教育制度は明治時代から定められていた。

問９　(か)　Ⅲ(1956 年)→Ⅱ(1965 年)→Ⅰ(1972 年)

問 10　(い)　沖縄返還協定に調印したときの内閣総理大臣は佐藤栄作である。(あ)は岸信介，(う)は池田勇人，(え)は三木武夫。

3　問１　(い)　オーストラリアが１位のＸとＹのうち，インドネシアが２位のＸが石炭，マレーシアが２位のＹがＬＮＧと判断する。サウジアラビアをはじめ西アジアの産油国が上位のＺは原油である。

問２　(え)　Ｘ．正しい。Ｙ．正しい。Ｚ．誤り。液化天然ガス(ＬＮＧ)は，温室効果ガスを排出する化石燃料である。

問３　(え)　再生可能エネルギーによる発電量の割合が 80％を超えているＹは，水力発電がさかんなブラジルである。(再生可能エネルギーによる発電量)÷(割合)から，その国の総発電量を求めることができるので，ＸとＺの総発電量を考えると，Ｘの総発電量が圧倒的に多いことがわかる。よって，Ｘが中国，Ｚが日本である。

問４　(お)　中国の小麦の生産量は世界一だが，人口が多いため国内消費量も多く，逆に小麦を輸入している。また，上位にフランス・ウクライナがあるＹは小麦の輸出国を示しているから，Ｘは生産量，Ｙは輸出量，Ｚは輸入量の上位５か国を示したものである。

問５　とうもろこし　国内産のとうもろこしは食用に，外国産のとうもろこしは飼料に使われている。

問６　(あ)　小麦・米・肉類のすべてで自給率が 100%に満たないＸは日本である。米の多くがアジアで生産されるから，米の自給率が高いＹが中国と判断する。

問７　(か)　1980 年代に発生した日米間の自動車の貿易摩擦を解消するために，日本の自動車メーカーの多くがアメリカでの現地生産を始めた。その後，ヨーロッパでも生産が行われていたが，安い労働力と大きな市場を求めて，日本の自動車メーカーは中国やタイなどアジアに進出するようになった。よって，割合が伸びているＸはアジア，割合を落としているＹとＺのうち，2000 年の割合が高いＺをアメリカ，低いＹをヨーロッパと判断する。

問８　(う)　圧倒的に輸出総額が多いＹは中国である。ＸとＺのうち，液化天然ガスが上位のＺをマレーシア，自動車が上位のＸをタイと判断する。

4　**問１**　排他的経済水域〔別解〕ＥＥＺ　沿岸から 200 海里(約 370 ㎞)までの水域のうち，領海を除いた範囲を排他的経済水域といい，その海域の鉱産資源と水産資源を優先的に開発・保全する権利が沿岸国にある。

問２　(か)　ａ．徳島県美波町や三好市を中心として，とくしまサテライトオフィスプロジェクトが進められている。ｂ．日本を代表する茶の生産地は，京都府の宇治である。ｃ．世界遺産に登録された独特な様式の伝統的家屋は，岐阜県白川郷と富山県五箇山の合掌造り集落である。

問４　国や地方公共団体による公企業を第一セクター，民間事業者が経営する私企業を第二セクター，第一セクターと第二セクターが共同出資した法人を第三セクターと呼ぶ。

問５　(う)　1970 年代に沖合漁業の水揚げ量が遠洋漁業の水揚げ量を抜いてから，ずっと沖合漁業の水揚げ量が最も多くなっている。

問６　白化　さんごと共生している藻類が失われることで，さんごの白い骨格が透けて見える現象を白化という。

5　**問１**　(う)　家族・学校・地域・国など，人間と人間の関係によって形成される集団を社会集団といい，社会集団の中で暮らす人間を社会的存在とする。

問２　効率　「労力や手間などをできるだけ無駄なく使い」とあることから効率と判断する。

問３⑴　(あ)　朝鮮戦争は，アメリカとソ連の冷戦下の代理戦争である。　⑵　ＮＡＴＯ　北大西洋条約機構の略称である。西側諸国が加盟するＮＡＴＯへの東欧諸国の加盟に反発したロシアが，ウクライナに侵攻した。

問４　国際連盟の総会では，全会一致を原則としていたため，有効かつ迅速な決議ができなかった。

問５　(か)　ａ．誤り。法律案は，衆議院・参議院のどちらから審議してもよい。ｂ．正しい。ｃ．正しい。

問７　国際慣習法　国際法には，条約・協定・国際慣習法があり，条約・協定は条文化されたもの，国際慣習法は条文化されていないものである。

6　**問２**　Ｘ＝税　Ｙ＝社会資本　道路・港湾・学校・公園など，公共性の高い施設を社会資本という。

問３　(う)　Ｘ．需要曲線が右にシフトすることは，需要量が増加することを意味する。Ｙ．供給曲線が右にシフトすることは，供給量が増加することを意味する。Ⅰ．原油輸入量が減少すると，供給曲線は左にシフトする。Ⅳ．労働者の所得が減少すると，需要曲線は左にシフトする。

問４　（え）　（あ）誤り。株主には，その企業が倒産したとき，出資金を失うだけで，それ以上の返済義務を負わない有限責任がある。（い）誤り。社債購入者は，株主と異なり，株主総会の議決権はもたない。（う）誤り。株式を発行した企業は，業績に応じて株主に配当を分配するだけで，発行時に利息を決めることはない。

問５　（あ）　ａ．正しい。第二段落に書かれている。ｂ．誤り。「中小企業は行政の支援を必要としている」とある。ｃ．誤り。「行政が補助金や助成金を出すなど，積極的に中小企業を保護することが非常に重要」とある。

問６　（え）　Ｘ．誤り。知的財産権には，特許権や著作権などがあり，形のないものに認められる権利である。Ｙ．誤り。書籍やＣＤなど，商品を販売するだけでも，権利を保有する者に利益がもたらされる。

問７　（い）　Ⅰと②，Ⅲと③，Ⅳと④が対応する。アメリカのケネディ大統領が消費者の４つの権利を発表した。

問８　（あ）　医療費負担の無償対象年齢を引き下げると，有償で受診する子どもが増えるので，育児の必要がある労働者にとって負担となる。

愛光高等学校

《国　語》

一 問一．ａ．途中　ｂ．縛られる　ｃ．競った　ｄ．悲哀　ｅ．開祖　問二．エ　問三．イ

問四．ア　問五．ＡＩの危険性や仕組みなどをヒトが理解できなくなって、共存が難しくなり、ＡＩに従属してしまう可能性がある点。　問六．試行錯誤することを楽しみ、死ぬからこそ、生きる価値を共有し、次の世代に文化や文明を継承していく存在。　問七．ウ

二 問一．ウ　問二．銀九郎は権作を追い詰めているつもりだったが、戻り足を使って敵を待ち伏せして襲うという権作の策略にはめられたのに気がついたから。　問三．オ　問四．ア　問五．エ　問六．権作は育ててもらった銀九郎をしたって駆け寄ってきたという考えを振り払い、人間を殺す野獣として襲いかかってきたのだと思いこみたかったから。　問七．イ

三 問一．ａ．ゆえ　ｂ．いうよう　問二．イ　問三．ウ　問四．最初…それがしす　最後…むると見し

問五．自分たちと同じ場所で寝ていたことを、伊曾保が分かっておらず、寝ぼけてしまっているのだろうと思ったから。　問六．オ　問七．二人の侍との取り決めを破って肴を食べたことの弁解を、二人の侍の話を利用してその場でうまく考え出した点。　問八．エ

《数　学》

1 ①(ａｂ＋ａ－３ｂ)(ａｂ－ａ＋３ｂ)　② $\frac{3}{2}a^3b^2$　③－２　④84　⑤６　⑥ $\frac{9}{8}$　⑦ $\frac{5}{8}$

※2 $x=12$　$y=8$

3 (1) $\frac{x}{16}$　※(2)40

※4 (1)２　(2) $(-1-\sqrt{13},\ 7+\sqrt{13})$　$(-1+\sqrt{13},\ 7-\sqrt{13})$　(3) $12\sqrt{13}$

※5 (1) $\frac{1}{36}$　(2) $\frac{43}{108}$

6 (1)６

(2)△ＯＡＨと△ＯＢＨで，

共通辺なので，ＯＨ＝ＯＨ…①

垂線なので，∠ＯＨＡ＝∠ＯＨＢ＝90°…②

ＡＢ//ＤＥから，ＯＤ：ＯＡ＝ＯＥ：ＯＢ

つまり，ＯＤ：(ＯＤ＋６)＝ＯＥ：(ＯＥ＋６)

これより，ＯＤ＝ＯＥから，ＯＡ＝ＯＢ…③

①～③より，直角三角形の斜辺と他の一辺がそれぞれ等しいから，△ＯＡＨ≡△ＯＢＨ

※(3) $\frac{152\sqrt{6}}{3}$

※の式と計算は解説を参照してください。

《英　語》

Ⅰ　リスニング問題省略

Ⅱ　１．イングランドの40～60歳の人がひと月10分に満たない運動しかしておらず，健康を損ねていること。

２．①recommended　②to lead　③protecting　④lasts　３．子供の肥満の解消　４．イ　５．記憶に関する

発達中の脳の部位の中には，それまで発達が終わらないものがある　６．イ→エ→ア→ウ　７．who have taken daily exercise since childhood are more willing　８．ア，ウ

Ⅲ　１．(a)ウ　(b)カ　(c)エ　２．Their performance was so wonderful that I got goosebumps
３．It was the best musical festival I have ever been to　４．ア．②　イ．③　ウ．①

Ⅳ　１．×　２．○　３．ウ　４．×　５．ア

Ⅴ　１．last　２．season　３．speech　４．sunny　５．fifth

Ⅵ　記号１…イ　訂正１…laid　記号２…オ　訂正２…or　記号３…ケ　訂正３…in
記号４…セ　訂正４…us happy　記号５…チ　訂正５…are

Ⅶ　①When she sees a bee, she tries to catch and put it into her mouth.　②I’m very scared of that scene, so I ask her not to touch it when I find one.　③Though she doesn’t want to attack a bee, it thinks it has got attacked　④The best way to protect her may be to learn more about bees

《理　科》

【１】(1)(ウ)，(エ)　(2)相同器官…(ア)　相似器官…(ウ)　(3)Ⅰ．ヘビ　Ⅱ．イヌ　(4)(エ)　(5)(エ)
(6)④(ウ)　⑤(オ)　⑥(ウ)

【２】(1)①胚　②発生　(2)(ア)，(エ)，(カ)　(3)32　(4)(ア)，(オ)　(5)(オ)

【３】(1)A．自転　B．公転　C．(イ)　(2)(ウ)　(3)33.8　(4)(エ)　(5)(ウ)　(6)(あ)27.3　(い)360　(う)25.4

【４】(1)225　(2)64　(3)(ウ)，(カ)　(4)(イ)，(オ)　(5)昇華　(6)$2Mg + CO_2 \rightarrow 2MgO + C$

【５】(1)ⅰ．25　ⅱ．16　(2)一酸化炭素　(3)二酸化窒素　(4)15.6
(5)ⅲ．1200　ⅳ．550　ⅴ．10

【６】(1)垂直抗力　(2)(オ)，(カ)，(ケ)　(3)右図　(4)右図
(5)摩擦…10　仕事…－50

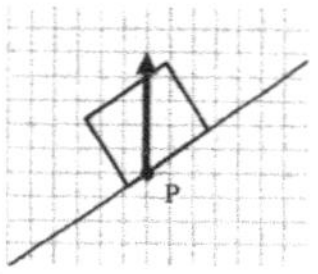

【６】(3)の図

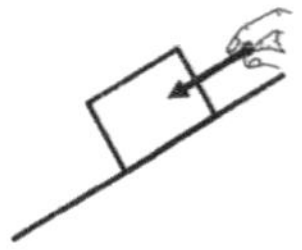
【６】(4)の図

【７】(1)8.4　(2)5040　(3)4.2　(4)①36.5　②50.0　(5)10　(6)22.5　(7)39.2　(8)大きくなる

《社　会》

1　問１．え　問２．い　問３．い　問４．う　問５．え　問６．い　問７．う　問８．い
問９．う　問10．え

2　問１．う　問２．景気を安定させること　問３．え　問４．あ　問５．終身雇用　問６．あ
問７．い　問８．ＣＳＲ

3　問１．１．フォッサマグナ　２．環太平洋　３．亜寒〔別解〕冷　問２．あ　問３．い
問４．(1)え　(2)南／36／西／40

4　問１．アボリジニ　問２．ａ．白豪　ｂ．移民　問３．メスチーソ　問４．う　問５．(1)う
(2)Ｐ．フランス　Ｑ．オランダ　(3)あ　問６．え　問７．い

5　１．集会　２．日本共産　３．岸信介　問１．い　問２．い　問３．い　問４．あ　問５．い
問６．い　問７．え　問８．う

6　問１．１．良心　２．政令　問２．え　問３．い　問４．い　問５．あ　問６．国権の最高機関
問７．あ　問８．い

《2022　国語　解説》

一 **問二**　直後の一文に「(そうならないようにするには、)決して『ヒトの手助け』以上にＡＩを頼ってはいけない」とあることから、傍線部❶の「そう」は、直前にある段落の内容のうち、好ましくないことを指している。「そう」が指すのは、ＡＩの使い方を間違うことで、「『考える』ということが激減」し、「考えることをやめた人類」が「ＡＩに頼り続け、『主体の逆転』が起こってしま」うことである。よって、エが適する。

問三　前の段落に、「悲劇」とは、「取り返しがつかない運命に永遠に縛られることに、恐怖と悲しみを覚える」ことだとある。この「取り返しがつかない運命」が指す内容は、「ヒトは～間違えることから学ぶことを成長と捉え、それを『楽しんで』きた」のに、ＡＩに頼り切ることで、そうした能力や性質を失うことである。つまり、「悲劇」とは、ＡＩに頼り切って、ヒト本来の姿に永遠に戻れなくなることを指す。よって、イが適する。

問四　直前の「その危機感について、自分の子供の世代には警鐘を鳴らすことができますが」に着目する。ヒトの「能力をはるかに凌駕《りょうが》したコンピュータが生まれながらにして存在」している孫の世代にとっては、「ＡＩの危険性よりも信頼感のほうが大きくなるのは当然」だと述べている。そのため、ＡＩの危険性について「警鐘を鳴ら」しても、子供の世代とは違い、うまく理解してもらえないのではないかと心配している。よって、アが適する。

問五　直後の３段落で、３つの問題点を指摘している。１つ目は、「限られた私たちの寿命と能力では～複雑すぎるＡＩの仕組みを理解すること」が難しくなり、「私たちが理解できない存在になっていく可能性」がある点である。２つ目は、「死なない人格と共存することは難しい」点である。３つ目は、「ＡＩに対して、人間が従属的な関係になってしまう可能性」がある点である。

問六　本文では、ＡＩの特徴を人の特徴と対比させながら説明しているので、その部分からまとめる。まず、人は、試行錯誤することを楽しむ存在である(第５段落目)。また、人は「有限な命を持っている」からこそ、「文化や文明の継承、つまり教育に時間をかけ、次世代を育て」ていくのであり(第７段落目)、「『生きる価値』を共有することができる」(傍線部❹の４段落後)のだと述べている。

問七　本文では、ＡＩに頼ることで、人類が人としての能力を失い、ＡＩに従属してしまう危険性があることを述べている。また、６段落目に「何よりも私が問題だと考えるのは、ＡＩは死なないということです」とある。人は、命が有限であるからこそ、共存できるのであり、「生きる価値」を共有することができる。そうすると、ＡＩが人と共存していくためには、命が有限であることが条件となる。つまり、本当に優れたＡＩは、自分がいつまでも生き続けることは、共存する相手である人にとって危険であり、望ましくないということを理解してしまう。すると、そのＡＩは、「人の存在を守るために」自分を破壊するのではないかというのである。よって、ウが適する。

二 **問一**　銀九郎は、「権作《ごんさく》の慎重さ」に「唖然とした」とある。この「権作の慎重さ」とは、直前の段落にある、銀九郎が推測した内容である。権作は、自分を追う人間の存在に気づき、いったんは人間の近づけない「崖の根に身をひそめた後」、それでも危険を感じて移動した。つまり、銀九郎の追跡をうまくかわして、より安全な場所に移動したのである。よって、ウが適する。

問二　直後の５行の内容から読み取る。銀九郎は、「戻り足」という、権作の「仕掛けた罠《わな》に完全にはまりこんだことを意識した」ために、傍線部②のようになったのである。また、これに気づく直前まで、銀九郎は自分の方が権作を追いつめていると考えていたため、より強い驚きと恐怖を感じている。

問三　前の段落に、至近距離では弾丸の命中率が極めて低いことが書かれている。ここでの「恐怖」とは、射撃に失敗すれば自分が殺されてしまうことによるものである。その「恐怖」とたたかうため、銀九郎は傍線部❸に続く一文にあるようなことを自分に言い聞かせていた。よって、オが適する。

問四　傍線部❹に「笹を踏みしだく音をはっきりとききとった」とあるので、この部分は、銀九郎が聴覚によって「権作のひそむ個所を知ったこと」を表現している。銀九郎はこの時、殺されるかもしれない恐怖とたたかっている。権作が立てたかすかな音という、生き残るために非常に重要な情報を「はっきりとききとった」と表現することで、困難なたたかいに挑む銀九郎の集中力の高まりや緊張感を表現しているのである。よって、アが適する。

問五　銀九郎が権作を撃ったのは、光子を殺されたことに対する復讐を果たすためである。権作を殺した直後には、「復讐をはたした歓《よろこ》び」を感じていた。しかし、傍線部❺の後にあるように、権作をしとめた快感は湧かず、一度は感じた「復讐をはたした歓び」もいつの間にか消えていた。その代わりに「妙に物悲しい感情」が湧き、「権作を射殺しても、光子がもどってこないことに～激しい苛立《いらだ》ちを感じ」た。よって、エが適する。

問六　銀九郎は、頭をふることで不意に湧いた考えを打ち消した。その考えとは、直前の「権作は～なつかしさで走り寄ってきたのではあるまいか」というものである。しかし、銀九郎はその考えを打ち消し、「権作は、自分を殺すためにつかみかかってきた」と自分に言い聞かせている。これは、そのように思い込みたかったからである。

問七　２段落前にあるように、これまでは、権作を斃《たお》すことで復讐を果たすという希望が、銀九郎の「生活に一つの緊張感をあたえていた」が、その目標は果たしてしまった。つまり、銀九郎は生きていくための目的を失ってしまったのである。しかも、復讐を果たしたところで、光子は戻ってこないことも同時に自覚してしまった。下山した後には、光子も権作も失った生活が待っているだけである。そうした銀九郎の寂しさや虚しさが「沈鬱《ちんうつ》な表情」に表れているのである。よって、イが適する。

三　**問一 a**　古文の「わゐうゑを」は、「わいうえお」に直す。　**b**　古文で言葉の先頭にない「はひふへほ」は、「わいうえお」に直す。また、古文の「ア段＋う」は、「オ段＋う」に直す。

問二　イは、直前の動詞が未然形なので、打ち消しの意味を表す助動詞「ず」の連体形であり、「～ない」と訳す。他は、直前の動詞が連用形なので、完了の意味を表す助動詞の「ぬ」であり、「～た、～てしまった」と訳す。

問三　「さる」は、直前の会話「ここによき肴一種有り～この肴を食はん」を指している。「よい夢を見た者が(一人で)この肴を食べよう」という話になったので、ウが適する。

問四　直前に「いはく」とあり、直後に「といふ」などとあったりする部分が会話文である。古文では、会話文が終わった直後に「と」「とて」が来ることが多い。

問五　自分たちと同じ場所で眠っていたはずの伊曾保は、「あなたたちは、どのようにしてここへいらっしゃったのか」などと言った。そのため、二人の侍は、伊曾保が寝ぼけていると考えたのである。

問六　「何かはせん」は反語を表し、「何になるだろうか、いや、何にもならない」という意味である。この直前で、伊曾保は、二人の侍は天と地獄に行ったので、現世にはいないはずだと言っている。二人が現世に戻ってくることがないのであれば、肴を残しておいても何にもならないということになる。よって、オが適する。

問七　一方の侍は天に昇り、もう一方の侍が地獄に落ちたという伊曾保の発言は、二人の侍から見ると、肴を食べてしまった言い訳に、自分たちの会話の内容をうまく利用されたことになる。

問八　一人で肴を食べた伊曾保は、二人の侍の会話の内容をうまく利用して、とっさに言い訳をした。二人は愉快に思って笑い、「この伊曾保の才覚は、(我らの)愚かな考えの及ぶものではない」と、その「才覚」に感心し、尊敬したのである。よって、エが適する。ウは、「用意周到な」が本文と合わない。

【古文の内容】

ある時、サモス島という所の侍が二人、伊曾保を誘って、夏の暑さをしのぐため、涼しい場所を求めてやって来た。その場所に着いて、三人が(相談して)決めて言うことには、「ここに良い肴《さかな》が一品ある。ただ食べてしまうのはつまらないので、しばらくこの建物で眠って、よい夢を見た者が(一人で)この肴を食べよう」ということになった。そこで、三人は同じ場所で横になった。二人の侍は、前後不覚にぐっすりと熟睡したのに、伊曾保はまったく眠らず、隙を見てひそかに起き上がり、この肴を食いつくして、また元のように横になった。

しばらくして、一人の侍が起き上がり、もう一人を起こして言うことには、「私はすでに夢を授かった。その内容は、天人お二方が天からお下りになり、私を天上に召し連れて、天の楽しみを授かる(という夢)を見た」と言う。もう一人が言うことには、「私の夢はそれとは大きく違っている。天人のお二方が、私に付き添って、地獄に行き着いた(という夢)を見た」。その時、侍二人が相談をして例の伊曾保を起こしたところ、寝てはいなかった伊曾保が、夢が覚めたような感じで驚いた様子で申し上げることには、「あなたたちは、どのようにしてここへいらっしゃったのか。本当に不思議なことである」と申し上げたところ、二人の侍があざ笑って言うことには、「伊曾保は何をおっしゃっているのか。私たちがここを離れることはない。あなたと共に眠っていたのだ。私の夢は決まっている。あなたの夢はどのようなものか」と尋ねる。伊曾保が、答えて言うことには、「あなたは天に行ってしまった。もう一人は地獄に落ちてしまった。二人とも、現世に来ることはないに違いない。そうであるならば、(この)肴を置いていても何になるだろうか(いや、何にもなりはしない)と思って、私が全部いただいてしまったと夢に見ました」と言って、例の肴の入れ物を開けて見れば、(伊曾保の)言ったように少しも(肴は)残っていない。その時、二人の侍が笑って言うことには、「この伊曾保の才覚は、(我らの)愚かな考えの及ぶものではない」と、ますます感心したのでした。

《2022　数学　解説》

1 (1) 与式$=a^2b^2-(a^2-6ab+9b^2)=a^2b^2-\{a^2-2\times a\times 3b+(3b)^2\}=(ab)^2-(a-3b)^2$

$(ab+a-3b)\{ab-(a-3b)\}=(ab+a-3b)(ab-a+3b)$

(2) 与式$=-a^6b^3\div\dfrac{a^6b^4}{12}\times\left(-\dfrac{1}{8}a^3b^3\right)=\dfrac{a^6b^3\times 12\times a^3b^3}{a^6b^4\times 8}=\dfrac{3}{2}a^3b^2$

(3) 与式$=(1-\sqrt{3}+\sqrt{2})(1-\sqrt{3}-\sqrt{2})-\dfrac{(\sqrt{6})^2-2\times\sqrt{6}\times\sqrt{2}+(\sqrt{2})^2}{2}=$

$(1-\sqrt{3})^2-(\sqrt{2})^2-\dfrac{6-4\sqrt{3}+2}{2}=1-2\sqrt{3}+3-2-\dfrac{8-4\sqrt{3}}{2}=2-2\sqrt{3}-(4-2\sqrt{3})=$

$2-2\sqrt{3}-4+2\sqrt{3}=-2$

(4) **【解き方】最大公約数を求めるときは，右の筆算のように割り切れる数で次々に割っていき，割った数をすべてかけあわせればよい。**

$$\begin{array}{r|rr} 2 & 168 & 1260 \\ \hline 2 & 84 & 630 \\ \hline 3 & 42 & 315 \\ \hline 7 & 14 & 105 \\ \hline & 2 & 15 \end{array}$$

筆算より，168 と 1260 の最大公約数は，$x=2\times 2\times 3\times 7=$④$\underline{84}$

84 の正の約数は 1 と 84，2 と 42，3 と 28，4 と 21，6 と 14，7 と 12 であり，

このペアはかけ合わせるとそれぞれ 84 になるので，84 の正の約数をすべてかけ合わせると，84^6となる。

よって，$y=$⑤$\underline{6}$である。

(5) **【解き方】高さの等しい三角形の面積比は底辺の長さの比に等しいこと，相似な三角形の面積比は相似比の2乗に等しいことを利用する。**

ACは平行四辺形ABCDの対角線だから，$\triangle ACD=\dfrac{1}{2}\times$(平行四辺形ABCDの面積)$=\dfrac{1}{2}\times 10=5$

AB//DCより，△ANE∽△CNDだから，AN：CN＝AE：CD＝AE：AB＝3：(3＋2)＝3：5

よって，△ACD：△CND＝AC：CN＝(3＋5)：5＝8：5だから，△CND＝$\frac{5}{8}$△ACD＝$\frac{5}{8}$×5＝$\frac{25}{8}$

△ANE∽△CNDで，相似比がAN：CN＝3：5だから，面積比は3^2：5^2＝9：25となるので，

△ANE＝$\frac{9}{25}$△CND＝$\frac{9}{25}$×$\frac{25}{8}$＝⑥$\underline{\frac{9}{8}}$

平行四辺形の2本の対角線はそれぞれの中点で交わるので，AM＝$\frac{1}{2}$AC

また，AN＝$\frac{3}{3+5}$AC＝$\frac{3}{8}$ACだから，NM＝AM−AN＝$\frac{1}{2}$AC−$\frac{3}{8}$AC＝$\frac{1}{8}$AC

よって，△ACD：△DNM＝AC：NM＝AC：$\frac{1}{8}$AC＝8：1だから，△DNM＝$\frac{1}{8}$△ACD＝$\frac{1}{8}$×5＝⑦$\underline{\frac{5}{8}}$

2 **【解き方】1日目，2日目について，水の量に注目して，連立方程式をたてる。**

通常であれば，A，Bを両方使うと，5分で満水になるから，満水になるまでに，x×5＋y×5＝5x＋5y(L)の水が入ることがわかる。

1日目について，最初の2分は，Aから毎分xL，Bから毎分yL水が入る。残りの4分は，Aから毎分xL，Bから毎分($\frac{1}{2}y$−1)L水が入る。これで満水になるのだから，5x＋5y＝2(x＋y)＋4(x＋$\frac{1}{2}y$−1)

5x＋5y＝2x＋2y＋4x＋2y−4　　x−y＝4…①

2日目について，7分間，Aから毎分$\frac{3}{4}x$L，Bから毎分($\frac{1}{2}y$−1)Lの水が入り，あと16Lで満水になるのだから，5x＋5y＝7($\frac{3}{4}x$＋$\frac{1}{2}y$−1)＋16　　20x＋20y＝7(3x＋2y−4)＋64　　20x＋20y＝21x＋14y−28＋64

x−6y＝−36…②　　①−②でxを消去すると，−y＋6y＝4＋36　　5y＝40　　y＝8

①にy＝8を代入すると，x−8＝4　　x＝12

3 (1)　3時間45分＝3$\frac{45}{60}$時間＝$\frac{15}{4}$時間だから，Bさんはすれ違った位置からP地点まで，x×$\frac{15}{4}$＝$\frac{15}{4}x$(km)進む。
よって，AさんがP地点を出発してから$\frac{15}{4}x$km進んだ位置ですれ違うので，求める時間は，$\frac{15}{4}x$÷60＝$\frac{x}{16}$(時間)

(2)　**【解き方】2人が出発してからすれ違うまでに進んだ距離の和は，PQ間の距離に等しく250kmであることから，xについての方程式をたてる。**

(1)より，2人は出発してからすれ違うまでに，$\frac{x}{16}$時間進む。2人の速さの和は時速(60＋x)kmだから，進んだ距離について，(60＋x)×$\frac{x}{16}$＝250　　x^2＋60x＝4000　　x^2＋60x−4000＝0　　(x＋100)(x−40)＝0

x＝−100，40　　x＞0より，x＝40

4 (1)　**【解き方1】直線の傾きは変化の割合に等しく，(yの増加量)÷(xの増加量)で求められる。**

AとBはともに放物線y＝$\frac{1}{2}x^2$上の点で，x座標がそれぞれx＝−a，x＝2aとなるから，Aのy座標はy＝$\frac{1}{2}$×(−a)^2＝$\frac{1}{2}$a^2，Bのy座標はy＝$\frac{1}{2}$×(2a)^2＝2a^2

直線ABの傾きが1になるから，(2a^2−$\frac{1}{2}$a^2)÷{2a−(−a)}＝1　　$\frac{3}{2}$a^2÷3a＝1　　$\frac{1}{2}$a＝1

a＝2　　これはa＞0を満たす。

【解き方2】y＝px^2のグラフの上に，x座標がmとnの2点があるとき，この2点を通る直線の傾きはp(m＋n)で求められることを利用する。

直線ABの傾きは1だから，$\frac{1}{2}$(−a＋2a)＝1　　a＝2　　これはa＞0を満たす。

(2)　**【解き方】線分ABの垂直二等分線上の点は，A，Bからの距離が等しいから，Pは，㋐<u>線分ABの垂直二等分線</u>と，放物線y＝$\frac{1}{2}x^2$との交点となる。㋐の式を考える。**

㋐と直線ABは線分ABの中点で垂直に交わり，直線ABの傾きが1であることから，㋐の傾きは−1だとわかる。

よって，㋐の式はy＝−x＋b(bは定数)と表せる。

y＝$\frac{1}{2}x^2$の式にx＝−2，x＝4を代入すると，y＝$\frac{1}{2}$×(−2)^2＝2，y＝$\frac{1}{2}$×4^2＝8となるから，A(−2，2)，

B(4，8)である。よって，線分ABの中点の座標は，$\left(\frac{(\text{AとBの}x\text{座標の和})}{2}, \frac{(\text{AとBの}y\text{座標の和})}{2}\right)=$
$\left(\frac{-2+4}{2}, \frac{2+8}{2}\right)=(1, 5)$

直線$y=-x+b$は点(1，5)を通るので，$5=-1+b$より，$b=6$　　よって，㋐の式は$y=-x+6$である。

$y=\frac{1}{2}x^2$…①と$y=-x+6$…②を連立方程式として解く。

①に②を代入すると，$-x+6=\frac{1}{2}x^2$　　$x^2+2x-12=0$

2次方程式の解の公式より，$x=\frac{-2\pm\sqrt{2^2-4\times1\times(-12)}}{2\times1}=\frac{-2\pm2\sqrt{13}}{2}=-1\pm\sqrt{13}$

②に$x=-1-\sqrt{13}$を代入すると，$y=-(-1-\sqrt{13})+6=7+\sqrt{13}$

②に$x=-1+\sqrt{13}$を代入すると，$y=-(-1+\sqrt{13})+6=7-\sqrt{13}$

よって，Pの座標は，$(-1-\sqrt{13}, 7+\sqrt{13})$ $(-1+\sqrt{13}, 7-\sqrt{13})$である。

(3)　**【解き方】(2)より，P_1P_2とABは垂直に交わっているので，四角形P_1AP_2Bの面積は，$\triangle ABP_1+\triangle ABP_2=\frac{1}{2}\times AB\times P_1P_2$で求められるとわかる。**

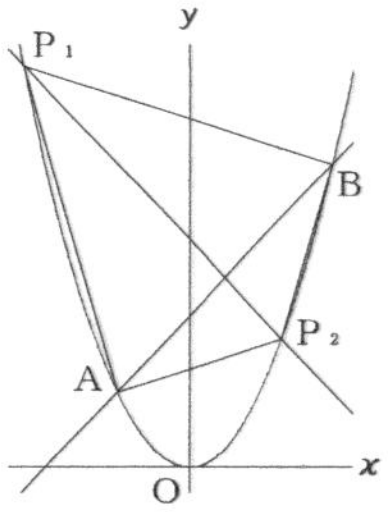

直線ABの傾きは1なので，ABの長さは，直角を挟む2辺の長さが

(AとBのx座標の差)$=4-(-2)=6$となる直角二等辺三角形の斜辺の長さに

等しい。よって，$AB=6\times\sqrt{2}=6\sqrt{2}$である。

直線P_1P_2の傾きは-1なので，P_1P_2の長さは，直角を挟む2辺の長さが

(P_1とP_2のx座標の差)$=-1+\sqrt{13}-(-1-\sqrt{13})=2\sqrt{13}$となる直角二等辺三角形の斜辺の長さに等しい。

よって，$P_1P_2=2\sqrt{13}\times\sqrt{2}=2\sqrt{26}$である。

したがって，求める面積は，$\frac{1}{2}\times6\sqrt{2}\times2\sqrt{26}=12\sqrt{13}$

5　(1)　さいころを3回投げたときの目の出方は全部で，$6^3=216$(通り)ある。

そのうち，A＝45となるのは，四捨五入する前の小数が44.5，44.6，45.1，45.2，45.3，45.4となる6通りあるから，求める確率は，$\frac{6}{216}=\frac{1}{36}$

(2)　**【解き方】A≧45となるのは，十の位が4か5か6になるときなので，十の位の数で場合を分けて考える。**

十の位が4のとき，A＝45となるのは6通りある。A＝46となるのは，(1)と同様にして6通りある。

A＝47となるのは，小数が46.5，46.6となる2通りある。よって，全部で$6+6+2=14$(通り)ある。

十の位が5のとき，一の位と小数第1位は1～6どれでも45より大きくなるから，$6\times6=36$(通り)ある。

十の位が6のときも同様に36通りある。

よって，A≧45となるのは全部で，$14+36\times2=86$(通り)あるから，求める確率は，$\frac{86}{216}=\frac{43}{108}$

6　(1)　△ABCと△DEFは平行なので，△ABC∽△DEF

よって，BC：EF＝AB：DE＝12：8＝3：2だから，$BC=\frac{3}{2}EF=\frac{3}{2}\times4=6$

(2)　まず，問題文の仮定を図にかきこんで，証明のために必要な条件を探そう。条件が足りない場合は，問題の内容に応じて，図形の性質，平行線の同位角・錯角，円周角の定理などからわかることもかきこんでみよう。

(3)　**【解き方】(三角すいO－ABCの体積)－(三角すいO－DEFの体積)で求められる。**

OHの長さを求めるために，Hの位置をまず考える。

(2)と同様に考えると，△OAH，△OBH，△OCHは合同だとわかる。

よって，AH＝BH＝CHだから，Hを中心とする半径がAHの円は，3点A，B，Cを通る。

また，△DEF∽△ABCであり，△DEFの3辺の長さの比が$4:8:4\sqrt{3}=1:2:\sqrt{3}$であることから，

△ABCも3辺の長さの比が$1:2:\sqrt{3}$の直角三角形であり，∠ACB＝90°である。

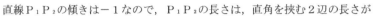

よって，ＡＢを直径とする円周上にＣがあるので，ＨはＡＢの中点だとわかる。

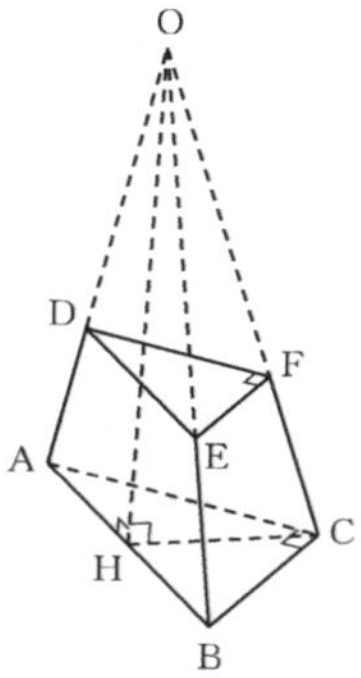

△ＯＤＥ∽△ＯＡＢより，ＯＤ：ＯＡ＝ＤＥ：ＡＢ＝８：12＝２：３だから，

ＯＡ：ＤＡ＝３：（３－２）＝３：１であり，ＯＡ＝３ＤＡ＝３×６＝18

また，$AH=\frac{1}{2}AB=6$だから，△ＯＡＨについて，三平方の定理より，

$OH=\sqrt{OA^2-AH^2}=\sqrt{18^2-6^2}=\sqrt{288}=12\sqrt{2}$

$AC=\sqrt{3}BC=6\sqrt{3}$だから，$\triangle ABC=\frac{1}{2}\times AC\times BC=\frac{1}{2}\times 6\sqrt{3}\times 6=18\sqrt{3}$

三角すいＯ－ＡＢＣと三角すいＯ－ＤＥＦは相似であり，相似比はＤＥ：ＡＢ＝２：３

だから，体積比は$2^3:3^3=8:27$である。

よって，求める体積は，三角すいＯ－ＡＢＣの体積の$\frac{27-8}{27}=\frac{19}{27}$(倍)だから，$\frac{1}{3}\times 18\sqrt{3}\times 12\sqrt{2}\times\frac{19}{27}=\frac{152\sqrt{6}}{3}$

―《2022　英語　解説》―

Ⅱ　【本文の要約】参照。

1　代名詞などの指示語は直前の名詞や文を指すことが多い。下線部(A)の the problem は直前の２文を指す。

2①　形容詞的に前から名詞を修飾する形にするから，過去分詞の recommended が適切。　②　目的を表す to 不定詞の副詞的用法の形にする。　・lead a life「生活を送る」　③　・keep ~ing「～し続ける」　④　主語が単数で時制が現在だから，動詞の語尾に s を付ける。　・last for ～「～の間続く」

3　下線部(B)の文の後半から読み取る。one は short-term benefits from exercise を指し，コロンの後にその具体例として子供の肥満が挙げられていることから考える。

4　幼少期から 18 歳までの継続的な調査で明らかになったことについて書かれた段落だから，イが適切。

5　some parts of the developing brain which are involved in memory までが主語の文。which 以下が後ろから brain を修飾する形で訳す。

6　イ「脳が新しい血管を作る」→エ「さらに多くの血液と酸素が体のさまざまな部位に運ばれる」→ア「脳内の神経細胞間のシナプスが増加する」→ウ「よりよく考え，慎重な判断をし，思慮深い行動ができるようになる」

7　who 以下が後ろから People を修飾する形にする。　・have/has＋過去分詞＋since ～「～からずっと…」
・be more willing to ～「進んで～する」

8　ア○「国際的な調査によると，ウェールズの子供たちはスコットランドの子供たちよりも活発だ」　イ「我々は運動による長期的な恩恵を×明確に知っており，とても重要であると考えている」　ウ○「スウェーデンの研究者は，幼少期からの身体活動がのちの人生における成長と何らかの関係があることを発見した」　エ×「体のいくつかの部分がさらなる血液と酸素を必要とすると，脳が運動するように命令する」…本文にない内容。　オ「人々は運動後により何かに挑戦したくなるが×その理由は全くわかっておらず，研究者はそれを解明しようと懸命に努力している」

【本文の要約】

新しい研究は，幼少期の運動は後々の健康において良い効果があり，運動をしない成人であっても，脳の力を向上させることを示唆している。別の調査においても幼少期の身体活動が脳の発達に良い影響をもたらす可能性があることが明らかになっている。

1先週，イングランドの 40～60 歳の人がひと月 10 分に満たない運動しかしていないという政府の調査が公表された。これは彼らが健康を損ねていることを意味する。しかし，この問題はいつ始まったのだろう？その答えは「とても幼い時」のようだ。昨年の国際的な調査では，英国の子供たちは他の国の子供たちよりも運動量が少ないことが示された。英国政府は子供たちに毎日少なくとも1時間の運動をすることを推奨しているが，世界の40か国のうち，8ア<u>イングランドとウェールズはリストのワースト３に入っており，スコットランドに至っては最下位である</u>。英国において，①推奨される運動(＝recommended exercise)をしているのは，11～15歳の男子ではたったの22%，女子においてはたったの15%だ。

3<u>活動的な子供たちは運動によって短期的に多くの明確な恩恵を受けることができるが，英国の子供たちにはそれがなく，イングランドの10～11歳の子供の約20%が肥満である</u>。一方，あまり知られていない長期的な効果は，おそらく運動は我々が考えている以上に重要であることを示唆している。

8ウ<u>スウェーデンは長きにわたって幼少期からの身体活動とその後の人生における功績の関係に関心を持っている。研究者らは，120万人の18歳男性の幼少期からの身体機能の記録と生涯の成長を調査し，心肺機能がのちの人生における理解や学習に影響を持つ可能性があることを発見した</u>。別の言い方をするなら，cイ18歳くらいまで継続して運動すれば将来より成功する可能性が高くなるということだ。

科学者たちはこれには多くの理由があると考えている。他の調査では，20代前半まで心肺機能を改善するために十分な身体活動を行うことが発達中の脳の機能に直接関係することが証明されている。5<u>なぜなら記憶に関する発達中の脳の部位の中には，それまで発達が終わらないものがあるからだ</u>。

ノースイースタン大学のある教授は「発達中の脳の部位の中には，有酸素運動によって特に影響を受ける箇所があるようです。前頭前皮質の発達は思考力，慎重な判断力，思慮深い行動力と関係があります。それはみなさんが日常生活において成功した健康的な生活②を送るために(＝to lead)大変重要なものです。有酸素運動は血流を良くします。そうすることで脳は体中により多くの血液と酸素を運ぶための新しい血管を作り始めます。その結果脳内の神経細胞間にシナプスが形成されます。つまり，脳のさまざまな部位が互いに会話をしやすくなるのです」と述べている。別の調査では，中年以降であっても運動が神経細胞を③保護し続ける(＝keeps protecting)こと，つまり，60～70代で運動を継続している人は思考力と理解力がより高いことが明らかになった。

カリフォルニア大学の生物学の教授は「運動にはもう1つ，長期間④続く(＝lasts)影響があります。幼少期から日常的に運動をしている人は成長後も進んで外に出て運動をします」と述べている。彼らは運動後に何かに挑戦したくなることを知っている。なぜなら運動は，やる気を高める効果があるドーパミンのような脳内の化学物質のレベルを増加させるからである。

Ⅲ 【本文の要約】参照。

1 a ・like～「～のような」 **b** ・during～「～の間に」 **c** ・wait for～「～を待つ」

2 「彼らのパフォーマンスがあまりに素晴らしくて，鳥肌が立った」という文にする。「あまりに…なので～」＝so … that～ 「鳥肌が立つ」＝get goosebumps

3 関係代名詞(省略可能)を用いた後置修飾の文にする。「最も…な○○」＝the＋最上級＋○○ 「私がこれまで～した中で」＝I have ever＋過去分詞

4ア ②「スーザンはエディンバラを旅行中に×<u>いくつかの</u>怖い経験をした」…荷物の遅延だけだから，一致しない。 **イ** ③「スーザンはエディンバラでホリールード宮殿を見に行った」…本文にない内容だから，判断できない。 **ウ** ①「スーザンはエディンバラ空港に到着した時荷物を受け取ることができなかった」…一致する。

【本文の要約】

トモヤ ：やあ，スーザン。夏休みはどうだった？

スーザン：あら，トモヤ。素晴らしかったわ！エディンバラを旅行してとてもいい時間をすごしたのよ。

トモヤ　：エディンバラ？どこにあるの？

スーザン：エディンバラはスコットランドの首都で，私はそこで１週間過ごしたの。

トモヤ　：なるほど，スコットランドか。そこで何をしたの？

スーザン：そうね，エディンバラ城やカールトン・ヒル aウのような(＝like) いくつかの有名な観光地に行ったわ。ロイヤル・エディンバラ・ミリタリー・タトゥーもとても楽しかったな。

トモヤ　：ロイヤル・エディンバラ・ミリタリー・タトゥー？それは何なの？

スーザン：音楽祭よ。そのイベントではさまざまな国の軍の音楽隊が音楽を演奏するの。彼らのパフォーマンスがあまりに素晴らしくて，鳥肌が立ったわ。

トモヤ　：すごそうだね。いつか僕も見たいよ。

スーザン：あなたも見るべきよ。私が今までに行った中で最高の音楽祭だったわ。でも，旅行 bカ中に(＝during) 怖い経験もしたの。

トモヤ　：怖い経験？

スーザン：ええ。4ウ①エディンバラ空港に着いた時，私の荷物が出てこなかったの。

トモヤ　：えっ？なぜそんなことが起きたの？

スーザン：今回私は羽田空港からロンドンのヒースロー空港に行ったの。それからロンドンで別の便に乗りかえてエディンバラ空港に行ったの。言ったように，私はそこに着いた時荷物が見当たらないことに気づいたわ。それで，地上勤務員に問い合わせたところ，私の荷物がまだロンドンにあると伝えられたの。

トモヤ　：それは大変だったね。海外旅行の際にはそういうことが時々起こるって聞いたことがあるよ。

スーザン：今回，実際に自分が経験するとはね。結局荷物がエディンバラに届くまで２日待つ羽目になったわ。

トモヤ　：大変な経験だったね…。

スーザン：ええ，でもそれを除けば今回の旅は完ぺきだったし，特別な休暇になったわ。

Ⅴ　**1**　反意語の関係だから，first「最初の」の反意語 last「最後の」が適切。

2　「サッカー／テニス」（具体例）と「スポーツ」（分類）の関係だから，「秋／春」と対になるのは season「季節」である。

3　「生きる」（動詞）と「暮らし」（名詞）の関係だから，「話す」と対になるのは speech「スピーチ」である。

4　「注意」（名詞）と「注意深い」（形容詞）の関係だから，「太陽」と対になるのは sunny「晴れた」である。

5　「18」（基数）と「18 番目の」（序数）の関係だから，「５」と対になるのは fifth「５番目の」である。

Ⅵ　**イ**　lay→laid：直後に目的語があり，「電話を置いた」という意味になるので，lay「～を置く／～を横たえる」の過去形である laid が適切。「～を置く／～を横たえる」＝lay-laid-laid　「横たわる」＝lie-lay-lain

オ　and→or：「ＡもＢもどちらも～でない」＝not ～either A or B

ケ　from→in：「～から」を表すには通常前置詞の from を使うが，「(方角)から」の場合は in を使う。

セ　happy us→us happy：「(人)を(状態)にする」＝make＋人＋状態

チ　is→are：主語が Books(＝複数)だから，対応する be 動詞は is ではなく are が適切。

Ⅶ　①　「～すると」＝When＋主語＋動詞　「～しようとする」＝try to ～

②　「～が恐い」＝be scared of ～　「(人)に～しないよう頼む」＝ask＋人＋not to ～

③　「～だが」＝Though ～　「攻撃されたと思い」の部分は「攻撃される」＝get attacked(〈get＋過去分詞〉の

受動態)を，現在完了形〈have/has＋過去分詞〉の形 has got《過去分詞》 attacked《過去分詞》にする。

④　「～するのに一番…な○○《名詞》」＝the＋最上級＋○○《名詞》＋to～　「～かもしれない」＝may～

《2022　理科　解説》

【１】

⑵　相同器官は見かけや形やはたらきが異なっていても，基本的なつくりが同じで，起源が同じと考えられる器官で，相似器官ははたらきが似ているが，起源が異なる器官である。

⑶　主な生活の場が水中でえら呼吸をするⅢはフナ(魚類)，フナ(魚類)以外で変温動物のⅠはヘビ(は虫類)である。また，ⅡとⅣのうち，卵の外側が硬い殻で包まれているⅣはハト(鳥類)，残りのⅡはイヌ(哺乳類)である。

⑷　(エ)○…全身から戻ってきた酸素の少ない血液(静脈血)は，右心房に流れこみ，右心室から肺に送られる。肺から戻ってきた酸素を多く含む血液(動脈血)は，左心房に流れこみ，左心室から全身に送られる。

⑸　表において，一部が共通している特徴を0.5，共通している特徴を１として，共通する特徴の数をまとめると，表ｉのようになる。表ｉより，カエル以外の生物との共通点が少ないⅢが，系統樹で最初に分かれる(ウ)か(エ)のどちらかと考えられる。また，共通点が最も多いⅠとⅣは，最も近縁な生物と言えるから，最も妥当な系統樹は(エ)と考えられる。

表ｉ

カエル				
2	Ⅰ			
2.5	3	Ⅱ		
4.5	1	1	Ⅲ	
1	5	4	0	Ⅳ

⑹　卵の外側を包むものは，水や水に溶けたものを通す膜から，水を通さない硬い殻に変化し，乾燥から卵内を守ることができるようになったと考えられる。卵の外側を包むものが水に溶けたものを通す膜であれば，排出するものを水に溶かし，卵の外に出すことができるが，水を通さない硬い殻だと，卵の外に出すことができない。したがって，排出するものが卵内の個体の健康を害さないように，水に溶けにくいＣに変化していったと考えられる。

【２】

⑵　(ア)，(エ)○…茎や根の先端にある成長点で，盛んに細胞分裂が行われることで，植物体が縦方向に伸びる成長を伸長成長という。(カ)○…双子葉類において，茎が太くなる成長を肥大成長という。

⑶　図より，観察開始から23時間後に１個の細胞が分裂した直後，細胞１個の体積は半分になり，その後６時間かけて，最初の１個の細胞と同じ体積になる。さらにその23時間後に分裂をする。これより，１個の細胞が１回分裂する周期を29時間と考えると，150時間後までに150÷29＝５余り５より，５回細胞分裂をしたとわかる。１回目の細胞分裂では１個が２倍の２個に，２回目の細胞分裂では２個が２倍の４個に…と，増えるから５回細胞分裂をすると，細胞の数は2^5＝32(個)になる。

⑷　(ア)○，(イ)×…⑶解説より，細胞分裂は１回の分裂に23時間かかるが，図より，卵割は15時間に４回分裂しているとわかる。(ウ)，(エ)×…細胞分裂でも卵割でも，図からは最初に分裂する細胞の体積を100％としたときの体積の割合しかわからない。最初の細胞の大きさがわからないので，分裂後の細胞の大きさを比べることはできない。(オ)○，(カ)×…⑶解説より，細胞分裂では分裂後に最初の細胞と同じ大きさになるとわかるが，図より，卵割では，１回分裂をすると体積が最初の50％に，２回分裂すると体積が最初の25％に…と，１回分裂するごとに，分裂する前の半分の体積になることがわかる。

⑸　(オ)○…卵割では細胞が増えると細胞１個あたりの体積が小さくなるため，体全体の体積は変わらず，細胞分裂では１回分裂をするごとに体積がもとの細胞と同じになるから，体全体の体積は大きくなる。

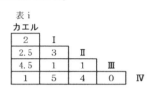

【３】

⑴　Ｃ．北の空の星は，北極星を中心に反時計回りに移動して見える。

⑶　北極星の高度は，観測地点の北緯に等しい。

⑷　天体望遠鏡で観測すると見える像は上下左右が反対になるが，接眼レンズからはなれた位置にある投影板に映るとき，再び上下左右が反対になるので，観察用紙に描かれたスケッチを紙の裏側から見ると，肉眼で見た向き(ア)と同じになる。紙の裏側から見たとき左下が欠けているから，紙に描かれたスケッチは右下が欠けた(エ)のような形になる。

⑹　地球は１日あたり１°移動するから，27.3日後には27.3°移動している。太陽は27.3日で(360＋27.3)°移動していて，太陽が１回自転する(360°移動する)のにかかる時間をx日とするから，x：360＝27.3：360＋27.3が成り立つ。これを解くと，$x=\frac{360\times27.3}{360+27.3}$＝25.37…→25.4日となる。

【４】

⑴　表より，石灰石0.5ｇに含まれる炭酸カルシウムがすべて反応すると，二酸化炭素72mLが発生し，塩酸100mLがすべて反応すると，二酸化炭素225mLが発生するとわかる。したがって，塩酸100mLとちょうど反応する石灰石は$0.5\times\frac{225}{72}=\frac{25}{16}$＝1.5625(ｇ)だから，塩酸100mLに石灰石1.8ｇを入れると，塩酸100mLがすべて反応し(石灰石は余る)，二酸化炭素が225mL発生する。

⑵　⑴解説より，塩酸100mLに石灰石2.5ｇを加えたとき，石灰石$\frac{25}{16}$ｇに含まれる炭酸カルシウムが反応する。このとき反応した炭酸カルシウムが2.5－1.5＝１(ｇ)だから，石灰石中の炭酸カルシウムの割合は，$1\div\frac{25}{16}\times100=$64(％)である。

⑶　(ウ)×…原子力発電は核エネルギーを利用していて，発電時に二酸化炭素を排出しない。(カ)×…水に少し溶け，空気より重いので，下方置換法や水上置換法で捕集する。

⑷　(イ)○…サイダー(炭酸水)に溶けている気体は二酸化炭素である。(オ)○…炭酸水素ナトリウムを加熱すると，炭酸ナトリウムと二酸化炭素と水に分解される。なお，(ア)と(カ)では酸素，(ウ)では水素，(エ)では硫化水素，(キ)ではアンモニアが発生する。

⑹　マグネシウムは炭素よりも酸素と結びつきやすいため，マグネシウムは酸化され，二酸化炭素は還元される。

【５】

⑴　化学反応式は矢印の前後で，原子の組み合わせは変わるが，原子の種類と数は変わらない。Cに着目すると，左辺に８×２＝16(個)あるから，ⅱに入る数は16である。Oに着目すると，右辺に２×16＋１×18＝50(個)あるから，ⅰに入る数は50÷２＝25である。

⑷　⑴の化学反応式より，イソオクタン２分子と酸素25分子が反応する。酸素１分子の重さを１とすると，イソオクタン１分子の重さは3.6となり，反応するイソオクタンと酸素の重さの比は，3.6×２：１×25＝7.2：25である。したがって，ガソリン１ｇと反応する酸素は$1\times\frac{25}{7.2}=\frac{125}{36}$(ｇ)だから，送り込む空気は$\frac{125}{36}\times4.5$＝15.625→15.6ｇ必要となる。

⑸　ⅲ．１万km走行するのに必要なイソオクタンは$0.78\times\frac{10000}{20}$＝390(kg)である。⑷解説と同様に考えると，反応するイソオクタンと排出される二酸化炭素の重さの比は，2.6×２：１×16＝5.2：16である。したがって，１万km走行すると，二酸化炭素は$390\times\frac{16}{5.2}$＝1200(kg)排出される。　ⅳ．$0.44\times\frac{10000}{8}$＝550(kg)　ⅴ．１万km走行したときの電気自動車とガソリン自動車の二酸化炭素排出量の差は1200－550＝650(kg)だから，１万$\times\frac{6500}{650}$＝10万(km)走行したとき，製造時を含めた二酸化炭素排出量が等しくなる。

【６】

(2)　(ア)～(ウ)×…おもりの重さが重いほど，斜面に平行な下向きの力は大きくなるが，おもりを動かす力もより大きい力が必要となるので，なめらかな斜面上をすべるとき，速さの増え方はおもりの重さに影響されず，図１からＡとＢで用いたおもりの重さはわからない。(エ)×，(オ)○…最下点(水平でなめらかな床)に到達すると，速さは一定になり等速直線運動をする。(カ)○，(キ)×…最下点における速さが速い(運動エネルギーが大きい)ほど，おもりから手をはなしたときに，おもりがもっていた位置エネルギーが大きい(高さが高い)。(ク)×，(ケ)○…斜面の傾斜が急であるほど，速さの増える割合は大きくなる。

(3)　斜面上で静止しているのだから，重力と抗力(摩擦力と垂直抗力の合力)はつり合っている。

(4)　手で糸を引く力の反作用に相当する力は，糸が手を引く力である。

(5)　物体が等速直線運動をするとき，物体にはたらく力はつり合っている(または力がはたらいていない)。したがって，摩擦力の大きさは糸を引く力の大きさに等しく10Ｎである。また，抗力は摩擦力に等しく10Ｎであり，おもりは１秒で５ｍ運動する。このとき，抗力の向き(おもりの運動とは反対向き)に移動した距離は－５ｍとなる。〔仕事(Ｊ)＝力の大きさ(Ｎ)×力の向きに動いた距離(ｍ)〕より，仕事の大きさは10×(－５)＝－50(Ｊ)，〔仕事率(Ｗ)＝$\frac{仕事(J)}{時間(s)}$〕より，仕事率は$\frac{-50}{1}$＝－50(Ｗ)である。

【７】

(1)　〔電力(Ｗ)＝電圧(Ｖ)×電流(Ａ)〕，〔電圧(Ｖ)＝抵抗(Ω)×電流(Ａ)〕より，電熱線に加わる電圧は2.1×２＝4.2(Ｖ)，電熱線での消費電力は4.2×２＝8.4(Ｗ)である。

(2)　〔熱量(Ｊ)＝電力(Ｗ)×時間(ｓ)〕，10分間→600秒間より，8.4×600＝5040(Ｊ)である。

(3)　水50ｇの温度を44.0－20.0＝24.0(℃)上昇させるのに5040Ｊ必要だったから，水１ｇの温度を１℃上昇させるのに必要な熱量は，5040×$\frac{1}{50}$×$\frac{1}{24.0}$＝4.2(Ｊ)である。

(4)　電流を３倍にすると，電圧も３倍になり，電力は３×３＝９(倍)になるから，同じ時間では上昇する温度も９倍になる。電流が１Ａであるとき，２分30秒で1.5℃上昇するから，電流を３倍の３Ａにすると，２分30秒で1.5×９＝13.5(℃)上昇する。よって，①は23.0＋13.5＝36.5(℃)，②は36.5＋13.5＝50.0(℃)となる。

(5)　温度上昇は水の質量に反比例する。２分30秒後のＣ班の温度上昇はＡ班の$\frac{7.5}{6.0}$＝$\frac{5}{4}$(倍)になったので，Ｃ班の水の量は50×$\frac{4}{5}$＝40(ｇ)である。よって，最初にこぼした水の量は50－40＝10(ｇ)である。

(6)　６分経過した時点で足した水の量をxｇとする。５分経過するまで１分間に15.0÷５＝3.0(℃)上昇しているから，６分経過した時点の水40ｇの温度は35.0＋3.0＝38.0(℃)である。この水40ｇの温度は７分30秒経過するまでに38.0－34.4＝3.6(℃)低下し，足した水xｇの温度は34.4－20.0＝14.4(℃)上昇した。また，６分経過してから７分30秒経過するまでの１分30秒間に電熱線から出た熱量は5040×$\frac{1.5}{10}$＝756(Ｊ)だから，4.2×40×(－3.6)＋4.2×x×14.4＝756が成り立つ。よって，足した水の量は，x＝22.5(ｇ)となる。

(7)　水の量が40＋22.5＝62.5(ｇ)になったので，２分30秒での水の温度上昇は6.0×$\frac{50}{62.5}$＝4.8(℃)である。よって，34.4＋4.8＝39.2(℃)となる。

(8)　上昇した温度が(3)のときより小さいから，水１ｇの温度を１℃上昇させるのに必要な熱量は大きくなる。なお，計算して求めると，5040×$\frac{1}{50}$×$\frac{1}{19.2}$＝5.25(Ｊ)となる。

―《2022　社会　解説》―

1　問１　(え)　遣唐使は 630 年(飛鳥時代中期)から 894 年(平安時代前半)の間に行われた。(あ)「親魏倭王」の称号と金印を授かったのは，弥生時代の卑弥呼である。(い)須恵器は古墳時代に渡来人によってもたらされた。(う)法隆寺の釈迦三尊像は，遣唐使より前の飛鳥時代前半につくられた。

問２　(い)　５世紀頃の朝鮮半島については右図を参照。高麗は，10 世紀前半の朝鮮半島に成立した国である。

問３　(い)　源氏の将軍が３代で途絶えたことから，政権奪回をもくろむ後鳥羽上皇は，当時の執権北条義時追討を掲げて挙兵した(承久の乱)。北条時政は初代，北条泰時は御成敗式目を制定した第三代，北条時宗は元寇に対応した第八代の執権である。

問４　(う)　(あ)「佐賀藩」が誤り。朝鮮との国交は対馬藩の努力で回復した。(い)「中国の王朝との関係を断ち切らせた」が誤り。薩摩藩は，琉球王国を服属させながらも中国への朝貢も認めていた。(え)「平戸」が誤り。オランダとの貿易は出島で行われた。また，オランダだけではなく同じ長崎の唐人屋敷で中国とも貿易をした。

問５　(え)　宋(建国趙匡胤)は 10 世紀から 13 世紀，元(建国フビライ)は 13 世紀から 14 世紀，明(建国朱元璋)は 14 世紀から 17 世紀まで中国を支配していた。清は太祖ヌルハチが 17 世紀前半に建国した後金国が前身である。

問６　(い)　ラクスマンは，大黒屋光太夫を連れて根室に来航した。モリソン号は通商を求めて浦賀に現れたアメリカ船。レザノフは，幕府がラクスマンに渡した長崎への入港許可証をもって，長崎に来航したロシア人。シーボルトは，長崎で鳴滝塾を開き，多くの医学者を育てたドイツ人。

問７　(う)　(あ)は安土桃山時代，(い)と(え)は元禄文化。

問８　(い)　松平定信の寛政の改革における寛政異学の禁である。(あ)は田沼意次の政治，(う)は徳川吉宗の享保の改革，(え)は水野忠邦の天保の改革。

問９　(う)　「アメリカとの貿易額が一番多かった」が誤り。アメリカでは 1861 年に南北戦争が起きたため，アジアとの貿易量は多くなく，イギリスが日本の最大の貿易相手国であった。

問 10　(え)　「時の老中を暗殺」が誤り。ペリー来航時の老中は阿部正弘で，暗殺されていない。暗殺された老中は，日米修好通商条約を締結した井伊直弼である。

2　問１　(う)　所得に応じて税率が高くなる累進課税に対して，所得に対する税負担の割合が重くなることを逆進性と呼ぶ。(あ)「イギリスやフランスより高く，アメリカよりも低い」が誤り。イギリスやフランスは 20%で日本より高く，アメリカには消費税はない。ただし，アメリカには小売売上税がある。消費税は流通途中の仲買い・卸売りなどの業者にも消費税がかかるが，小売売上税は，小売業者が消費者に売るときにだけかかる点で，消費税とは異なっている。

問２　景気を安定させること　財政の役割は，資源の配分・所得の再分配・経済の安定化の３つである。

問３　(え)　労働関係調整法は，太平洋戦争後の経済の民主化時に成立した(1946 年)。男女雇用機会均等法の施行は 1986 年，男女共同参画社会基本法の施行は 1999 年，育児・介護休業法の施行は 1992 年

問４　(あ)　(い)「法律で認められていない」が誤り。団体行動権(ストライキ)は日本国憲法第 28 条で認められている。(う)「継続して上昇傾向」が誤り。労働組合の組織率は継続して減少傾向にある。(え)「継続して減少している」が誤り。非正規雇用の数は，継続して増加している。

問５　終身雇用　終身雇用制度に対して，能力に応じて評価する制度を成果主義という。

問６　(あ)　年金と雇用保険は社会保険にあてはまる。児童福祉は社会福祉，感染症予防は公衆衛生，生活保護

は公的扶助に分類される。

問7 (い)　(あ)「東京にしかない」が誤り。証券取引所は，東京・名古屋・札幌・福岡にある。(う)「外国人は購入できない」が誤り。ほとんどの銘柄について，外国人でも株式の購入ができる。外国人の株式保有率を制限している銘柄は，放送法・電波法・航空法などに関連する業種である。

問8 ＣＳＲ　Corporate Social Responsibility の略称。

3 **問1** [1]フォッサマグナ [2]環太平洋 [3]冷〔別解〕亜寒　[1]フォッサマグナを境に，東側は山脈が南北に，西側は山脈が東西に連なっている。[2]環太平洋造山帯は，アンデス山脈・ロッキー山脈・日本列島などが属する。[3]日本の気候は，冷帯気候と温帯の温暖湿潤気候にあてはまる。

問2 (あ)　天竜川は，諏訪湖を水源とし，静岡県内を通り太平洋に注ぐ河川である。信濃川は新潟県，黒部川と神通川は富山県から日本海に注ぐ河川である。

問3 (い)　プレートテクトニクスによるインド大陸とユーラシア大陸の衝突によってできた衝突型造山帯がヒマラヤ山脈である。そのため，ヒマラヤ山脈の地層からは，海洋性生物の化石が産出する。同じように北上している大陸がオーストラリア大陸で，今から5000万年後にはユーラシア大陸と衝突すると言われている。

問4(1) (え)　パリの緯度は北緯48度である。ペキン・マドリード・ニューヨークは北緯40度前後に位置する。

(2) 南緯36度，西経40度　北緯ａ度，東経ｂ度の位置の対蹠点は，南緯ａ度，西経(180－ｂ)度になる。

4 **問1** アボリジニ　オーストラリアのアボリジニ，ニュージーランドのマオリはオセアニアの先住民として覚えておきたい。

問2 ａ＝白豪　ｂ＝移民　２回目の《ｂ》で「非白人…制限」とあることから，移民が導き出される。

問3 メスチーソ　白人とインディオの混血をメスチーソという。

問4 (う)　ポーランド語・ブルガリア語・ロシア語・チェコ語・クロアチア語などがスラブ語系である。

問5(1) (う)　タミル語はインド南部，ベンガル語はインド東部とバングラデシュで話される。サンスクリット語は古代インドの言語である。(2) Ｐ＝フランス　Ｑ＝オランダ　ケベック州からフランスを導く。Ｑについては，ベルギーの地理的位置から北部がオランダと隣接していることから判断する。

問6 (え)　(あ)はタイ，(い)はインドネシア，(う)はフィリピン。

問7 (い)　国連難民高等弁務官事務所の略称である。(あ)は国連貿易開発会議，(う)は国連児童基金，(え)は国連環境計画の略称である。

5 [1]集会 [2]日本共産 [3]岸信介　[1]資料と運動の取り締まりから集会条例と判断する。[2]社会主義運動，コミンテルンから日本共産党と判断する。[3]岸信介は，佐藤栄作の兄で，安倍晋三の祖父である。

問1 (い)　明治時代前半は，薩長土肥による藩閥政治が続いていた。

問2 (い)　北海道開拓使官有物払い下げ事件から始まった明治十四年の政変によって，大隈重信を政府から追放し，10年後の国会開設を約束すると，同年に板垣退助は自由党，翌年に大隈重信は立憲改進党を結成した。

問3 (い)　大日本帝国憲法での基本的人権は，法律の範囲内での臣民の権利として認められた。

問4 (あ)　「アフリカ」が誤り。アフリカの植民地独立は1960年前後に活発化した。

問5 (い)　血の日曜日事件は，1905年にサンクトペテルブルクで起きた事件で，ロシア第一革命のきっかけである。1917年のロシア革命は二月革命ともいう。

問6 (い)　日本の独立は，1951年のサンフランシスコ平和条約締結時，国際連合への加盟は，1956年の日ソ共同宣言締結時である。安全保障理事会の常任理事国であるソ連が，日本の国際連合加盟に対して拒否権を発動していたため，日本の国連加盟はなかなか実現しなかった。日ソ共同宣言に調印したことで，ソ連の反対がなくなり，日本は国連加盟をはたした。

問7　(え)　ＮＡＴＯ設立(1949 年)→キューバ危機(1962 年)→マルタ会談(1989 年)。細かい年号は覚えていなくても，ＮＡＴＯとワルシャワ条約機構による東西対立から始まった冷戦は，キューバ危機で最大のピンチを迎え，マルタ会談によって，冷戦状態を解消したことから判断できる。

問8　(う)　イラン革命に対してアメリカは軍事介入していない。

6 **問1**　[1]良心　[2]政令　[1]司法権の独立・裁判官の独立を区別して覚えたい。[2]内閣が制定することから，政令と判断する。

問2　(え)　モンテスキューは『法の精神』で三権分立を唱えた。ホッブズはイギリス 17 世紀の政治家，「リヴァイアサン」で知られる。ロックは「市民政府二論(政治論)」で知られるイギリスの啓蒙思想家。ルソーは，「社会契約論」で知られるフランスの啓蒙思想家。

問3　(い)　(あ)「過去１度もない」が誤り。薬事法距離制限や尊属殺人重罰規定など違憲判決が出たことはある。(う)「ひとつひとつ」が誤り。その他の下級裁判所で出た違憲合憲の判決に不服があり，最高裁判所まで持ち込まれたときだけ，最高裁判所は判決を下す。

問4　(い)　弾劾裁判所は，参議院と衆議院から選ばれた 14 人で構成する。(あ)長官も国民審査の対象である。(う)日本国憲法第 78 条において，「裁判官の懲戒処分は，行政機関がこれを行うことはできない」とある。

問5　(あ)　地方公共団体の首長は，住民の投票によって直接選出される。

問6　国権の最高機関　国民の意見を反映する場として，国会は国の最高機関であるといえる。

問7　(あ)　現在は，大きな政府ではなく小さな政府を目指し，地方分権が進められているから，政府の担う仕事は増えていないので，公務員の数も減少傾向にある。

問8　(い)　(あ)「３分の１」が誤り。条例の制定や改廃は有権者の 50 分の１以上の署名を必要とする。(う)「条例を制定したり改廃したりしなければならない」が誤り。条例の制定や改廃の請求があった場合，議会を招集して議決し，過半数の賛成が得られれば制定や改廃となる。

2021 解答例
令和３年度

愛光高等学校

《国　語》

一　問一．a．慎み　b．秩序　c．疾患　d．伴う　e．傾聴　問二．ウ　問三．ア　問四．対話をすることで、権威や権力によって維持されてきた「普通」という規範が再検討され、自分達にとって当たり前であった価値観が揺らいでしまうから。　問五．エ　問六．イ　問七．オ　問八．すべての人に開かれた民主的な社会を実現し、争いのない平和な世界を構築していくため。

二　問一．a．ウ　b．ア　c．オ　問二．オ　問三．ウ　問四．エ　問五．「東都名所」で初めて自分の描きたいものを描いた気がし、このような風景画こそが自分の本領であり今後進むべき道ではないかと、おぼろげながら広重が感じたということ。　問六．北斎の風景画は奇想による一回限りの目新しさしかないが、広重の風景画は風景を誇張せずそのまま写そうとするところに魅力があり、今後が期待されるので、新たに風景画を出さないか、ということ。　問七．イ

三　問一．a．喰らへ　b．すくめ　問二．X．イ　Y．ア　問三．ⅰ．オ　ⅱ．ウ　問四．エ　問五．鳥もちに引っかかった小鳥たちが賢く振る舞えば助かるのに、慌て騒いだ結果、捕まってしまうこと。　問六．鶴は自らの知恵で鳥もちから脱出に成功したことに満足するあまり、かえって人間を甘く見てしまい、最終的には人間の計略によって捕らえられてしまう。

《数　学》

1　①$(x-2y)(xy-x+y)$　②$-\frac{2}{3}a^4$　③$\frac{\sqrt{3}}{12}$　④12　⑤$\frac{11}{3}$　⑥4　⑦90

※2　$x=15$　$y=25$

※3　子供の人数…15人　みかんの個数…202個

4　(1)A$(-3,\ 9)$　B$(5,\ 25)$　C$(-3,\ -\frac{9}{2})$　D$(5,\ -\frac{25}{2})$　※(2)$y=2x+\frac{9}{4}$　※(3)$y=25-\frac{25\sqrt{3}}{2}$

※5　(1)$\frac{5}{12}$　(2)$\frac{1}{12}$

6　(1)右図　※(2)$6+2\sqrt{3}$　※(3)12π

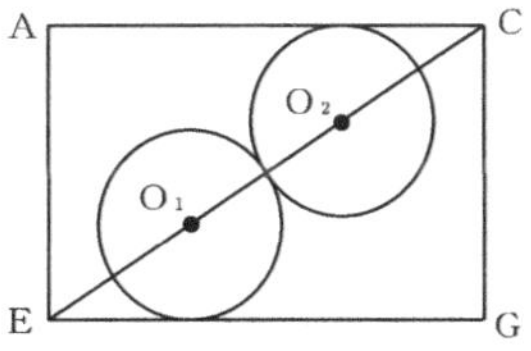

※の式と計算は解説を参照してください。

《英　語》

Ⅰ　リスニング問題省略

Ⅱ　1．(A) 3　(C) 1　(E) 1　(G) 4　2．なぜモースは，トムの意見を注意深く読む代わりに，文法の誤りを調べて数えるのに時間を費やしたのだろうか。　3．(ア) 3　(イ) 1　(ウ) 4　4．Differently　5．3

6．nothing can make people stay out of trouble　　7．自社のスローガンのｇをアポストロフィーに置き換えた。
8．２，５

Ⅲ　1．who wants to buy a painting which looks　　2．(a)ウ　(b)イ　　3．エ　　4．(①)ア　(②)エ
5．It is necessary for us to know

Ⅳ　1．エ　　2．ア　　3．×　　4．ウ　　5．イ

Ⅴ　1．run　　2．hand　　3．mind　　4．by　　5．come

Ⅵ　1．③　　2．③　　3．②　　4．○　　5．②

Ⅶ　①Both my father and mother worked all day long, so they had to sleep a lot on weekends.　　②was always looking forward to having this quiet Sunday morning　　③told me and my sister to buy breakfast for the next morning and gave us a little　　④the breakfast which I couldn't have every morning satisfied not only my stomach but also my heart.

《理　科》

【１】A．(1)(ⅰ)ｄ　(ⅱ)ｆ　(ⅲ)ｅ　　(2)(ⅰ)①イ　②ウ　(ⅱ)①ア　②エ　　(3)あ．1　い．20　う．1.25
B．(4)ａ．減数　ｂ．胚珠　ｃ．精細胞　　(5)分離　　(6)①ア　②イ　③ウ　　(7)オ　　(8)オ

【２】(1)西高東低　　(2)エ　　(3)エ　　(4)C．飽和水蒸気量　D．露点　　(5)X．6　Y．20　Z．42

【３】(1)イ　　(2)エ　　(3)(ⅰ)0.99　(ⅱ)0.17　(ⅲ)1：4　(ⅳ)440

【４】(1)亜鉛板…$Zn \rightarrow Zn^{2+} + 2e^-$　銅板…$2H^+ + 2e^- \rightarrow H_2$　　(2)ａ　　(3)オ　　(4)$Al \rightarrow Al^{3+} + 3e^-$　　(5)0.15
(6)A．イ　B．ア　C．ウ　D．イ　E．オ

【５】A．(1)60　(2)540　(3)90　　B．(4)65　(5)160　(6)15　　C．(7)210　(8)10

【６】(1)A．10　B．40　　(2)図４…1000　図５…40　　(3)500　　(4)A．520　B．80

《社　会》

1　問１．く　　問２．う　　問３．う　　問４．い　　問５．い　　問６．ヒートアイランド　　問７．い
問８．う

2　問１．ａ．う　ｂ．お　ｃ．え　　問２．う　　問３．う　　問４．う　　問５．う　　問６．い　　問７．重さをはかりで量って使った。　　問８．う　　問９．あ　　問10．う

3　1．バイオエタノール　　2．オアシス　　3．グレートプレーンズ　　問１．う　　問２．う　　問３．い
問４．か　　問５．イヌイット　　問６．え

4　問１．お　　問２．い　　問３．う　　問４．う　　問５．あ　　問６．え　　問７．う　　問８．あ
問９．あ

5　問１．え　　問２．公共の福祉　　問３．う　　問４．アファーマティブアクション　　問５．健康で文化的
問６．あ　　問７．ワイマール　　問８．インフォームドコンセント

6　問１．円高　　問２．お　　問３．う　　問４．え　　問５．え　　問６．ＩｏＴ　　問７．い　　問８．情報通信機器などを使いこなせる人とそうでない人との間で，得られる情報量に格差があること。

2021 解説 令和３年度 愛光高等学校

←解答例は前のページにありますので，そちらをご覧ください。

《2021　国語　解説》

一　**問二**　「権威や権力への恭順」と「それに従う人々への同調」の内容を把握する。前者は「公の場」で「特定の権威や権力」が命じる「普通」に従うこと、後者は人々が従う「『普通』とされている基準に合わせること」。よってウが適する。　ア．「身近な権威や権力」と限定している点が誤り。　イ．「周囲の人々にしっかりと守らせること」が間違い。　エ．「時には公私を厳密に切り分け」と限定している点が誤り。　オ．「個人として様々な能力を身につけていくこと」が本文にない内容。

問三　「多くの人々」（「本人」）は「『普通』になろうと頑張っている」が「そうなりきれない」ので、「『普通ではない』他者」＝「『ノウノウと生きている』人々」が許せなくなるというのである。「ノウノウと」とは「何も心配せず平気なさま」をいう。つまり「普通」になろうと頑張らない人のことを指す。

問四　傍線部❸の前に「だから」とあるので、その前の「対話をするならば、何が尊ぶべき規範であるかを議論できるだろう。それはこれまでの『普通』とは異なる規範かもしれない」が傍線部❸の理由。「権威と権力に執着する者」は「『普通』とは異なる規範」によって「権威と権力」が失われるかもしれないことを恐れているのである。

問五　傍線部❹の直前の段落に、「礼儀とは何か」～「考え直す」、「仕事は何のためにあるのか」～「問い直す」、「なぜ勉強するのか」～「問い直している」などの、「対話」の例が挙げられているが、これらはいずれも「普通」であることを考え直し、問い直すことによって、「他者とともに人間の世界を組み直していくため」の行為である。

問六　傍線部❺の直前に「したがって」とあることから、その前の段落にその理由が述べられている。　ア．「対話の相手から外していける」が適さない。　ウ．「差異を認めて維持し続ける」ことに限定している点が間違い。エ．本文では「自分を変化させ」ることだけでなく「互いに互いを変化させる」ことに重点が置かれている。　オ．「他者に頼らず」ではなく、他者と「対話すること」で平和を維持しようというのが本文の要点である。以上から、消去法でイが適する。

問七　「これこそが」とあるので、その前の部分を把握する。「対話を開始すること」を重視し、「誰もが話しやすいルールを生成し」「教室の中だけではなく、教師や家族、地域の人々とさまざまなテーマで語り合う機会をもてること」が「これ」の指す内容。このことで「対話する相手を限って～外部に敵を作ること」を避けるのである。

問八　傍線部❼の前に「対話的な教育は、民主教育の基礎であり、平和の基礎である」とあり、中でも「公共に開かれた哲学的な対話」が大切で、「子どもの哲学とは平和の構築の実践であり、平和への準備である」とある。

二　**問二**　広重は保《ほ》栄《えい》堂の「あなたがいままで描いたものをほとんど見ているつもりです」「ひょっとしたら～あなたご自身が気づいていない点も見ているかもしれません」という言葉に対して、「微笑で受け流せる性質」とは「別のことを言おうとしている」ように感じ、「保栄堂に背中を見られているような不安」を覚えている。

問三　「胸苦しく圧迫する」というのは、「富《ふ》嶽《がく》三十六景」が広重を苦しいほどつらい気持ちにさせるということで、広重の言葉や心中の思い「臭みがある」「有無を言わせない絶品」「それを超える風景は、あり得ない」「こうした絵は、私には描けない」から、短所はあるものの自分には超えられないものを見たときの苦しさが読み取れる。

問四　保栄堂は「微笑が浮かんだ」表情から一転して、「しかしあなたはここまでしか来ていない」と「辛辣な言い方」で、自分の意見を述べ始めている。その要点は、「あなたがほんとうは風景描きだ」と指摘することである。

問五　傍線部❹と似た、３～４行前の「それは予感のようなものだった」という表現は、「東都名所を描いたとき、広重は描きたいものを描いたという感じがした」ことを指している。そして「描きたいものを描いた感じの中に、微かに見えたものがある」「漠とした未来が、その風景の中に描き出された気がし」たと述べられている。

問六　「この男（保栄堂）」の言葉を読んでいくと、「あなたの風景には誇張がない～そこにある風景を、そのまま写そうとなさった」「北斎先生の手法は～未曾有《みぞう》のものですが、一回限りのものです」とあり、その後の「この長い前置きの後で、東海道の宿場を風景にする話を持ち出したのだった」で、最も言いたかったことが明らかになる。

問七　問六で見たように、保栄堂は広重に風景画を描かせようとしている。よってイが適する。　ア.「才能があるかどうか見極めようとしている」のではなく、才能を見込んで風景画を描かせようとしているのである。
ウの「北斎」と「広重」の「間に入って」「二人にうまく取り入ろうとしている」、エの「本気で北斎を負かしたいと思っているのか探ろうとしている」、オの「広重を慰めることで自信を取り戻させ」は、本文に書かれていない内容。

三　**問一a**　「ども」は用言の已然形につく。　**b**　「て」は用言の連用形につく。

問二X　「とらへらるる」のは、「汝《なんじ》ら」と鵯《ひよどり》に呼ばれている、イの「小鳥ども」である。　**Y**　鵯が鳥もちに引っかかっても下に落ちるまで待てばよいと話したことに対して、鷦鷯《みそさざい》が、人間が下にもはごを置き、鵯が引っかかってはごを背中につけることになると言っているので、ア「鵯」が適する。

問四　人間は作物を取られないように、騒ぐ鳥に対しては「網をはり、黏《もち》を置く」が、鵯が南天の実を静かに食べたことには気づかないでいることが、あまりにもおかしいのである。

問五　「不調法」とは「手際が悪いこと」の意。鵯は、小鳥たちが鳥もちに引っかかってばたばたするうちに人間に捕らえられ、自分のようにうまく抜け出せないことを「不調法の至り」と言っているのである。

問六　「今までの才覚の巧《たくみ》、皆、いたづらになり」に続いていることから、この内容を押さえる。「仇《あだ》」とは「自分への害」の意で、さらに下にもはごを置くという「重手をうつ」人間の計略にはまって捕らえられることを指す。

【古文の内容】

　鵯が、小鳥たちを集めて言うには、「お前たちが畑の作物につき、または庭の木の実を食べるときに、余計な大声で、友を呼んで騒ぐことによって、人間はお前たちが来て集まるのを知って、網を張り、鳥もちを置くのである。私は冬になり、山に食物がない時は、人家《じんか》に来て、縁先にある南天の実を食べても、(その家の)亭主は(私が南天の実を食べたことを)知ることがない。あまりのおかしさに、飛び立つ瞬間に大きな声で、礼を言って帰るのである。万一鳥もちに引っかかっても、少しも騒がず、身をすくめて、そっと仰向けになって、ぶら下がっていれば、はごは上に残り、(自分の)身だけが下に落ちる時に、こそこそと飛んでいくのである。お前たちは、鳥もちに引っかかった時に、あわて騒いで、ばたばたするので、体全体に鳥もちをぬり付けて、動くこともできないで、捕らえられるのは、この上なく手際の悪いことである」と、利口ぶって語る。
　末席から鷦鷯という小鳥が、笑って言うには、「人間は鳥よりもかしこくて、一度この手にあった者は、下にも細いはごを置き、(鵯が)例のごとくぶら下がって、下に落ちれば、下にあるはごを、背中に付けて、思いがけないことなので、さすがの鵯殿も、あわて騒ぎなさることによって、体全体に鳥もちをぬって捕らえられることは同じことである。世間のこざかしい人は、皆鵯と同じである。自分の才覚を用いて、一旦成し遂げたことがあると、自分で満足して、いつもこのように(うまくいく)と思っている。天下の人はどうして皆愚かであろうか、いや、そうではあるまい。人はその巧さを知って、念のための二重の計略をうつことにより、今までの才覚の巧みさは、皆、むだになり、かえって仇《あだ》となって、禍《わざわい》を招くことを知らない」(と言った)。

《2021　数学　解説》

1　(1)　与式$=xy(x-2y)-(x^2-3xy+2y^2)=xy(x-2y)-(x-y)(x-2y)=(x-2y)\{xy-(x-y)\}=$
$(x-2y)(xy-x+y)$

(2)　与式$=-6a^{10}\div(-27a^6)-\frac{7}{15}a^5\times\frac{40}{21a}=-6a^{10}\times(-\frac{1}{27a^6})-\frac{8}{9}a^4=\frac{2}{9}a^4-\frac{8}{9}a^4=-\frac{6}{9}a^4=-\frac{2}{3}a^4$

(3)　与式$=\frac{20-2}{9\sqrt{2}}-\frac{3}{4}\times\frac{5+5\sqrt{6}-\sqrt{6}-6}{3\sqrt{3}}=\frac{18\sqrt{2}}{18}-\frac{3}{4}\times\frac{-1+4\sqrt{6}}{3\sqrt{3}}=\sqrt{2}-\frac{-1+4\sqrt{6}}{4\sqrt{3}}=$

$\sqrt{2}-\dfrac{-\sqrt{3}+12\sqrt{2}}{12}=\dfrac{12\sqrt{2}+\sqrt{3}-12\sqrt{2}}{12}=\dfrac{\sqrt{3}}{12}$

⑷　**【解き方】ｎが自然数のとき，３ｎは３の倍数となるから，$\sqrt{180-3n}=\sqrt{3(60-n)}$が整数となるのは，$60-n=3\times a^2$（ａは自然数）となるときである。**

xが正の有理数のとき，$\sqrt{180-3x}$が整数となるのは，$180-3x=b^2$（ｂは自然数）となるときである。

60－ｎの値が大きいほど，ｎの値が小さくなる。$3a^2$は60より小さいから，a^2は60÷３＝20より小さい。

20より小さい平方数(自然数の２乗で表せる数)のうち，最大の数は$4^2=16$だから，ｎが最小となるのは，

ａ＝４のときである。よって，$60-n=3\times4^2$　　ｎ＝④$\underline{12}$

同様にして，b^2は180より小さいから，180より小さい平方数を探すと，$13^3=169$が見つかる。

よって，$180-3x=13^2$　　$3x=11$　　$x=$⑤$\underline{\dfrac{11}{3}}$

⑸　**【解き方】ＢＥ＝ＢＤ－ＥＤ，(四角形ＥＫＣＤの面積)＝△ＢＣＤ－△ＢＥＫで求める。**

△ＡＢＤについて，三平方の定理より，$BD=\sqrt{AB^2+AD^2}=\sqrt{12^2+16^2}=\sqrt{400}=20$(cm)

長方形ＡＢＣＤと長方形ＥＦＧＤは合同だから，ＥＤ＝ＡＤ＝16 cm　　よって，ＢＥ＝20－16＝⑥$\underline{4}$(cm)

$\triangle BCD=\dfrac{1}{2}\times BC\times CD=\dfrac{1}{2}\times16\times12=96$(cm²)

∠ＢＥＫ＝∠ＢＣＤ＝90°，∠ＥＢＫ＝∠ＣＢＤ(共通)より，△ＢＥＫ∽△ＢＣＤであり，相似比がＢＥ：ＢＣ＝４：16＝１：４だから，面積比は$1^2:4^2=1:16$である。

よって，$\triangle BEK=\dfrac{1}{16}\triangle BCD=\dfrac{1}{16}\times96=6$(cm²)だから，四角形ＥＫＣＤの面積は，96－６＝⑦$\underline{90}$(cm²)

2　**【解き方】それぞれの合計金額について，xとyの式をたてる。**

10日前から20日前に予約すると，大人は１人$10000\times\left(1-\dfrac{x}{100}\right)=10000-100x$(円)，子供は１人$6000\times\left(1-\dfrac{y}{100}\right)=6000-60y$(円)となるから，合計金額について，$2(10000-100x)+3(6000-60y)=30500$

$20000-200x+18000-180y=30500$　　$200x+180y=7500$　　$10x+9y=375$…①

21日前までに予約すると，大人は１人$(10000-100x)\times\left(1-\dfrac{20}{100}\right)=8000-80x$(円)，子供は１人$(6000-60y)\times\left(1-\dfrac{10}{100}\right)=5400-54y$(円)となるから，合計金額について，$2(8000-80x)+3(5400-54y)=25750$

$16000-160x+16200-162y=25750$　　$160x+162y=6450$　　$80x+81y=3225$…②

①×９－②でyを消去すると，$90x-80x=3375-3225$　　$10x=150$　　$x=15$

①に$x=15$を代入すると，$10\times15+9y=375$　　$9y=225$　　$y=25$

3　**【解き方】子供の人数をx人として，みかんの個数を２通りの式で表す。**

１人につき子供の人数より２個少ない個数である，$(x-2)$個で配ると７個余るから，みかんは，$x\times(x-2)+7=x^2-2x+7$(個)と表せる。

１人につき子供の人数の２倍より９個少ない個数である，$(2x-9)$個で配ると$x-1-5=x-6$(人)は$(2x-9)$個ずつもらえて，１人は13個もらえて，５人は１個ももらえなかったから，みかんは，$(x-6)(2x-9)+13=2x^2-21x+67$(個)と表せる。

よって，$x^2-2x+7=2x^2-21x+67$　　$x^2-19x+60=0$　　$(x-4)(x-15)=0$　　$x=4,\ 15$

$(2x-9)$個は13個より大きいから，$2x-9>13$　　$2x>22$　　$x>11$

よって，子供の人数は15人だから，みかんの個数は，$15\times(15-2)+7=202$(個)

4 (1)　**【解き方】グラフの交点は，連立方程式から求めることができる。**

Pを通り傾き2の直線の式は，$y=2x+p$ と表せ，$P(-\frac{15}{2},\ 0)$ を通るから，$0=2\times(-\frac{15}{2})+p$ より，$p=15$

Pを通り傾き－1の直線の式は，$y=-x+q$ と表せ，$P(-\frac{15}{2},\ 0)$ を通るから，$0=-(-\frac{15}{2})+q$ より，$q=-\frac{15}{2}$

AとBは放物線①と直線 $y=2x+15$…③の交点なので，この2式を連立方程式として解く。

①に③を代入すると，$2x+15=x^2$　　$x^2-2x-15=0$　　$(x-5)(x+3)$　　$x=5,\ -3$

グラフより，Aの x 座標が $x=-3$，Bの x 座標が $x=5$ である。①に $x=-3,\ 5$ をそれぞれ代入すると，

$y=(-3)^2=9$，$y=5^2=25$ となるので，$A(-3,\ 9)$，$B(5,\ 25)$

CとDは放物線②と直線 $y=-x-\frac{15}{2}$…④の交点なので，この2式を連立方程式として解く。

②に④を代入すると，$-x-\frac{15}{2}=-\frac{1}{2}x^2$　　$x^2-2x-15=0$　　$(x-5)(x+3)$　　$x=5,\ -3$

グラフより，Cの x 座標が $x=-3$，Dの x 座標が $x=5$ である。②に $x=-3,\ 5$ をそれぞれ代入すると，

$y=-\frac{1}{2}\times(-3)^2=-\frac{9}{2}$，$y=-\frac{1}{2}\times5^2=-\frac{25}{2}$ となるので，$C(-3,\ -\frac{9}{2})$，$D(5,\ -\frac{25}{2})$

(2)　**【解き方】(1)をふまえる。AとC，BとDの x 座標が等しいので，四角形ACDBはAC//BDの台形である。また，直線③の傾きは2だから，求める直線と直線③は平行である。よって，求める直線がAC上にあるときは，わけられた上側の図形は平行四辺形になる。**

$AC=$(AとCの y 座標の差)$=9-(-\frac{9}{2})=\frac{27}{2}$，$BD=$(BとDの y 座標の差)$=25-(-\frac{25}{2})=\frac{75}{2}$

台形ACDBの面積は，$\frac{1}{2}(AC+BD)\times$(AとBの x 座標の差)$=\frac{1}{2}\times(\frac{27}{2}+\frac{75}{2})\times\{5-(-3)\}=204$

求める直線がCを通るとすると，上側の平行四辺形の面積は，$AC\times$(AとBの x 座標の差)$=$

$\frac{27}{2}\times8=108$ となり，台形ACDBの面積の半分より大きいから，求める直線はAC上で交わる。

求める直線とACとの交点をXとすると，上側の平行四辺形の面積は，

$\frac{1}{2}\times$(台形ACDBの面積)$=102$ となるから，$AX\times$(AとBの x 座標の差)$=102$

$AX\times\{5-(-3)\}=102$　　$AX=\frac{51}{4}$

よって，Xの y 座標は(Aの y 座標)$-\frac{51}{4}=9-\frac{51}{4}=-\frac{15}{4}$

求める直線の式を $y=2x+r$ とすると，$X(-3,\ -\frac{15}{4})$ を通るから，

$-\frac{15}{4}=2\times(-3)+r$ より，$r=\frac{9}{4}$　　したがって，求める式は，$y=2x+\frac{9}{4}$

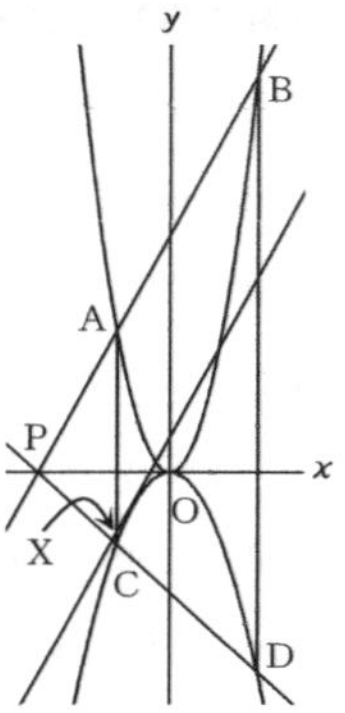

(3)　**【解き方】BDと x 軸との交点をQとする。明らかにBQ＞DQだから，△BPQ＞△DPQなので，求める直線を $y=s$ とすると，直線 $y=s$ はBQ上を通ることがわかる。直線 $y=s$ とPBとの交点をR，直線 $y=s$ とBQとの交点をSとすると，△BRS∽△BPQなので，これを利用して s の値を求める。**

これまでの解説をふまえる。$\triangle BPQ:\triangle DPQ=BQ:DQ=25:\frac{25}{2}=2:1$ だから，

△BPQの面積を2Y，△DPQの面積をYとすると，$\triangle BPD=2Y+Y=3Y$，

$\triangle BRS=\frac{1}{2}\triangle BPD=\frac{3}{2}Y$ だから，$\triangle BRS:\triangle BPQ=\frac{3}{2}Y:2Y=3:4$

よって，△BRSと△BPQの相似比は $\sqrt{3}:\sqrt{4}=\sqrt{3}:2$ だから，$BS:BQ=\sqrt{3}:2$

Sの y 座標は $y=s$ だから，$BS=$(BとSの y 座標の差)$=25-s$，$BQ=$(Bの y 座標)$=25$

となるので，$(25-s):25=\sqrt{3}:2$　　$50-2s=25\sqrt{3}$　　$2s=50-25\sqrt{3}$

$s=25-\frac{25\sqrt{3}}{2}$　　したがって，求める式は，$y=25-\frac{25\sqrt{3}}{2}$

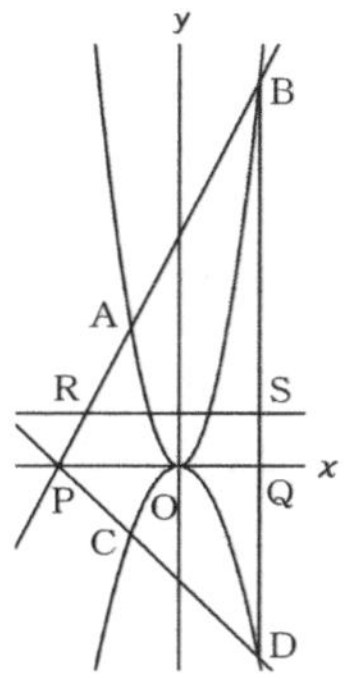

5 ⑴　a，bの出方は全部で，$6\times6=36$(通り)ある。そのうち，$b\leqq 2a-5$となるのは，右表の○印の15通りなので，求める確率は，$\dfrac{15}{36}=\dfrac{5}{12}$

		a					
		1	2	3	4	5	6
		2a−5					
		−3	−1	1	3	5	7
b	1			○	○	○	○
	2				○	○	○
	3				○	○	○
	4					○	○
	5					○	○
	6						○

⑵　**【解き方】$b=2a-c$より，$2a=b+c$だから，aの値で場合わけして，条件に合う(b，c)の組み合わせを考える。**

a，b，cの出方は全部で，$6\times6\times6=216$(通り)ある。

そのうち，$2a=b+c$となる(b，c)を考える。

$a=1$のとき，$2=b+c$だから，(1，1)　$a=2$のとき，$4=b+c$だから，(1，3)(2，2)(3，1)

$a=3$のとき，$6=b+c$だから，(1，5)(2，4)(3，3)(4，2)(5，1)

$a=4$のとき，$8=b+c$だから，(2，6)(3，5)(4，4)(5，3)(6，2)

$a=5$のとき，$10=b+c$だから，(4，6)(5，5)(6，4)　$a=6$のとき，$12=b+c$だから，(6，6)

よって，条件に合う組み合わせは$1+3+5+5+3+1=18$(通り)あるから，求める確率は，$\dfrac{18}{216}=\dfrac{1}{12}$

6 ⑴　球の切り口は円になること，2つの球の中心は対角線CE上にあり，CE上で接していること，球O_1はEGと，球O_2はACと接していること，球O_1とAE，球O_2とCGは接していないことに気をつける。

⑵　**【解き方】⑴で書き込んだ図について，右のように作図し，$O_1I+O_2J+KO_2$で求める。$\triangle O_1O_2J\backsim\triangle ECG$だから，$\triangle ECG$の3辺の長さの比をまず求める。**

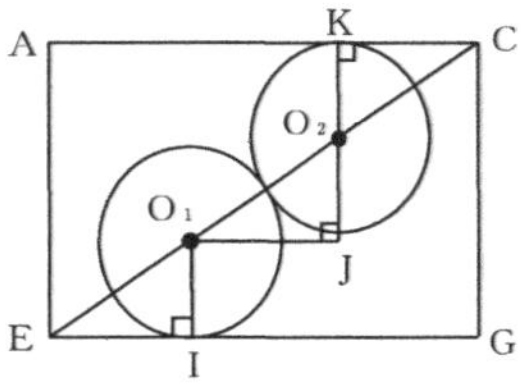

EGは正方形EFGHの対角線だから，$EG=\sqrt{2}GF=\sqrt{2}CG$

$\triangle ECG$について，三平方の定理より，$EC=\sqrt{EG^2+CG^2}=\sqrt{(\sqrt{2}CG)^2+CG^2}=\sqrt{3CG^2}=\sqrt{3}CG$だから，$\triangle ECG$の3辺の長さの比は，$1:\sqrt{2}:\sqrt{3}$

$\triangle O_1O_2J\backsim\triangle ECG$より，$O_2J=\dfrac{1}{\sqrt{3}}O_1O_2=\dfrac{1}{\sqrt{3}}\times(3+3)=2\sqrt{3}$

よって，立方体の1辺の長さは，$CG=O_1I+O_2J+KO_2=3+2\sqrt{3}+3=6+2\sqrt{3}$

⑶　**【解き方】2つの球は対角線CEの中点で接しているので，⑴で書き込んだ図について，右のように作図する。図形の対称性から，切り口の面積は，半径がLMの円2つ分の面積だとわかる。**

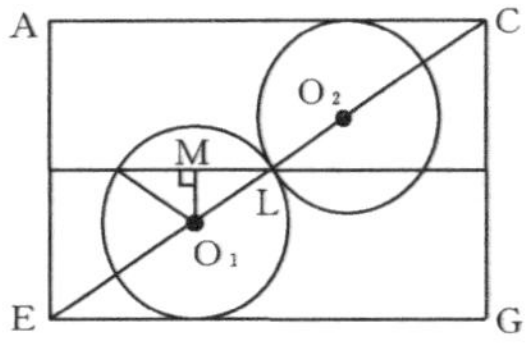

$\triangle LO_1M\backsim\triangle ECG$より，$LM=\dfrac{\sqrt{2}}{\sqrt{3}}O_1L=\dfrac{\sqrt{2}}{\sqrt{3}}\times3=\sqrt{6}$

よって，求める面積は，$(\sqrt{6})^2\pi\times2=12\pi$

《2021　英語　解説》

Ⅱ【本文の要約】参照。

2・take much time to ～「～することに多くの時間を費やす」　・instead of ～「～する代わりに」

3　話の流れや前後の文などから判断する。

4　think のような動詞を修飾するのは副詞だから，文法的に正しいのは different の副詞 differently。前にある“Think Different”に対するものだから，Differently と，最初の d を大文字にすること。

5　後の文の内容から，3が適切。

6　nothing，make に着目する。英語では，否定を表す単語などを文のはじめに置くから，nothing を主語にする。また，〈make＋人＋動詞の原形〉使役「(人) に～させる」より，make people stay out of trouble の語順になる。

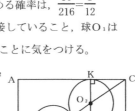

・stay out of ～「～とかかわりをもたないでいる」

7　第４段落（イ）直後のSoから始まる１文を日本語でまとめる。gをアポストロフィーに置き換えて‘短縮’を表すことで，正しい英語にこだわる客層を維持したのである。

8　1×「モースはあまりにも多い意見書をもらったので怖くなった」…本文にない内容。　2○「デボラ・キャメロンは『Potatoe’s』という看板を見かけると腹が立つ。なぜなら文法的に間違っているからだ」…第３段落２～３行目と一致。　3　「×あらゆる有名企業は自社のスローガンで間違っている文法を使う。なぜならその方がおもしろく見えるからだ」…「全ての有名企業」というわけではない。　4×「1980年代，英国にある全ての中学校では，若者を正直で礼儀正しくさせるために，正しい文法を教えた」…第５段落の内容と不一致。　5○「ノーマン・テビットは，正しい英語を使うことは清潔な衣服を身に付けること，正直さ，その他の社会的な善良さにつながると考えた」…第６段落の内容と一致。　・be connected with ～「～とつながる」

【本文の要約】

「その意見書の１か所か２か所に，興味をお持ちのようですね」「なぜそう思うんだ？」モースは驚いた様子を見せた。「その意見書を読むのに10分ほどかかっています。まだ１ページの半分ですよ」「ルイス，君は注意深い警官だ。でもトムは違うんだよ。これを見てごらん。これはトムが書いた意見書だ。私が今まで見てきた中で１番(A)3できの悪い(=ill-written)意見書だ。最初の10行に文法ミスが12もある！残念だが，警察の将来は暗いな」

(B)なぜモースは，トムの意見を注意深く読む代わりに，文法の誤りを調べて数えるのに時間を費やしたのだろうか？なぜ意見書の不注意な文法ミスがモースに警察の将来を心配させたのだろうか？なぜ私たちは文法やつづりを気にするあまり，小さなミスに落胆したり，私たちの社会やその言語の将来を不安に思ったりするのだろうか？

(ア)3私たちは幼い頃に，両親や学校の先生によって正しい言葉の使い方を教えられる。そしてそのことは成長したからといって簡単に忘れることはできない。プロの言語学者でさえ，忘れないように努力する。正しい文法の使い方に関する教本の著者デボラ・キャメロンは，その著書の中で，自分は人のミスをすぐに指摘しないようにしていると(C)1述べている(=observes)。8．2しかしながら彼女は，それでも文法のミスについていらいらしてしまうそうだ。「『Potatoe’s』などという看板を見ると，私はいつも怒りを覚えます」

(イ)1文法を重要視する人がいる一方で，若い年代の顧客を取り込みたい会社は，意図的にそうした正しい文法の使い方を崩す。それで外食チェーンのマクドナルドは，そのキャッチコピー“I’m lovin’ it”の中で“g”をなくしたが，年配で従来の考え方の顧客が離れないように，それをアポストロフィに代えた。アップル マッキントッシュの1997年のキャッチコピー“Think Different”は，文法的に正しい“Think (D)Differently”を使わずに，非標準的な文法を用いて若い顧客を惹きつけた。正しい文法が伝統を重んじる階級層を気遣っているように思われるとき，非標準的な文法を意図的に使う人々がそれに(E)1異議を申し立てている(=challenge)。

多くの人にとって，正しい文法は，社会におけるその他の価値観を説明するものである。例えば，礼儀，尊敬，伝統を守ることなどだ。(ウ)4彼らに言わせると，犯罪の増加や経済問題，その他の社会的悪は，学校で教える正式な文法の質の低下に責任がある，というのだ。1980年代，評論家たちは，英国の中学校で正しい文法教育から離れる動きが，若者の間で正直さや責任感を(G)4軽視(=disregard)する原因となったと語った。

8．5 1985年のRadio 4でのインタビューで，ノーマン・テビットは標準的英語を，標準的服装，健康，正直さの水準，及び，法律を守る意識と結び付けた。彼はこう言った。「もし正しい英語と間違っている英語を同等だと思ったり，学校でふさわしくない服装ができると思ったりすることを許すなら，こうしたこと全てが人々から標準というものを奪ってしまうでしょう。そして標準がなくなれば，人々が問題に巻き込まれるのを防げるものは何もないのです」

Ⅲ 【本文の要約】参照。

1 who，which は関係代名詞。who は直前の person，which は painting に続く関係代名詞であることから，文を組み立てよう。 ・look like ～「～のように見える」

3 ケンの最初の発言より，ケンは自分でも描けそうな絵に大金を払う人の気持ちや価値観がわからないことが読み取れるから，エが適切。

5 for，it，to から，判断する。 ・It is necessary for＋人＋to ～「(人)にとって～することが必要だ」

【本文の要約】

ケン ：やあ，君は美術に興味があったよね？アートオークションのニュースは聞いた？ある絵画を 140 億円で買った人がいて，それは史上最高価格だったそうだよ。僕は本当にびっくりしちゃったよ。でもそんな値段で落書きのように見える絵を買いたい人の気持ちは理解できないよ。

マイク：君の言おうとしていることはわかるよ。でも絵の価値は単にそれが美しく(a)ウ見える(look)という理由で決まるわけじゃないんだ。例を挙げるよ。僕のスマホを見てよ。２つの絵がある。それぞれの作品について君はどういう印象を持つ？

ケン ：この絵の女性は前を向いているね。最初僕は，彼女は本物の人かと思ったよ。いい絵だと思うよ。でも正直なところ，もう１つの絵は何を表現しようとしているのかわからないし，想像さえつかないよ。絵の真ん中に黒い四角がある，それだけだもの。

マイク：前者は写実画，後者は抽象画と呼ばれているんだ。美術史では，それらは異なる役割があったんだよ。

ケン ：僕は写実画の方が，ずっとうまく描かれていて，価値があると思うな。抽象画も魅力的だけど，僕でも 10 分で似たようなのは描けると思うよ。抽象画はどのように人気になったの？

マイク：その昔，写実画は，見たままの世界を表現するために創作されたんだ。でも，とてもなじみのある，ある機械が発明されてからはその役割が失われたんだ。それは，今ではどこにでもある。何だかわかる？

ケン ：うーん，難しい質問だなあ。ヒントをくれる？

マイク：そうだな，今では僕たちは日常生活でよく使っているよ。スマホに同じ機能があるからね。

ケン ：わかった！カメラだ！

マイク：その通り。カメラの方が絵を描くよりも，正確に世界を視覚的に再現できる方法だからね。①ア写実画は，②エカメラにすっかり取って代わられたんだよ。だから芸術家は絵を描くための理由を見つける必要がうまれたのさ。その答えを見つける旅の途中で，芸術家たちは抽象画を制作する技術を習得したんだ。

ケン ：興味深いね。

マイク：僕たちは外見だけで芸術の価値を判断するべきではない。僕たちにとって必要なのは，美術史を知ることだ。そうすれば，美術作品は本当に価値がある，ということが(b)イわかる(find)ようになるよ。

Ⅴ 1 (a)「その泥棒たちは警察から逃げようとしたが，捕まった」 ・run away from ～「～から逃げる」

(b)「私はお金を使い果たしてしまったので，仕事を探さなければならない」 ・run out of ～「～を使い果たす」

2 (a)「私は明日の朝，この報告書を提出するつもりだ」 ・hand in ～「～を（手渡して）提出する」

(b)「メアリーはよく私の助言を求める。これに対して，サムは私の言うことに耳をかさない」 ・on the other hand「これに対して」

3　(a)「差し支えなければ，どうぞ電話番号を教えてください」　・mind「いやだと思う，気にする」

(b)「ジョンはとうとう，この町を去る決意を固めた」　・make up one's mind to ～「～することを決心する」

4　(a)「日ごとに涼しくなっていると思いませんか？」　・day by day「日ごとに」

(b)「ビルは誤って誰かの部屋に入ってしまったが，誰もそれに気づかなかった」　・by mistake「誤って」

5　(a)「夢はかなうことを常に信じるべきだ」　・come true「(夢などが) 実現する」

(b)「ガードナー一家は英国人ではない。彼らはオーストラリア出身だ」　・come from ～「～の出身である」

Ⅵ　1　③×exciting→○excited：ものが「(人を) 興奮させる」ときは exciting，人が「興奮する」ときは excited で表す。　・get excited「(人が) 興奮する」　文意「その歌手のステージ上でのパフォーマンスは素晴らしかった。彼のファンはみんな興奮した」

2　③×to live→○living：used は形容詞で「慣れている」という意味。　get used to ~ing「～することに慣れる」文意「不安なんだね？でも，すぐこの町の生活に慣れると思うよ」

3　②×sleep→○asleep：fall は「～ (の状態) になる」という意味。　・fall asleep「(ぐっすり) 寝入る」文意「その先生の声はとても穏やかだったので，授業中に寝入ってしまう生徒もいた」

4　誤りはない。文意「ジョージは懸命に勉強したが，試験に合格することができなかった。彼の両親は狼狽した」

5　②×by feet→○on foot：・on foot「徒歩で」　文意「ナンシーは自分が太りだしたと思ったので，徒歩で通学し始めた」

Ⅶ　①「AとBの両方とも」＝both A and B　「一日中」＝all day long　「たっぷり眠らなければならない」＝have/has to sleep a lot　「週末」＝weekends

②　forward，looking に着目すれば，不足している語は to であると判断できる。always は副詞だから be 動詞の後に置く。したがって，I was always looking forward to having this quiet Sunday morning very much.「私はいつもこの静かな日曜日の朝を楽しみにしていた」という語順になる。　・look forward to ~ing「～することを楽しみに待つ」

③　told，to に着目する。〈tell＋人＋to ~〉「(人) に～するように言う」から，my mother told me and my sister to buy breakfast for the next morning，〈give＋人＋もの〉「(人) に (もの) を与える」から and gave us a little money で表す。

④　主語「毎朝は食べることのできないその朝ごはん」は関係代名詞(which/that)で表すから，the breakfast which(that) I couldn't have every morning となる。「満たす」＝「満足させる」＝satisfy　「A だけではなく B もまた＝not only A but also B」

《2021　理科　解説》

【1】

(1)　全身を流れてきた血液は，大静脈(e)→右心房(a)→右心室(c)→肺動脈(f)→肺→肺静脈(h)→左心房(b)→左心室(d)→大動脈(g)の順に流れる。

(2)(i)　心房から心室へ血液が送られるとき，心房と心室をつなぐ①と④は，図で下向きに血液が流れるようにイの状態になっている。一方，②と③は閉じてウの状態になっている。　(ii)　心室から動脈へ血液が送られるとき，心室と動脈をつなぐ②と③は，図で上向きに血液が流れるようにエの状態になっている。一方，①と④は閉じてアの状態になっている。

(3)(i)　$5\times0.2=1$ (L)　(ii)　$\frac{80}{20}\times5=20$ (倍)　(iii)　$\frac{5+5+10}{20+25+35}\times5=1.25$ (倍)

(6)　実験２で純系の丸形としわ形を交配させると，得られた種子がすべて丸形になったので，純系の丸形の種子がもつ遺伝子は優性遺伝子のＡＡ，純系のしわ形の種子がもつ遺伝子は劣性遺伝子のａａであり，得られた種子がもつ遺伝子はすべてＡａとなる。

(7)　オ○…実験３では，Ａａの丸形の種子とａａのしわ形の種子を交配させたので，Ａａ：ａａ＝１：１となる。１つのさやには，丸形としわ形の両方が入っているものが多いが，丸形だけのものやしわ形だけのものもある。

(8)　オ○…実験４では，実験２で得た丸形の種子だけを育て，自家受粉させたので，丸形の種子の遺伝子はＡＡかＡａのどちらかである。これらを育てて自家受粉させると，ＡＡからは丸形の種子のみができ，Ａａからは丸形（ＡＡかＡａ）としわ形（ａａ）の両方ができる。

【２】

(2)　エ○…風は気圧の高い所から低い所に向かって吹くので，冬には西にある高気圧から風が吹き出す。北半球では風が低気圧の中心に向かって反時計回りに吹きこむので，Ｂの風向は北西である。

(3)　エ×…秋晴れは，秋の台風が通過した直後や，高気圧と低気圧が交互に通過するときの高気圧に覆われたときなどの，よく澄んで晴れ渡った日のことである。

(4)　Ｄ．水蒸気が凝結し始めるときの温度を露点という。

(5)　Ｘ．ａで16℃の空気はｂまで600ｍ上昇すると $16-1\times\frac{600}{100}=10$(℃)になり，雲の領域では高度100ｍあたり0.5℃気温が下がるので，ｃでは $10-0.5\times\frac{1400-600}{100}=6$(℃)となる。　Ｙ．ｃで６℃の空気はｄまで1400ｍ下降すると $6+1\times\frac{1400}{100}=20$(℃)となる。　Ｚ．ｃでは６℃で露点に達しているので，空気１㎥あたりの水蒸気量は飽和水蒸気量と等しい7.3ｇ/㎥である。20℃での飽和水蒸気量は17.3ｇ/㎥だから，〔湿度(％)＝$\frac{\text{水蒸気量}(g/m^3)}{\text{飽和水蒸気量}(g/m^3)}\times100$〕より，$\frac{7.3}{17.3}\times100=42.1\cdots\rightarrow42$％となる。

【３】

(1)　イ×…プラスチックからＴシャツをつくるなど，リサイクルできる。

(2)　エ×…みがくと光を受けて輝く（金属光沢）。／たたくと広がる（展性）。／引っぱるとのびる（延性）。／電流を流しやすい。／熱が伝わりやすい。などが金属に共通の性質である。水銀のように常温で液体の金属もある。

(3)(ⅰ)　表より，亜鉛0.1ｇが反応すると34㎤の水素が発生することがわかる。亜鉛によって発生する水素は最大で336㎤だから，$0.1\times\frac{336}{34}=0.988\cdots\rightarrow0.99$ｇとなる。　(ⅱ)　亜鉛とアルミニウムは塩酸に溶けるので，溶け残った0.55ｇは銅であり，亜鉛とアルミニウムが合わせて１－0.55＝0.45(ｇ)ある。発生した水素の体積は306㎤であり，亜鉛１ｇからは $\frac{34}{0.1}=340$(㎤)，アルミニウム１ｇからは $\frac{124}{0.1}=1240$(㎤)の水素が発生するから，亜鉛の質量を x ｇ，アルミニウムの質量を y ｇとすると，$x+y=0.45$…①，$340x+1240y=306$…②とおける。①と②を連立して解くと，$x=0.28$(ｇ)，$y=0.17$(ｇ)となる。　(ⅲ)　合金とアルミニウムの密度の差は3.6－2.7＝0.9(ｇ/㎤)，亜鉛と合金の密度の差は7.2－3.6＝3.6(ｇ/㎤)だから，合金には亜鉛とアルミニウムが密度の差の逆比の割合でふくまれる。したがって，亜鉛とアルミニウムの体積比は，亜鉛：アルミニウム＝0.9：3.6＝１：４となる。　(ⅳ)　体積比が亜鉛：アルミニウム＝１：４だから，質量比は亜鉛：アルミニウム＝7.2：(2.7×４)＝２：３となる。したがって，合金0.5ｇには，亜鉛0.2ｇとアルミニウム0.3ｇが含まれており，表より，亜鉛によって発生する水素は68㎤，アルミニウムによって発生する水素は $124\times\frac{0.3}{0.1}=372$(㎤)だから，68＋372＝440(㎤)となる。

【4】

⑴　亜鉛板の表面では原子(Zn)が電子を失って，亜鉛イオン(Zn^{2+})となって溶け出す。一方，銅板では，塩酸中の水素イオン(H^+)が電子を受け取って水素原子(H)になり，２個結びついて水素分子(H_2)なって発生する。

⑵　亜鉛原子が失った電子は亜鉛板から抵抗を通って銅板へ移動する。電子が移動する向きは電流が流れる向きと反対だから，電流の向きはａである。

⑶　オ×…亜鉛イオンは２価の陽イオン，水素イオンは１価の陽イオンで，亜鉛イオンが１個できるときに放出する電子は，水素イオン２個を原子にするので，イオンの総数は少なくなる。

⑷　原子(Al)が電子を失って，アルミニウムイオン(Al^{3+})となって溶け出す。

⑸　アルミニウムイオンは３価の陽イオンだから，同じ数の電子を放出したとき，アルミニウム原子がイオンになった数は亜鉛の $\frac{2}{3}$倍である。また，電流が流れている間の電圧の平均値より，アルミニウムは亜鉛の $\frac{0.55}{0.50}=1.1$(倍)電圧が大きいことから，亜鉛原子と比べてアルミニウム原子が失った電子の総数も 1.1 倍である。亜鉛原子の質量はアルミニウム原子の 2.4 倍だから，アルミニウム板の質量は $0.50\times1.1\times\frac{2}{3}\times\frac{1}{2.4}=0.152\cdots\rightarrow0.15$ g 減少する。

⑹　イオン化傾向が大きく，塩酸に溶けやすいほど，電圧が生じやすいので，表より，イオン化傾向の大きなものから順に並べると，アルミニウム＞亜鉛＞鉄となる。うすい塩酸にアルミニウム板と鉄板を入れると，イオン化傾向が大きいアルミニウム板が－極になり，銅板とアルミニウム板のときよりもイオン化傾向の差が小さくなるので，電圧は 0.55Ｖよりも小さくなる。

【5】

⑴　〔仕事(Ｊ)＝力の大きさ(Ｎ)×力の向きに物体を動かした距離(m)〕，10 kg→100Ｎより，荷物を床から斜面の上まで持ち上げるときの仕事の大きさは $100\times1.8=180$(Ｊ)となる。仕事の原理より，斜面を用いても仕事の大きさは変わらないので，人がひもを引く力の大きさは $\frac{180}{3}=60$(Ｎ)となる。

⑵　⑴解説より，人はひもから 60Ｎの力で引かれるので，60 kg→600Ｎより，人が床におよぼす力は $600-60=540$(Ｎ)となり，人が床から受ける垂直抗力も 540Ｎである。

⑶　人は５秒間にひもを $30\times5=150$(cm)→1.5m引くので，$60\times1.5=90$(Ｊ)となる。

⑷　動滑車を使うと，動滑車と荷物を持ち上げるのに必要な力は，動滑車と荷物の重力の半分になる。動滑車の重力は３kg→30Ｎ，荷物の重力は 100Ｎだから，$\frac{30+100}{2}=65$(Ｎ)となる。

⑸　定滑車の２本のひもが滑車を下向きに引く力はそれぞれ 65Ｎだから，定滑車にはたらく下向きの力は $65\times2=130$(Ｎ)である。また，定滑車にはたらく重力は３kg→30Ｎだから，天井が定滑車を支える力は $130+30=160$(Ｎ)となる。

⑹　仕事の原理より，人がひもを引く力は半分になるが，ひもを引く長さは荷物を持ち上げる距離の２倍になる。したがって，ひもを 30 cm引くと，荷物は $\frac{30}{2}=15$(cm)持ち上がる。

⑺　図３のとき，３本のひもが滑車と人を上向きに引き上げる力は等しく，動滑車と人の重力の合計が $30+600=630$(Ｎ)だから，それぞれのひもに $630\div3=210$(Ｎ)ずつかかる。

⑻　１本のひもを引いた長さが３本に分かれるので，$\frac{30}{3}=10$(cm)となる。

【6】

⑴　Ａ．100Ｖの電圧がかかるとき 1000Ｗの電力を消費するので，〔電力(Ｗ)＝電圧(Ｖ)×電流(Ａ)〕より，電流は $\frac{1000}{100}=10$(Ａ)であり，〔抵抗(Ω)＝$\frac{電圧(V)}{電流(A)}$〕より，抵抗は $\frac{100}{10}=10$(Ω)である。　Ｂ．100Ｖの電圧がかかるとき

250Wの電力を消費するので，電流は$\frac{250}{100}=2.5(\mathrm{A})$であり，抵抗は$\frac{100}{2.5}=40(\Omega)$である。

(2) 図4．並列つなぎの電熱線にかかる電圧は電源電圧と等しいので，100Vである。　図5．回路全体の抵抗は$10+40=50(\Omega)$だから，〔電流$(\mathrm{A})=\frac{電圧(\mathrm{V})}{抵抗(\Omega)}$〕より，電流は$\frac{100}{50}=2(\mathrm{A})$である。〔電圧(V)＝抵抗(Ω)×電流(A)〕より，Aの電圧は$10\times2=20(\mathrm{V})$だから，Aの消費電力は$20\times2=40(\mathrm{W})$となる。なお，Bの電圧は$40\times2=80(\mathrm{V})$，消費電力は$80\times2=160(\mathrm{W})$となる。

(3) 図6では，図3のような交流電流によって，半分の時間は発光ダイオードとAに電流が流れない。したがって，図6のAに電流が流れる時間は図4のAに電流が流れる時間の半分である。したがって，消費電力も図4のAの半分の500Wである。

(4) 半分の時間は発光ダイオードに電流が流れるので，抵抗がAだけの回路になり，(3)解説よりAの消費電力は500Wになる。残りの半分の時間はAとBの直列回路になるので，(2)解説より，Aは$\frac{40}{2}=20(\mathrm{W})$，Bは$\frac{160}{2}=80(\mathrm{W})$となる。したがって，Aは$500+20=520(\mathrm{W})$，Bは80Wとなる。

《2021　社会　解説》

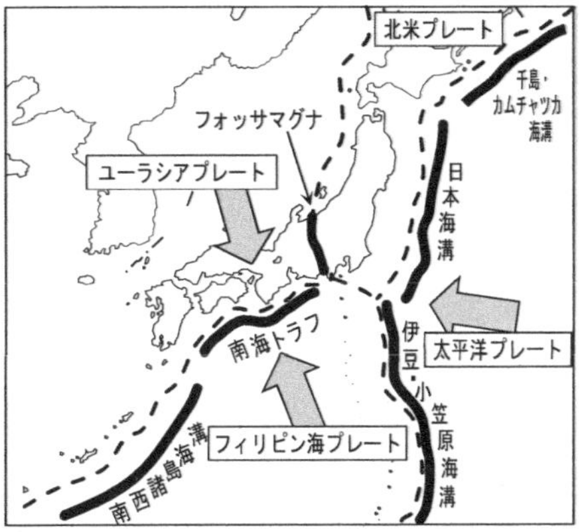

1 **問1**　(く)が正しい。日本周辺のプレートについては右図参照。

問2　(う)が正しい。X．誤り。東北地方にある火山帯は，那須火山帯(東北地方内陸部)と鳥海火山帯(日本海側)で太平洋側にはない。Y．正しい。

問3　(う)が正しい。火砕流によって43名が犠牲になった。

問4　(い)が正しい。かつての石狩川は蛇行した河川であったが，洪水によって流路が変わり，三日月湖などが多く形成された。

問5　(い)が正しい。(あ)は東北地方の太平洋側。(う)は関東地方。

問7　(い)が正しい。X．正しい。Y．誤り。気温の上昇は，二酸化炭素などの温室効果ガスによるもので，酸性雨の原因となる二酸化窒素などの窒素酸化物と気温上昇には，直接の因果関係は少ない。

問8　(う)が正しい。冬になると雪雲が発生し日照時間が少なくなるのが日本海側の気候の特徴である。瀬戸内地方は，中国山地と四国山地にはさまれているために季節風の影響が少なく，梅雨時だけ日照時間が少なくなる。以上のことからXを松山市，Yを那覇市，Zを青森市と判断する。

2 **問1**　a＝(う)　b＝(お)　c＝(え)　a．708年とあることから，和同開珎と判断する。和同開珎は流通が確認された日本最古の貨幣である。b．直後に明銭とあることから，永楽通宝と判断する。c．江戸時代になると，寛永通宝をつくるようになった。

問2　(う)が誤り。平城京ではなく平安京の記述である。平安京では東寺と西寺以外の寺院の建設が禁止された。

問3　(う)が誤り。12世紀の話である。奥州藤原氏は，後三年の役(1083年)を契機に台頭し，12世紀末に源頼朝によって滅ぼされるまで4代にわたって続いた。

問4　(う)が正しい。X．誤り。『一遍聖絵』には市に参加する女性が多く描かれている。Y．正しい。下側に船に乗った人物が描かれている。『一遍聖絵』は，一遍を数多く描くことで，アニメーションのように時間が右から左に動いているように表現している。

問５　(う)が正しい。(あ)は密教(天台宗・真言宗)，(い)は日蓮宗，(え)は浄土宗。

問６　(い)が正しい。X．正しい。Y．誤り。永仁の徳政令は，元寇での負担が大きかった御家人に対して出されたものだから，時系列が逆である。

問７　銀貨は，その場で重さを量る秤量貨幣であった。そのため貨幣単位は重さを表す貫・匁などが使われた。それに対し金貨は，大判・小判・二分金・一分金など定位貨幣で，貨幣単位は両・分・朱などが使われた。一般に東日本では金貨，西日本では銀貨の流通がさかんであった。

問８　(う)が誤り。越後屋は，「現金掛け値なし」の対面販売で利益を上げた。

問９　(あ)が正しい。X．正しい。質の悪い元禄小判によって物価上昇が起きると，６代・７代の将軍に仕えた新井白石が，小判の質をもとに戻す正徳の治を行った。Y．正しい。金銀の交換比率は，国内では１：５，海外では１：15だったため，海外から銀を持ち込み金貨に両替すると，海外での両替の３倍の金を得ることができた。

問10　(う)が誤り。小学校の授業料が無償になったのは1900年の「第３次小学校令」からである。

3　［１］　バイオエタノールが正しい。カタカナ表記とあるのでバイオ燃料は不可。

［２］　オアシスが正しい。「砂漠地域」「地下水が湧き出る」から考える。

［３］　グレートプレーンズが正しい。アメリカでは，西からグレートプレーンズ・プレーリー・中央平原が広がり，そのうちのグレートプレーンズとプレーリーはカナダまで広がっている。

問１　(う)のカカオ豆が正しい。アフリカのガーナやコートジボワールでさかんに栽培されている。(あ)はオリーブ，(い)はライ麦，(え)はてんさい(ビート)。

問２　(う)が正しい。サバナはサバンナとも呼ばれる。(あ)はステップ，(い)はジャングル・セルバなどの熱帯雨林，(え)はツンドラ。

問３　(い)が正しい。パンパは南米アルゼンチンの草原地帯。ナイル川河口は砂漠地帯。ギアナ高地は南米ベネズエラに広がる熱帯雨林地帯。

問４　(か)が正しい。オセアニアの２国が上位にあるXは羊毛である。アメリカが１位でアルゼンチン・オーストラリアが上位にあるYを牛肉，ドイツ・スペインが上位にあるZを豚肉と判断する。

問５　イヌイットが正しい。氷雪地帯の先住民族エスキモーのうち，カナダからアラスカ南部に住むのがイヌイット，アラスカ北部からロシア極東部に住むのがユピクである。

問６　(え)が正しい。17 世紀初め，東岸のセントローレンス川付近へのフランス人入植がカナダの起源である。その後17世紀後半にイギリス領となり，イギリス連邦に組み込まれ，1931年に事実上の独立国家となった。

4　**問１**　(お)が正しい。Ⅲ．シベリア鉄道建設開始(1850 年代)→Ⅰ．三国干渉(1895 年)→Ⅱ．北清事変・義和団事件(1900 年)　　義和団の乱(義和団事件)に対して列強が出兵して鎮圧するまでを北清事変と呼ぶ。

問２　(い)が正しい。内村鑑三はキリスト教徒の立場から，与謝野晶子は出征した弟を案ずる立場から，幸徳秋水は社会主義者の立場から日露戦争を批判した。その後，幸徳秋水は大逆事件(1911年)で処刑された。

問３　(う)が誤り。ロシアから引き継いだのは遼東半島南部の租借権(旅順・大連を含む)・南満州鉄道などである。

問４　(う)が正しい。X．誤り。三国同盟は第一次世界大戦前のことである。Y．正しい。国際連盟は，アメリカのウィルソン大統領の提案によってつくられた。

問５　(あ)が誤り。鉄道の国有化は，日露戦争後の1906年から行われた。

問６　(え)が誤り。スターリンによる五か年計画は，世界恐慌(1929年)より前の1928年から始まった，重工業化と農村の集団化を基本とした社会主義国家建設計画であった。そのため，ソ連は世界恐慌の影響を受けなかった。

問７　(う)が誤り。国家総動員法の制定は1938年，太平洋戦争(1941年～1945年)より前のことである。

問８　(あ)が正しい。X．正しい。Y．正しい。ルーズベルト(アメリカ)・チャーチル(イギリス)・スターリン(ソ連)が集まり，ソ連の対日参戦などが決められたのがヤルタ会談である。その後，トルーマン(アメリカ)・チャーチル・スターリンが集まり，戦後処理についてのポツダム会談が行われ，アメリカ・イギリス・中国の名前で日本の無条件降伏をうながすポツダム宣言が発表された。

問9　(あ)が正しい。X．正しい。Y．正しい。1950年に朝鮮戦争が起きると，アメリカから大量の物資の注文が入ったことで特需景気が起こり，戦後の復興のきっかけとなった。1950年に組織された警察予備隊は，1952年に保安隊，1954年に自衛隊(陸上・海上・航空)に組織改編された。警察予備隊・保安隊は陸上自衛隊の前身にあたる。

5 **問1**　(え)が正しい。X．身体の自由の中の黙秘権にあたる。Y．経済活動の自由の中の職業選択の自由にあたる。

問2　公共の福祉とは，社会全体の共通の利益を意味する。公共の福祉は，自由権などを制限する場合がある。

問3　(う)が正しい。X．誤り。参議院の選挙区ではすでに，徳島県と高知県，島根県と鳥取県を合区としている。Y．正しい。2013年(平成25年)に憲法違反の最高裁判決が出され，同年改正されている。

問4　アファーマティブアクションとは，積極的格差是正措置を意味し，ポジティブアクションに近い意味をもつ。

問5　日本国憲法第25条の「健康で文化的な最低限度の生活を営む権利」を生存権という。

問6　(あ)が正しい。X，Yともに正しい。どちらも第26条第2項にあたる。第1項は教育の権利である。

問7　ワイマール憲法が正しい。1919年に制定されたワイマール憲法に初めて社会権が規定されたことから，社会権は20世紀的基本権とも呼ばれる。

6 **問1**　円高が正しい。直後に「外国から輸入される商品が安くなってお買い得」とあることから判断する。1ドル＝100円から1ドル＝80円のように，円の価値が上がることを円高，1ドル＝100円から1ドル＝120円のように円の価値が下がることを円安という。円高は輸入産業や日本人の海外旅行に，円安は輸出産業や外国人のインバウンドに有利にはたらく。

問2　(お)が正しい。以前からある固定電話とFAXのうち，保有率の高い方が固定電話，低い方がFAXである。なお，アフリカなどの開発途上国では，固定電話よりスマートフォンの保有率の方が圧倒的に高い。

問3　(う)が誤り。前安倍政権では，2％のインフレターゲットを目標とするアベノミクスが掲げられ，日本銀行は，積極的に通貨量を増やして緩やかなインフレを引き起こすデフレ政策を行ってきた。

問4　(え)が正しい。X．誤り。最大の輸出相手国はカナダ，最大の輸入相手国は中国で，輸出入の合計でも中国が最大である。Y．NAFTA(北米自由貿易協定)は，USMCA(アメリカ・メキシコ・カナダ協定)に発展したが，いずれもFTA(自由貿易協定)であるため，人の移動までは規定していない。

問5　(え)が正しい。X．誤り。通信販売についてはクーリング・オフの法的な規定はない。多くの通販サイトでクーリング・オフをうたっているのは，販売側の意思で行われているものである。Y．誤り。消費者庁には，インターネット消費者取引連絡会があり，総務省には電気通信消費者相談センターが設けられている。

問6　IoTが正しい。Internet of Thingsの略称である。

問7　(い)が誤り。「救済される権利」は，ニクソン大統領によって追加された権利。また，フォード大統領は「消費者教育への権利」を追加している。

問8　デジタル(digital)＝デジタルの，デバイド(divide)＝分ける・分割する・分類する　2021年5月以降に始まった高齢者に向けてのワクチン接種の予約では，スマートフォンを使いこなせない人が早期に予約できない状況が生まれた。これもデジタルデバイドの1つといえる。それ以外のデジタルデバイドの例として，電子マネーを使う人と使わない人で，支払い金額や特典に差が出ていることもあげられる。

愛光高等学校

《国　語》

一　問一. a. 撤回　b. 深刻　c. 詐欺　d. 諭す　e. 娯楽　問二. エ　問三. ウ　問四. ア

問五. 私たちは、新聞に書かれている記事が唯一絶対の客観的事実ではなく、そこには伝える側がそのものごとをどのように認識しているかも反映されていることに、十分気を付けなければならないということ。

問六. 一般に考えられているようにただ一つの客観的事実とそれをめぐる複数の主観的意見があるようなものではなく、様々な表現が可能であるために常に多面性を有しているもの。　問七. イ

二　問一. 1. a. ウ　b. オ　c. ウ　2. 一部始終　問二. 弟である自分より先に、母に取りすがって甘える兄の姿を見て、高ぶっていた気持ちが急に冷めている。　問三. エ　問四. オ

問五. 相手に気に入られることばかりを考えて行動する兄よりも、酒場での一部始終を冷静に見て、事の次第をありのままに伝えられる自分が報告する方が、父親の落胆は軽くなると確信したから。　問六. ア　問七. イ

三　問一. a. べき　b. 聞き　問二. エ　問三. 連れの法師が自分のことを家主に売る約束をしたこと。

問四. 売られそうになった自分が、逆に連れの法師を売ろうとしていることを、連れの法師や宿の主人に気付かれないうちに立ち去ろうと考えたから。　問五. ウ　問六. 売られて、責め使はれけり　問七. イ

《数　学》

1　① $xy(x-6)(x+1)$　② $4a^2b$　③ 5　④ 505　⑤ 4545　⑥ 8080（⑤と⑥は順不同）　⑦ 175

⑧ 172.5

※2　$x=840$, $y=20$

※3　3 cm

4　※(1) A$(-1,\ 2)$, B$\left(\frac{3}{2},\ \frac{9}{2}\right)$　(2) $y=-\frac{9}{2}x$　※(3) $\frac{1\pm\sqrt{65}}{4}$

※5　(1) $\frac{1}{6}$　(2) $\frac{5}{36}$

6　※(1) 1

(2)△ACHと△ABDにおいて，

円周角の定理より，∠ACD＝∠ABD…①

ABは直径であるから，∠ADB＝90°

よって，∠AHC＝∠ADB＝90°…②

①，②より，２つの角がそれぞれ等しいから，△ACH∽△ABD

※(3) $\frac{7\sqrt{3}}{3}+\frac{14}{9}\pi$

※の式と計算は解説を参照してください。

《英　語》

Ⅰ　リスニング問題省略

Ⅱ　1．エ　2．exciting　3．イ　4．エ　5．最初の航空機から人類を月に連れて行く宇宙船までたどり着くのに，多くの段階と年数を要した。　6．人が呼吸できるようにするための機能と人や宇宙船を極端な温度から守る機能。　7．ア　8．nothing that has changed our lives more　9．新しい発明のための余地がほとんどないということは正しくない。　10．エ，カ

Ⅲ　1．hard　2．［1］イ　［2］ア　3．(B) actions will be put together　(C) will ask us to write a short essay
4．(a)エ　(b)ウ

Ⅳ　1．ア　2．イ　3．エ　4．エ　5．ウ

Ⅴ　1．How／taking　2．During／our　3．too／to　4．up／mind　5．good／cooks

Ⅵ　1．①　2．③　3．②　4．③　5．○

Ⅶ　①announced that they connected eight radio telescope facilities on Earth to produce an image of
②This black hole is far larger than the size of our Solar System.
③This is the superheated gas which is drawn into the black hole.
④allow researchers to learn more about this mysterious object

《理　科》

【1】(1)①ウ，カ　②イ，エ　(2)エ→ア→ウ→イ　(3)エ　(4)イ　(5)ウ　(6)イ

【2】(1)恒温動物　(2)エ　(3)核心部　(4)イ　(5)ア，エ

【3】(1)液状化(現象)　(2)イ　(3)火山噴出物　(4)X．熱帯　Y．偏西風　(5)ア　(6)イ　(7)ハザードマップ　(8)4800000000

【4】(1)$HNO_3 + KOH \rightarrow KNO_3 + H_2O$　(2)キ　(3)イ　(4)硝酸カリウム　(5)A，B…d　C，D，E…a　(6)d

【5】(1)$C + O_2 \rightarrow CO_2$　(2)8　(3)$C_3H_8 + 5O_2 \rightarrow 3CO_2 + 4H_2O$　(4)240　(5)水の量…80　プロパンガス…7

【6】(1)R_1…0.6　R_2…0　(2)抵抗…6　電力…6　(3)R_2／R_6　(4)端子…d　電力…3.6

【7】Ⅰ．(1)2.2　(2)30　(3)2000　(4)27.6　(5)8　(6)大きくなる　Ⅱ．①カ　②ク　③ア

《社　会》

1　問1．1．桜島　2．フォッサマグナ　3．リアス海岸　問2．岩手　問3．夏の南東季節風がこの都市の方向へ火山灰を運ぶから。　問4．え　問5．う　問6．え　問7．い　問8．瀬戸大橋

2　問1．い　問2．え　問3．う　問4．う　問5．え　問6．い　問7．う　問8．え　問9．え　問10．あ

3　問1．う　問2．(1)く　(2)う　問3．い　問4．え　問5．(1)え　(2)い

4　問1．(1)あ　(2)い　問2．生産年齢　問3．え　問4．あ　問5．い　問6．う　問7．持続可能

5　1．菅原道真　2．弘安　3．李舜臣　4．ノルマントン　問1．い　問2．え　問3．か　問4．い　問5．え　問6．え　問7．う　問8．あ

6　問1．あ　問2．い　問3．え　問4．都市鉱山　問5．う　問6．え　問7．モノカルチャー

←解答例は前ページにありますので，そちらをご覧ください。

―《2020　国語　解説》

一　問二　傍線部①の「そうした流れ」が指すのは、「こうした区別(＝「事実として主張されているのか考えとして主張しているのか」の区別)のだいじさを教えることはいまやまったく目新しいものではな」く、小学生にも教えることとされているほどに、このことが社会に広まり、重視されているということ。よって、エが適する。

問三　直前に「自然科学であれば、事実を述べようとする主張と意見を述べる主張はかなり明確に区別できるだろう」とあり、傍線部②では、自然科学以外では、下線部のようにはいかないと述べている。そして直後で新聞記事の例を挙げ、「単純に『事実と意見を区別すべし』と言って済ますことはできなくなる。どんな事実描写も必ず特定の見方のもとにある」と述べている。つまり、自然科学以外では事実を述べようとする主張と意見を述べる主張は必ずしも明確に区別できないということを説明している。よって、ウが適する。傍線部②に「必ずしも」とあるので、イは「常に」が、オは「決して」が誤り。

問四　二つの新聞報道が、大臣と市民(群衆)をどのように伝えているかを読み取る。［A新聞］では「質問や疑問の声」を「平然と無視した」大臣と伝え、この記事からは、大臣が市民の声に耳を貸さない冷淡な人物であるという印象を受ける。一方、［B新聞］では「多くの罵声が浴びせられたが」「冷静さを失わなかった」大臣と伝え、この記事からは、大臣が人々の罵声に耐え、感情的にならず、毅然とした態度を取れる落ち着いた人物であるという印象を受ける。よって、アが適する。イは「頼りない」が誤り。ウは「人の話を聞かない」が誤り。

問五　少し後に「多くの事実は、単一の見方のもとで安定しているわけではない。そこには複数の見方があり、事実は多面的なものとして現れる」とある。最高裁が下した結論を伝える記事において、「国の勝訴」と「沖縄の敗訴」という見出しの違いが生まれたのは、このできごとをそれぞれの新聞社が異なった見方で捉えたからであり、その結果違った「言いよう」が出てきたのである。この、伝える側の見方や認識を、傍線部④では「まなざし」と表現している。また、傍線部④の「読み取るべきだろう」という言い方には、あるできごとの捉え方は一つではなく、ある新聞社の記事が「ただ一つの客観的事実」を表すものではないということに気をつけるべきだという考えがこめられている。

問六　次の行に「私たちの生活に関わる多くのことがらは」とあるので、この後に書かれている内容をまとめればよい。簡単にいえば、「事実そのもの」が「多面性」をもつということが書かれている。

問七　問五の解説にあるように、表現された事実は、それを表現する側の見方や認識を含んでいる。このことから、自分の見方も複数ある見方の一つであることがわかる。傍線部⑥の直前の一文では、このことを理解した上で、「自分の見方を絶対視して一面的に決めつけてしまうのではなく、他の見方はないか、事実の多面性に対する感受性を鋭敏にしなければならない」と述べている。このようなことができるようになるために必要なのが、「一つのものごとをさまざまに表現する国語力」を身に付けることだと筆者は主張している。よって、イが適する。

二　問一２　顛末《てんまつ》とは、事の最初から最後までの経過のこと。

問二　弟は、母を見つけた瞬間「母に躰を投げかけて泣きたいという衝動にかられた」が、兄の方が行動を起こすのが早く、「母にとりすがってすすり泣きはじめた」。それを見た弟は、父の出征の日に「兄に先をこされ」た時と同じく落胆した。

問三　３行前に「弟の内部で落胆は怒りに変《かわ》った」とある。兄は母に、自分が桃に手をつけなかったことを伝え、さらに手を出そうとした弟を制したことをつけ加えた。どちらも、自分のすぐれた行動を伝えることで母の歓心を買おうとする言動であり、弟である自分を利用する兄に対し、弟は激しい怒りを覚えている。よって、エが適する。

問四　怪訝《けげん》とは、不思議で納得がいかないこと。食べていないはずの桃を食べたと言い張り、自分の発言を否定する弟の言動は、兄には奇妙なものに映り、その意図を理解できないでいる。よって、オが適する。直後の「嘘をつけ」という兄の発言からは、アの「弟の出方を慎重にうかがっている様子」は読み取れない。また、兄が母の反応を気にしている様子は読み取れないので、イ、ウ、エは適さない。

問五　父の出征の日、「兄がだれよりも早く、万歳、とさけんだ」ことや、桃についての話をして母の歓心を買おうとした兄の姿から、弟は兄のことを、相手に気に入られることばかりを考えている人物だと思っている。また、「店での一部始終は自分がよく知っている。兄よりも詳しく見ていたのだから」とも考えている。こうしたことから、今回の一件を父に報告するのは自分の方が適していると考えている。また、傍線部④の直後の「自分の報告が父の失望をかるくすると信じられた」のも、そう考えた理由の一つである。

問六　白々《しらじら》しいとは、興ざめである様子。兄は母が現れた時、弟よりも早く「母にとりすがってすすり泣きはじめた」。そして今もすすり泣きをやめない。一方、弟は、父の失望する内容を自分が報告すべきだと考え、「木犀《もくせい》をさがしてうろついたこと」で「叱られるとしても自分は男らしく罰をうけよう」と覚悟を決めている。そんな弟から見て、いつまでもすすり泣きをやめない兄は潔さがないと感じられた。よって、アが適する。

問七　直前の一文に着目する。「この異質の美しさを兄に説明しかけてやめたのは正しかったとしても、父が～夜の世界を素晴《すば》らしいと見るかどうかはあやしいものだった」より、自分を酔わせた「夜の世界」の素晴しさを父が理解してくれるかどうかわからないことに気づき、走るのをやめたことがわかる。そして、母と兄のいるところから離れ、父のいる家からも離れた場所で、一人でいる弟の姿を描いている。よって、イが適する。

三　**問一 a**　直後が「もの」という名詞(体言)なので、連体形に直す。　**b**　直後の「けり」は、活用語の連用形に接続する助動詞なので、連用形に直す。

問七　最後の段落に筆者の言いたいことが書かれている。よって、イが適する。

【古文の内容】

修行者の法師２人が、旅の途中で道連れになって、互いに語らって、修行していたが、ある里に泊まったときに、１人の修行者が、夜が更けて、密かに(泊まった家の)家主に言ったことには、「ここにおります法師は、正当な理由があって、召し使っている者ですが、今、売るつもりです。いくらいくらで買ってください」と約束して、その代金を決めた。

この(売られそうになった)１人の法師は、このことを、壁ごしに聞いた。「とんでもないことだ、私を、あの法師は、売ろうとしていることだ」と思って、明け方、この(売り飛ばそうとした)法師が寝入っている時を窺って、家の中に入って、「昨夜申しました代金を、頂戴します、忙しい身ですので。あの法師はここに寝ております」と言って、代金を受け取って、そそくさと出て行った。

この(売り飛ばそうとした)法師が、目覚めてみると、もう１人の法師がいない。そして、思惑が外れて、逆に売られて、こき使われてしまった。

理由もなく人をたぶらかそうとして、我が身を苦しめる。因果の道理は違わないのだ。古人は、「人を誇るときには、自分の過失を考え、人を危険な目に遭わせるときには、自分が危ない目に遭うことを考えよ」と言った。これは真実だなあ。

《2020　数学　解説》

1 (1)　与式$=xy(x^2-5x-6)=xy(x-6)(x+1)$

(2)　与式$=27a^3b^3\times(-\frac{8a^3}{b^6})\times(-\frac{b^3}{3a^5})\times\frac{ab}{18}=\frac{27a^3b^3\times8a^3\times b^3\times ab}{b^6\times3a^5\times18}=4a^2b$

(3)　与式$=\sqrt{\frac{27}{25}}\times(\frac{2}{3\sqrt{2}}+3\sqrt{2})+2-2\sqrt{6}+3=\frac{3\sqrt{3}}{5}\times(\frac{2\sqrt{2}}{3\times2}+3\sqrt{2})+5-2\sqrt{6}=$

$\frac{3\sqrt{3}}{5}\times(\frac{\sqrt{2}}{3}+\frac{9\sqrt{2}}{3})+5-2\sqrt{6}=\frac{3\sqrt{3}}{5}\times\frac{10\sqrt{2}}{3}+5-2\sqrt{6}=2\sqrt{6}+5-2\sqrt{6}=5$

(4)　平方数とは，整数を２乗してできる数のことである。2020を素因数分解すると，$2020=2^2\times5\times101$となるから，2020nが平方数とすると，$n=5\times101\times a^2$（aは自然数）と表せる。

最小のnの値は$a=1$のときの，$5\times101\times1^2=$④505であり，これは３桁の整数である。

505より大きいnの値は，小さい方から順に，$5\times101\times2^2=2020$，$5\times101\times3^2=4545$，$5\times101\times4^2=8080$，$5\times101\times5^2=12625$，…であり，2020以外の４桁の整数は⑤4545と⑥8080である。

(5)　正七十二角形の１つの内角の大きさは，$\frac{180\times(72-2)}{72}=175$(°)だから，∠ABC＝⑦175°

△BCAはBC＝BAの二等辺三角形だから，∠BCA＝$(180-175)\div2=2.5$(°)

四角形BCDEはBC＝EDの等脚台形だから，∠CBE＝∠DEBなので，∠CBE＝$(360-175\times2)\div2=5$(°)

△BCFの内角の和より，∠BFC＝$180-5-2.5=$⑧172.5(°)

2 ８月は，基本料金がx円，120kWh～300kWhの$300-120=180$(kWh)分の料金が$180y$円，300kWh～376kWhの$376-300=76$(kWh)分の料金が$76\times1.25y$円だから，$x+180y+76\times1.25y=6340$　　$x+275y=6340$…①

10月は，基本料金が$\frac{105}{100}x=\frac{21}{20}x$(円)，120kWh～294kWhの$294-120=174$(kWh)分の料金が$174y$円だから，

$\frac{21}{20}x+174y=4362$　　両辺に$\frac{20}{3}$をかけて，$7x+1160y=29080$…②

①×７－②でxを消去すると，$1925y-1160y=44380-29080$　　$765y=15300$　　$y=20$

①に$y=20$を代入すると，$x+5500=6340$　　$x=840$

3 はじめに切り取る予定だった正方形の１辺の長さを$x$cmとする。

はじめの予定では，縦$(10-2x)$cm，横$(14-2x)$cm，高さ$x$cmの直方体ができるはずだった。

実際にできた直方体は，縦$10-2(x-1)=12-2x$(cm)，横$14-2(x-1)=16-2x$(cm)，高さ$(x-1)$cmだから，直方体の体積について方程式を立てて解くと，$(10-2x)(14-2x)\times x+24=(12-2x)(16-2x)(x-1)$

$4x(x-5)(x-7)+24=4(x-6)(x-8)(x-1)$　　$x(x^2-12x+35)+6=(x-1)(x^2-14x+48)$

$x^3-12x^2+35x+6=x^3-14x^2+48x-x^2+14x-48$　　$3x^2-27x+54=0$　　$x^2-9x+18=0$

$(x-3)(x-6)=0$　　$x=3,\ 6$

$10\div2=5$(cm)より，$0<x<5$だから，$x=3$　　よって，求める長さは３cmである。

4 (1)　$y=2x^2$と$y=x+3$を連立させて解くと，$2x^2=x+3$　　$2x^2-x-3=0$

２次方程式の解の公式より，$x=\frac{-(-1)\pm\sqrt{(-1)^2-4\times2\times(-3)}}{2\times2}=\frac{1\pm\sqrt{25}}{4}=\frac{1\pm5}{4}$

$x=\frac{1+5}{4}=\frac{3}{2}$，$x=\frac{1-5}{4}=-1$　　したがって，Aのx座標は$x=-1$であり，$y=x+3$に$x=-1$を代入すると，$y=-1+3=2$となるから，A$(-1,\ 2)$

Bのx座標は$x=\frac{3}{2}$であり，$y=x+3$に$x=\frac{3}{2}$を代入すると，$y=\frac{3}{2}+3=\frac{9}{2}$となるから，B$(\frac{3}{2},\ \frac{9}{2})$

⑵　正方形の面積を２等分する直線は正方形の２本の対角線の交点を通る。
直線$y=x+3$の傾きは１だから，この直線はx軸と45°の角度で交わるので，
ＡＢを斜辺とする直角二等辺三角形を作図すると，Ａ，Ｂ以外の頂点は正方形ＡＢＣＤの２本の対角線の交点である。この点に注目して考える。

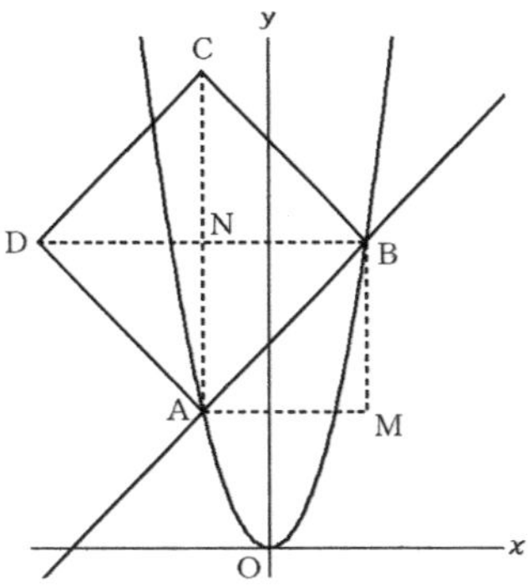

右図のように，直線ＡＢの下側に直角二等辺三角形ＭＡＢを作図すると，
$A(-1,\ 2)$，$B(\frac{3}{2},\ \frac{9}{2})$より，$M(\frac{3}{2},\ 2)$となる。
$BM=\frac{9}{2}-2=\frac{5}{2}$であり，直線ＡＢの下側に正方形ＡＢＣＤを作ると，
Ｄは直線ＢＭ上にあって，y座標がＭのy座標より$\frac{5}{2}$小さいので，
$2-\frac{5}{2}=-\frac{1}{2}$となり，負の数になってしまう。したがって，正方形ＡＢＣＤは直線ＡＢの上側に作る。直線ＡＢの上側に直角二等辺三角形ＮＡＢを作ると，正方形ＡＢＣＤは図のようになり，$N(-1,\ \frac{9}{2})$となる。
直線のＯＮの傾きは$\frac{9}{2}\div(-1)=-\frac{9}{2}$だから，求める直線の式は，$y=-\frac{9}{2}x$である。
⑶　⑵の解説をふまえる。△ＡＢＣの面積は正方形ＡＢＣＤの面積の半分であり，ＡＢ//ＤＣだから，直線ＣＤ上にＥを取ると，△ＡＢＥの面積は△ＡＢＣの面積と等しくなり，正方形ＡＢＣＤの面積の半分となる。
したがって，直線ＣＤと放物線$y=2x^2$の交点のx座標を求めればよい。
$AN=\frac{9}{2}-2=\frac{5}{2}$だから，Ｃの$y$座標は$\frac{9}{2}+\frac{5}{2}=7$なので，$C(-1,\ 7)$である。
直線ＣＤの式を$y=x+b$とし，Ｃの座標を代入すると，$7=-1+b$より$b=8$となるので，直線ＣＤの式は$y=x+8$である。この式と$y=2x^2$を連立させると，$2x^2=x+8$　　$2x^2-x-8=0$
２次方程式の解の公式より，$x=\frac{-(-1)\pm\sqrt{(-1)^2-4\times2\times(-8)}}{2\times2}=\frac{1\pm\sqrt{65}}{4}$
よって，求めるx座標は，$\frac{1\pm\sqrt{65}}{4}$である。

5　大小２つのさいころの目の出方は全部で$6\times6=36$(通り)ある。
⑴　$a+b$の値は，最小で$1+1=2$，最大で$6+6=12$である。この範囲のうちでＰがＣにあるのは，$a+b$の値が，２か，$2+6=8$のときである。
そのような出方は右表の○印の６通りだから，求める確率は，$\frac{6}{36}=\frac{1}{6}$

		小					
		1	2	3	4	5	6
大	1	○					
	2						○
	3					○	
	4				○		
	5			○			
	6		○				

⑵　$a(b+1)$の値は，最小で$1(1+1)=2$，最大で$6(6+1)=42$である。この範囲のうちでＰがＤにあるのは，$a(b+1)$の値が，３か，$3+6=9$か，$9+6=15$か，$15+6=21$か，$21+6=27$か，$27+6=33$か，$33+6=39$のときである。
あとは条件に合う出方は１つ１つ探していくしかないが，条件に合う$a(b+1)$の値がすべて奇数なので，aが偶数のとき，またはbが奇数のときは$a(b+1)$の値を調べる必要はない。条件に合う出方は右表の○印の５通りだから，求める確率は，$\frac{5}{36}$

a（b＋1）の値

		b					
		1	2	3	4	5	6
		b＋1					
		2	3	4	5	6	7
a	1		③		5		7
	2						
	3		⑨		⑮		㉑
	4						
	5		⑮		25		35
	6						

6　⑴　三平方の定理より，$AH^2=AC^2-CH^2$，$AH^2=AD^2-DH^2$だから，
$AC^2-CH^2=AD^2-DH^2$
$CH=x$とすると，$DH=6-x$だから，$AC^2-CH^2=AD^2-DH^2$より，$2^2-x^2=(2\sqrt{7})^2-(6-x)^2$
$4-x^2=28-36+12x-x^2$　　$12x=12$　　$x=1$　　よって，$CH=1$
⑵　まず，問題文の仮定を図にかきこんで，証明のために必要な条件を探そう。条件が足りない場合は，図形の性質，平行線の同位角・錯角，円周角の定理などからわかることもかきこんでみよう。
⑶　△ＯＡＤとおうぎ形ＯＢＤの面積の和を求めればよい。

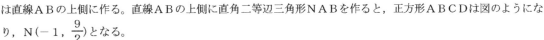

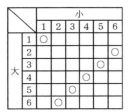

△ACHは3辺の比が1：2：$\sqrt{3}$の直角三角形だから，これと相似な△ABDも同様なので，

BD＝$\frac{AD}{\sqrt{3}}=\frac{2\sqrt{7}}{\sqrt{3}}$，∠OBD＝60°

したがって，△OBDは1辺が$\frac{2\sqrt{7}}{\sqrt{3}}$の正三角形であり，円の半径は$\frac{2\sqrt{7}}{\sqrt{3}}$である。

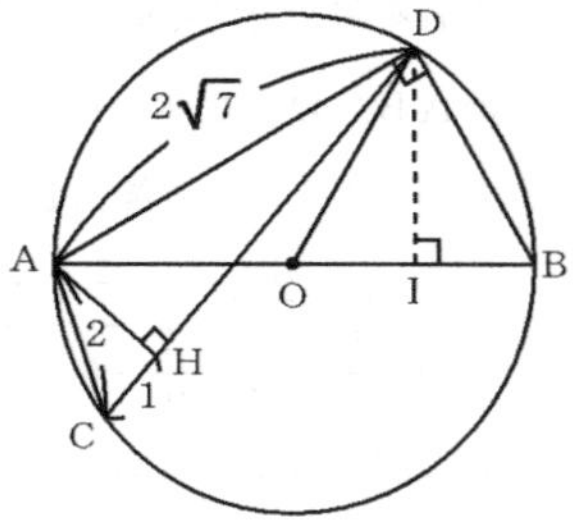

右図の△DBIも3辺が1：2：$\sqrt{3}$の直角三角形だから，

DI＝$\frac{\sqrt{3}}{2}$BD＝$\frac{\sqrt{3}}{2}\times\frac{2\sqrt{7}}{\sqrt{3}}=\sqrt{7}$なので，△OAD＝$\frac{1}{2}\times\frac{2\sqrt{7}}{\sqrt{3}}\times\sqrt{7}=\frac{7\sqrt{3}}{3}$

おうぎ形OBDの面積は，$(\frac{2\sqrt{7}}{\sqrt{3}})^2\pi\times\frac{60}{360}=\frac{28}{3}\pi\times\frac{1}{6}=\frac{14}{9}\pi$

よって，求める面積は，$\frac{7\sqrt{3}}{3}+\frac{14}{9}\pi$

《2020　英語　解説》

Ⅱ【本文の要約】参照。1　・come up with ～「～を思いつく」

2　enjoyable は「楽しめる／おもしろい」という意味。これと同じ意味で使われている単語は，最後の文にある exciting「わくわくする」が適する。

3　第2段落では，車輪という1つの発明が，車というもう1つの発明に発展していくことが述べられているから，イが適する。

4　第3段落では，ガソリンエンジンが発明され，自動車や航空機などに使われるようになったと述べられている。また，空所(4)に続く文から，エが適する。

5　It takes … to ～「～するのに…（時間）がかかった」の構文。　・from A to B「AからBまで」

6　the right equipment「適切な装備」の機能については，後の2文の内容を日本語にまとめて答える。

8　英語では，否定を表す単語などをはじめに置く。また there is に続くのは名詞の単数形だから，our lives ではなく nothing が適する。関係代名詞 that を使って nothing の内容を，現在完了“継続”の文で表す。

9　代名詞の that は直前の名詞や文を指す。ここでは前の文の that 以下を指すので，それを否定する内容の日本語にまとめる。

10　ア×「プロセスチーズは発明者の好物の1つで，金属やガラスの皿で出される」…本文にない内容。

イ×「あるドイツ人の発明家は，ガラス管と電子デジタルコンピュータの特許を取得した」…本文にない内容。

ウ「最初のデジタルコンピュータは，1944年に，×より軽くて薄く，より小型化された」

エ○「集積回路はトランジスタの後に登場し，マイクロプロセッサが後に続いた」…第9段落の内容と一致。

オ×「ソフトウェアの発明の主な障害は，コンピュータに様々な仕事をさせることだった」…本文にない内容。

カ○「コンピュータは世界的なコミュニケーションの発展において極めて重要な役割を果たしている」…第11段落1～3行目の内容と一致。

【本文の要約】

発明というと，あなたは何が思い浮かびますか？何か役に立つものですか？毎日，世界中の人々が新しい発明をしています。こうした発明により，私たちは物事を行うより良い方法を手にしています。たいていの発明は，生活をより快適に，またはより楽しめるものにしてくれます。発明は必ずしも有形とは限りません。過程も発明になる可能性があり

ます。過程の例としては，ある種の金属やガラスの製造方法や，チーズの製造方法があります。

3イしばしば，ひとつの発明が別の発明を導く場合があります。例えば，車輪を見てみましょう。昔，人々がある場所からある場所に移動できる手段は歩くことだけでした。長い距離を歩くのは何日もかかりました。そこで，誰かが車輪を発明しました。次に人々は丸太や板の上に車輪を取り付け始めました。この単純な車のおかげで，人や物を長い距離運ぶのがずっと楽になりました。それから人々は，この車を引かせるために馬や他の動物を使い始めました。車に乗ると歩くよりも労力が少なく，移動が簡単になりました。

1800 年代，ガソリンエンジンが発明されました。エンジンが車に設置され，車に動力を与えました。4エ馬や他の動物はそれほど必要ではなくなりました。エンジンは，人や物を移動させるのに役立つような，その他多くのものの発明につながりました。これらの発明には，蒸気船，自動車，電車，航空機があります。こうした発明により，人や物は大陸全体をほんの数日で渡れるようになったのです。

やがて，より多くの発明がエンジンをより良いものにしました。今日ジェットエンジンの航空機は，世界中を非常に速く飛ぶことができます。ジェットエンジン，それと人類のより高くより速く飛びたいという強い願いが，よりパワフルなエンジンの発明につながりました。ロケットエンジンです。ロケットエンジンは人々を宇宙や月に送り出してくれます。最初の航空機から人類を月に連れていく宇宙船までたどり着くのに，多くの段階と年数を要しました。

人々は宇宙を探検したいと思ました。宇宙は地球と異なります。宇宙には空気がありません。それは酸素も空気圧もないことを意味しています。宇宙はまた，とても寒いところです。適切な装備なしでは，宇宙で安全とは言えません。6科学者たちは空気のない場所で人が呼吸できる方法を発明する必要がありました。彼らは，極端な温度から人や宇宙船を守る新しい材質を発明する必要がありました。人々は宇宙を探検したかったので，7ア実際に，多くの新しい製品が発明されました。

ここ 50 年のあらゆる発明の中で，コンピュータほど私たちの生活を変えてきたものはありません。コンピュータは多くの部品を持つ機械です。多くの人々がその技術を改善し，今日私たちが使っているコンピュータを作ってきたのです。

多くの歴史家は，ひとりのドイツ人科学者がコンピュータを発明したと考えています。1941 年，彼は最初のコンピュータを作るため，古いデータを使っていました。それはプログラムできるものでした。それは数学の難問を解くために使われていました。その後，アメリカの２人の教授がもっとパワフルなコンピュータを発明しました。それは最初の電子デジタルコンピュータでした。サイズは机くらいありました。300 本以上のガラス管があり，長さ 1 マイルのワイヤーが使われていました。重さは 700 ポンドでした。それは小麦粉 140 袋分にあたります。

1944 年，２人の発明家が協力して，さらに大型で性能の良いコンピュータを作りました。それは長さが 55 フィート，高さが８フィートもありました。巨大な部屋を占領し，重さは５トン，つまり約象 1 頭分もありました。それは大量のエネルギーを消費し，冷却する方法が必要でした。

10エ 1947 年，トランジスタが発明されました。これは，コンピュータがもはや何百もの大きなガラス管を必要としなくなったことを意味し，より小さなコンピュータを作ることも可能になりました。10エそして集積回路の発明によって，多くの電子部品の役割を果たすようになり，1つの部品に収められました。その後，10エマイクロプロセッサが発明されました。それは非常に多くの集積回路を1つのマイクロチップに収めたものです。こうした改善が，今日私たちが使っているコンピュータへと導いたのです。

それでも，コンピュータは他の発明を必要としました。人々はコンピュータに様々な仕事をさせるソフトウェアを開発する必要がありました。また，より薄い画面とより使いやすいマウスを求めました。コンピュータで処理したいことが見つかる度に，さらに多くの発明が生まれたのです。

10 カコンピュータは，新たなコミュニケーション手段である，インターネットという方法に発展しました。ウェブサイト，メール，高速インターネット接続がすぐに続きました。これらにより，世界中の人々とつながるのが容易になりました。コンピュータは将来何をするのでしょうか？次に何が発明されるのでしょうか？おそらくあなたは，望まれるものは全て発明されているから，新しい発明のための余地はほとんどないと考えていることでしょう。しかし，そうではありません。常に，物事をより良くする必要があるのです。それぞれ新しい発明，創造，探求によって，また違うものが必ず続きます。おそらくあなたが，私たちみんなのために，生活をより快適で楽しくさせる次なる製品を発明する人物になることでしょう！

Ⅲ 【本文の要約】参照。

３（Ｂ） their に続くのは actions だけ。また their actions が主語になることから，未来のことを表す助動詞 will を用いた，〈be 動詞＋過去分詞〉の受動態の文にする。 （Ｃ） 主語 teacher，ask，us に着目する。対話の流れから，教師が生徒に要求していることを〈ask＋人＋to ～〉「(人) に～することを求める」を用いた文にする。

【本文の要約】

パーカー：おいネイト，今度の社会学のテストはかなり難しくなる気がするよ。僕はとてもA一生懸命(hard)勉強したけど，ますます不安になってきているんだ。テストは次の月曜日だよね？

ネイト　：そうだよ。今回のテストは難しいよ。でも君は全ての資料を勉強したから準備万端だと思うよ。第一章から一緒に復習しよう。1イそれでいいかい？

パーカー：いいよ。始めようか？

ネイト　：そうだね，第一章では，社会学の３つの基本的な理念がわかるよ。３つの基本理念って何かな？

パーカー：機能主義，対立，相互作用説だよ。合っている？

ネイト　：合っているよ。やったね！

パーカー：ありがとう。それぞれの理念は何を教えている？

ネイト　：そうだな，君は機能主義の理念についてはわかっているだろ。一番覚えやすいよ。

パーカー：うん。それは，誰もが生活の中である機能を持っていて，社会の利益のためにみんなの行動が一緒になる。合っている？

ネイト　：その通り！じゃあ残りの２つについてもよく理解していると思うけど？

パーカー：うん，他の２つもちゃんと説明できるよ。aエだから(So)対立と相互作用説についての復習はしなくてもいいよ。次の章に行こう。

ネイト　：わかった。第二章では，現代社会学の研究をした学者について学んだよ。

パーカー：この章はA難しい(hard)と思う。この章の内容と授業のノートを何度も何度も読んだけれど，いまだに混乱しているよ。

ネイト　：そうだね，学者ひとりひとりの思想を書き出し，それから類似点と相違点を注意深く比べなくては。先生は僕たちにテストの一部として，短いエッセイを書くことを求めるだろう。

パーカー：本当？実は僕は作文が苦手なんだよ。僕は，頭で考えていることを紙に書くのに時間がかかるんだよ。試験時間はたった１時間しかないんだろ？

ネイト　：リラックスして気長にやればいいよ。自分をコントロールしないと，物事は悪い方向に行くよ。

パーカー：2ァうん，全く君の言う通りだ。励ましてくれて，ありがとう。

ネイト　：いやいや。第二章が終わったら，休憩しないか？bゥよかったら(If you like)，紅茶かコーヒーが飲めるよ。でもその前にもう少し勉強しようか？

パーカー：うん，そうだね。勉強に戻ろう。

V　1　上の文の文意：「散歩をしませんか？」…Why don't we ~?は「～しませんか？」と相手を誘う文だから，How about ~ing?を用いて書き換える。　・take a walk「散歩する」

2　上の文の文意：「私たちはニューヨークに滞在している間，数か所の博物館を訪れた」…下線部は，前置詞during を用いて，During our stay in New York と書き換える。

3　上の文の文意：「その湖の氷はとても薄いから，子どもたちはその上で遊ぶことはできない」…〈too … to ~〉「～するにはあまりに…だ」を用いて書き換える。

4　上の文の文意：「私はこの家を買うことにした」…〈make up one's mind〉「決心する」を用いて書き換える。

5　上の文の文意：「彼らの母親たちは何て料理上手なんでしょう！」…感嘆文〈How＋形容詞＋主語＋動詞!〉を〈What＋a(an)＋形容詞＋名詞＋主語＋動詞!〉用いて書き換える。この問題では，名詞を cooks にするから a(an)は不要。

Ⅵ　1　①×How→○What：「～についてどう思うか？」は，What do you think of ~?で表す。文意「その驚きのレポートについて君はどう思うか？」

2　③×sweetly→○sweet：〈smell＋形容詞〉で「～（形容詞）の匂いがする」の意味になるから，副詞の sweetly は誤り。文意「彼が彼女のために摘んだたくさんの花々は甘い香りがする」

3　③×to→○of：・remind＋人＋of ~「（人）に～を思い出させる／気づかせる」文意「このパンフレットはあなたに歯磨きが大事であることを思い出させる」＝「パンフレットを見れば歯磨きの重要性がわかる」

4　③×was used to→○used to：・used to ~「（以前は）よく～したものだ」なお，この文では to の後に続くはずの dance は省略できる。文意「彼女は今ではほとんどダンスをしないが，以前はよく（ダンスを）していたことを私は知っている」

5　誤りはない。文意「技術者たちはその工場での仕事を辞《や》める選択をした。彼らはもはや原子力の安全性を信じられなくなったからだ」

Ⅶ　①　that に着目する。「科学者が／発表した／that 以下のことを」という文になる。that 以下は，選択肢の英語から，「彼らは／接続した／地球上の８つの電波望遠鏡を／ブラックホールの画像を作成するために」という語順にすればよい。したがって，scientist《主語》 around the world / announced《動詞》 / that / they《主語》 / connected《動詞》 / eight radio telescope facilities on Earth / to produce《目的を表す不定詞》 an image of a black hole.となる。

②「はるかに大きい」＝far larger　「はるかに大きい」は〈much / a lot＋large の比較級〉でも表せるが，ここでは前文に「超巨大な」とあるのでより比較級を強調する副詞 far を用いて表す。　「～の大きさ」＝the size of ~

③「これは／です／超高温ガス／ブラックホールに吸い込まれている」の語順で考える。下線部は関係代名詞(which/that)と受動態を用いて表す。　「吸い込む」＝draw　・draw A into B「AをBに引き入れる」

④　allow に着目する。〈allow＋人／物＋to ~〉「（人／物）が～するのを可能にする」から，… allow researchers《人》 to learn more about this mysterious object.の語順になる。

《2020　理科　解説》

【１】

⑷　イ○…完全花では，その花１つだけで受粉が行われ，新しい個体が作られるので，品種改良を行うには，事前におしべを取り除くなどの作業が必要になる。

⑸　ウ○…遺伝子Ｘを働かなくすると，正常に機能する花粉ができるようになるから，遺伝子Ｘが花粉を作る遺伝子の働きを抑制していると考えられる。

⑹　イ○…花粉を作らないようにすれば自家受粉が起こらないので，任意の花粉で受粉させ，新しい個体を作ることができる。

【２】

⑵　エ○…ほ乳類と鳥類が恒温動物であり，心臓は心房と心室がそれぞれ完全に分かれている二心房二心室である。

⑶　図より，核心部の温度は室温が変化しても37℃に保たれていることがわかる。

⑷　イ○…体内で発生した熱を血液が運び，体の表面の血管を通るときに，熱が放出される(血液が冷やされる)。体の表面の血管を拡張させ，皮膚血流を増加させれば，効率よく放熱できる。

⑸　ア，エ○…体の表面の汗や服にしみこんだ汗が蒸発するときに気化熱を奪っていくことで，体の表面から放熱できる。外気湿度が低い場合には，汗が蒸発しやすい。

【３】

⑵　イ×…地下のマグマの熱エネルギーを利用した発電は地熱発電である。バイオマス発電は，化石燃料を除く生物の死がいなどの有機物を燃料とする発電方法である。

⑸　ア×…津波では，海底から海面までの海水が動く。水深が深いところでは伝わる速度が速く，水深が浅いところでは伝わる速度が遅くなる。

⑹　イ×…緊急地震速報は，初期微動を伝えるＰ波と主要動を伝えるＳ波の伝わる速さの差を利用したものである。

⑻　降った雨水の体積は，400km^2→４億m^2，４mm→0.004ｍより，４億×0.004×３＝480万(m^3)である。１m^3は1000Ｌだから，480万×1000＝4800000000(Ｌ)が正答となる。

【４】

⑵　キ○…硝酸中の水素イオンは，水酸化カリウム水溶液中の水酸化物イオンと結びついて水になり，過不足なく反応したところで０になると，その後，水酸化カリウム水溶液を増やしても０のままで変化しない。

⑶　イ○…硝酸の電離は，$HNO_3 \rightarrow H^+ + NO_3^-$，水酸化カリウム水溶液の電離は，$KOH \rightarrow K^+ + OH^-$と表せる。これらの電離の式と⑴の化学反応式より，この中和に関係するイオンの数の比はすべて等しい。また，この中和によってできる塩である硝酸カリウムは水に溶けて電離する。このため，中和が起こっている間は，減った水素イオンと同じ数のカリウムイオンが増えていくので，水溶液中のイオンの総数は変化しない。中和が起こらなくなると(硝酸がすべて反応すると)，加えた水酸化カリウム水溶液中のカリウムイオンと水酸化物イオンの数だけ水溶液中のイオンの総数が増えていく。

⑷　⑶解説の通り，この中和では水に溶ける硝酸カリウムができるので，その水溶液がリトマス紙の色を変化させないことを確かめればよい。

⑸　水酸化カリウム水溶液の体積がすべて異なり，結果は２つのパターンに分かれたから，Ａ～Ｅの中に中性にな

ったものはなく，水酸化カリウム水溶液が少ないAとBは酸性，水酸化カリウム水溶液が多いC～Eはアルカリ性になっていると考えられる。したがって，AとBでは陽イオンである水素イオンが陰極側に移動してdの青色リトマス紙が赤色に変色し，C～Eでは陰イオンである水酸化物イオンが陽極側に移動してaの赤色リトマス紙が青色に変色する。

(6) 10mLのAは，硝酸$10\times\frac{10}{12}=\frac{25}{3}$(mL)と，水酸化カリウム水溶液$10-\frac{25}{3}=\frac{5}{3}$(mL)を混合させたものである。また，5mLのEは硝酸と水酸化カリウム水溶液2.5mLずつを混合させたものである。したがって，Fは，硝酸$\frac{25}{3}+2.5=\frac{65}{6}$(mL)と，水酸化カリウム水溶液$\frac{5}{3}+2.5=\frac{25}{6}$(mL)を混合させたものであり，その体積比は$\frac{65}{6}:\frac{25}{6}=13:5$である。Bの硝酸と水酸化カリウム水溶液の体積比は10：4＝12.5：5であり，FはBより硝酸の割合が大きいから，Bのときと同様に，dが赤色に変色する。

【5】

(2) 水の上昇温度は，熱エネルギーに比例し，水の量に反比例する。4.2Jの熱エネルギーが水1gの温度を1℃上昇させるから，33kJ→33000Jの熱エネルギーは水1L→1000cm³→1000gの温度を$1\times\frac{33000}{4.2}\times\frac{1}{1000}=7.8\cdots\to$ 8℃上昇させる。

(3) 完全燃焼することで，プロパン中の炭素はすべて二酸化炭素に，水素はすべて水になることから考えればよい。

(4) ここでは水温22℃の水190＋10＝200(L)→200000gを，42－22＝20(℃)上昇させたと考えればよい。水1gの温度を1℃上昇させるのに必要な熱エネルギーは4.2Jだから，水が得た熱エネルギーは$(\frac{4.2\times200000\times20}{1000})$kJであり，これが燃焼したプロパンガスから生じた熱エネルギーの70%だから，燃焼したプロパンガスから生じた熱エネルギーは$\frac{4.2\times200000\times20}{1000\times0.7}=24000$(kJ)である。プロパンの完全燃焼によって，プロパンガス1Lあたり100kJの熱エネルギーが生じるから，使われたプロパンガスは$\frac{24000}{100}=240$(L)である。

(5) 水の温度変化の比は，体積の逆比と等しい。つまり，76℃のお湯と22℃の水を混ぜて40℃にするとき，その体積比は(40－22)：(76－40)＝1：2になるから，毎秒120cm³の量で流れ出るようにするには，22℃の水が毎秒$120\times\frac{2}{1+2}=80$(cm³)混合するようにすればよい。また，このとき，76℃のお湯は毎秒120－80＝40(cm³)混合するので，1分(60秒)では40×60＝2400(cm³)→2400g必要である。水温22℃の水2400gを76－22＝54(℃)上昇させるのに必要な熱量は$(\frac{4.2\times2400\times54}{1000})$kJであり，(4)解説と同様に求めると，燃焼したプロパンガスから生じた熱エネルギーは$\frac{4.2\times2400\times54}{1000\times0.81}=672$(kJ)，使われるプロパンは$\frac{672}{100}=6.72\to$ 7Lである。

【6】

(1) 電流はなるべく抵抗がない部分を流れようとする。aをbと接続したとき，電源の＋極から導線をたどると，R_1を通った後は他の抵抗を流れずに－極までたどりつくことができるので，R_1だけに$\frac{6\,(V)}{10\,(\Omega)}=0.6$(A)の電流が流れ，他の抵抗には電流が流れない。

(2) aをcと接続したとき，電流が流れる抵抗はR_3，R_4，R_5，R_7である。R_5とR_7の並列部分がR_4と直列に接続され，その直列部分とR_3が並列に接続される。抵抗が2つの並列部分の合成抵抗は，〔$\frac{2つの抵抗値の積}{2つの抵抗値の和}$〕で求めることができる。$R_5$と$R_7$の並列部分の合成抵抗は$\frac{10\times10}{10+10}=5$(Ω)，これと$R_4$の直列部分の合成抵抗は5＋10＝15(Ω)であり，この15Ωの抵抗とR_3が並列に接続されるから，回路全体の合成抵抗は$\frac{15\times10}{15+10}=6$(Ω)である。このとき，回路全体を流れる電流は$\frac{6\,(V)}{6\,(\Omega)}=1$(A)だから，回路全体の消費電力は6(V)×1(A)＝6(W)である。

(3) aをdと接続したとき，電流が流れる抵抗はR_3，R_4，R_5，R_7である。(1)(2)解説と合わせると，どの端子と接続しても電流が流れない抵抗はR_2とR_6である。

(4)　aをbと接続したとき，R_5に電流は流れない。aをcと接続したとき，R_4と直列に接続されるのでR_5にかかる電圧は電源の電圧より小さくなる。aをdと接続したとき，R_3とR_4の直列部分，R_5，R_7の３つが並列に接続され，R_5にかかる電圧は電源の電圧と等しい６Ｖになる。消費電力が最も大きくなるのは，電圧が最も大きいときだから，aをdと接続したときであり，このときR_5には$\frac{6\,(\mathrm{V})}{10\,(\Omega)}=0.6\,(\mathrm{A})$の電流が流れるから，消費電力は$6\,(\mathrm{V})\times 0.6\,(\mathrm{A})=3.6\,(\mathrm{W})$である。

【７】

Ⅰ(1)　このばねは１Ｎで0.5㎝のびるから，深さが０㎝のときに着目して，物体にはたらく重力は$1\times\frac{49.5}{0.5}=99\,(\mathrm{N})$であり，その質量は$100\times 99=9900\,(\mathrm{g})$である。また，物体の体積は$15\times 10\times 30=4500\,(\mathrm{cm^3})$だから，密度は$\frac{9900}{4500}=2.2\,(\mathrm{g/cm^3})$である。　(2)　深さが20㎝のときは０㎝のときよりばねの伸びが$49.5-34.5=15\,(\mathrm{cm})$小さくなった。これが浮力によるものだから$1\times\frac{15}{0.5}=30\,(\mathrm{N})$である。　(3)　深さ20㎝のところでは，その上に１㎠あたり20㎤→20ｇ→0.2Ｎの水がある。〔$圧力(\mathrm{Pa})=\frac{力(\mathrm{N})}{面積(\mathrm{m^2})}=\frac{力(\mathrm{N})}{面積(\mathrm{cm^2})}\times 10000$〕より，$\frac{0.2}{1}\times 10000=2000\,(\mathrm{Pa})$である。

(4)(5)　ばねの伸びが０㎝になる(氷にはたらく重力と浮力が等しくなる)のは，氷が押しのけた水の質量と氷の質量が等しくなったときである。水の密度は$1.0\,\mathrm{g/cm^3}$，氷の密度は$0.92\,\mathrm{g/cm^3}$だから，同じ質量での体積比は，水：氷$=\frac{1}{0.92}:\frac{1}{1.0}=92:100$である。よって，氷が押しのけた水の体積(水中にある氷の体積)は，氷全体の体積の92％だから，(4)は$30\times 0.92=27.6\,(\mathrm{cm})$，(5)は$100-92=8\,(\%)$である。　(6)　海水の密度は水よりもわずかに大きいから，海水は同じ質量の水よりも体積が小さい。つまり，氷が浮くときに押しのける体積が小さい(氷の水中にある体積が小さい)ということだから，海面より上に出ている部分の体積の割合は大きくなる。

Ⅱ　①カ○…斜面の傾きが同じであれば，重力の斜面に平行な下向きの分力の大きさは変化しないから，斜面上で速さが増加する割合(グラフの傾き)は変化しない。また，高い位置から物体を放せば，はじめにもっている位置エネルギーは大きくなるから，水平面での運動エネルギーは大きくなる(等速直線運動の速さは速くなる)。

②ク○…斜面の傾きを小さくすると，重力の斜面に平行な下向きの分力が小さくなるから，斜面上で速さが増加する割合は小さくなる。また，同じ高さから物体を放せば，はじめにもっている位置エネルギーは変化しないから，水平面での運動エネルギーは変化しない。　③ア○…斜面の傾きを大きくすると，重力の斜面に平行な下向きの分力が大きくなるから，斜面上での速さが増加する割合は大きくなる。また，低い位置から物体を放せば，はじめにもっている位置エネルギーは小さくなるから，水平面での運動エネルギーは小さくなる。

―《2020　社会　解説》―

1　問１・２　１．【Ａ】は，「県南部に突き出した半島(薩摩半島・大隅半島)」「火山灰が積もった台地(シラス台地)」から鹿児島県と判断できるので，桜島があてはまる。　２．「本州を二分する地溝帯」からフォッサマグナと判断する。フォッサマグナの西の縁のラインとは糸魚川静岡構造線のことで，【Ｂ】は静岡県である。

３．「長大な山脈(奥羽山脈)」「東部には高地(北上高地)」「畜産業が発達」から岩手県と判断して，３にはリアス海岸があてはまる。沈降した山地の谷の部分に海水が入り込むことで，複雑な海岸線を形成するリアス海岸は，内海の波が穏やかなので漁港や養殖業に適している。

問３　夏は南東から，冬は北西から季節風が吹くので，桜島を東に臨む鹿児島市では，夏は桜島が風上に位置する。(右図参照)

問4　(え)が正しい。豚は鹿児島県→宮崎県，肉用若鶏(ブロイラー)は宮崎県→鹿児島県の順であることは覚えておきたい。

問5　静岡県の北部にある山脈は，(う)の赤石山脈である。中部地方にある 3000m級の山脈は，北から順に飛驒山脈(北アルプス)，木曽山脈(中央アルプス)，赤石山脈(南アルプス)であり，合わせて日本アルプスと呼ぶ。

問6　(え)が誤り。隣県から流れ込む暴れ川は富士川であり，富士川は糸魚川静岡構造線の東側に位置する。(あ)は牧之原台地，(い)は浜松市，(う)は浜松市・磐田市などの記述である。

問7　(い)が正しい。やませは，夏の東北地方太平洋側に吹く北東風で，千島海流の影響を受けて冷たく湿った風となり，太平洋側に冷害をもたらす。このやませは，奥羽山脈を越えるときにフェーン現象によって，日本海側では暖かな風に変わる。

問8　宇高連絡船は，岡山県玉野市宇野と香川県高松市を結ぶ連絡船であることから，瀬戸大橋の影響と判断する。瀬戸大橋は，自動車専用道路と鉄道が通っているために，それまで通勤・通学に利用されていた連絡船やフェリーがことごとく廃業していった。

2　問1　(い)が正しい。(あ)はメソポタミア文明，(う)はエジプト文明，(え)はギリシャ文明。

問2　(え)が誤り。バラモンを頂点とする身分制度(カースト制度)は，ヒンドゥー教・バラモン教に関連がある。

問3　1494 年のトルデシリャス条約によって，ブラジルだけがポルトガル領になったことから(う)と判断する。

問4　(う)が正しい。鎖国体制下では，オランダ・中国のみと貿易を行ったから，イギリスとは貿易をしていない。

問5　(え)が正しい。Ⅱ．フランス第一帝政(1804 年～)→Ⅲ．南京条約(1842 年)→Ⅰ．ドイツの統一(1871 年)

問6　(い)の甲骨文字が殷王朝から使われていた文字である。

問7　(う)が正しい。(あ)について，万里の長城は，漢の時代より前の秦の時代に築かれていた。(い)について，律令制度が整備されたのは隋以降である。(え)について，役人を試験で選ぶ科挙は唐の時代から始まった。

問8　(え)が正しい。Ⅱ．中国への仏教伝播(1世紀ごろ)→Ⅲ．唐(7世紀～10 世紀)→Ⅰ．世界の記述(13 世紀)

問9　(え)が誤り。ビザンツ帝国は，オスマン帝国によって滅ぼされた。

問10　どちらも正しいから(あ)を選ぶ。

3　問1　(う)が正しい。平成元年 1989 年に3％で導入された消費税は，1997 年に5％，2014 年に8％，2019 年に10％に引き上げられ，2019 年には飲食料品と定期購読の新聞を8％に据え置く軽減税率が導入された。

問2⑴　(く)が正しい。納税者と担税者が同じ税を直接税，異なる税を間接税と呼ぶ。所得に応じて納税額や納税率が異なるのは累進性である。　⑵　(う)が正しい。平成 21 年度(2009 年)に大きく落ち込んでいるZが，リーマンショックの影響が直撃した法人税と判断する。そうすれば変動が少ないYが消費税，変動の大きいXが所得税と判断できる。

問3　(い)が正しい。政党交付金による助成制度は今でも行われている。

問4　どちらも誤りだから(え)を選ぶ。55 年体制は，与党第1党が自民党，野党第1党が社会党の体制である。憲法改正の発議が今までに発せられ国民投票が行われたことはない。

問5⑴　(え)が正しい。小泉純一郎首相は，聖域なき構造改革を掲げ，郵政民営化や道路関係四公団の民営化などの改革を進めた。構造改革は小さな政府をつくるための改革であった。　⑵　(い)が誤り。改正労働者派遣法では，派遣労働のできる業種が拡大した。

4　問1⑴　すべて正しいから(あ)を選ぶ。　⑵　(い)が正しい。日本の人口ピラミッドはつぼ型だから，下の年齢ほど人口が少なくなる。

問2　2017 年での人口と割合は，老年人口が約 3500 万人(27.7%)，生産年齢人口が約 7600 万人(60.0%)，年少人口が約 1500 万人(12.3%)となっている。

問3　(え)が正しい。ドイツの高齢化率が高いこと，中国の高齢化率が急激に上昇していることから考える。

問4　(あ)が誤り。インターネットを使った選挙運動は，解禁されている。ただし，ネット投票はできない。

問5　(い)が誤り。ＷＴＯは現在でも活動している。

問6　(う)が正しい。Ｘについて，「自国の文化の価値観を絶対のものとみなし」の部分が誤り。

問7　「現在の生活の質を落とさず」「子孫を含むすべての人々が豊かで快適な生活を維持できる」から持続可能を導く。

5　1　藤原氏の策略によって遣唐使に任命された菅原道真は，唐の衰退と航海の危険を理由に遣唐使の停止を宇多天皇に進言し，停止が実現した。　2　1274 年の文永の役，1281 年の弘安の役を合わせて元寇と呼ぶ。　3　李舜臣は，１回目の文禄の役で活躍したが，その後策略によって司令官の職を解かれていた。そのため，２度目の慶長の役の開始時には司令官ではなかったが，司令官が戦死した後に再び司令官に就くと，敗戦直前だった水軍を率いて攻勢に転じ，秀吉の死もあって，日本軍は撤退した。　4　絵はノルマントン号の風刺であるが，題名は「メンザレ号の救助」である。ビゴーは，条約改正を後押ししたのではなく，条約改正の機運のきっかけをつくったイギリスを批判していたと言われている。

問1　(い)が正しい。①難波宮遷都(645 年)・改新の詔(646 年)→③藤原京遷都(694 年)→②大宝律令(701 年)

問2　②と③が正しいから(え)を選ぶ。①について，鑑真が造ったのは東大寺ではなく唐招提寺である。④について，「伴大納言絵巻」のような絵巻物は，日本独自の大和絵で描かれている。

問3　(か)が正しい。③北条時政は，第二代将軍である頼家を追放し，第三代将軍にわずか 12 歳の実朝を就け，自らが執権について政治の実権をにぎった。実朝は，成長とともに官位を上げていったが，第二代将軍頼家の子公暁によって暗殺された。すると，源氏の将軍が三代で途絶えたことから，後鳥羽上皇が政権を取り戻すために承久の乱を起こしたが，北条政子の呼びかけにこたえた関東の御家人たちの活躍によって幕府方が勝利した。幕府は，②上皇側についた貴族や武士の領地を取り上げて，活躍した関東の御家人を新たな地頭に任命し，朝廷の監視のために六波羅探題を京都に置いた。その後，①第三代の執権北条泰時によって，御成敗式目が制定され，武家法の手本として用いられた。

問4　①と③が正しいから(い)を選ぶ。②について，永仁の徳政令は武士の借金を帳消しにするもので，庶民については適用されなかった。④について，鎌倉幕府滅亡後に政治を行ったのは後醍醐天皇で，天皇に権力を集中させた建武の新政を行ったために，足利尊氏らによって都を追われ，足利尊氏は都に幕府を開き北朝を立て，奈良の吉野に逃れた後醍醐天皇は南朝を開いた。

問5　②と③が正しいから(え)を選ぶ。①について，長篠の戦いで武田勝頼を破ったのは徳川家康と織田信長である。④について，長崎がイエズス会に寄進されていることを知った豊臣秀吉は，バテレン追放令を出した。

問6　(え)が正しい。②関ヶ原の戦い(1600 年)→③征夷大将軍就任(1603 年)→①大坂夏の陣(1615 年)

問7　(う)が正しい。欧化政策は，第１次伊藤博文内閣の井上馨外務大臣によってすすめられた。大隈重信が交渉していたのは，第１次伊藤内閣を受け継いだ黒田清隆内閣の下であった。

問8　①と②が正しいから(あ)を選ぶ。③について，６歳以上のこどもに対して義務教育を行うために小学校を設置するための小学校令は，教育勅語(1890 年)より前の 1886 年に出された。④について，大日本帝国憲法下では，内閣総理大臣は議会の指名ではなく，元老による話し合いの後に天皇によって任命された。

6 **問1**　(あ)が正しい。発展が遅れた国ほど，固定電話を経ずに携帯電話の普及が始まったと考える。

問2　(い)が正しい。銅はチリ，ボーキサイトはオーストラリアに注目する。

問3　(え)が正しい。ルワンダは，ビクトリア湖の西方，コンゴ民主共和国に接する小国である。

問4　2020 東京オリンピック・パラリンピックでは，携帯電話などから取り出したレアメタルでメダルを作った。

問5　(う)が正しい。アフリカは，イギリスとフランスが侵攻し，フランスは西岸から横貫政策を，イギリスは北側から縦貫政策をすすめ，スーダンで衝突した(ファショダ事件)。そのため，ギニア湾沿岸にはフランス語を公用語としている国が多い。

問6　(え)が正しい。コーヒー豆はエチオピア，茶はケニアに注目する。

問7　モノカルチャー経済は，国際価格の変動や気候変動による不作などに影響を受けやすいため，安定した財政が確保できない問題点がある。

■ ご使用にあたってのお願い・ご注意

（1）問題文等の非掲載

著作権上の都合により，問題文や図表などの一部を掲載できない場合があります。

誠に申し訳ございませんが，ご了承くださいますようお願いいたします。

（2）過去問における時事性

過去問題集は，学習指導要領の改訂や社会状況の変化，新たな発見などにより，現在とは異なる表記や解説になっている場合があります。過去問の特性上，出題当時のままで出版していますので，あらかじめご了承ください。

（3）配点

学校等から配点が公表されている場合は，記載しています。公表されていない場合は，記載していません。

独自の予想配点は，出題者の意図と異なる場合があり，お客様が学習するうえで誤った判断をしてしまう恐れがあるため記載していません。

（4）無断複製等の禁止

購入された個人のお客様が，ご家庭でご自身またはご家族の学習のためにコピーをすることは可能ですが，それ以外の目的でコピー，スキャン，転載（ブログ，ＳＮＳなどでの公開を含みます）などをすることは法律により禁止されています。学校や学習塾などで，児童生徒のためにコピーをして使用することも法律により禁止されています。

ご不明な点や，違法な疑いのある行為を確認された場合は，弊社までご連絡ください。

（5）けがに注意

この問題集は針を外して使用します。針を外すときは，けがをしないように注意してください。また，表紙カバーや問題用紙の端で手指を傷つけないように十分注意してください。

（6）正誤

制作には万全を期しておりますが，万が一誤りなどがございましたら，弊社までご連絡ください。

なお，誤りが判明した場合は，弊社ウェブサイトの「ご購入者様のページ」に掲載しておりますので，そちらもご確認ください。

■ お問い合わせ

解答例，解説，印刷，製本など，問題集発行におけるすべての責任は弊社にあります。

ご不明な点がございましたら，弊社ウェブサイトの「お問い合わせ」フォームよりご連絡ください。迅速に対応いたしますが，営業日の都合で回答に数日を要する場合があります。

ご入力いただいたメールアドレス宛に自動返信メールをお送りしています。自動返信メールが届かない場合は，「よくある質問」の「メールの問い合わせに対し返信がありません。」の項目をご確認ください。

また弊社営業日（平日）は，午前９時から午後５時まで，電話でのお問い合わせも受け付けています。

2025 春

教英出版

株式会社教英出版
〒422-8054　静岡県静岡市駿河区南安倍３丁目 12-28
TEL　054-288-2131　　FAX　054-288-2133
URL　https://kyoei-syuppan.net/
MAIL siteform@kyoei-syuppan.net

教英出版 2025年春受験用 高校入試問題集

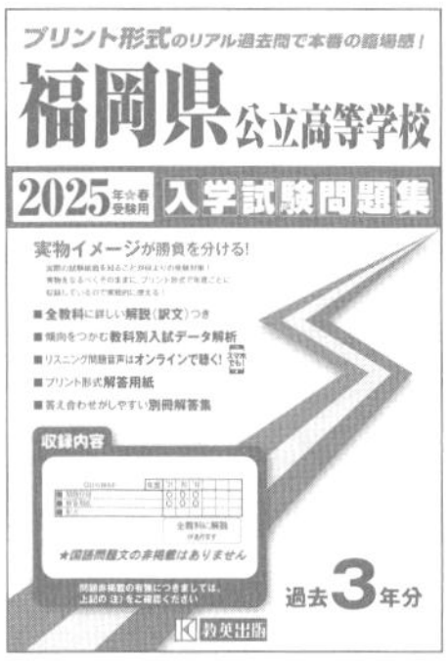

公立高等学校問題集

北海道公立高等学校
青森県公立高等学校
宮城県公立高等学校
秋田県公立高等学校
山形県公立高等学校
福島県公立高等学校
茨城県公立高等学校
埼玉県公立高等学校
千葉県公立高等学校
東京都立高等学校
神奈川県公立高等学校
新潟県公立高等学校
富山県公立高等学校
石川県公立高等学校
長野県公立高等学校
岐阜県公立高等学校
静岡県公立高等学校
愛知県公立高等学校
三重県公立高等学校(前期選抜)
三重県公立高等学校(後期選抜)
京都府公立高等学校(前期選抜)
京都府公立高等学校(中期選抜)
大阪府公立高等学校
兵庫県公立高等学校
島根県公立高等学校
岡山県公立高等学校
広島県公立高等学校
山口県公立高等学校
香川県公立高等学校
愛媛県公立高等学校
福岡県公立高等学校
佐賀県公立高等学校
長崎県公立高等学校
熊本県公立高等学校
大分県公立高等学校
宮崎県公立高等学校
鹿児島県公立高等学校
沖縄県公立高等学校

公立高 教科別8年分問題集

(2024年～2017年)

北海道(国·社·数·理·英)
宮城県(国·社·数·理·英)
山形県(国·社·数·理·英)
新潟県(国·社·数·理·英)
富山県(国·社·数·理·英)
長野県(国·社·数·理·英)
岐阜県(国·社·数·理·英)
静岡県(国·社·数·理·英)
愛知県(国·社·数·理·英)
兵庫県(国·社·数·理·英)
岡山県(国·社·数·理·英)
広島県(国·社·数·理·英)
山口県(国·社·数·理·英)
福岡県(国·社·数·理·英)

国立高等専門学校 最新5年分問題集

(2024年～2020年·全国共通)

対象の高等専門学校

釧路工業·旭川工業·
苫小牧工業·函館工業·
八戸工業·一関工業·仙台·
秋田工業·鶴岡工業·福島工業·
茨城工業·小山工業·群馬工業·
木更津工業·東京工業·
長岡工業·富山·石川工業·
福井工業·長野工業·岐阜工業·
沼津工業·豊田工業·鈴鹿工業·
鳥羽商船·舞鶴工業·
大阪府立大学工業·明石工業·
神戸市立工業·奈良工業·
和歌山工業·米子工業·
松江工業·津山工業·呉工業·
広島商船·徳山工業·宇部工業·
大島商船·阿南工業·香川·
新居浜工業·弓削商船·
高知工業·北九州工業·
久留米工業·有明工業·
佐世保工業·熊本·大分工業·
都城工業·鹿児島工業·
沖縄工業

高専 教科別10年分問題集

もっと過去問シリーズ

教科別

数学·理科·英語

(2019年～2010年)

学校別問題集

北海道

①札幌北斗高等学校
②北星学園大学附属高等学校
③東海大学付属札幌高等学校
④立命館慶祥高等学校
⑤北海高等学校
⑥北見藤高等学校
⑦札幌光星高等学校
⑧函館ラ・サール高等学校
⑨札幌大谷高等学校
⑩北海道科学大学高等学校
⑪遺愛女子高等学校
⑫札幌龍谷学園高等学校
⑬札幌日本大学高等学校
⑭札幌第一高等学校
⑮旭川実業高等学校
⑯北海学園札幌高等学校

青森県

①八戸工業大学第二高等学校

宮城県

①聖和学園高等学校(A日程)
②聖和学園高等学校(B日程)
③東北学院高等学校(A日程)
④東北学院高等学校(B日程)
⑤仙台大学附属明成高等学校
⑥仙台城南高等学校
⑦東北学院榴ケ岡高等学校
⑧古川学園高等学校
⑨仙台育英学園高等学校(A日程)
⑩仙台育英学園高等学校(B日程)
⑪聖ウルスラ学院英智高等学校
⑫宮城学院高等学校
⑬東北生活文化大学高等学校
⑭東北高等学校
⑮常盤木学園高等学校
⑯仙台白百合学園高等学校
⑰尚絅学院高等学校(A日程)
⑱尚絅学院高等学校(B日程)

山形県

①日本大学山形高等学校
②惺山高等学校
③東北文教大学山形城北高等学校
④東海大学山形高等学校
⑤山形学院高等学校

福島県

①日本大学東北高等学校

新潟県

①中越高等学校
②新潟第一高等学校
③東京学館新潟高等学校
④日本文理高等学校
⑤新潟青陵高等学校
⑥帝京長岡高等学校
⑦北越高等学校
⑧新潟明訓高等学校

富山県

①高岡第一高等学校
②富山第一高等学校

石川県

①金沢高等学校
②金沢学院大学附属高等学校
③遊学館高等学校
④星稜高等学校
⑤鵬学園高等学校

山梨県

①駿台甲府高等学校
②山梨学院高等学校(特進)
③山梨学院高等学校(進学)
④山梨英和高等学校

岐阜県

①鶯谷高等学校
②富田高等学校
③岐阜東高等学校
④岐阜聖徳学園高等学校
⑤大垣日本大学高等学校
⑥美濃加茂高等学校
⑦済美高等学校

静岡県

①御殿場西高等学校
②知徳高等学校
③日本大学三島高等学校
④沼津中央高等学校
⑤飛龍高等学校
⑥桐陽高等学校
⑦加藤学園高等学校
⑧加藤学園暁秀高等学校
⑨誠恵高等学校
⑩星陵高等学校
⑪静岡県富士見高等学校
⑫清水国際高等学校
⑬静岡サレジオ高等学校
⑭東海大学付属静岡翔洋高等学校
⑮静岡大成高等学校
⑯静岡英和女学院高等学校
⑰城南静岡高等学校
⑱静岡女子高等学校
⑲常葉大学附属常葉高等学校
　常葉大学附属橘高等学校
　常葉大学附属菊川高等学校
⑳静岡北高等学校
㉑静岡学園高等学校
㉒焼津高等学校
㉓藤枝明誠高等学校
㉔静清高等学校
㉕磐田東高等学校
㉖浜松学院高等学校
㉗浜松修学舎高等学校
㉘浜松開誠館高等学校
㉙浜松学芸高等学校
㉚浜松聖星高等学校
㉛浜松日体高等学校
㉜聖隷クリストファー高等学校
㉝浜松啓陽高等学校
㉞オイスカ浜松国際高等学校

愛知県

①[国立]愛知教育大学附属高等学校
②愛知高等学校
③名古屋経済大学市邨高等学校
④名古屋経済大学高蔵高等学校
⑤名古屋大谷高等学校
⑥享栄高等学校
⑦椙山女学園高等学校
⑧大同大学大同高等学校
⑨日本福祉大学付属高等学校
⑩中京大学附属中京高等学校
⑪至学館高等学校
⑫東海高等学校
⑬名古屋たちばな高等学校
⑭東邦高等学校
⑮名古屋高等学校
⑯名古屋工業高等学校
⑰名古屋葵大学高等学校
　(名古屋女子大学高等学校)
⑱中部大学第一高等学校
⑲桜花学園高等学校
⑳愛知工業大学名電高等学校
㉑愛知みずほ大学瑞穂高等学校
㉒名城大学附属高等学校
㉓修文学院高等学校
㉔愛知啓成高等学校
㉕聖カピタニオ女子高等学校
㉖滝高等学校
㉗中部大学春日丘高等学校
㉘清林館高等学校
㉙愛知黎明高等学校
㉚岡崎城西高等学校
㉛人間環境大学附属岡崎高等学校
㉜桜丘高等学校

㉝光ヶ丘女子高等学校
㉞藤ノ花女子高等学校
㉟栄徳高等学校
㊱同朋高等学校
㊲星城高等学校
㊳安城学園高等学校
㊴愛知産業大学三河高等学校
㊵大成高等学校
㊶豊田大谷高等学校
㊷東海学園高等学校
㊸名古屋国際高等学校
㊹啓明学館高等学校
㊺聖霊高等学校
㊻誠信高等学校
㊼誉高等学校
㊽杜若高等学校
㊾菊華高等学校
㊿豊川高等学校

三重県

①暁高等学校(3年制)
②暁高等学校(6年制)
③海星高等学校
④四日市メリノール学院高等学校
⑤鈴鹿高等学校
⑥高田高等学校
⑦三重高等学校
⑧皇學館高等学校
⑨伊勢学園高等学校
⑩津田学園高等学校

滋賀県

①近江高等学校

大阪府

①上宮高等学校
②大阪高等学校
③興國高等学校
④清風高等学校
⑤早稲田大阪高等学校
（早稲田摂陵高等学校）
⑥大商学園高等学校
⑦浪速高等学校
⑧大阪夕陽丘学園高等学校
⑨大阪成蹊女子高等学校
⑩四天王寺高等学校
⑪梅花高等学校
⑫追手門学院高等学校
⑬大阪学院大学高等学校
⑭大阪学芸高等学校
⑮常翔学園高等学校
⑯大阪桐蔭高等学校
⑰関西大倉高等学校
⑱近畿大学附属高等学校
⑲金光大阪高等学校
⑳星翔高等学校
㉑阪南大学高等学校
㉒箕面自由学園高等学校
㉓桃山学院高等学校
㉔関西大学北陽高等学校

兵庫県

①雲雀丘学園高等学校
②園田学園高等学校
③関西学院高等部
④灘高等学校
⑤神戸龍谷高等学校
⑥神戸第一高等学校
⑦神港学園高等学校
⑧神戸学院大学附属高等学校
⑨神戸弘陵学園高等学校
⑩彩星工科高等学校
⑪神戸野田高等学校
⑫滝川高等学校
⑬須磨学園高等学校
⑭神戸星城高等学校
⑮啓明学院高等学校
⑯神戸国際大学附属高等学校
⑰滝川第二高等学校
⑱三田松聖高等学校
⑲姫路女学院高等学校
⑳東洋大学附属姫路高等学校
㉑日ノ本学園高等学校
㉒市川高等学校
㉓近畿大学附属豊岡高等学校
㉔夙川高等学校
㉕仁川学院高等学校
㉖育英高等学校

奈良県

①西大和学園高等学校

岡山県

①[県立]岡山朝日高等学校
②清心女子高等学校
③就実高等学校
（特別進学コース〈ハイグレード・アドバンス〉）
④就実高等学校
（特別進学チャレンジコース・総合進学コース）
⑤岡山白陵高等学校
⑥山陽学園高等学校
⑦関西高等学校
⑧おかやま山陽高等学校
⑨岡山商科大学附属高等学校
⑩倉敷高等学校
⑪岡山学芸館高等学校（1期1日目）
⑫岡山学芸館高等学校（1期2日目）
⑬倉敷翠松高等学校
⑭岡山理科大学附属高等学校
⑮創志学園高等学校
⑯明誠学院高等学校
⑰岡山龍谷高等学校

広島県

①[国立]広島大学附属高等学校
②[国立]広島大学附属福山高等学校
③修道高等学校
④崇徳高等学校
⑤広島修道大学ひろしま協創高等学校
⑥比治山女子高等学校
⑦呉港高等学校
⑧清水ヶ丘高等学校
⑨盈進高等学校
⑩尾道高等学校
⑪如水館高等学校
⑫広島新庄高等学校
⑬広島文教大学附属高等学校
⑭銀河学院高等学校
⑮安田女子高等学校
⑯山陽高等学校
⑰広島工業大学高等学校
⑱広陵高等学校
⑲近畿大学附属広島高等学校福山校
⑳武田高等学校
㉑広島県瀬戸内高等学校（特別進学）
㉒広島県瀬戸内高等学校（一般）
㉓広島国際学院高等学校
㉔近畿大学附属広島高等学校東広島校
㉕広島桜が丘高等学校

山口県

①高水高等学校
②野田学園高等学校
③宇部フロンティア大学付属香川高等学校
（普通科〈特進・進学コース〉）
④宇部フロンティア大学付属香川高等学校
（生活デザイン・食物調理・保育科）
⑤宇部鴻城高等学校

徳島県

①徳島文理高等学校

香川県

①香川誠陵高等学校
②大手前高松高等学校

愛媛県

①愛光高等学校
②済美高等学校
③FC今治高等学校
④新田高等学校
⑤聖カタリナ学園高等学校

福岡県

①福岡大学附属若葉高等学校
②精華女子高等学校(専願試験)
③精華女子高等学校(前期試験)
④西南学院高等学校
⑤筑紫女学園高等学校
⑥中村学園女子高等学校(専願入試)
⑦中村学園女子高等学校(前期入試)
⑧博多女子高等学校
⑨博多高等学校
⑩東福岡高等学校
⑪福岡大学附属大濠高等学校
⑫自由ケ丘高等学校
⑬常磐高等学校
⑭東筑紫学園高等学校
⑮敬愛高等学校
⑯久留米大学附設高等学校
⑰久留米信愛高等学校
⑱福岡海星女子学院高等学校
⑲誠修高等学校
⑳筑陽学園高等学校(専願入試)
㉑筑陽学園高等学校(前期入試)
㉒真颯館高等学校
㉓筑紫台高等学校
㉔純真高等学校
㉕福岡舞鶴高等学校
㉖折尾愛真高等学校
㉗九州国際大学付属高等学校
㉘祐誠高等学校
㉙西日本短期大学附属高等学校
㉚東海大学付属福岡高等学校
㉛慶成高等学校
㉜高稜高等学校
㉝中村学園三陽高等学校
㉞柳川高等学校
㉟沖学園高等学校
㊱福岡常葉高等学校
㊲九州産業大学付属九州高等学校
㊳近畿大学附属福岡高等学校
㊴大牟田高等学校
㊵久留米学園高等学校
㊶福岡工業大学附属城東高等学校
(専願入試)
㊷福岡工業大学附属城東高等学校
(前期入試)
㊸八女学院高等学校
㊹星琳高等学校
㊺九州産業大学付属九州産業高等学校
㊻福岡雙葉高等学校

佐賀県

①龍谷高等学校
②佐賀学園高等学校
③佐賀女子短期大学付属佐賀女子高等学校
④弘学館高等学校
⑤東明館高等学校
⑥佐賀清和高等学校
⑦早稲田佐賀高等学校

長崎県

①海星高等学校(奨学生試験)
②海星高等学校(一般入試)
③活水高等学校
④純心女子高等学校
⑤長崎南山高等学校
⑥長崎日本大学高等学校(特別入試)
⑦長崎日本大学高等学校(一次入試)
⑧青雲高等学校
⑨向陽高等学校
⑩創成館高等学校
⑪鎮西学院高等学校

熊本県

①真和高等学校
②九州学院高等学校
(奨学生・専願生)
③九州学院高等学校
(一般生)
④ルーテル学院高等学校
(専願入試・奨学入試)
⑤ルーテル学院高等学校
(一般入試)
⑥熊本信愛女学院高等学校
⑦熊本学園大学付属高等学校
(奨学生試験・専願生試験)
⑧熊本学園大学付属高等学校
(一般生試験)
⑨熊本中央高等学校
⑩尚絅高等学校
⑪文徳高等学校
⑫熊本マリスト学園高等学校
⑬慶誠高等学校

大分県

①大分高等学校

宮崎県

①鵬翔高等学校
②宮崎日本大学高等学校
③宮崎学園高等学校
④日向学院高等学校
⑤宮崎第一高等学校
(文理科)
⑥宮崎第一高等学校
(普通科・国際マルチメディア科・電気科)

鹿児島県

①鹿児島高等学校
②鹿児島実業高等学校
③樟南高等学校
④れいめい高等学校
⑤ラ・サール高等学校

新刊
もっと過去問シリーズ

愛知県

愛知高等学校
7年分(数学・英語)
中京大学附属中京高等学校
7年分(数学・英語)
東海高等学校
7年分(数学・英語)
名古屋高等学校
7年分(数学・英語)
愛知工業大学名電高等学校
7年分(数学・英語)
名城大学附属高等学校
7年分(数学・英語)
滝高等学校
7年分(数学・英語)

※もっと過去問シリーズは入学試験の実施教科に関わらず、数学と英語のみの収録となります。

教英出版
〒422-8054
静岡県静岡市駿河区南安倍3丁目12－28
TEL 054-288-2131
FAX 054-288-2133
詳しくは教英出版で検索
教英出版 検索
URL https://kyoei-syuppan.net/

一　次の文章を読んで、後の問いに答えなさい。

人はなぜ掃除をするのだろうか。生きて活動するということは、環境に負荷をかけることだと、人はたぶん本能的に自覚している。だとしたら、負荷を生まないように、自分たちが生きるために恵まれたこの自然を汚さないように活動すればよさそうなものだが、人の想像力あるいは知力は、負荷をかけ続けた果ての地球を想像したり、数世代先の子孫のaあんねいに配慮したりすることには至らなかった。今日、僕らは眼前に現れた危機、つまり浜に打ち寄せ海洋に堆積する大量のプラスチックゴミ、気候変動によるゲリラ豪雨や巨大台風、極点の氷や氷河の解氷による潮位の変化など、近づきつつある危機の予兆を目《ま》の当たりにして、地球という資源の限界に気づき、「持続可能性」などという殺伐とした言葉を口にするようになった。文明は急ブレーキを踏み、大慌てでハンドルを切ろうとしている。確かに必要な反省であり対処であるから、これに異をbとなえるつもりはない。しかし、❶いきなり「地球」という大テーマを口にする前に、人が本来持っているはずの自然や環境への感受性を反芻《はんすう》してはどうだろうか。

さしあたっては「掃除」である。人は掃除をする生き物だ。掃除は誰に教わることなく、あらゆる文化・文明においてそれぞれの方法で行われてきた。

ある仕事で、世界中の掃除の情景を映像として集めたことがある。オペラハウスの客席の掃除、バイオリン奏者の楽器清掃、教会の窓拭き、公園の落ち葉除去、モスク周辺の街路掃き、バザールの壺《つぼ》磨き、年に一度村をあげて行われるイランの絨毯《じゅうたん》掃除、万里の長城の掃き掃除、超高層ビルの窓拭き、奈良の東大寺で毎年行われる大仏のお身拭い、水族館の水槽のガラス磨き、動物園の象の身づくろい、普通の家の座敷の掃き掃除、はたき掛け、禅寺の床の雑巾掛け……。

集めた映像を数秒ずつ数珠《じゅず》つなぎに編集して眺めると、❷不思議と胸が熱くなる。人類は掃除をする生き物なのであるが、なぜヒトは掃除をするのか。ここに何か未来へのヒントがあるように思えてならない。

少し観察してみると、掃除とは、❸人為と自然のバランスを整える営みであることがわかる。未墾の大地を、自分たちに都合よく整え、都市や環境を構築する動物は人間だけだ。だから自然に対してヒトがなした環境を「人工」という。人工は心地がいいはずだが、プラスチックやコンクリートのように自然を侵食する素材が蔓延《まんえん》してくると、ヒトは自然を恋しがるようになる。「人工」は巨大なゴミなのではないかと気づき始めるのである。

一方、自然はといえば、放っておくと埃《ほこり》や落ち葉が降り積もり、草木はcほんぽうに生い茂る。自然は人を保護するためにあるわけではない。放っておくと荒ぶる姿となって、人の営みを蹂躙《じゅうりん》する。人が住まなくなった民家の床や畳の隙間からは、瞬《また》く間に草が芽を出し、生い茂り、数年のうちに草木に飲み込まれてしまう。緑を大切に、などという言葉ももはや出ないほど、緑はdもういをふるうのだ。だから❹人間は、自然をほどほどに受け入れつつ、適度に排除しながら暮らしてきた。おそらくはこれが掃除であり、そのバランスこそ掃除の本質であろう。

こんな風に掃除のことを考えているうちに、*再び「庭」に思いが至った。庭、特に日本の庭は、「掃除」すなわち自然と人為の止揚、つまりその拮抗《きっこう》とバランスを表現し続けているものではないかと思ったのである。掃除はもちろん日本だけのものではないが、お茶を飲んだり、花を立てたりという行為を「茶の湯」だの「生け花」だのに仕立てるのが得意な日本人である。住居まわりの環境を整える「掃除」という営みを「庭」という技芸に仕上げたのかもしれない。

住居をつくるにも、人工が勝りすぎるのは野暮《やぼ》。落ち葉は掃きすぎず、草木も刈りすぎず程よく茂るに任せる。まるで、打ち寄せる波が砂浜をあらう渚《なぎさ》のように、人為と自然がせめぎ合う「ほどほどの心地よさ」を探し当てること、それが庭の本質である。庭は美的な作為であり創作物と思われているかもしれないが、自然に対するあらゆる人為は、いわば「しでかし」に過ぎない。しかし、そのしでかされた庭に愛着を覚え、これを慈《いつく》しむ人々が現れて、程よく落ち葉を掃き、苔《こけ》をととのえ、樹々《きぎ》の枝葉を剪定《せんてい》し、守り続けた結果として「庭」は完成していくのだ。当然、長い時間が必要だが、歳月のみが庭を作るわけではない。やはり❺「人為と自然の波打ち際」が管理され続けることが必須である。

大上段に振りかぶって「地球温暖化対策」とか「持続可能な社会」を考えるのも重要なことだと思うが、歴史の中、文化の中に蓄積され、すでにヒトに内在しているはずの知恵や感受性に気づいてみることも同じくらい重要なのではないか。

海外の旅を終えて日本の国際空港に降り立つときに、いつも感じることは、とてもよく掃除されていることである。空港の建築は、どこも質素で味気ないが、掃除は行き届いている。床にシミひとつないというような真新しさではなく、仮にシミができても、丹念に回復を試みた痕跡を感じる。そういう配慮が隅々に行き届いている空気感がある。

おそらく、日本の*ラグジュアリーの要点には掃除がある。ただ単に、磨きあげるのではなく、自然や草木といったものに心をeそわせつつ、❻生きている者としての張りを感じていること。石や木、漆喰《しっくい》や畳といった素材に気持を通わせつつ、その自然な様相を味わい楽しむ感覚が掃除であり、そういう営みの中に日本のラグジュアリーは宿るのかもしれない。

（原研哉『低空飛行――この国のかたちへ』岩波書店　※本文を改めた部分があります。）

［注］　*再び「庭」に思いが至った……この本文より前の部分で筆者は、石と庭造りとの関係から「日本のラグジュアリー」について考察している。
*ラグジュアリー……「心地よさ」・「ぜいたくさ」などと訳される英語。luxury。この本文より前の部分で筆者は、「日本のラグジュアリーとは何かを考えることは、日本人がいかなる方法で価値を見立ててきたかを考えることである」と述べている。

問一　二重傍線部ａ「あんねい」、ｂ「となえる」、ｃ「ほんぽう」、ｄ「もうい」、ｅ「そわせ」を漢字に直しなさい。送りがなの必要なものはそれも書きなさい。

問二　傍線部❶「いきなり『地球』という大テーマを口にする前に、人が本来持っているはずの自然や環境への感受性を反芻してはどうだろうか」を言い換えたものとして最も適切なものを、次の中から一つ選び、記号で答えなさい。

ア　地球の危機についての対策を立てる前に、人が地球に行ってきた営みを反省するべきだ。
イ　人の存続を話題にする前に、人の想像力や知力の至らなさについて素直に認めるべきだ。
ウ　人の在り方を超えて考えていく前に、人が元々持っている感じ方を見つめなおすべきだ。
エ　人の本能について分析する前に、人が自然をどう受け入れてきたかを振り返るべきだ。
オ　文明の進歩を重要視する前に、人の営みが環境に負荷をかけてきたことを実感するべきだ。

問三　傍線部❷「不思議と胸が熱くなる」とありますが、筆者はどのようなことに心を動かされたのですか。その説明として最も適切なものを、次の中から一つ選び、記号で答えなさい。

ア　生きていくために、つらい掃除を必死になって行う人がいること。
イ　掃除という行為には、自分以外の存在への配慮があるということ。
ウ　断片的な掃除の映像が、一つのまとまりある作品になったこと。
エ　文化や文明の差異を問わず、人であればみな掃除をするということ。
オ　方法が厳格に継承されてきた掃除が、世界中に存在していること。

問四　傍線部❸「人為と自然のバランスを整える営み」の説明として最も適切なものを、次の中から一つ選び、記号で答えなさい。

ア　自然に対して人が構築した環境を巨大なゴミと見なして、それをすっかり払い除くこと。
イ　自然に対する人の行為と、人に対する自然の作用とのつりあいを取り続けていくこと。
ウ　自然を侵食するものだけでなく、自然に親和するものも用いて、両者の均衡を守ること。
エ　人が感じる心地よさを追い求め、荒ぶる自然に対してその在り方を蹂躙していくこと。
オ　人の活動によって生じたゴミや埃を取り除き、活動前の汚れていない状態に戻すこと。

問五　傍線部❹「人間は、自然をほどほどに受け入れつつ、適度に排除しながら暮らしてきた」とありますが、「自然をほどほどに受け入れつつ、適度に排除しながら」とは、人のどのような暮らしのことですか。説明しなさい。

問六　傍線部❺「『人為と自然の波打ち際』が管理され続けることが必須である」とありますが、ここで筆者は日本の庭はどうあるべきだと言っていますか。説明しなさい。

問七　傍線部❻「生きている者としての張り」の解釈として最も適切なものを、次の中から一つ選び、記号で答えなさい。

ア　自然そのものを感じつつ、自然に対する営みをなすことから生まれる充実感。
イ　自然の作用を意識しながら、作りたての状態を維持するために必要な緊張感。
ウ　地球の危機や子孫の繁栄について想像し配慮していくことについての責任。
エ　地球を持続させるという、人として生きていくために必要な、生の目的。
オ　みずからの行為が利用者を快適にさせているという誇りから得られる満足。

問八　本文に基づいて五人の生徒がそれぞれ意見を述べています。筆者の考え方に則した意見として最も適切なものを、次の中から一つ選び、記号で答えなさい。

ア　Ａさん　温暖化が進む現代の家造りでは、お年寄りや乳幼児にも配慮して、可能な限り最新の設備を採用し、外の厳しい暑さに影響されない、快適な住環境を整えることを念頭に置く必要があるだろうと思いました。
イ　Ｂさん　地球的な規模でものを考えていくためには、自分の国のことだけではなく、世界でせめぎ合う様々な国々の在り方にも目を向けて、多様な情報を集めていくことが重要だということを教えられました。
ウ　Ｃさん　掃除の際、無意識に捨てていたものにも、なんらかの活用方法があるかもしれないということを考えあわせて、環境に負荷をかけるべきではないという感覚を一層磨く必要があると痛感させられました。
エ　Ｄさん　多数の意見だけではなく、少数の意見にもバランスよく耳を傾けて物事を決めていくことによってこそ、より多くの人々の理解が得られる望ましい状態へと近づくのではないかと気づかされました。
オ　Ｅさん　掃除というものは、どの国の人々も日々の生活の中で普通に行っているものですが、そうした日常的な行為を一つの文化にまで仕上げていくのが、日本の人々の特徴の一つではないかと考えました。

二　次の文章は、南木佳士『ダイヤモンドダスト』の一節である。町立病院に勤める看護師の和夫は、患者のアメリカ人宣教師マイクと親しくなる。彼の患《わずら》っている肺癌《はいがん》は進行が速く、骨や肝臓に転移していて、脳への転移も予想される状態にある。ある日、和夫はマイクに頼まれて、アメリカの戦闘機ファントムＦ４Ｄのプラモデルを隣町まで買いに行くが、帰宅してみると父の松吉は脳卒中が再発して倒れていた。松吉は和夫が勤める病院に入院したが、以下はそれに続く場面である。これを読んで、後の問いに答えなさい。

松吉の脳卒中の再発は、手足のマヒに関しては今回も軽くすんだ。梅雨があける頃には右手で廊下の手すりにつかまって歩けるようになっていた。その頃から、病院は避暑客たちの短期入院が多くなり、ベッドが埋まってきた。

東京の女子大の夏期寮で食中毒が発生し、一度に八人が入院してきた午後、病棟の婦長は和夫に松吉のベッドを移動させたい、と言った。松吉は横にベッドを置くスペースのあるマイク・チャンドラーの病室に移った。

「❶申し訳ありません。私の父なのですが、よろしくお願いいたします」

和夫がベッドを運び込んだとき、マイクはプラモデルにラッカーを塗っていた。化学療法で髪の毛の抜けた彼は毛糸のスキー帽子をかぶっていた。

「いいですよ。気にしないで」

マイクは目を細めて、ファントムの機首に白いラッカーでサメの歯のマークを描いていた。

今回の発作から、もともと口数の少なかった松吉は前にも増してものをしゃべらなくなっていた。和夫に手を引かれてマイクの部屋に入っていったときも、ひとわたりあたりを見回したあと、あいさつもせずに自分のベッドにもぐり込んでしまった。化学療法が効いて足の痛みが薄らぎ、気分がいいですよ、と笑顔を見せていたマイクの横に、重苦しく押し黙った老人を置くのは気がひけた。

「ここの血管がつまって、頭が枯れてきている病人ですから」

和夫は自分の頭を指さしながら、マイクに頭を下げた。

「枯れ木にはえるキノコの話を知っていますか」

マイクはベッドテーブルに塗装を終えたファントムを置いた。

「枯れた木にキノコがはえるのは、有機物を無機物に分解するための自然の＊摂理なのです。キノコがはえないと、森は腐り切れない枯れ木だらけになって、若い木の養分がなくなり、森全体が死んでしまうのです」

マイクは窓の外に迫る生きいきとした森の緑に目を向けた。

「宿り木にとりつかれた若木を助けるには宿り木を切ればいいのです。でも、キノコを取っても枯れ木は枯れ木なのです。私は老人の病気といわれるものの多くは、キノコのようなものだと思っています。誤解しないで欲しいのですけれど、だから気にしなくてもいいですよ、ということです。枯れ木は多くを語らないものです」

❷マイクは言いたいことがほんとうに伝わったかな、と訴えかけるような、すこし悲しげな目で和夫を見上げた。

和夫は、ありがとうございます、と声に出してから、松吉のずり落ちぎみの毛布をなおしてやった。マイクに背をむけて膝をかかえ込んでいる松吉が鼻息を荒げ、肩を震わせていた。泣きそうな顔で笑いをこらえていたのだった。松吉が笑うのを見たのは久しぶりのことだった。

以来、松吉は愛想のない顔でマイクと同居していたが、窓辺に置かれた飛行機のプラモデルにだけは興味を示しているようだった。食事を運ぶ和夫が、マイクの目を盗むようにしてプラモデルを覗《のぞ》き込んでいる松吉の姿を目撃したことも何度かあった。マイクは朝夕のあいさつはしてくれたが、枯れ木に向かって自ら語りかけることはなかった。

三日目の昼めしのとき、松吉は不自由な左手に持ったみそ汁をこぼした。食事を終えていたマイクがタオルで寝巻の前を拭いてやると、

「その飛行機はアメリカの戦闘機かい」

と、松吉がaぶっきらぼうに口を開いた。

「そうですよ。私が乗っていたマクダネルダグラス社製のＦ４Ｄファントムですよ」

マイクはにこやかに答えながら、松吉の顎に垂れたワカメまで拭いてやった。

「実戦に出たんかね」

松吉はひと言の礼も言わずに、マイクがベッドにもどって手にしたファントムを見つめていた。

「ええ。ベトナムでミグ十七を一機落としました」

マイクは右手に持ったファントムを急降下させるように動かしてから、思い出したように毛糸の帽子を目深《まぶか》にかぶりなおした。

「機銃でかね」

松吉はベッドから身を乗り出した。

「いいえ。サイドワインダーというミサイルを撃ったのです。ジェットエンジンの熱を追いかけて行くミサイルです」

マイクは翼の下の小さなミサイルを小指でさした。

「なるほど。子供のテレビゲームとおなじということだ」

松吉は皮肉っぽく顎を前に突き出した。

「太陽に向かって逃げられたり、急降下されると外《そ》れてしまいますから、それなりに大変でした。下からは敵の対空砲火と地対空ミサイルが撃ち上げてきますし。私たちがベトナムにいた頃、敵機を二機撃墜するたびに、こちらが一機やられていました」

マイクはベッドテーブルにファントムを置き、肩で息をしながら腕を組んだ。

これまでほとんど口を開いたことのなかった老人が、白髪をbせわしなく撫《な》でつけながら、異様に光る目で飛行機の話をしかけてきたので、マイクも真剣な対応を迫られた。

「あなたも飛行機に乗っていたことがおありですか」

マイクは体をベッドに横たえてから、松吉の方を向いた。強力な制癌剤の投与を受けている彼にとって、地上の戦いとおなじように泥沼だったベトナムの空中戦の緊張感を頭の中で追体験することは、思いのほか体力を消耗する作業だった。

「❸いやあ、私は戦争には行かず、*ちっぽけな電車を運転しておりました」

松吉は寝巻の前を合わせ、きちんと背を伸ばした。

現役の運転手だった頃から、松吉は機械の話をするのが何より好きだった。付き合いの下手だった彼の家に客が来ることはめったになかったが、たまに運転手仲間が訪ねてくると、パンタグラフやトランスの改良の話を飽くことなくしていた。そんなときの松吉の顔は、遠足を前にした小学生のように、つややかに紅潮していた。

「この町を走っていた小さな電車のことを聞いたことがありますが、その電車ですか」

手枕を作ってマイクは顔を上げた。

「ええ。あなたの戦闘機に比べたら、アリのような速度の電車でしたがな」

松吉は頬《ほお》を赤らめた。

「人の作る機械は、その速度が速くなればなるほど大きな罪を造るようです。乗るなら罪の少ない乗り物に越したことはないのです」

マイクは目の縁におだやかなシワを寄せていた。

「❹ありがとうございます。そう言っていただけると……ありがとうございます」

感情の失禁を起こし易《やす》くなっている松吉はベッドの上に正座して深々と頭を下げ、泣いた。

和夫が下膳のために病室に入ると、松吉はイビキをかいて眠っていた。

「❺お父さんは枯れ木なんかじゃありません。失礼しました」

火口湖のように深い青色をしたマイクの目が、下から申し訳なさそうに和夫を見た。

マイクにいきなり詫《わ》びられた和夫は前後の事情が分からないので、あいまいな笑顔を返した。マイクはそれ以上の説明をせずにゆっくりと体を横たえ、和夫に背を向けた。

松吉は規則正しいイビキをかき、マイクは遠慮がちの咳《せき》をした。窓一杯に盛りの青葉が夕陽《ゆうひ》を受けて、そう遠くない先にたしかな紅葉を予感させる微《かす》かな赤みを帯びて風にそよいでいた。樹林の間から遠望できる峠の道には、車がじゅずつなぎになって澄んだ青空に消えていた。

「森はもう秋の準備をしているのに、人間だけが初夏だと思っているんだな。大いなる錯覚だな」

マイクは英語で、静かなひとり言をつぶやいた。一語一語に息つぎを入れる発音だったので、和夫にもおよその意味が理解できた。

イビキの間隔が一瞬途切れたとき、松吉は軽やかなへをひった。❻マイクの背は窓の夕景を胸から腹へ、体全体に取り込もうとしているかのように動かない。和夫だけが、勝手に顔を赤らめて病室を出ていった。

（南木佳士『ダイヤモンドダスト』文春文庫刊　※本文を改めた部分があります。）

［注］　*摂理……万物を治め支配している法則のこと。

*ちっぽけな電車……今は廃止されたが、鉱山用トロッコを改良した小さい電車で、非力なモーターで山道の線路を一、二両の客車を曳《ひ》いて登る姿から、子供たちに「かぶと虫」の愛称で呼ばれていた。松吉は、電車に対して深い愛情を持ち、春になると客車の窓から入ってきたモンシロチョウが同じ窓から出て行くような、ゆっくりと走る小さな電車の時間を大切にしていた。

問一　二重傍線部a・bの語の本文中の意味として最も適切なものを、次の中からそれぞれ一つずつ選び、記号で答えなさい。

a「ぶっきらぼうに」

ア　愛想なく
イ　いきなり
ウ　遠慮なく
エ　わがままに
オ　無礼に

b「せわしなく」

ア　驚きあきれた様子で
イ　夢中になった様子で
ウ　気だるい様子で
エ　落ち着かない様子で
オ　物怖《お》じしない様子で

問二　傍線部❶「申し訳ありません。私の父なのですが、よろしくお願いいたします」とありますが、この場面における和夫の心情の説明として最も適切なものを、次の中から一つ選び、記号で答えなさい。

ア　病気になって落ち込んでいる松吉だが、明るく楽しい人柄をしたマイクなら、再び松吉を元気にしてくれるだろうと期待している。
イ　化学療法で体調の良くなったマイクを見て、病気の治らない松吉が不安な気持ちにならないように、松吉への配慮を望んでいる。
ウ　病気で一段と無口になった松吉が同室になれば、治療の効果で今は気分が良いマイクに迷惑をかけてしまうのではないかと心配している。
エ　病気で言葉が不自由になってしまった松吉に、日本語を上手に話すことができるマイクの相手が務まるのかどうか、気になっている。
オ　癌が進行しているマイクには相談もせず、脳卒中を患う松吉を同室させるよう指示した婦長の言葉に、看護師としてとまどっている。

問三　傍線部❷「マイクは言いたいことがほんとうに伝わったかな、と訴えかけるような、すこし悲しげな目で和夫を見上げた」とありますが、マイクは和夫にどういうことを言いたかったのですか。説明しなさい。

問四　傍線部❸「いやあ、私は戦争には行かず、ちっぽけな電車を運転しておりました」とありますが、この時の松吉について説明したものとして最も適切なものを、次の中から一つ選び、記号で答えなさい。

ア　懸命に戦闘機の話をしてくれたマイクを前に、小さくても電車を運転していた者として真摯に向き合おうとしている。
イ　戦争の記憶で苦しむマイクが心配になり、自分が運転した電車がいかに小さいかを強調して笑わせようとしている。
ウ　泥沼の戦争を生き抜いたマイクの話に感動して、つまらない機械の話などしてしまったことに気がとがめている。
エ　普段は優しいマイクが敵機を撃墜していたことに驚き、戦場で人が変わってしまうマイクとは距離を置こうとしている。
オ　戦争の激しさを思い出したマイクの緊張感が伝わり、得意な機械の話をして楽しんでいた自分の態度を反省している。

問五　傍線部❹「ありがとうございます。そう言っていただけると……ありがとうございます」とありますが、松吉はなぜこのようなことを言ったのですか。その理由を具体的に説明しなさい。

問六　傍線部❺「お父さんは枯れ木なんかじゃありません。失礼しました」とありますが、マイクがこのような発言をしたのはなぜですか。その理由として最も適切なものを、次の中から一つ選び、記号で答えなさい。

ア　松吉を何も語らない枯れ木に喩《たと》えたのは誤りで、電車の話を子供のように楽しく語るところに魅力を感じたから。
イ　松吉を使い道のない枯れ木に喩えたのは誤りで、今でも電車の運転手として立派に仕事をこなせる若さを感じたから。
ウ　松吉をどこにでもある枯れ木に喩えたのは誤りで、大好きな機械の話においては専門的な知識の深さを感じたから。
エ　松吉をつまらない枯れ木に喩えたのは誤りで、豊かな喜怒哀楽の表現によって周囲を楽しませる才能を感じたから。
オ　松吉を朽ちていく枯れ木に喩えたのは誤りで、電車を運転することへの熱い思いを秘めた姿に活力を感じたから。

問七　傍線部❻「マイクの背は窓の夕景を胸から腹へ、体全体に取り込もうとしているかのように動かない」とありますが、この時のマイクについてどのようなことが読み取れますか。その説明として最も適切なものを、次の中から一つ選び、記号で答えなさい。

ア　病におかされてはいても自分らしい生き方をしている松吉の姿に気づき、マイクも癌の進行に対する不安を隠してきた態度を改めて、飾ることのない爽やかな生き方をしようとしている。
イ　病を得ても電車への情熱を宿したまま老いていく松吉の姿をすぐ側《そば》で見ながら、マイクは癌が進んで衰えていく自分の存在というものを改めて受けいれようとしている。
ウ　松吉は電車に愛着を感じて働いていた若い頃を忘れられないでいるが、マイクはそのように昔を懐かしむよりも、自分の未来のために癌を克服する治療に取り組もうと決心している。
エ　松吉は誰に恥じることもなく自分の生き方を貫いているので、マイクも戦争で大きな罪を作ったことを恥じることなく、残された人生を大切に生きていこうと考えている。
オ　脳卒中になっても好きなことを楽しんでいる松吉の姿を見て、マイクも癌のことで思い煩うよりも、自分の好きなことに打ち込んで、残りの人生を思う存分楽しむべきだと思っている。

2023(R5) 愛光高
教英出版

三　次の文章を読んで、後の問いに答えなさい。

　仙人の伝へし薬とて、いと耳のさとくなるを持ち伝へたるありけり。耳うときものが、「いま a言ひ給《たま》ふことはなにぞ」と、二度三度問ひ返せば、人も笑ひて言ひもせぬさまなり。聞こえぬままに b うち黙《もだ》しゐれば、また笑ふさまはさすがに見ゆめり。❶あまりの恥づかしさに、かの薬を請ひうけて飲みしかば、にはかに耳いとさとくなりしはうれしきものから、あまりによそのよその事までも、もるることなく聞こえけり。米炊《よねかし》ぐ男《をのこ》が、「この飯に虫の這《は》ひ入りたるが、言はばむづかり給はんのおそろしさに、ひそかにとり捨てけり」と、いとひそかに言ふもはや聞こゆ。知らぬさますれど、＊潔疾《けつしつ》あれば、聞けばいといとふ心ありて、❷箸もとらねば、またかの男らがささやきして、「昨夜《よべ》酒の過ぎ給ひつらんと思ひしが、はたして見入れもし給はぬなり。いざ互《かたみ》に今日は、多く食《たう》べ侍《はべ》らん。❸うれしや」など言ふも聞こえぬ。❹憎さ限りなきものから、聞きしともはた言ひがたし。まいて隣の物語には、聞き苦しきことも多く、ここやかしこの言葉より、鳥の声、虫の音、遠近もらさず聞こゆれば、かしがましさ言ふばかりなくて、「耳ほどうるさきものはあらじ」と、❺うとかりし世を恋《こひ》しとものせしとかや。

（松平定信『花月草紙』　※本文を改めた部分があります。）

［注］　＊潔疾……少しの不潔も嫌う性質。潔癖。

問一　二重傍線部a「言ひ」・b「うち黙しゐれ」は誰の動作ですか。最も適切なものを、次の中からそれぞれ一つずつ選び、記号で答えなさい。

ア　仙人　　イ　耳うときもの　　ウ　人　　エ　米炊ぐ男

問二　傍線部❶「あまりの恥づかしさに」とありますが、どういうことを「恥づかし」と思っているのですか。その説明として最も適切なものを、次の中から一つ選び、記号で答えなさい。

ア　耳が良くなる薬を手に入れて飲んだこと。
イ　年老いたせいで、耳が遠くなってしまったこと。
ウ　人の言葉を聞き取れず、黙りこんでしまうこと。
エ　聞き取れない言葉を聞き返すことで人に笑われること。
オ　耳が遠いことにも不満を抱かずに暮らしていること。

問三　傍線部❷「箸もとらねば」とありますが、誰がなぜそのようにするのですか。その理由を説明しなさい。

問四　傍線部❸「うれしや」とありますが、どういうことを「うれし」と思っているのですか。その説明として最も適切なものを、次の中から一つ選び、記号で答えなさい。

ア　自分が犯してしまった調理の失敗を、主人にとがめられなかったこと。
イ　主人の耳が遠いので、自分たちの会話が聞かれることがなかったこと。
ウ　昨日の二日酔いが治ったので、主人が今日は食事をたくさんとるであろうこと。
エ　自分たちが昨晩酒を飲み過ぎてしまったことに、主人が気づいていないこと。
オ　主人が食事に手をつけなかった分、残りを自分たちがたくさんいただけること。

問五　傍線部❹「憎さ限りなき」とありますが、そのように思う理由の説明として最も適切なものを、次の中から一つ選び、記号で答えなさい。

ア　自分を差し置いて、使用人たちだけで良い思いをしようとしているのが許せなかったから。
イ　自分に対して、使用人たちが犯してしまった失敗を隠そうとしていることが明らかになったから。
ウ　自分が使用人たちから気にかけられていないどころか、軽んじられていることが分かったから。
エ　自分が持ち続けてきた、使用人たちから馬鹿にされているという疑いが事実だと確かめられたから。
オ　自分の体調が優れないのに心配もせず、使用人たちだけで密《ひそ》かに会話しているのが不快だったから。

問六　傍線部❺「うとかりし世を恋しとものせし」とありますが、「うとかりし世」とは何かを明らかにしつつ、「恋し」と感じる理由を説明しなさい。

問七　本文全体から読み取れる内容として適切ではないものを、次の中から一つ選び、記号で答えなさい。

ア　今の自分とは異なる立場はうらやましく感じられるものである。
イ　何事も、程度が過ぎるよりは、ほどほどであるのが良いものだ。
ウ　世の中には、知らない方が幸せなこともある。
エ　不正を知りながらそれを正さないのは良いことではない。
オ　望んで手に入れたものが必ずしも良いものとは限らない。

令和５年度　愛光高等学校入学試験問題　数学　（その１）（60分）

受験番号（　　　　　　）氏名（　　　　　　　　　　）　※100点満点（配点非公表）

（注意）［1］は答だけでよいが，［2］［3］［4］［5］［6］は式と計算を必ず書くこと。

［1］　次の(1)～(5)の□に適する数または式を，下の解答欄に記入せよ。

(1)　$-a^2\div\left(b^5\div\dfrac{a^6}{2}\right)\times\left(\dfrac{b^2}{a^3}\right)^3=$ ［①］

(2)　$\left\{\sqrt{54}-\sqrt{3}\times\sqrt{(-12)^2}\right\}\div2\sqrt{27}-\dfrac{(\sqrt{5}-\sqrt{2})^2}{\sqrt{98}}=$ ［②］

(3)　$x^2(2y-z)+4y^2(z-x)$ を因数分解すると［③］である。

(4)　２つの自然数 a，b $(a<b)$ がある。a と b の最大公約数を g とするとき，a，b は２つの自然数 c，d を用いて，$a=gc$，$b=gd$ と表せる。また，a と b の最小公倍数を ℓ とする。$\dfrac{\ell}{g}=60$ のとき，c と d の組 $(c,\ d)$ をすべて求めると，$(c,\ d)=$ ［④］である。さらに，$a+b=855$ のとき，$a=$ ［⑤］，$b=$ ［⑥］である。

(5)　立方体のすべての面に接している球がある。

(a)　立方体の対角線の長さが 6 cm であるとき，球の体積は［⑦］cm^3 である。

(b)　立方体の表面積が $\sqrt{2}$ cm^2 であるとき，球の表面積は［⑧］cm^2 である。

【解答欄】

①	②	③	
④ $(c,\ d)=$			
⑤	⑥	⑦	⑧

［2］　x %の食塩水 1 kg が入った容器 A と y %の食塩水 1 kg が入った容器 B がある。B から 200 g の食塩水を取り出し A に入れてよくかき混ぜたところ，A に入っている食塩水の濃度は 7.5 %になった。その後，A から 200 g の食塩水を取り出し B に入れてよくかき混ぜたところ，B に入っている食塩水の濃度は $\dfrac{11}{16}x$ %になった。このとき，x と y の値を求めよ。

答　$x=$　　　　，$y=$

［3］　1 個 400 円の値段で売ると 1 日に 500 個売れる商品がある。この商品を 1 個あたり 10 円値下げするごとに，1 日の売り上げが 30 個ずつ増える。この商品の 1 日の売上金額を 240800 円になるようにするには，1 個あたり何円値下げすればよいか求めよ。

答

令和５年度　愛光高等学校入学試験問題　数学　（その２）

受験番号（　　　　　）　氏名（　　　　　　　　　）

4　右の図のように，放物線 $y=\frac{1}{2}x^2$ と直線 $y=-x+4$ が2点A，Bで交わっている。また，x 軸上に点Pをとり，さらに，四角形APBQが平行四辺形となるように点Qをとる。ただし，点Pの x 座標は4より小さいとする。

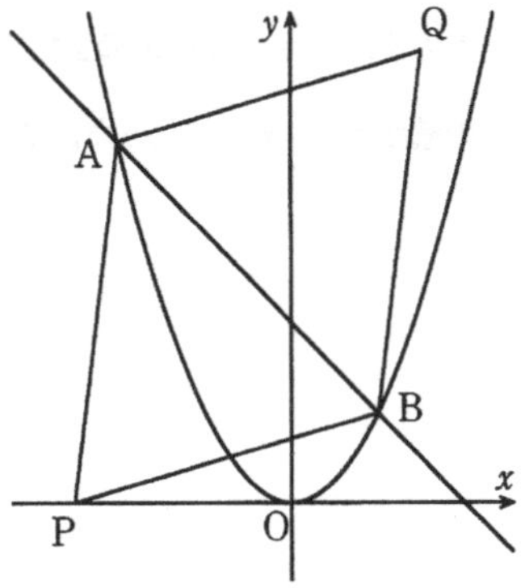

(1)　点A，Bの座標を求めよ。答のみでよい。

答　A（　　，　　），B（　　，　　）

(2)　平行四辺形APBQの面積が，△AOBの面積の3倍となるような点P，Qの座標を求めよ。

答　P（　　，　　），Q（　　，　　）

(3)　平行四辺形APBQの周の長さが最も短くなるような点Pの座標を求めよ。

答　P（　　，　　）

5　A，B，Cの3つの袋があり，Aの中には1から6，Bの中には1から10，Cの中には1から4の数字が書かれたカードがそれぞれ1枚ずつ入っている。A，B，Cの袋から1枚ずつカードを取り出し，そのカードの数字をそれぞれ a，b，c とし，直線 $y=\frac{b}{a}x+c$ を ℓ とするとき，次の問いに答えよ。

(1)　ℓ が直線 $y=2x$ と平行になる確率を求めよ。

答

(2)　ℓ が点(6，10)を通る確率を求めよ。

答

6　右の図のように，線分ABを直径とする半円の $\overset{\frown}{AB}$ 上に，Aに近いほうから順に点C，Dをとり，半直線ACと半直線BDとの交点をPとする。AB=2，$\overset{\frown}{CD}=\frac{2}{3}\overset{\frown}{AB}$ のとき，次の問いに答えよ。ただし，AとC，BとDは異なるようにとる。

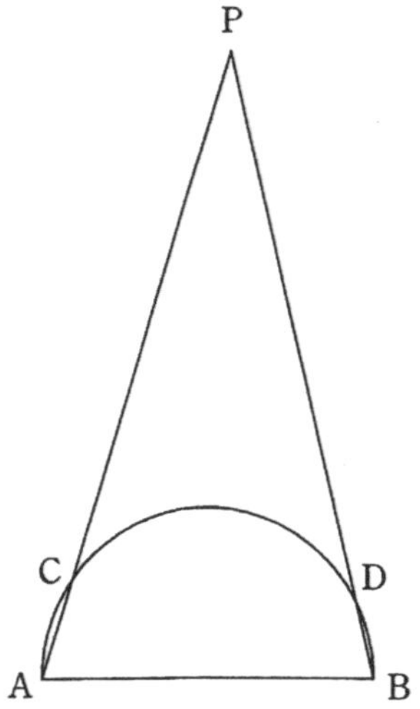

(1)　$\overset{\frown}{CD}$ を $\overset{\frown}{AB}$ 上のどこにとっても，∠APBの大きさは一定であることを証明せよ。

(2)　線分ABの中点をOとして，∠AOE=∠BOF=10°となる点E，Fを $\overset{\frown}{AB}$ 上にとる。点Cと点Eが一致するところから，点Dと点Fが一致するところまで $\overset{\frown}{CD}$ を動かすとき，点Pの動く長さを求めよ。答のみでよい。

答

令和５年度　　　　愛光高等学校入学試験問題　　　　英　語　　(70分)　　　　（その１）

※音声と放送原稿非公表

Ｉ．リスニングテスト問題：　放送の指示に従って問題を解き，その答えを解答用紙に記入しなさい。

Question No. 1

a. It tastes great.

b. My lunch was delicious.

c. I ate too much.

d. My lunch cost three dollars.

Question No. 2

a. It will be rainy and cold.

b. It was hot and humid.

c. It is cloudy and warm.

d. I like sunny weather.

Question No. 3

a. It is for Monday.

b. It is from Japan.

c. It is for my brother.

d. It is from my father.

Question No. 4

a. Steve works on the weekends.

b. Steve works nine to six.

c. Steve works five days a week.

d. Steve works nine hours a day.

Question No. 5

a. John arrived home with dinner.

b. John prepared dinner just after arriving home.

c. John's dinner was prepared when he arrived home.

d. John ordered dinner as soon as he got home.

Question No. 6

a. Mike is unhappy with the schedule.

b. Mike thinks the prices are good.

c. Mike is happy with the train's schedule and price.

d. Mike is disappointed about the price.

Question No. 7

What day will the fifty percent sale end?

Question No. 8

Where is Franks Furniture store located?

Question No. 9

How many members in the Brown family?

Question No. 10

How old is Jen in the photo?

Ⅱ．次の英文は，これからの燃料として期待される biogas（バイオガス），biofuel（バイオ燃料），hydrogen（水素）に関する中学生向けの記事の一部である。英文を読んで設問に答えなさい。星印(*)の語は(注)を参考にしなさい。

Imagine growing fuel on trees or getting it from *rubbish. Imagine cars that run on air or produce water, not pollution. All around the world, people are making surprising new fuels.

Biogas

Biogas is made from plants or natural waste by bacteria. They break the waste down and produce gases like *methane. In most places, the gases pollute the air, but at a place near São Paulo in Brazil, pipes take the gas from under the ground. The gas is burnt at a power station to produce electricity for 400,000 people.

Villagers in India use animal and food waste to make biogas. Bacteria break the waste down in a special container, and the gas is used for cooking and lights. (A)<u>Just 1 kilogram of waste produces enough biogas to make a light work for four hours</u>. In Sweden, they even make biogas for cars from toilet waste. A year's toilet waste from seventy toilets makes enough fuel for a small car to travel 16,000 kilometers.

Biofuel

Biofuels are made from fuels that grow. The oldest biofuel is wood, but today we are using different kinds of plants —and even old coffee— to make new biofuels. The problem with some biofuels is that it [　①　] a lot of land to grow the fuel, and this means less land for growing food. If you want to fly a plane from London to Amsterdam on coconut biofuel, you will need to grow about 3 million coconuts. There is another problem too. People may destroy forests to grow plants for biofuel.

In Brazil, (B)<u>cars [called / and / used / *bioethanol / a fuel / buses / have] for years</u>. Bioethanol is great because we make it from the waste parts of plants that we already grow for food. Most Brazilian bioethanol is made from sugar cane, the tall plant that we grow for sugar. The sugar cane is broken up in machines, and the *liquid is taken to make sugar. The rest of the plant is [　②　] into paper or used to make bioethanol.

Hydrogen

The cleanest fuel is hydrogen. When hydrogen [　③　], it just makes water. We already have cars and even helicopters that use hydrogen, but this gas is difficult to produce. Today, most hydrogen is made from fossil fuels, and this produces pollution. About 4 percent of hydrogen is made from water, (　あ　) this process uses a lot of electricity and can be dangerous.

In 2010, engineers invented a machine which uses energy from the sun to make hydrogen. Other people are trying to use bacteria to make it. If they become cheaper, we may all drive hydrogen cars in the future.

Scientists are developing lots of new fuels, but it will be a long time before most of us can use them. The biggest problem is (C)<u>finding the money to make the necessary changes to things like cars and *petrol stations</u>. For example, there are about 140,000 petrol stations in the USA today, (　い　) only 2,800 of them sell bioethanol.

Renewable or…?

Renewable energy is energy which comes from things that [　④　] on and on, like the sun or the wind. Some of the fuels in this article are renewable, and some are not. Biofuels are renewable because we can grow them again every year. Hydrogen is a renewable fuel when we make it from water (D)<u>but not</u> when we make it from fossil fuels.

(注) rubbish 生ごみ　methane メタン　bioethanol バイオエタノール　liquid 液体　petrol 石油

2023(R5) 愛光高
K 教英出版

設問

１．下線部(A)(C)を日本語に直しなさい。

２．空所[①]～[④]に入る英語を次の[　　]の中からひとつずつ選び，必要なら形を変えなさい。解答は１語になるとは限らない。ただし，同じ語を繰り返し選んではいけない。また，不要な語が１語含まれている。

[take / burn / go / turn / produce]

３．下線部(B)の[　　]内の語句を並べ替えて意味の通る英文を完成させなさい。

４．空所(あ)(い)に入る共通の接続詞として最もふさわしい１語を本文中から抜き出しなさい。

５．下線部(D)では，いくつか表現が省略されている。以下のように言い換えた場合，空欄に最もふさわしい１語を本文中から抜き出しなさい。

but not = but it is not (　　)

６．本文中に次の英文が入る場所を見つけなさい。そして，その文が入る場所の直前の文の最後の２語を答えなさい。ただし，ピリオドは１語とは数えないので書かなくてよい。

These ‘clean’ ways of making hydrogen are still very new.

７．上記の記事を読んだ中学生たちに宿題を課した。この記事の内容をまとめたり，感想や自分で調べたことなどをまとめたりしなさい，という内容のものであった。ある生徒が以下のようにまとめたノートを提出した。本文に即するように空欄ⓐ～ⓓに適語を答えなさい。解答はすべて日本語で答えなさい。「バイオガス」のようなカタカナも日本語として扱ってよい。

	Future Energy = 未来のエネルギーとは？ →　化石燃料(Fossil fuels)に依存しないエネルギー

Biogas ＝バイオガスとは？

生物の排せつ物やゴミ，汚泥，作物などをバクテリア（Bacteria）によって発酵させる

→　（ ⓐ ）が生成される

「（ ⓐ ）発酵技術」とも呼ばれる

Biofuels = バイオ燃料とは？

→ 穀物などの植物からアルコール燃料を生成する

→ ブラジルでは1975年頃からバイオエタノールが実用化

→ 食用植物の（ ⓑ ）を再利用するところがメリット

→ 森林が破壊される可能性があるという問題点も

Hydrogen fuel = 水素燃料とは？

→ 最もクリーンなエネルギー　（クリーンとは？＝二酸化炭素や窒素酸化物などを排出しない，または少ない）

→ しかし，現在のほとんどの水素燃料は化石燃料から生産されており，（ ⓒ ）を引き起こすというデメリットもある

Renewable Energy = 再生可能エネルギーとは？

→ 「自然の中で資源が補充されて，枯渇せずに再生するエネルギー」

●化石燃料から生産された水素燃料 → 再生可能エネルギーにあたらない

●水の電気分解によって生成した水素燃料 → 再生可能エネルギーにあたる

●バイオ燃料は，原料が毎年（ ⓓ ）ので再生可能エネルギーにあたる

2023(R5) 愛光高
K 教英出版

Ⅲ. 次の対話を読み，下の設問に答えなさい。星印(*)の語は(注)を参考にしなさい。

Paul: Hi, Mika. How are you?

Mika: Hello, Paul. I feel kind of sad.

Paul: What's happened? Is there something wrong?

Mika: Nothing.

Paul: Just relax! It's Sunday today!

Mika: Actually, I think that is the reason.

Paul: What do you mean?

Mika: On Sunday evening, I start to think about the next day, Monday, and always feel a little bit stressed. I like my school, my friends, and of course studying at school, but that is the case.

Paul: Well, I think that's "Sunday Scaries."

Mika: "Sunday Scaries"? What's that?

Paul: Not only you but many people start experiencing a feeling of anxiety on Sunday evening. And we call this "Sunday Scaries."

Mika: I didn't know that we have such a name for this feeling.

Paul: In Japanese I believe you say "Sazae-san *Syndrome."

Mika: Sazae-san! That's interesting.

Paul: ①I think [guess / name / you / it / its / can / got / how].

Mika: Is that because we watch Sazae-san on Sunday evening?

Paul: That's right. Sazae-san is a long-lived TV anime program (A) starts at 6:30 on Sunday evening, so Sazae-san is a symbol of the end of the weekend in Japan. When the show is over at 7:00, many people feel anxious. They have to face the reality because Monday is coming.

Mika: Then should I *avoid watching Sazae-san this evening?

Paul: I don't think that's very helpful, Mika. But I have some advice for you. You shouldn't think about the sadness too much, because it's a natural *psychological reaction. Sadness itself isn't a (ア) thing. When something bad happens, we feel sad. When something good happens, we feel happy. Like other emotions, sadness is a natural human emotion. If sadness is *temporary and goes away with time, that's no problem. But when the sadness lasts long, you have to be careful. At this stage, even when a good thing happens, you feel sad. We call it "depression." Depression is a mental illness. It causes harm to your mental health.

Mika: What can I do to avoid the situation?

Paul: To deal with depression, stay in touch with your friends, do some exercise, and eat a healthy diet. ②That may not sound like a big deal, but it's very important that [you / you / your daily routine / down / keep / when / are / healthy / feeling]. Oh, and I recommend (B) you watch funny movies or TV shows. Laughter is the best medicine.

Mika: Got it. Then, I'm watching Sazae-san this evening!

（注）syndrome：症候群　　avoid：～を避ける　　psychological：心理的な　　temporary：一時的な

設問

１．空所（　A　），（　B　）に共通して入る最もふさわしい１語を答えなさい。

２．下線部①の［　　］内の語句を本文の内容に合うように並べ替えなさい。

３．下線部②の［　　］内の語句を本文の内容に合うように並べ替えなさい。

４．空所（　ア　）に入る最も適切な語を，次の(a)~(e)から１つ選び記号で答えなさい。

(a) good　(b) bad　(c) natural　(d) mental　(e) social

５．次の(a)～(e)の中から，本文の内容に一致するものを２つ選び記号で答えなさい。

(a) There are few people suffering from “Sunday Scaries.”

(b) “Sunday Scaries” and “Sazaesan Syndrome” are different names for the same feeling.

(c) “Sazaesan Syndrome” is named after a famous anime show because the story is sad.

(d) When you feel sad, it doesn’t always mean you have depression.

(e) In order to overcome depression, you need to stop interacting with others, and all your attention should be focused on yourself.

Ⅳ．各組の単語について，見出し語の下線部と同じ発音を持つものをア～エから１つ選び，その記号を書きなさい。なお，すべてに同じ記号で解答した場合は０点とする。

１．monkey	ア．college	イ．monster	ウ．cover	エ．only
２．cost	ア．lost	イ．host	ウ．postman	エ．cooperation
３．media	ア．peaceful	イ．meant	ウ．microwave	エ．feather
４．ache	ア．active	イ．astronaut	ウ．access	エ．apron
５．cough	ア．caught	イ．laughter	ウ．although	エ．naughty

Ⅴ．各組の２文の意味がほぼ同じになるように，（　　）にそれぞれ１語を入れなさい。

１．Ronald and Emma are close friends.
Ronald and Emma know (　　)(　　) closely.

２．You should get off this train and take another at the next station.
You should (　　)(　　) at the next station.

３．He has been on the basketball team for two years.
He (　　)(　　) to the basketball team for two years.

４．When I got the mail yesterday, I remembered that meeting.
The mail I got yesterday (　　)(　　) of that meeting.

５．We cannot wait for the spring vacation.
We are looking (　　)(　　) the spring vacation.

2023(R5) 愛光高
K 教英出版

Ⅵ. 次の英文１．～ ５.の下線部①～③には，誤りのあるものが１つずつ含まれている。誤りのある下線部の番号を解答欄の矢印の左側に記入し，矢印の右側に正しい英語を書きなさい。

1．①It was very kind ②for you to help me ③with the homework.

2．You ①must not get ②used ③to stay up until midnight.

3．Not only you but also I ①are interested ②in ③studying abroad.

4．①Just after it ②stopped ③raining, you will see a rainbow in the sky.

5．①Instead of giving up, why not ②asking your teachers ③what to do first?

Ⅶ. 次の文の下線部①，③については，解答欄に与えられている[　　]内の語句を並べ替えなさい。下線部②，④については，日本語の内容を表す英語を書きなさい。ただし，①については，１語不足しているので補うこと。

「医学」と「文学」の間には重要なかかわりがあると言われたら驚くだろうか。①しかし，医学の場においても想像力が必要とされる。どれほど明晰に思考できたとしても，②想像力が欠けていれば間違った決定をしてしまいかねない。周囲の人間に対して想像力を行使することなしには，患者やその家族や職場の仲間たちの思考や感情を取りこぼしてしまうことになるからだ。

医療現場の多忙さは人の想像力をすり減らしていく。しかし，我々はこれに抵抗することもできる。③人の心は育てることができるものであると捉えるべきだと私は考える。人との接触が減っている今，芸術の分野に目を向けることは有益だろう。例えば，④小説を読むことは他者の経験を理解するのに役立つ。想像力を用いずとも目の前の仕事はこなせるかもしれないが，それが怠慢の結果でないかどうかは，常に自問する必要があるだろう。

令和５年度　愛光高等学校入学試験問題　理科（その１）　(60分)

【１】 愛さんと光さんは，クラスの学習発表会で『地球温暖化の防止に果たす生物の役割』についてまとめている。

愛：表１では，温室効果ガス 1 ppm あたりの寄与が最も大きいのは[1]だね。

光：温室効果ガスの寄与度の比って何を表しているの。

愛：100 年間の温室効果ガスによる平均気温の上昇のうち，どれくらいがそれぞれの温室効果ガスによるものかを比で表しているよ。

光：ということは，表１の中では[1]が熱をとどめておく力が最もつよいという説明に使えるね。

愛：表１から，地球温暖化の最大の原因は二酸化炭素だと言えるかな。

光：寄与度の比からはっきり言えるよ。だから，二酸化炭素を吸収できる植物を保護しないといけないね。

愛：地球温暖化防止のための生物の役割を簡単に説明できる図も必要だね。食物連鎖と大気の間の物質移動を図１にまとめたよ。でも，まとめながら考えていたんだけど，本当に植物を保護すると地球温暖化は防止できるのかな。植物の光合成は[2]，呼吸は[3]行われているし，植物を食べた動物や微生物が呼吸して二酸化炭素を出すから，植物だけを保護しても地球温暖化の防止にはあまり効果が無いんじゃないかな。大気中の二酸化炭素が減少するには生物全体の[4]する必要があるよね。図２は 300 年以上続くある森林の光合成量と呼吸量の変化を，二酸化炭素に注目してまとめたものなんだけど，これはどう思う。

光：図２からは，<u>二酸化炭素を減らすために森林をどのように利用すればいいか考えられそう</u>だね。

表１　主な温室効果ガスとその寄与度の比　(ppm：100 万分の１)

温室効果ガス	100 年間の濃度変化	温暖化への寄与度の比
二酸化炭素	257 → 339 ppm	26
メタン	1.15 → 1.65 ppm	6
フロン－12	0 → 0.28 ppm	2
一酸化二窒素	0.28 → 0.3 ppm	1

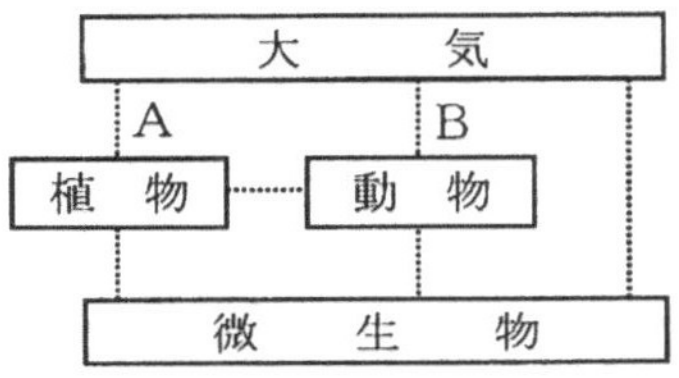

図１　食物連鎖と大気の間の物質移動

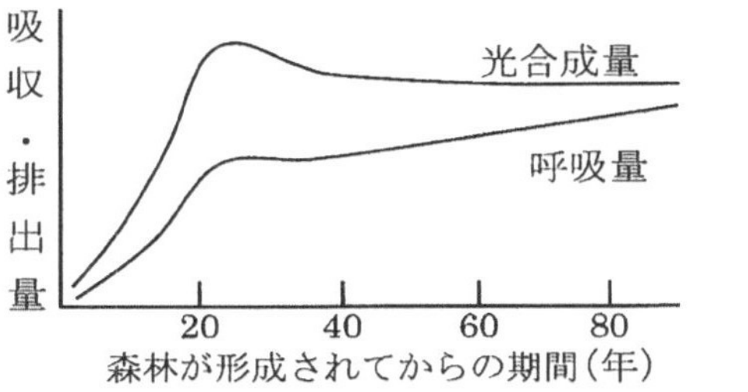

図２　ある森林の光合成量と呼吸量の変化

（１） 文章中の空欄[1]に入る温室効果ガスは何か。次の(ア)～(エ)から適当なものを１つ選び，記号で答えよ。

（ア）　二酸化炭素　　（イ）　メタン　　（ウ）　フロン-12　　（エ）　一酸化二窒素

（２） 図１中の６本の点線のうち，有機物の移動を示す線は何本あるか。

（３） 図１のＡ・Ｂの点線において，(ⅰ)炭素元素はどのような向きに移動するか。正しい矢印を次の(ア)～(ウ)からそれぞれ１つずつ選び，記号で答えよ。ただし，元素の移動が無い場合には×と答えること。また，(ⅱ)酸素元素はどのような向きに移動するか。炭素元素のときと同様に答えよ。

（ア） 　（イ） 　（ウ） 

（４） 文章中の空欄[2]・[3]に入る語の組み合わせとして最も適当なものを次の(ア)～(カ)から１つ選び，記号で答えよ。

	(ア)	(イ)	(ウ)	(エ)	(オ)	(カ)
[2]	昼間に	昼間に	昼間に	明るいときに	明るいときに	明るいときに
[3]	夜間に	暗いときに	一日中	夜間に	暗いときに	一日中

（５） 文章中の空欄[4]に入る最も適当な語句を次の(ア)～(カ)から１つ選び，記号で答えよ。

（ア）　種類が増加　　（イ）　種類が減少　　（ウ）　重量が増加

（エ）　重量が減少　　（オ）　体積が増加　　（カ）　体積が減少

（６） 図２から正しいと考えられる文を次の(ア)～(カ)から２つ選び，記号で答えよ。

（ア）　25 年後から光合成量が減ったのは葉が害虫による食害を受けたからである。

（イ）　30 年後の方が 80 年後より，森林に取り込まれている二酸化炭素の量が多い。

（ウ）　35 年後から呼吸量が増えていったのは根・幹・枝など，樹木が成長したためである。

（エ）　40 年後から 80 年後にかけて，光合成量はあまり変化せず呼吸量が増えているので，樹木は成長できていない。

（オ）　120 年後には呼吸量が光合成量を上回る。

（カ）　200 年後には呼吸量が光合成量を上回る。

（７） 文章中の下線部に関係して，大気中の二酸化炭素量の減少に最も貢献する，図２の森林の利用方法のサイクルを次の(ア)～(エ)から１つ選び，記号で答えよ。

（ア）　20 年経過したら切り倒し，薪や紙の原料として利用する。

（イ）　40～80 年経過したら切り倒し，住宅や家具の材料として利用する。

（ウ）　120～160 年経過したら切り倒し，バイオエタノールの原料として利用する。

（エ）　木を切り倒さずに，森林を保存する。

【２】 地震と減災について述べた次の文章を読み，下の各問いに答えよ。ただし，すべての問いにおいて，地表面は水平であり，各観測点に向かって直進してきた地震波が観測されているとする。

日本は国土面積が全世界の陸域の 0.25 %程度であるにもかかわらず，地震の規模を表す[a]が 6.0 以上の地震の発生回数が全世界の約 20 %であるなど，①地震やそれによって引き起こされる災害が頻発している国である。これは，日本が４つのプレートが集中している領域に位置していることが深く関連している。

地震災害による被害を軽減するために日本で導入されているシステムの一つに緊急地震速報がある。これは，大地震が発生した際に，震源に近い観測点で地震の第一波である[b]波を②地震計で観測することで地震の規模や各地域での揺れの強さを推定し，大きな揺れを引き起こす第二波である[c]波が到達するまでに，素早く通知するシステムである。しかし，③コンピュータを用いた自動計算や速報の受信までに時間がかかってしまうと，震源近くの地点では速報よりも先に主要動が到達してしまうことがあったり，速報を受信してから主要動までの時間がほとんどなかったりするという点には注意しておく必要がある。

（１） 文章中の空欄[a]～[c]に入る語をそれぞれ答えよ。

（２） 文章中の下線部①について，地震や地震災害について述べた文として最も適当なものを，次の（ア）～（エ）から１つ選び，記号で答えよ。

（ア） 陸域やその地下で形成された断層で発生する地震のことを，内陸型地震という。

（イ） 海域に震央を持つ地震によって水が動かされて発生する災害のことを，高潮という。

（ウ） 水分を多く含む埋め立て地などの砂の層は，地震動によって水分が抜けることで地盤が固くなりやすい。

（エ） ハザードマップには，地震の被害予想のほかに，いつ，どこで，どれぐらいの規模の地震が発生するかが示されている。

（３） 文章中の下線部②に関連して，ある観測点の地震計で地震波の初期微動継続時間 T〔秒〕を計測することによって震源距離 D〔km〕を計算することができる，大森公式と呼ばれる式がある。次の文章がこの式の導出を説明したものとなるように，文章中の空欄[d]～[g]に入る式を答えよ。ただし，第一波の伝わる速さを V_1〔km/秒〕，第二波の伝わる速さを V_2〔km/秒〕とする。

地震が発生してから初期微動が到達するまでにかかる時間は[d]〔秒〕，地震が発生してから主要動が到達するまでにかかる時間は[e]〔秒〕となるため，この２つを用いると，初期微動継続時間は $T=$ [f]と表すことができる。この式を変形すると，$D=$ [g] $\times T$となる。この式を大森公式という。この式から，地震波の速さが一定な場合，震源距離と初期微動継続時間は比例することがわかる。

（４） 文章中の下線部③に関連して，ある観測点 X の直下 16 km の位置に震源を持つ地震によって緊急地震速報が発令される場合を考える。緊急地震速報が受信されるのは通常時であれば観測点 X で第一波が観測されてから 3 秒後であるが，情報伝達が遅れたことで，第一波が観測されてから 12 秒後に緊急地震速報が受信されたとする。このとき，緊急地震速報が主要動の到達に間に合わない領域の面積は，通常時の間に合わない領域の面積の何倍となるか。ただし，第一波の伝わる速さを 8 km/秒，第二波の伝わる速さを 4 km/秒とし，答えに小数点以下が出るときは，四捨五入して整数値で答えよ。

【３】 水のあたたまり方を調べるための実験を行い，その結果と考察をまとめたものを以下に記す。下の各問いに答えよ。

【実験操作】

1． 500 mL のビーカーに水を 300 mL 入れる。
2． １で用意した水の入ったビーカーを，ガスバーナーを用いて火力一定で加熱する。
3． ビーカーの中の水を静かにかき混ぜながら，１分おきに水の温度を測定し記録する。
4． 水が十分にあたたまって温度が一定になったら，ガスバーナーの火を止め，実験を終了する。

【実験結果】

実験で測定した水の温度の記録は次の表のとおりで，またその表をグラフで表した。

時間(分)	0	1	2	3	4	5	6	7	8	9	10	11	12	13	14	15
温度(℃)	23	32	37	47	56	64	70	80	85	92	97	98	100	99	100	100

実験中に観察された現象を以下に記す。

1． 加熱開始から約１分後，ビーカーの内側に無数の a 小さな泡が生じ始めた。
2． 加熱開始から約３分後，１の a 小さな泡はぷくぷくと浮き上がり始めた。
3． 加熱開始から約６分後，ゆげが少し出始めた。
4． 加熱開始から約８分後，ビーカーの底からやや b 大きな泡がぷつぷつと出始めた。
5． 加熱開始から約 10 分後以降，b 大きな泡が連続的に出て，また水の量が少し減ってきた。

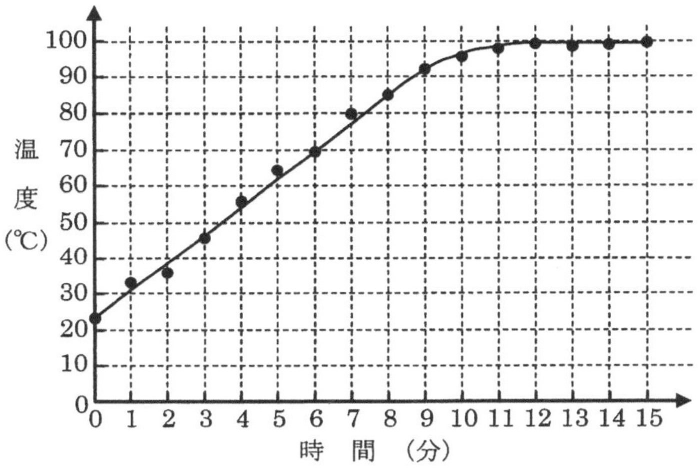

40-(17)
【理6-(3)】

【考察】

描いたグラフより，加熱開始から８分くらいまでは，時間の経過につれて水の温度もほぼ直線的に上昇している。このとき，ガスバーナーの炎の大きさは一定だったので，水が受け取る熱量も一定だったと考えられる。このことから，加熱開始から８分間では，水がガスバーナーから得た熱量はすべて水の温度上昇のみに使われたと仮定すると，表の値より，水の温度は［①］℃上昇しているので，水が吸収した熱量は［②］J である。ただし，水の密度は 1 g/cm³，水 1 g の温度を 1℃上昇させるのに必要な熱量は 4.2 J である。一方，ガスバーナーの発する熱量を毎分 35 kJ と見積もると，ガスバーナーが８分間に発した総熱量は［③］J である。したがって，この実験では，ガスバーナーから発せられた熱量のうち約［④］%がビーカー内の水に吸収されたことになり，意外に熱効率(ガスバーナーの発する熱量に対する，水の温度上昇に使われる熱量の割合)が低かったことがわかる。

また，加熱開始 11 分後以降は，水の温度はほぼ一定になる。この状態は，水が［X］している状態と考えられる。物質が［X］しているときの温度を特に［Y］といい，物質によって固有の値を示す。

(1) ガスバーナーの点火の手順について，次の(ア)～(オ)の文を正しい順になるよう並べよ。

(ア) ガス調節ねじを開ける。
(イ) ガスの量を調節する。
(ウ) 元栓とバーナーのコックを開く。
(エ) マッチに火をつけバーナーに近づける。
(オ) 空気の量を調節する。

(2) 文章中の下線部 a，b はそれぞれ何か。物質の名称を答えよ。

(3) 文章中の空欄［X］と［Y］にあてはまる適当な語句を答えよ。

(4) 文章中の空欄［①］～［④］にあてはまる数値を答えよ。ただし，小数点以下が出るときは，四捨五入して整数値で答えよ。

(5) お風呂を沸かすのに，水温 17℃の水を 200 L はり，プロパンガスを燃料にしてお湯を沸かしたが，少し沸かし過ぎたので，水温 17℃の水を 20 L 加えてお湯の温度が 42℃になるように調節した。このとき使われたプロパンガスは 330 L であった。このときの熱効率(プロパンガスの燃焼によって生じる熱量に対する，水の温度上昇に使われる熱量の割合)は何%であったか。ただし，プロパンガスは燃焼によって 1 L あたり 99 kJ の熱量を生じるものとする。なお，小数点以下が出るときは，四捨五入して整数値で答えよ。

【４】 化学実験室にあった使いかけのマグネシウムの粉末と新品の銅の粉末を用いて，加熱によってどのように質量が変化するかを，５つの班に分かれて調べた。その結果を次の表１，表２に示す。実験をすべて正確に行えたのは１班と２班だけであった。ただし，実験に用いた銅は全く酸化していないものとする。下の各問いに答えよ。

表１ 加熱前後のマグネシウムの質量（g）

	加熱前	加熱後
１班	0.70	1.00
２班	0.84	1.20
３班	1.50	0.70
４班	0.35	0.50
５班		

表２　加熱前後の銅の質量（g）

	加熱前	加熱後
１班	0.32	0.40
２班	0.28	0.35
３班	0.64	0.80
４班	0.52	0.61
５班		

（１） この実験での，マグネシウムと銅の化学変化をそれぞれ化学反応式で書け。

（２） １班と２班の実験結果をもとにすると，実験に用いたマグネシウム粉末と，それと化合した酸素の質量比はいくらか。最も簡単な整数比で答えよ。

（３） ３班は誤って加熱中にマグネシウムの粉末をこぼしてしまったため，残った粉末で実験を行った。こぼしたことにより，はじめに配られていた粉末の何%を失ったか。小数点以下が出るときは，四捨五入して整数値で答えよ。

（４） ４班では粉末をうまく混ぜることができておらず，銅の粉末が十分に酸化せずに少し残っていた。４班の実験後の粉末のうち，酸化せずに残っている銅の粉末は何ｇか答えよ。

（５） ５班は配付されたマグネシウムと銅の粉末を誤って混ぜて実験してしまった。実験後の質量は 1.10ｇであった。５班に配布された銅の質量を答えよ。ただし，先生は『５班にはマグネシウムの粉末の２倍の質量の銅を配付した』とおっしゃっていた。

（６） マグネシウム原子２個の質量は，酸素原子３個の質量と等しいことが分かっている。このことから，化学実験室にあったマグネシウムの粉末は何%がすでに酸化していたと考えられるか。小数点以下が出るときは，四捨五入して整数値で答えよ。

【５】 次の文章を読み，下の各問いに答えよ。ただし，空気の抵抗は考えないものとする。

物体の運動の様子は，速さだけでは決まらない。例えば，速さが 5 m/s であっても，東向きに進むか西向きに進むかで運動は異なる。そこで，①速さに加えて運動の向きを合わせもつ量を考えた。これを速度という。この速度というものは，大きさと向きを合わせもつ量である力と同様に，図上では矢印で表現し，合成と分解ができる。例えば，川の流れと同じ向きに船を進ませると，②船の静水時（水の流れがないとき）の速度に川の流れる速度が合成されることでより速く進むことができる。

（１） 文章中の下線部①について，4 秒間で図１のように移動する物体（●）がもつ平均の速度を，例のように向きと速さを用いて表せ。
例） 東向きに 10 m/s

（２） 文章中の下線部②について，図２のように，流れの速さが 1.2 m/s のまっすぐな川を船が進む。静水時の船の速さを 1.6 m/s として，次の問いに答えよ。ただし，図２中の船についている矢印は，静水時の船の速度を表している。

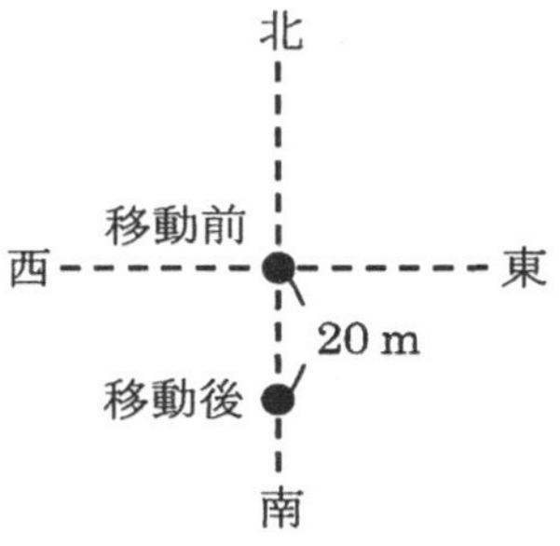

図１

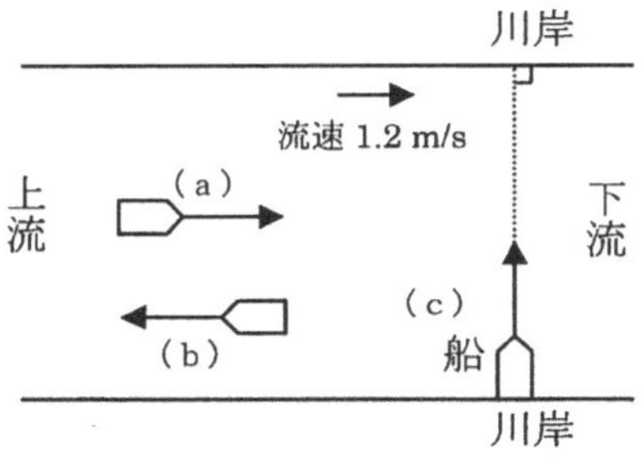

図２

（ａ） 船首を下流に向けて進むとき，船の速さは何 m/s か。
（ｂ） 船首を上流に向けて進むとき，船が川を 30 m 上るのにかかる時間は何秒か。
（ｃ） 川岸に対して垂直な方向へ船首を向けて進むとき，船の速さは何 m/s か。

水平面に対して斜め上に投げ上げられた小球は，図３の点線のように運動する（これを放物運動という）。この小球の運動は，水平方向と鉛直方向（水平面に対して垂直な方向）に分解して考えることができる。水平方向の速度は，水平方向には力がはたらかないため一定である。鉛直方向の速度は，重力が鉛直下向きにはたらくため，最高点で鉛直上向きから鉛直下向きに変わる。その際，鉛直方向の速度の大きさは，上昇中は一定の割合で減少し，下降中は上昇中と同じ割合で増加する。この小球が，斜め上向きに 25 m/s の速さで投げ上げられたとして，下の問いに答えよ。ただし，小球が投げ上げられた瞬間の速さと水平方向の速度の大きさと鉛直方向の速度の大きさの比は 5：3：4 である。また，この運動における鉛直方向の速度の大きさは図４のように変化する。

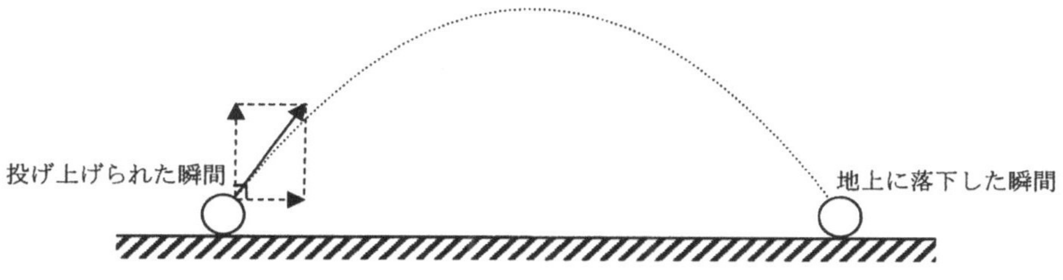

図３

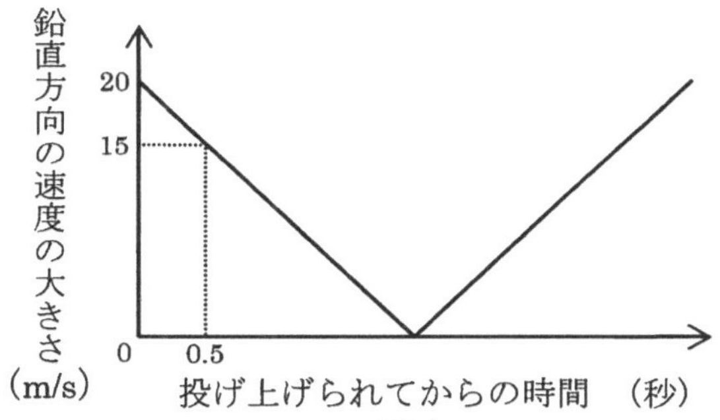

図４

（３） 小球の水平方向の速度の大きさは何 m/s か。

（４） 小球が投げ出されてから最高点に到達するまでにかかる時間は何秒か。

（５） 投げ上げられてから 0.5 秒間に小球が鉛直方向に移動した距離は，図５の斜線部分の面積から求めることができる。同様に考えて，最高点の高さは何 m か求めよ。

（６） 小球が投げ上げられてから地上に落下するまでの間に，水平方向に進んだ距離は何 m か。

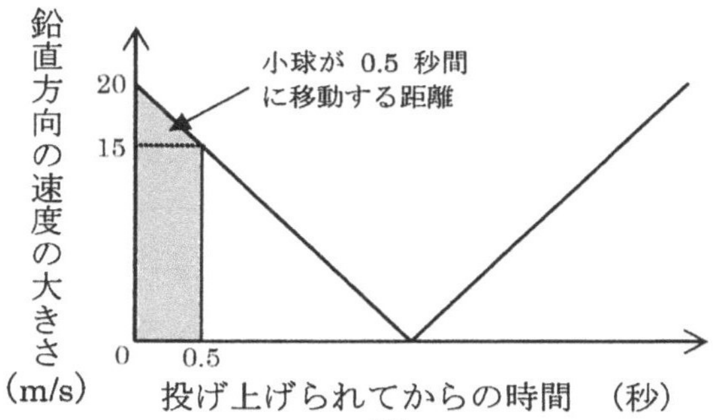

図５

（７） 地上に落下した小球が地面で弾み，再び放物運動をした。このときの放物運動の最高点の高さは最初の半分になった。地面との衝突による水平方向の速度の変化はなかったとすると，地面との衝突によって，衝突後の小球の力学的エネルギーは衝突前と比べてどうなるか。次の（ア）～（オ）から１つ選び，記号で答えよ。

（ア） 衝突前の半分より小さくなる　（イ） 衝突前の半分になる　（ウ）衝突前の半分より大きく，衝突前より小さくなる
（エ） 衝突前と変わらない　（オ） 衝突前より大きくなる

【６】 抵抗の大きさ（抵抗値）は，材質が同じであれば抵抗の長さに比例し，断面積に反比例する。下に示す円筒形の抵抗①～④は，いずれも同じ材質でできており，長さまたは断面積がそれぞれ異なっている。これらの抵抗①～④を用いて，図１と図２のように，容器に同量の水を入れ，電源の電圧を３Ｖに保ちながら水を温めた。抵抗から出た熱はすべて水の温度上昇に使われ，水から外部への熱の移動はないものとして，下の問いに答えよ。ここで，抵抗①の抵抗値は１Ωである。

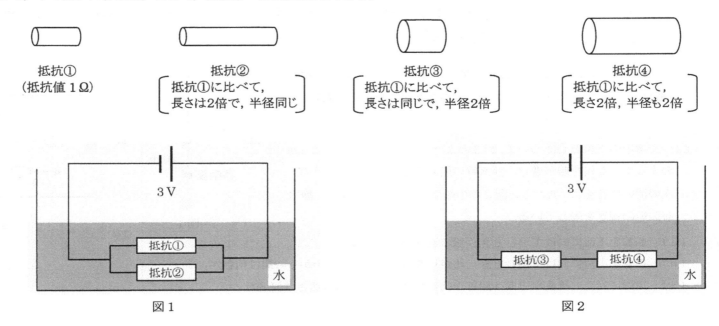

抵抗①（抵抗値１Ω）

抵抗②〔抵抗①に比べて，長さは2倍で，半径同じ〕

抵抗③〔抵抗①に比べて，長さは同じで，半径2倍〕

抵抗④〔抵抗①に比べて，長さ2倍，半径も2倍〕

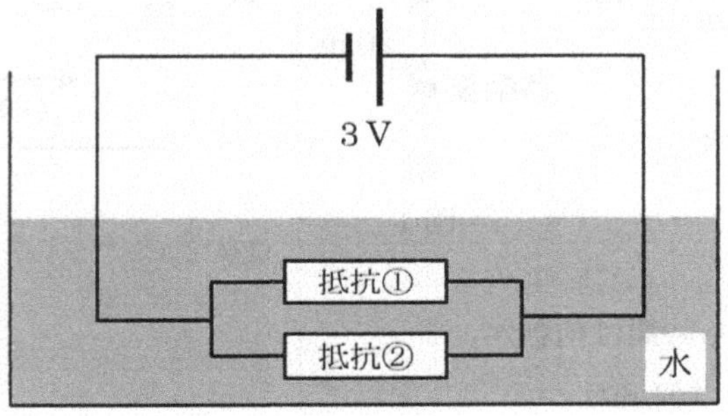

図１

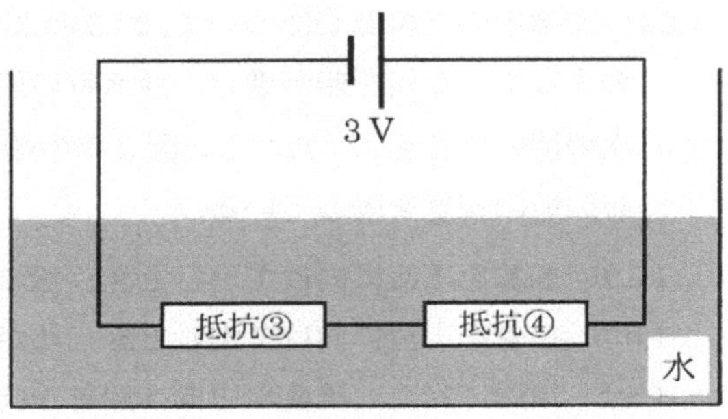

図２

（１） 抵抗④の抵抗値は何Ωか。

（２） 図１の抵抗②を流れる電流はいくらか。

（３） 図１の回路全体の消費電力はいくらか。

（４） 図１と図２の各抵抗①～④の消費電力の大小関係を，例を参考にして表せ。

例：③は①より大きく，①は②より大きく，②と④が同じ大きさのとき・・・　③＞①＞②＝④

（５） 図１では水の温度が５℃上昇するのに 10 分かかった。図２では，水の温度が５℃上昇するのに何分何秒かかるか。

（６） 図１と図２で，水の温度が両方とも同じ５℃だけ上昇する間に，各抵抗が発熱した発熱量の大小関係を，（４）の例を参考にして表せ。

令和５年度　愛光高等学校入学試験問題

社会

（60分）

問７　下線部(カ)に関連して，次の「消費者の４つの権利」Ⅰ～Ⅳは，その「権利の内容」を説明した①～④のいずれかに対応しています。その組み合わせとして正しいものを，下の（あ）～（え）から１つ選びなさい。

消費者の４つの権利
Ⅰ　安全である権利　　Ⅱ　知らされる権利　　Ⅲ　選ぶ権利　　Ⅳ　意見を反映される権利
権利の内容 ①　十分な情報に基づいた選択を行うために，必要な事実を知る権利や，不正で誤った判断をさせる広告や表示から保護される権利 ②　健康や命にかかわる危険な商品によって，危害を受けることがないよう保護される権利 ③　競争価格での提供が行われなかったり，品質の面で納得することができなかったりする製品やサービスを購入対象から取り除くことができる権利 ④　政府の政策が決定されたり実施されたりする場合や，製品やサービスの開発において，消費者の利益が思いやりをもって考慮される権利

（あ）Ⅰと④　　（い）Ⅱと①　　（う）Ⅲと②　　（え）Ⅳと③

問８　下線部(キ)に関連して，労働者の働きやすい環境づくりには，仕事と育児の両立などがあります。労働者が仕事と育児を両立するための行政や企業の取り組みとして，誤っているものを１つ選びなさい。

(あ) 地方公共団体が，医療費負担の無償対象年齢を引き下げる。
(い) 企業が託児所を設置することを，地方公共団体が支援する。
(う) 企業が男性の育児休業取得を義務づける。
(え) 企業が育児のために労働時間を短縮する制度を取り入れる。

《答えはすべて解答用紙に記入しなさい。選択問題については，記号で答えなさい。》

1　次の会話文を読んで，後の問に答えなさい。引用した史料は分かりやすくするように一部を書き換えたり，省略したりしています。

先　生：今日は課題の発表をしてもらいます。今回のグループは「外国から見た日本」がテーマでしたね。各時代の担当者を決めてやっていると聞いています。ではＡさんどうぞ。

Ａさん：私は，古代の中国から見た日本の姿について調べていると，女王卑弥呼が治める邪馬台国に関する次のような史料を見つけました。

> 倭の水人が水中にもぐって魚やハマグリを捕らえるのに入れ墨するのは，大魚や水鳥の害を防ぐためである。しかし今ではそれが飾りにもなっている。･･･その産物や風俗・風習の状況は，海南島と同じである。･･･女王卑弥呼が死んだ時，大きな墓を作った。それは直径が百余歩（約150メートル）ほどであり，そこに殉葬されたのは男女の奴隷百人余りだった。

この史料から，私は昔の日本人が入れ墨をしていて，ファッションの一部だったんだということに興味を持ちました。また女王卑弥呼のために大きな墓がつくられたことを知って，いろいろ調べました。別の中国の歴史書には「(ア)ヤマトを王都とする。ここが，すなわち『魏志』にいう「邪馬台」である。」とあり，そのようなことから，奈良県の箸墓《はしはか》古墳が卑弥呼の墓ではないかと推定されているそうです。

先　生：この史料は『魏志』倭人伝ですね。国の作った歴史書で，こういうのを国史と呼びます。過去から記録されたものや，伝聞したものをまとめたものですから，（　①　）といえますね。研究者の中には南方の風俗を倭のものと誤解して書いているのだと主張する人もいます。箸墓古墳は『日本書紀』によれば女性が埋葬されていることになっており，この女性が占いを得意としたという記事があることや，箸墓古墳が造営されたのが３世紀後半であることから，この女性が卑弥呼であり，この墓が卑弥呼の墓と考える人もいます。では次にＢさんどうぞ。

Ｂさん：僕は，次のような中世の日本を訪れた朝鮮の外交使節の日記を見つけました。この使節は1420年に日本を訪れたそうです。

> 尼崎村に宿泊して日本について歌を詠む
> 日本の農家は，秋に水田を耕して大麦・小麦をまき，翌年の初夏にこれを刈り取って稲の苗を植え，秋に稲を刈り取りソバをまき，冬の初めにソバを刈り取って大麦・小麦をまく。

この日記には，現在の兵庫県尼崎市付近で米・麦・ソバの三毛作をやっていた様子が描かれていました。わざわざ日記に記したということは，(イ)当時の朝鮮では三毛作はやっていなかったのかなと感じました。また教科書には二毛作の話は出てきているけど，三毛作の話は出てきていませんでした。調べてみると(ウ)経済の中心地である畿内やその近くでは，三毛作も行われていたようでした。

先　生：この外交使節は朝鮮通信使とよばれるものですね。教科書には江戸時代の通信使の話が出てきますが，室町時代にも来日しました。この時の使節は倭寇をめぐる日本と朝鮮におこった問題を処理するためのものでした。またこの史料は日記なので（　②　）ですね。外国人の目だからこそ珍しく感じられて，日本人があえて記録しないようなことも記録されています。次にＣさんは何を調べましたか。

Ｃさん：僕は，1549年に来日してキリスト教を伝えたフランシスコ・ザビエルが，イエズス会の仲間に書いた次のような手紙を読みました。

> (エ)善良で誠実な友パウロの町で，城代や奉行はたいへんな好意と愛情をもって私たちを迎えてくださいました。そして一般の人すべても同じように歓迎し，ポルトガルの地から来た神父たちを見て，皆たいそう驚嘆しています。パウロがキリスト信者になったことを奇異に思う者は誰もおりません。むしろ彼を尊敬しています。そして親戚も，親戚でない人たちもすべて，彼がこの地の日本人たちが見たこともないものをインドで見てきたことを，パウロ本人とともに喜んでいます。

この手紙に出てくるパウロというのはアンジロウという日本人で，ザビエルは彼の出身地であるこの町を最初に訪れたそうです。ここにあるようにザビエルたちはたいへんな歓迎を受けました。また別の部分では日本人の識字率の高さや社交性・道徳心をたたえており，そのようなことから日本での布教の可能性を大いに期待したようです。

先　生：ザビエルが伝えたキリスト教は，彼が予想したようにその後，瞬く間に広がり，17世紀の初めには少なくとも20万人ほどの信者もいたと推定されています。(オ)ここには権力者の保護なども関係しています。しかし(カ)江戸時代には，幕府の宗教政策の変更によって，キリスト教そのものが禁止され，弾圧されました。ところで，手紙は（　③　）ですね。ザビエルの予想は当たったわけですが，その根拠についてはザビエルの印象に過ぎないので，それが正しいかどうかは即座には判断できません。そういう点には気を付けなければいけません。では最後にＤさん，発表をお願いします。

Ｄさん：私は1860年６月30日にイギリスの新聞に掲載された，次のような記事を見つけました。

> この国の天皇と将軍の次の高位にある大老暗殺の企てが，白昼，(キ)彼の邸宅の近くの官庁街の大通りでなされた。彼と供《とも》の一行は，(ク)将軍の跡継ぎを狙う不満武士の水戸徳川家の家来十数名に襲われた。その朝は雪が降っていたため大老の護衛は雨衣に妨げられたが，襲撃側は同じ厚着の下に武器と鎖かたびらを隠し，疑いを起こさずに接近することができた。大老は負傷し数人の役人に助けられ，襲撃隊はその後逃走した。

この記事には大老が襲撃されたという事件について記されています。日本で起こったこの事件が，イギリスの新聞で報道されていたことに驚きました。調べてみると大老は襲撃された時に絶命したようなので，この記事は誤報であることが分かりました。

先　生：この人物がすすめた政治への反感から，彼は暗殺されました。(ケ)彼の暗殺によって，幕府の政治は大きく変わっていきます。幕府政治の中心に薩摩藩などが進出するのもこの後からです。そうして江戸幕府は滅び，明治の新しい時代を迎えます。ところで新聞は（　④　）ですね。速報性は高いけれども，その情報が正しいかどうかは必ずしも明らかではありません。そういう意味で研究で使うには注意が必要です。

　みなさん発表ありがとうございます。今回は文字で書かれた史料をもとに話してくれましたが，最近では絵画や道具，写真や動画など，さまざまな資料を利用した歴史研究が進展しています。そういうものにも興味を持ってもらいたいと思います。

問４　下線部(ウ)に関連して，企業が資金を調達するのに株式や社債を発行しますが，それについて述べた次の文のうち，正しいものを１つ選びなさい。

(あ) ある企業の株式を購入した者は，その企業が倒産したとき，その債務について自らが出資した金額をこえて返済の義務を負う。

(い) ある企業の社債を購入した者は，株式を購入した場合と同様に，株式会社の最高議決機関である株主総会の議決権をもつ。

(う) 資金を集めるために株式を発行した企業は，その経営状態にかかわりなく，発行時に決めた利息を株主に払い続ける義務を負う。

(え) 資金を集めるために社債を発行した企業は，業績とは無関係に，期限までに利息をつけて返済する義務を負う。

問５　下線部(エ)に関連して述べた次の文と同じ立場の意見として適当なものを次のａ～ｃからすべて選んだとき，その組み合わせとして正しいものを，下の（あ）～（き）のうちから１つ選びなさい。

> 　地方公共団体が，商品開発や販路拡大につなげる取り組みを進めているという新聞記事があった。中小企業を行政が全面的に支援し，その発展を促す政策についての報道である。
> 　中小企業は大企業の委託で製造するものが多く，その技術は非常に高く定評もある。しかし，中小企業と大企業では，賃金や生産性などのさまざまな面で大きな格差がある。しかも，中小企業は景気や国際情勢に左右されやすく，経営が不安定になりやすい。そのため，中小企業は行政の支援を必要としている。
> 　中小企業のあり方についてさまざまな視点から考えてみると，これからは行政が補助金や助成金を出すなど，積極的に中小企業を保護することが非常に重要である。行政の積極的な関わりが，中小企業の開発や製造・販売の意欲を高め，さらには成長につながることになるだろう。

ａ　中小企業は資金などが大企業と比較すると乏しく，競争力が弱いため，行政は経済的な支援を行うべきである。

ｂ　中小企業の経営者は，自らの才覚で事業を営む力があるので，行政はできる限り規制を取り除くべきである。

ｃ　中小企業は優れた技術力をもっており，海外での活路を切り開きやすいため，行政は自由競争が活発となる環境作りを進めるべきである。

（あ）ａ　（い）ｂ　（う）ｃ　（え）ａとｂ
（お）ａとｃ　（か）ｂとｃ　（き）ａとｂとｃ

問６　下線部(オ)の知的資源には知的財産権が含まれます。知的財産権について述べた次の文Ｘ・Ｙについて，その正誤の組み合わせとして正しいものを，下の中から１つ選びなさい。

Ｘ　知的財産権は，出版物のように実体のあるものにのみ認められ，形のないものには認められていない。

Ｙ　知的財産権は，それを取得し，商品を販売するだけでは利益は得られないが，権利を売却する際に多額の利益を得られることがある。

（あ）Ｘ：正　Ｙ：正　（い）Ｘ：正　Ｙ：誤　（う）Ｘ：誤　Ｙ：正　（え）Ｘ：誤　Ｙ：誤

問２　下線部(ｱ)である家計・企業・政府の関係を示す次の図を見て，以下に示す文中の空欄[X]・[Y]に当てはまる語を答えなさい。

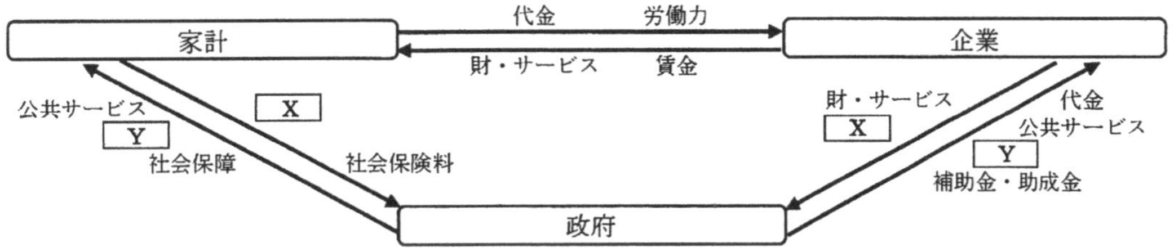

家計と政府の間では，家計からは[X]や社会保険料が支払われ，政府は公共サービス，[Y]，社会保障を提供する。企業と政府の間でも企業から[X]が支払われる。

問３　下線部(ｲ)に関連して，次の文中の空欄[X]・[Y]に当てはまるものを下のⅠ～Ⅳから選び，その組み合わせとして正しいものを１つ選びなさい。

需要と供給の関係は需要曲線・供給曲線として図示される。これらの曲線は，需要や供給そのものの変化により移動する。

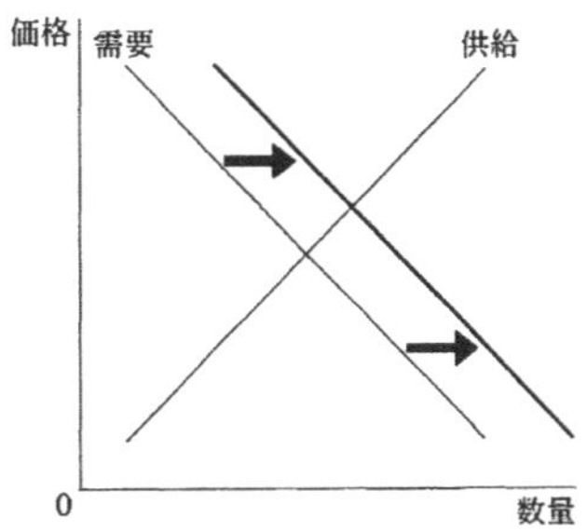

図１

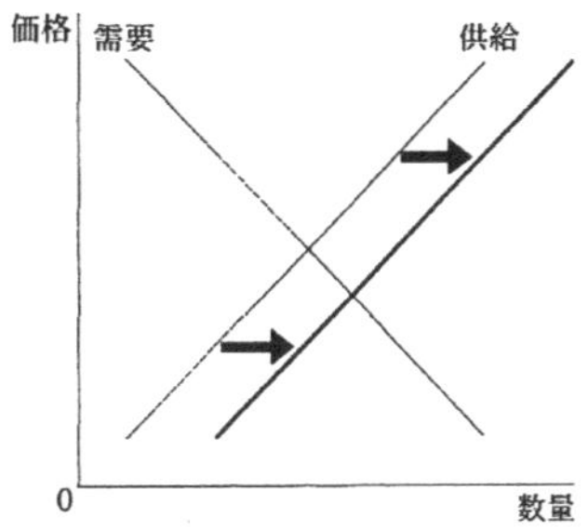

図２

例えば，[X]時のことを図示すると，図１のように矢印の方向に需要曲線が移動する。[Y]時のことを図示すると，図２のように矢印の方向に供給曲線が移動する。

Ⅰ　日本の原油輸入先の国の政治情勢が不安定になり，原油輸入量が減少して，日本における石油関連商品の価格が上昇した

Ⅱ　日本国内で，ある野菜が健康に良いという情報が消費者の間に広がり，その野菜が人気となり価格が上昇した

Ⅲ　日本国内で台風なども発生せず天候に恵まれ，日本国内の野菜の出荷量が増加し，価格が下落した

Ⅳ　日本国内の不況により労働者の所得が減少し，モノが売れなくなって，価格が下落した

（あ）X：Ⅰ　Y：Ⅲ　（い）X：Ⅰ　Y：Ⅳ　（う）X：Ⅱ　Y：Ⅲ　（え）X：Ⅱ　Y：Ⅳ

問１　下線部(ｱ)に関連して，古墳時代のヤマト政権について述べた次の文のうち誤っているものを１つ選びなさい。

（あ）ヤマト政権の支配が及んでいる地域では，前方後円墳が造営された。
（い）ヤマト政権に服属した豪族の中には，大王に仕えたとする銘文を記した鉄剣を副葬する者もいた。
（う）倭の五王と呼ばれるヤマト政権の大王が，中国皇帝と対等の立場を主張して外交使節を送った。
（え）朝鮮半島からの渡来人の中には，ヤマト政権の記録や財政にあたるなどした者もいた。

問２　下線部(ｲ)の「当時の朝鮮」の王朝について述べた文として正しいものを１つ選びなさい。

（あ）この王朝は，古代以来日本とは長く友好関係にあった。
（い）この王朝は，隣接する他の王朝を滅ぼして初めて朝鮮半島を統一した。
（う）この王朝は，元とともに日本を攻撃した。
（え）この王朝は，ハングルという民族文字を生み出した。

問３　下線部(ｳ)に関連して，当時の畿内やその周辺での経済活動について述べた次の文のうち正しいものを１つ選びなさい。

（あ）商人や手工業者は同業者ごとに株仲間を結成し，貴族や寺社に税を納めて営業独占の権利を認められた。
（い）各地で定期市が開かれ，馬借などによって運ばれた荷物が，永楽通宝などの輸入銭を介して取引された。
（う）天下の台所といわれた大阪では，町衆と呼ばれる裕福な商工業者を中心に自治が行われた。
（え）綿花などの商品作物が栽培され，農村に設けられた工場で人々が分業によって製品を生産するようになった。

問４　下線部(ｴ)について，この町として適当なものを次の中から１つ選びなさい。

（あ）京都　（い）堺　（う）博多　（え）鹿児島

問５　下線部(ｵ)に関連して，権力者の中には大友宗麟や織田信長のようにキリスト教を保護する大名もいました。どうしてキリスト教を保護したのでしょうか。経済的な観点にしぼって説明しなさい。

問６　下線部(ｶ)に関連して，江戸幕府の宗教政策について述べた次の文X・Yの正誤の組み合わせとして正しいものを下の中から１つ選びなさい。

X　江戸幕府は成立とともにキリスト教を禁止し，厳しく取り締まった。
Y　江戸幕府は，幕末に開国すると，ただちにキリスト教の信仰を容認した。

（あ）X：正　Y：正　（い）X：正　Y：誤　（う）X：誤　Y：正　（え）X：誤　Y：誤

問７　下線部(ｷ)について，この場所として適当なものを次の中から１つ選びなさい。

（あ）桜田門付近　（い）紀尾井坂付近　（う）坂下門付近　（え）虎の門付近

問８　下線部(ｸ)について，水戸徳川家出身の人物がこのあと将軍に就任します。その人物として適当なのは誰か次の中から１つ選びなさい。

（あ）徳川吉宗　（い）徳川家斉　（う）徳川家茂　（え）徳川慶喜

問９　下線部(ｹ)に関連して，この前後の幕府政治について述べた次の文Ⅰ～Ⅲを，古いものから年代順に正しく並べかえたものを，下の中から１つ選びなさい。

Ⅰ　幕府の政策に批判的な吉田松陰を処刑するなど，強権的な政治を行った。
Ⅱ　公武合体策を採用し，将軍の夫人に天皇の妹を迎えた。
Ⅲ　江戸湾防備のために品川沖に複数の台場を建設した。

（あ）Ⅰ―Ⅱ―Ⅲ　（い）Ⅰ―Ⅲ―Ⅱ　（う）Ⅱ―Ⅰ―Ⅲ
（え）Ⅱ―Ⅲ―Ⅰ　（お）Ⅲ―Ⅰ―Ⅱ　（か）Ⅲ―Ⅱ―Ⅰ

問10　この授業より以前に，先生は枠内の文章のような説明をしています。本文中の空欄（　①　）～（　④　）にはこの説明に出てくる，一次史料または二次史料という言葉が入ります。このことや，この授業の内容などをふまえて，Ⅰ～Ⅳの文のうち正しいものを２つ選び，その組み合わせとして適当なものを下の（あ）～（か）の中から１つ選びなさい。

歴史研究には史料が必要ですが，史料は「いつ」「だれが」「どこで」作成したかで大きく２つに分類されます。国立国会図書館のホームページによると，一次史料は「その時」「その人が」「その場で」作成したものを言い，そうでないものを二次史料と言います。

Ⅰ　『日本書紀』などの国史は，国家が作成した歴史書なので書かれていることは全て事実として認定してよい。

Ⅱ　一次史料にも作成者の思い違いなどがありえるので，歴史研究の素材として扱うときには注意が必要である。

Ⅲ　新たな一次史料の発見によって，二次史料の誤りが正されることもありうる。

Ⅳ　過去の出来事に関するインタビューの内容は，答える側の記憶に曖昧さがありえるので，歴史研究の素材には適さない。

（あ）Ⅰ・Ⅱ　　（い）Ⅰ・Ⅲ　　（う）Ⅰ・Ⅳ

（え）Ⅱ・Ⅲ　　（お）Ⅱ・Ⅳ　　（か）Ⅲ・Ⅳ

6　次の会話文は，ある中学校の社会の授業中のようすです。この文を読み，後の問に答えなさい。

先　生：これまで経済を学習する中で，企業についても学びました。学習したことを振り返って，企業について，思いつくことをあげてください。

Ａさん：企業は経済活動において生産の主体です。

先　生：そうですね，そのほかにも(ア)経済活動の主体には，政府や家計といったものがありますが，家計と企業には，どのような関係があるでしょうか。

Ｂさん：家計は労働力を提供し，企業から賃金を受け取ります。そのほかにも，企業は財・サービスを生産し(イ)市場で販売します。家計は，代金を支払います。

先　生：そうですね，皆の考える企業というのは民間の私企業と呼ばれるものだと思いますが，企業にもいろいろあって公企業というものもあります。公企業と私企業の違いは何でしょうか。

Ｃさん：公企業は国などが資金を出して経営していますが，私企業は民間が資金を出して経営しています。さらに，私企業というのは，［１］を得ることを目的としていますが，公企業は必ずしもそうではない点に違いがあると思います。

先　生：そのとおりですね。企業についてほかに学んだことはありませんか。

Ｄさん：(ウ)生産活動に必要な資金の調達のために，現代の企業の多くは株式会社というかたちをとっています。

Ｅさん：資本金や従業員数によって，大企業と(エ)中小企業という分け方もありました。全体の企業数や従業員数では，中小企業の方が多いことにも気づかされました。

先　生：生産には，資金も労働力も必要です。資金のほかには，原材料や機械・工場などが必要ですが，これらは資本とよばれます。資本と労働力だけで生産はできるでしょうか。

Ｆさん：［２］も必要です。

先　生：そうですね，［２］も含めて生産の三要素などともいわれます。こんにちでは，それらに加え，(オ)知的資源も重要でしたね。こうして企業は，生産を行っていますが，企業にも社会的責任が求められるようになっています。こんにちの企業には関わりのあるすべての人々を満足させることや社会に積極的に貢献することが必要なのです。法令の遵守，環境への配慮，地域や文化への貢献がよくあげられますが，今日の皆さんの発言と関係することで思いつくことはありませんか。

Ｂさん：(カ)消費者の安全を守ることも役割の１つだと思います。

Ｄさん：利益を出して株主に配当を渡すなどの役割もあります。

Ｅさん：(キ)従業員の働きやすい環境をつくることも企業の役割だと思います。

先　生：そうですね，企業が社会的責任を果たさねばならないのは，日本国内に限ったことではありません。グローバル化が進んでいるこんにちでは国際社会への責任もあります。この点に気をつけながら国際社会の学習に入っていきましょう。

問１　文中の空欄［１］・［２］に当てはまる語句をそれぞれ漢字２字で答えなさい。

問３　下線部(ア)に関連して，以下の設問に答えなさい。

（１）紛争や戦争，テロの背景や原因はさまざまです。次の中から，宗教が背景や原因にあるとはいえないものを１つ選びなさい。

（あ）朝鮮戦争　　（い）インド・パキスタン紛争

（う）中東戦争　　（え）アメリカ同時多発テロ

（２）2022 年２月に始まったロシアによるウクライナ侵攻の背景の１つとして，安全保障に関するある国際的な組織の勢力範囲が東方に拡大することに対して，ロシア側が強く反発したことがあげられます。その組織名の略称をアルファベットで答えなさい。

問４　下線部(イ)について，全会一致制度の問題点はどのようなことですか，簡単に説明しなさい。

問５　下線部(ウ)に関連して，国会で法律案が可決されるまでの説明として正しいものを，次のａ～ｃからすべて選び，その組み合わせとして最も適当なものを，下の中から１つ選びなさい。

ａ　法律案は必ず衆議院から審議され，衆議院で可決された後に参議院に送付される。

ｂ　法律案は本会議で審議する前に，議員が分かれて参加する委員会で審議される。

ｃ　法律案は，本会議の出席議員の過半数の賛成で成立する。

（あ）ａ　（い）ｂ　（う）ｃ　（え）ａとｂ

（お）ａとｃ　（か）ｂとｃ　（き）ａとｂとｃ

問６　下線部(エ)に関連して，「公正」について次のような例を考えてみます。ある学校の放課後の体育館は３つの部活動が使用しています。下の表のように，卓球部は強さを重視してＡ案を主張，バドミントン部は部員数を重視してＢ案を主張，バレーボール部は折衷案でＣ案を主張しました。しかし，各部の主将が集まっての話し合いは行われず，ある体育教師がＣ案と決めました。この決定について公正の観点から述べた次の文Ｘ・Ｙについて，その正誤の組み合わせとして正しいものを，下の中から１つ選びなさい。

	部員数	強さ	Ａ案	Ｂ案	Ｃ案
卓球部	10 名	強い	週３回	週１回	週２回
バレーボール部	20 名	普通	週２回	週２回	週２回
バドミントン部	30 名	弱い	週１回	週３回	週２回

Ｘ　各部の主将による合意形成のための話し合いが行われていないという点で，「手続きの公正」が満たされていないと考えられる。

Ｙ　各部の体育館使用の日数は均等に週２回となったという点で，「結果の公正」は満たされたと考えられる。

（あ）Ｘ：正　Ｙ：正　（い）Ｘ：正　Ｙ：誤　（う）Ｘ：誤　Ｙ：正　（え）Ｘ：誤　Ｙ：誤

問７　下線部(オ)について，このうち，国家間の長年のならわしによって成立したきまりのことを何と言いますか，漢字５字で答えなさい。

2　次の文【Ａ】～【Ｃ】を読み，後の問に答えなさい。

【Ａ】(ア)15 世紀前半に建国された琉球王国は，明に服属して朝貢を行っていた。琉球王国はそこで得た産物などを使って，日本や東南アジアなどに船を送る中継貿易で繁栄していた。江戸時代になると，琉球王国は(イ)薩摩藩の島津氏に征服されたが，明への朝貢を続け，(ウ)日本と中国の両方に服属する状態となった。そうした中で琉球王国は，薩摩藩によって通商交易権を統制され，薩摩藩に朝貢で得た産物を送らされたほか，琉球産の黒砂糖を上納させられた。こうして琉球王国の富は薩摩藩に流出していった。

問１　下線部(ア)に関連して，明代の東アジア各地での貿易について述べた文として誤っているものを，次の中から１つ選びなさい。

（あ）明は倭寇を取りしまる理由もあり，民間の海外貿易を禁止した。

（い）明は日本に朱印船を派遣して，貿易を行った。

（う）朝鮮は，明に服属して朝貢貿易を行っていた。

（え）細川氏や大内氏は，商人と結んで明との貿易に参加した。

問２　下線部(イ)の薩摩藩に関連して述べた文として正しいものを，次の中から１つ選びなさい。

（あ）フェートン号が鹿児島の港に侵入して，薩英戦争が起こった。

（い）ラクスマンが種子島に来航し，日本との貿易を求めた。

（う）陶磁器を専売制にし，ヨーロッパに輸出した。

（え）反射炉を建設して，大砲などを製造した。

問３　下線部(ウ)に関連して，江戸時代の日中関係について述べた文として誤っているものを，次の中から１つ選びなさい。

（あ）長崎に唐人屋敷がおかれ，中国人はそこに住むことになった。

（い）日本は中国に対して，銀・銅・海産物などを輸出した。

（う）中国との貿易は，長崎奉行の監督の下で行われた。

（え）日中が互いに対等の地位を認め合う，日清修好条規が結ばれた。

【Ｂ】明治時代に入ると，琉球王国は日本の領土に組み込まれ，沖縄県が設置された。しかし，琉球の宗主権を主張する清はこの措置に反対したため，琉球帰属問題の解決は(エ)日清戦争後まで持ち越されることになった。その後，沖縄では，1898 年に(オ)徴兵令が適用され，1903 年には(カ)地租改正も行われるなど，国民としての義務が課されるようになった。一方で，(キ)沖縄の住民に国政への参加が認められるようになったのは，沖縄本島で 1912 年，宮古島や八重山列島に至っては 1919 年のことだった。

問４　下線部(エ)に関連して，あるできごとをきっかけに，日清両軍が出兵したことが日清戦争に発展しました。このできごとは何か答えなさい。

問５　下線部(オ)の徴兵令は，本土では 1873 年に発布されますが，当時の内容について述べた文Ｘ・Ｙについて，その正誤の組み合わせとして正しいものを，下の中から１つ選びなさい。

Ｘ　最初は免除規定が多く，実際に兵役に就いたのは，免除規定に当てはまらない平民の次男，三男が多かった。

Ｙ　徴兵令の発布は，士族の特権をうばうものとして，彼らの反発を招いた。

（あ）Ｘ：正　Ｙ：正　（い）Ｘ：正　Ｙ：誤　（う）Ｘ：誤　Ｙ：正　（え）Ｘ：誤　Ｙ：誤

問６　下線部(カ)の地租改正は，本土では1873年に実施されますが，当時の内容について述べた文X・Yについて，その正誤の組み合わせとして正しいものを，下の中から１つ選びなさい。

X　地租の税率は当初，地価の３％と定められた。

Y　地租は土地の実際の耕作者が現金で納めた。

(あ) X：正　Y：正　　(い) X：正　Y：誤　　(う) X：誤　Y：正　　(え) X：誤　Y：誤

問７　下線部(キ)に関連して，本土では，1889年に国民の参政権を認める衆議院議員選挙法が制定され，翌年には帝国議会も開設されました。当時の選挙や議会について述べた文として誤っているものを，次の中から１つ選びなさい。

(あ) 第１回衆議院議員総選挙において，選挙権は満25歳以上の男子すべてに与えられた。

(い) 第１回衆議院議員総選挙では，民権派の流れをくむ民党が，議席の過半数を獲得した。

(う) 予算や法律の成立には，議会の同意を必要とした。

(え) 議会の召集や解散は，天皇の権限によるものとされた。

【C】第二次世界大戦に敗れた日本は，独立を失い連合国の統治下に入った。しかしその統治の方式は，沖縄と本土では異なっていた。すなわち，沖縄は米軍の直接統治下におかれたのに対し，本土は(ク)GHQの間接統治下におかれた。しかも(ケ)本土が主権を回復した後も，沖縄での米軍の統治は続いたため，沖縄の民主化は遅れ，住民の権利も制限されていた。そうした中で，沖縄では祖国復帰運動が起こり，この運動はベトナム戦争の激化に伴って高揚した。こうしてついに，(コ)1971年の沖縄返還協定の調印と，翌年の沖縄の本土復帰が実現した。

問８　下線部(ク)のもとで，本土では民主化政策が進められました。これについて述べた文として誤っているものを，次の中から１つ選びなさい。

(あ) 財閥が解体され，その傘下の企業が独立させられた。

(い) 民法が改正されたことで，家長の支配権が否定された。

(う) 教育基本法が制定され、初めて義務教育制度が定められた。

(え) 地主がもつ小作地を政府が買い上げて，小作人に売りわたした。

問９　下線部(ケ)に関連して，主権回復後の日本の外交上のできごとを示した次のⅠ～Ⅲを古いものから年代順に正しく並べかえたものを，下の中から１つ選びなさい。

Ⅰ　日中共同声明の調印

Ⅱ　日韓基本条約の調印

Ⅲ　国際連合への加盟

(あ) Ⅰ―Ⅱ―Ⅲ　　(い) Ⅰ―Ⅲ―Ⅱ　　(う) Ⅱ―Ⅰ―Ⅲ

(え) Ⅱ―Ⅲ―Ⅰ　　(お) Ⅲ―Ⅰ―Ⅱ　　(か) Ⅲ―Ⅱ―Ⅰ

問10　下線部(コ)に関連して，当時の日本の内閣総理大臣について述べた文として正しいものを，次の中から１つ選びなさい。

(あ) 新しい日米安全保障条約に調印した。

(い) 非核三原則を国の方針とした。

(う) 所得倍増をスローガンにかかげた。

(え) 第１回先進国首脳会議（サミット）に参加した。

5　次の会話文は，ある中学校の社会の授業中のようすです。この文を読み，後の問に答えなさい。

先　生：私たちは，家族や学校，地域，国などのさまざまな集団の中で人々とつながり，助け合い，互いに尊重しながら共に生きています。このようなことから，人間は［ X ］的存在と言われており，古代ギリシャの哲学者であるアリストテレスもそのようなことを言っていましたよね。また一方で，人はそれぞれの考え方を持っているので，意見の違いから人々の間に問題や争いといった「対立」が起きてしまいます。皆さんは，このような対立の経験はありますか。

Aくん：はい，最近もありました。席替えの時に，何人かの生徒が，自分の希望の席にならなかったという理由で文句を言い，やり直しを要求して対立になりました。

先　生：なるほど，こういった対立はクラス内だけでなく，地域の住民間や国家間などさまざまなレベルで起こり得るものですよね。例えば，(ア)国家間の対立が激化すると，紛争や戦争，テロなどが起こることもあります。

Bさん：対立した問題を解決するためにはどうすればよいのでしょうか。

先　生：やはり話し合いが必要だと思います。多くの人の話をよく聞き，自分の意見をしっかり述べることが大切ではないでしょうか。その上で，関係する人々が解決策を考え，たがいに納得し合います。それを「合意」という言葉で表します。

Cくん：先生，合意するために，どのような方法をとればよいのでしょうか。

先　生：そうですね，まずは合意するための解決案を決めることです。そして，その決める方法というのはさまざまです。たとえばクラス内だと，先生が一方的に決める，(イ)全会一致で決める，多数決で決めるなどでしょうか。日本の(ウ)国会は多数決制度を採用していますね。

Dさん：どのような解決案だと，皆が納得しやすいのでしょうか。

先　生：良い質問ですね。公民の教科書を読むと，合意するための判断基準として「［ Y ］」と「公正」という２つのキーワードが出ています。

Dさん：その２つのキーワードについて教えてください。

先　生：はい，まず［ Y ］とは，土地や物資などの資源，時間やお金，労力や手間などをできるだけ無駄なく使い，より良い成果を得ようとする考え方です。そして，公正とは，(エ)皆が参加して決めているかという手続きの公正，差別的な取り扱いをしていないかという機会の公正，立場が変わっても受け入れられるかという結果の公正，という３つの観点に立った考え方です。この［ Y ］と公正の両方を満たす解決案が良いと思います。

Aくん：問題が起こるたびに話し合ったり，解決案を考えたりするのは，時間もかかるし，面倒です。

先　生：たしかにそうです。だから，対立や合意の経験を通じて，きまりなどを定めておくと，対立を未然に防いだり調整したりすることが可能になります。クラス内の規則，国の法律，(オ)国家間のルールなど，さまざまなきまりがありますよね。私たちは，このようにしてつくられたきまりを守っていく責任があります。皆さん，そのことをよく考えましょう。

問１　文中の空欄［ X ］に当てはまる語句として正しいものを，次の中から１つ選びなさい。

(あ) 動物　　(い) 個人　　(う) 社会　　(え) 利害

問２　文中の空欄［ Y ］に当てはまる語句を漢字２字で答えなさい。

問５　下線部(エ)に関連して，日本の漁業における水揚げ量について述べた次の文のうち，誤っているものを１つ選びなさい。

(あ) かつて日本は，水揚げ量が世界第１位だったことがある。

(い) 現在，都道府県別の水揚げ量で，全国第１位は北海道である。

(う) 現在，沖合漁業の水揚げ量を海面養殖業の収獲量が上回っている。

(え) 2011 年に宮城県の水揚げ量は大きく減少した。

問６　下線部(オ)に関連して述べた次の文を読み，空欄［　　　］に当てはまる語句を答えなさい。

> 地球温暖化による海水温の上昇などにより，さまざまな海洋生物の成育に悪影響が出ることが知られています。例えば，さんごの場合，海水温の上昇によって共生している藻類が失われることで，さんごの生育が悪くなったり，死滅に至ったりする［　　　］と呼ばれる現象が発生しています。

３　次の会話文は，ある中学校の社会の授業中のようすです。この文を読み，後の問に答えなさい。

先　生：今日は日本と世界の国々の間の貿易について，調べてきたことを発表してもらいたいと思います。では，Ａくんお願いします。

Ａくん：はい。僕はエネルギー分野について調べました。(ア)現在の日本はエネルギー資源として利用される原油や天然ガス，石炭など，資源を海外からの輸入に頼っています。

先　生：そうですね。海外に大きく依存することによる問題点はどのようなことが考えられるかな。

Ａくん：はい。例えば，最近のウクライナ問題でのロシアに対する経済制裁によって，日本はサハリンからの(イ)液化天然ガスの輸入が困難になるかもしれません。このように，取引相手国との外交関係が悪化したりすると，資源の調達が困難になる危険性もあります。

先　生：こうした事態に備えて，日本では何か対策が試みられていますか。

Ａくん：はい。輸入先を分散させることの他に，資源の備蓄やメタンハイドレートなどの海底資源開発が試みられています。また，風力や太陽光などの(ウ)再生可能エネルギーの利用も進められています。

先　生：ありがとうございました。それでは次にＢさんお願いします。

Ｂさん：はい。私は食料分野について調べました。戦後，日本では，食の洋風化や多様化が進み，世界中からさまざまな食料を数多く輸入するようになりました。現在，(エ)小麦や大豆，肉類などの(オ)輸入依存度が非常に高くなっています。

先　生：つまり食料自給率が低いという事ですね。このことによる問題点は何がありますか。

Ｂさん：はい。異常気象による干ばつや，地域紛争の発生などによって，大きな影響が出ると思います。

先　生：日本の(カ)食料自給率を上げるためには，どのような対策がありますか。

Ｂさん：はい。国の政策として自給率の低い作物への農業補助金を増やしたり，農業の担い手の育成や確保，デジタル技術の活用によるスマート農業の加速化などがあります。

先　生：ありがとう。それでは次にＣくんお願いします。

Ｃくん：はい。僕は工業分野について調べました。かつて日本は(キ)自動車などの工業製品の多くを国内で生産し，海外に輸出していましたが，経済のグローバル化が急速に進展して，さまざまな製品や部品を世界の各地域で分担して製造するようになりました。

先　生：なるほど。この体制がとられることによって，何か問題が生じたことはありませんか。

Ｃくん：はい。最近では，コロナによるロックダウン時に，(ク)中国や東南アジア諸国との分業体制が一時機能しなくなりました。そのため，半導体部品の製造や供給がストップしてしまい，自動車生産などに大きな影響が出ました。

先　生：日本は，どのような対策をとる必要があると思いますか。

Ｃくん：はい。自動車部品や電子部品などの生産が特定の国や地域に集中しないように，新たな拠点を構築したり，国内生産を復活させるという方策も考えられるかもしれません。

先　生：発表してくれたみなさん，どうもありがとうございました。

問１　下線部(ｱ)について，次の表中のＸ～Ｚは，石炭・原油・ＬＮＧ（液化天然ガス）の上位４カ国の日本の輸入先と輸入額全体に占める割合(2020年)を表したものです。Ｘ～Ｚに入る組み合わせとして正しいものを，下の（あ）～（か）の中から１つ選びなさい。

(%)

順位	X		Y		Z	
1位	オーストラリア	60.2	オーストラリア	40.2	サウジアラビア	39.5
2位	インドネシア	13.3	マレーシア	13.2	アラブ首長国連邦	31.5
3位	ロシア	11.4	カタール	11.3	クウェート	8.9
4位	カナダ	6.7	ロシア	7.8	カタール	8.6

(『日本国勢図会 2022/23』より作成)

	(あ)	(い)	(う)	(え)	(お)	(か)
X	石炭	石炭	原油	原油	ＬＮＧ	ＬＮＧ
Y	原油	ＬＮＧ	石炭	ＬＮＧ	石炭	原油
Z	ＬＮＧ	原油	ＬＮＧ	石炭	原油	石炭

問２　下線部(ｲ)に関連して述べた次の文Ｘ～Ｚのうち，正しいものをすべて選び，その組み合わせとして最も適当なものを，下のうちから１つ選びなさい。

Ｘ　日本は島国であるため，パイプラインではなくＬＮＧタンカーで輸入をしている。

Ｙ　石油危機後，代替エネルギーとして，主に火力発電用の燃料や都市ガスに利用されてきた。

Ｚ　温室効果ガスの排出量をゼロにできるため，脱炭素社会実現の試みとして注目されている。

（あ）Ｘ　（い）Ｙ　（う）Ｚ　（え）ＸとＹ

（お）ＸとＺ　（か）ＹとＺ　（き）ＸとＹとＺ

問３　下線部(ｳ)について，次の表中のＸ～Ｚは，日本，中国，ブラジルのいずれかの国の，再生可能エネルギーによる発電量*（2019年）とその国の総発電量に占める割合を表したものです。Ｘ～Ｚに入る組み合わせとして正しいものを，下の（あ）～（か）の中から１つ選びなさい。

	発電量（億kWh）	割合（%）
X	20,149	26.9
Y	5,154	82.3
Z	1,863	17.8

(『世界国勢図会 2022/23』より作成)

	(あ)	(い)	(う)	(え)	(お)	(か)
X	日本	日本	中国	中国	ブラジル	ブラジル
Y	中国	ブラジル	日本	ブラジル	日本	中国
Z	ブラジル	中国	ブラジル	日本	中国	日本

＊水力（揚水水力を除く），地熱，太陽光，風力，波力，潮力，バイオ燃料，可燃性廃棄物による発電量。

問２　下線部(ｱ)に関連して，人口減少や過疎化が進んだ地域では，観光客や移住者を呼び込んだり，特産品を活用して収入を増やしたりして，地域を活性化する取り組みが行われています。次の文ａ～ｃは，下の地図中の①～③のいずれかの地域で行われている取り組みのようすについて述べたものです。①～③と文ａ～ｃの組み合わせとして正しいものを，下の（あ）～（か）の中から１つ選びなさい。

ａ　インターネットの高速通信網を整備してＩＣＴ関連企業のサテライトオフィスを次々と誘致したり，芸術家のイベントを開催したりしている。

ｂ　元々日本を代表する茶の産地であったが，町の名前をつけた茶を売り出して知名度を上げ，茶葉を加工した新商品の開発・販売を行ったり，茶畑を生かしたツアーを企画したりしている。

ｃ　世界遺産に登録された独特な様式の伝統的家屋をもつ集落の景観を守ることで，観光業を中心にすえた持続可能な地域づくりを行っている。

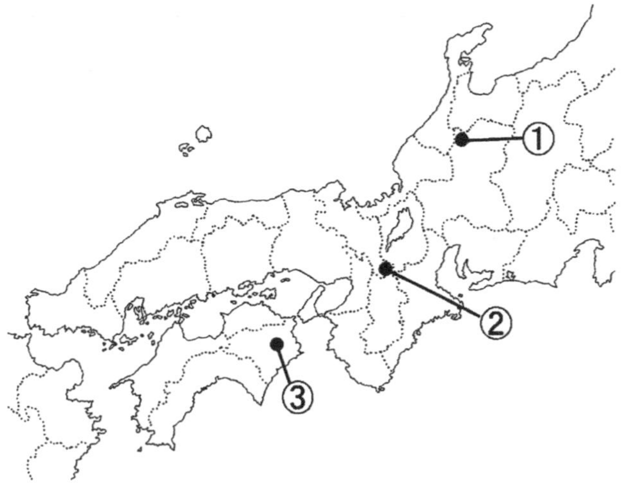

	①	②	③
(あ)	a	b	c
(い)	a	c	b
(う)	b	a	c
(え)	b	c	a
(お)	c	a	b
(か)	c	b	a

問３　下線部(ｲ)に関連して述べた次の文を読み，空欄□に当てはまる語句をカタカナで答えなさい。

高速道路などの交通網の整備が進んで移動が便利になると，地方の都市や農村から大都市に人が吸い寄せられて移動する□現象が起きることがある。

問４　下線部(ｳ)に関連して，地方では鉄道の廃止による不便な事態を防ぐために，第三セクターと呼ばれる方式で鉄道路線を維持する方法がとられる場合があります。第三セクター方式について説明した次の文中の空欄［　Ｘ　］に当てはまる語句を，出資する主体に着目して，15字以内で述べなさい。

第三セクター方式とは，［　Ｘ　］で資金を出して事業を行う方式である。

4　次の文は，ある中学校における夏休み明けの社会の授業中のようすです。この文を読み，後の問に答えなさい。

先　生：一学期には日本の様々な産業について学びました。これをふまえ，この夏休み中に，衰退している産業を調べ，その衰退の理由を考えてみようと指示していました。今日はその発表です。ではＡさん，発表してください。

Ａさん：はい。わたしは運輸業の中で，地方での鉄道産業の衰退について調べました。地方では，鉄道の経営悪化が深刻になっており，運行本数が減らされたり，廃止される路線が出てきたりするなど，鉄道産業が衰退してきています。その理由はいくつか考えられますが，１つには，地方では，高度経済成長期以降，大都市への人口移動が激しくなり，やがて(ア)人口減少や過疎化が進んだため，鉄道の利用者が減り続けているからということが挙げられます。また，(イ)高速道路を含む道路網の整備が進んだり，自家用車の保有率が高まったりしており，鉄道の代わりに自動車を利用する人が増えたことも挙げられます。

先　生：なるほど。主な理由としてはその通りだと思います。(ウ)自動車を運転しない高齢者や子どもにとって，鉄道は重要な移動手段ですので，廃止されると大変不便で困ったことになります。国や自治体には，鉄道をできるだけ維持し，住民の暮らしを守っていけるような取り組みが求められていると思います。では，次にＢ君，発表してください。

Ｂ　君：はい。僕は(エ)漁業の衰退について調べました。全国には，大小さまざまな漁港があります。大漁港を拠点に行われてきた遠洋漁業と沖合漁業の水揚げ量は，それぞれ1970年代前半，1990年代前半に激減し，その後低迷しています。また，小漁港でも行われる沿岸漁業の水揚げ量は1980年代半ば以降，ゆるやかに減少を続けています。こうした衰退の主な理由として，遠洋漁業では各国が［　　　］を設定したことによって日本の漁場が狭められたこと，沖合漁業では乱獲や(オ)海水温の変化などにより，また沿岸漁業では海岸の埋め立てなどにより魚が減ったことなどが挙げられます。また，共通する理由として，少子高齢化などの影響で漁業の担い手が減ったことや，海外から安い魚の輸入が行われるようになり国産の魚の需要が減ったことなどが挙げられます。

先　生：なるほど。衰退の理由は複合的なのですね。私たちが持続的に国産の魚を食べていけるよう，漁業を維持し発展させていくために多様な取り組みが必要になると思います。こうして二人の発表を聞くと，日本では異なる産業において，様々な理由で衰退が見られることが分かります。次回はこうした現象に対してどのような解決策があるか考えてみましょう。

問１　文中の空欄［　　　］に当てはまる語句を答えなさい。

問４　下線部(エ)について，次の表中のＸ～Ｚは，小麦の輸出量，輸入量，生産量（2020年）の上位５カ国を示したものです。Ｘ～Ｚに入る組み合わせとして正しいものを，下の（あ）～（か）の中から１つ選びなさい。

順位	Ｘ	Ｙ	Ｚ
1位	中国	ロシア	インドネシア
2位	インド	アメリカ合衆国	トルコ
3位	ロシア	カナダ	エジプト
4位	アメリカ合衆国	フランス	中国
5位	カナダ	ウクライナ	イタリア

（『世界国勢図会 2022/23』より作成）

	(あ)	(い)	(う)	(え)	(お)	(か)
Ｘ	輸出量	輸出量	輸入量	輸入量	生産量	生産量
Ｙ	輸入量	生産量	輸出量	生産量	輸出量	輸入量
Ｚ	生産量	輸入量	生産量	輸出量	輸入量	輸出量

問５　下線部(オ)に関連して，日本が輸入する穀物の中で最も輸入量が多く，主に家畜の飼料に利用されているものは何ですか，答えなさい。

問６　下線部(カ)に関連して，次の表中のＸ～Ｚは，2019年の日本，中国，オーストラリアの小麦，米，肉類の自給率（重量ベース）を表したものです。Ｘ～Ｚに入る組み合わせとして正しいものを，下の（あ）～（か）の中から１つ選びなさい。

(%)

	小麦	米	肉類
Ｘ	16	94	61
Ｙ	107	101	83
Ｚ	204	14	166

（『世界国勢図会 2022/23』より作成）

	(あ)	(い)	(う)	(え)	(お)	(か)
Ｘ	日本	日本	中国	中国	オーストラリア	オーストラリア
Ｙ	中国	オーストラリア	日本	オーストラリア	日本	中国
Ｚ	オーストラリア	中国	オーストラリア	日本	中国	日本

問７　下線部(キ)について，次の図は日本の自動車メーカーの海外生産における地域や国別の割合（%）を表したものです。X～Zに入る組み合わせとして正しいものを，下の（あ）～（か）の中から１つ選びなさい。

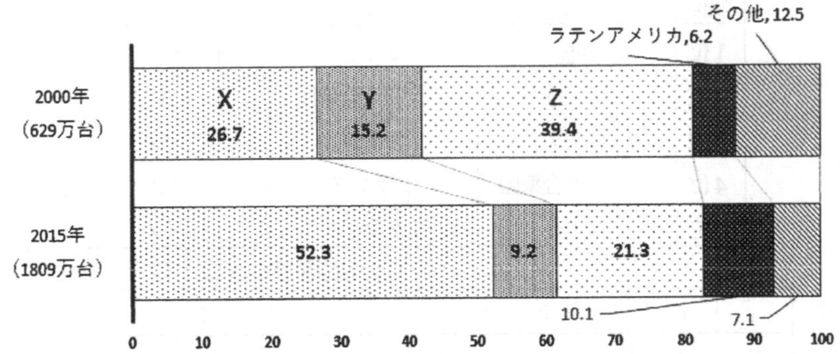

（日本自動車工業会資料 2022 年より作成）

	（あ）	（い）	（う）	（え）	（お）	（か）
X	アメリカ合衆国	アメリカ合衆国	ヨーロッパ	ヨーロッパ	アジア	アジア
Y	ヨーロッパ	アジア	アメリカ合衆国	アジア	アメリカ合衆国	ヨーロッパ
Z	アジア	ヨーロッパ	アジア	アメリカ合衆国	ヨーロッパ	アメリカ合衆国

問８　下線部(ク)に関連して，次の表のX～Zは，中国，マレーシア，タイのいずれかの国からの日本への主要輸出品（2020 年）とその金額を表したものです。X～Zに入る組み合わせとして正しいものを，下の（あ）～（か）の中から１つ選びなさい。

X	
輸出品目	金額（百万円）
機械類	976, 634
肉類	208, 399
自動車	103, 204
科学光学機器	91, 574
魚介類	91, 210
プラスチック	86, 347
その他	982, 688
計	2, 540, 056

Y	
輸出品目	金額（百万円）
機械類	8, 517, 148
衣類	1, 474, 615
金属製品	614, 694
家具	452, 280
プラスチック製品	385, 070
がん具	360, 331
その他	5, 703, 605
計	17, 507, 743

Z	
輸出品目	金額（百万円）
機械類	567, 715
液化天然ガス	421, 663
衣類	66, 397
プラスチック	48, 667
合板	40, 263
科学光学機器	39, 450
その他	517, 481
計	1, 701, 636

（『日本国勢図会 2022/23』より作成）

	（あ）	（い）	（う）	（え）	（お）	（か）
X	中国	中国	タイ	タイ	マレーシア	マレーシア
Y	タイ	マレーシア	中国	マレーシア	中国	タイ
Z	マレーシア	タイ	マレーシア	中国	タイ	中国

令和五年度　愛光高等学校　入学試験問題　国語　解答用紙

【採点欄】には何も記入しないこと

受験番号

氏名

合計

※100点満点
（配点非公表）

一

問一　a　b　c　d　e

問二

問三

問四

問五

問六

問七

問八

二

問一　a　b

問二

問三

問四

問五

問六

問七

三

問一　a　b

問二

問三

問四

問五

問六

問七

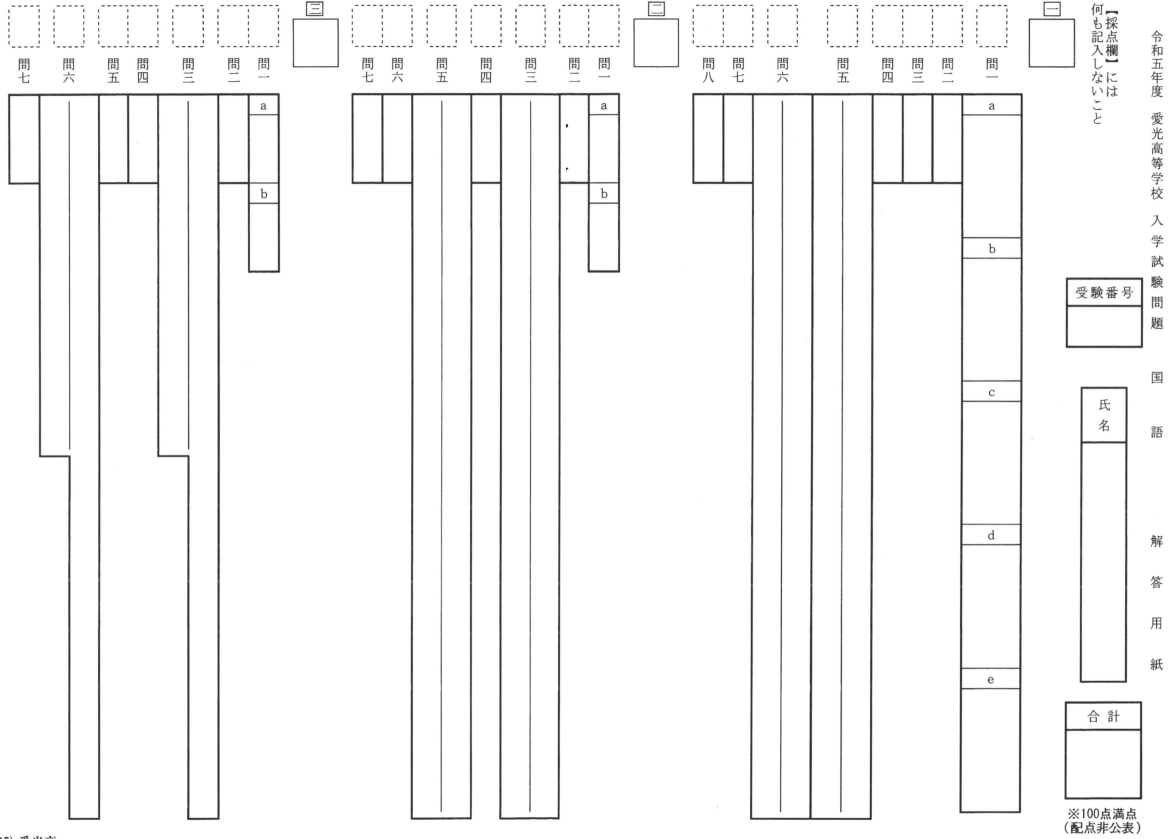

令和５年度　愛光高等学校入学試験　英語　（解答用紙）

I	1		2		3		4		5		6	
	7						8					
	9						10					

II	1	(A)	
		(C)	
	2	①	②	③	④
	3	cars [　　　　] for years.	
	4	5	6
	7	ⓐ	ⓑ
		ⓒ	ⓓ

III	1	
	2	I think [　　　　].
	3	it's very important that [　　　　].
	4	5

IV	1		2		3		4		5	

V	1		2		3
	4		5		

VI	1	→	2	→	3	→
	4	→	5	→		

VII	①	However, [community / even in / imagination / the medical / we].
	②	
	③	I believe [as / develop / our minds / something / think of / we can / we should].
	④	

(得点)

※100点満点
（配点非公表）

受験番号　　番	氏名

40-(35)
【解答用紙4-(2)】

令和５年度　愛光高等学校入学試験問題　理科（解答用紙）

【1】

(1)		(2)	本	(3)	(i)	A		B		(ii)	A	B	
(4)		(5)		(6)			(7)						

【2】

(1)	a		b		c		(2)		
(3)	d		e		f		g		(4) 倍

【3】

(1)	→ → → →								
(2)	a		b		(3)	X		Y	
(4)	①		②		③		④		(5) %

【4】

(1)	マグネシウム		銅		
(2)	マグネシウム：酸素 ＝ ：	(3)	%		
(4)	g	(5)	g	(6)	%

【5】

(1)	向きに m/s	(2)	(a)	m/s	(b)	秒	(c)	m/s			
(3)	m/s	(4)	秒	(5)	m	(6)	m	(7)			

【6】

(1)	Ω	(2)		(3)		(4)	
(5)	分 秒	(6)					

受験番号（　　　　　）　名前（　　　　　　　　　　　）

※100点満点
（配点非公表）

令和5年度　愛光高等学校入学試験　解答用紙（社会）

※小計・合計欄には記入しないこと

1

問1　問2　問3　問4

問5

問6　問7　問8　問9　問10

小計

2

問1　問2　問3　問4

問5　問6　問7　問8　問9　問10

小計

3

問1　問2　問3　問4　問5

問6　問7　問8

小計

4

問1　問2　問3

問4　(15字)

問5　問6

小計

5

問1　問2　問3　(1)　(2)

問4

問5　問6　問7

小計

6

問1　1　2　問2　X　Y

問3　問4　問5　問6　問7　問8

小計

受験番号		氏名	

合計

※100点満点
（配点非公表）

2023(R5) 愛光高
K 教英出版

令和六年度　愛光高等学校　入学試験問題　国語　（60分）　（その一）

一　次の文章を読んで、後の問いに答えなさい。

「ぼくは、タヌキです」と、唐突に口走る人間が、あなたの眼前にいます。さて、あなたは、この人は何を言っていると考えるでしょうか。自己紹介の一種？

何かの妄想に駆られた者の常軌を逸した発言？

この言葉は、ある会話の一部でした。その会話を再現すると以下のようになります。

「ぼくは、タヌキです」
「私は、キツネ」
「ぼくは、モリだ」

これはどんな会話でしょうか。やはり、何かの告白？　あるいは、自分を何かに喩《たと》えている？　それとも、学芸会の役決め？（それにしても、森の役とは、ちょっと哀れを催します）

どれも、もうひとつしっくりとこない解釈です。

ヒント。これは、特別の人が特別の場所で交わす会話ではありません。日本中いたるところで、ある時間になると交わされるものです。そう、これは蕎麦《そば》屋での会話です。つまり、蕎麦の注文をしている。きつね蕎麦、たぬき蕎麦、もり蕎麦ということです。

なぜ、このような奇妙な会話をここで取り上げたかというと、この三人の会話の意味を考えることが、実は文学作品を読み解くことに直接結びつくと考えたからです。

相手の話の内容、あるいは文章の意味を理解するには、そこで使われている語の意味をaはあくする以上に重要なことがあります。それは、その文章や会話を成立させている「コンテクスト＝文脈」を理解することです。会話や文章で使われている言葉に知らないものがなくても、このコンテクストの共有が成り立っていないと、文章や会話の意味がまるでわからないということにもなってしまいます。実際、右で挙げた会話で使われた単語で、読者のみなさんが意味を知らないものはひとつとしてなかったでしょう。❶にもかかわらず、この会話の意味をスムーズに理解できなかった方はかなりいたはずです。

忘れてならないのは、このコンテクストは多くの場合、文章や会話で示されることはむしろ少ないということです。蕎麦屋に入って、キツネだ、タヌキだ、モリだと注文するとき、いちいちここは蕎麦屋だということを確認などしないでしょう。

つまり、日常生活において、今はどういう状況で、どこにいるかなど、逐一明示してから会話することはありません。数年前からしばしば使われるようになった「空気読めよ」といった表現は、この明示されないコンテクストを理解するということに他なりません。

会話と同様に文章もまた、このコンテクスト抜きには語れないものです。そして、文学作品について語るとは、結局、その作品（テクスト）を特定のコンテクストと結びつけて語るということなのです。文学における特定のコンテクストとは、たとえば精神分析学的視点であり、あるいは社会学的視点、さらには記号論的視点などのことです。同じ作品でも、精神分析学的視点で読んだときと社会学的視点で読んだときとでは、当然その解釈は違ってきます。

文学について語る場合、人は、自分なりに作品の背景としてのコンテクストを設定し、それに作品を関連づけて語るのです。その解釈が説得的なものと感じられるのは、作品とコンテクストがなめらかに結びついているからです。また、作品についての新しい〈読み〉とは、今までにないコンテクストのもとで作品について語っているということです。

したがって、❷文学作品について語るには、まずこのコンテクストの設定の仕方を知らねばなりません。そのコンテクストの設定に関する多くの方法を知っていれば、作品についてさまざまな読み方が可能となり、またこれまでにないbざんしんな視点で作品について語ることができるようになります。

こうしたコンテクストの設定は、なにも文学について語る場合のみに限定されるものではありません。ある事件、事象について説明する場合、われわれはなんらかのコンテクストを設定して語ります。その際、その設定の仕方が巧妙であればあるほど、その説明は説得力を持つのです。

二〇一七年のアメリカのトランプ大統領就任、あるいはその前に起きたヨーロッパの国民投票における＊ブレグジット可決以後、しばしば口にされるようになったのは、「ポスト・トゥルース（post-truth）」という言葉です。直訳すれば「真実以後」となりますが、トランプ前大統領が頻繁につぶやいた「フェイクニュース」という語に代表されるように、現在の社会において重要なのは、事実や真実よりも解釈であり、より多くの人を納得させる解釈が力を持ってしまうということをこの語は示しています。

たとえば、前回のアメリカの大統領選の勝者はトランプ前大統領ですが、総得票数ではヒラリー・クリントン候補が二〇〇万票以上彼を上回っていました。この数値に対してトランプ前大統領は、三〇〇万～五〇〇万の未登録移民がクリントン候補に投票した結果だと指摘しました。もちろん、この発言は何の根拠もないものでした。しかし、少なくとも、移民排除を訴えたトランプ前大統領の支持者たちには、その発言の真偽よりも、彼らの投票行動の正しさを支持する言葉として彼の発言は心に響いたはずです。すなわち、不法移民によってアメリカの大統領選が左右されるというゆゆしき事態がありえたかもしれないからこそ、トランプのような、移民に厳しい姿勢でcのぞむ人物がアメリカの大統領に相応《ふさわ》しいのだととらえられたのです。

二〇〇万以上の総得票数の差が、クリントン支持者やアメリカとは異なる選挙制度のもとで暮らすわれわれ日本人にとっては、トランプ候補の大統領選出の正当性への疑義につながるのに、トランプ支持者にとっては、その数値そのものがむしろ彼が大統領に選出されることの根拠になってしまうという矛盾した事態、それこそ、ある出来事は、その解釈によってまるで正反対の意味づけが可能だということの例証となるでしょう。

同様のことは、二〇二〇年の大統領選挙でも発生しています。今回の選挙ではトランプ前大統領は敗北し、民主党のバイデン候補が勝利したのですが、バイデン候補の勝利の要因の一つは、大量の期日前投票や郵便投票によるものでした。そうした投票方法がとられたのは、結果

2024(R6) 愛光高
教英出版

的に民主党に有利に働いたとしても、新型コロナ感染拡大の回避が主な目的でした。しかしトランプ前大統領は、それを選挙における不正のdおんしょうとして非難します。期日前投票や郵便投票について、まるで異なる意味付けが、今回の選挙ではなされました。

このように、❸一つの出来事も、異なるコンテクストの設定によって、一八〇度違う相貌を呈することがあります。だからこそ、❹コンテクストの設定について学ぶことは、きわめて現実的意義があるのです。

ポスト・トゥルースの時代と言われる今日、われわれに求められるのは、真実や事実は重要ではない、あるいは真実や事実などない、といった諦観を身につけ、そこから巧みな語りによって、いかようにも人を説得できるという香具師《やし》の口上のようなものを習得することではありません。むしろそうした相手にまんまと騙《だま》されないようにし、どこに真実や事実があるのかを見極めるためにこそ、多様な語りの技法に習熟する必要があるのです。

また、コンテクストを見抜きそれを設定する能力は、単に人に騙されないため、あるいは人を出し抜くためといった消極的・否定的な目的実現のみに資するものでもありません。

先に挙げたトランプ前大統領の就任やブレグジットのような事態の背後にあるのは、民族間、宗教間、階層間、政治的スタンス間にある分断です。人が話すという能力を身につけたのは、人と人を分かつためではなく、共にあるためです。そして、人と人とを結びつけるためには、なにより異なる立場にある人間のバックグラウンド、すなわちコンテクストを理解することが不可欠です。

それと同時に、異なる立場にある人に何かを伝え、さらに相手から自身の主張への同意を得るには、相手に受け入れられやすい語り口で語る必要があります。これこそ、その場にふさわしいコンテクストを設定することにほかなりません。

では、いかにして、このコンテクストの設定方法を学べばよいのでしょうか。❺そここそが文学作品の出番です。古典とは、時代を超えて残る作品ですが、それはいつの時代も同じような読み方がなされていたことを意味しません。むしろ、時代に応じ、さまざまな読みを受け入れるような作品が古典なのです。

古典とは、古い読みを駆逐し、新しい読みを受け入れつつ今日まで生き残ってきたものですが、どんな解釈でも受け入れてきたわけではありません。自分に都合のいいだけの解釈、一見巧妙に見えて実は恣意的な解釈、つまりコンテクストの設定は、長い解釈の歴史を持つ古典というテクストによって、逆に弾《はじ》き飛ばされてしまいます。だからこそ、古典に向かうことは、自身のコンテクスト設定能力の試金石となるのです。

そうした一筋縄でいかない作品に立ち向かうためには、われわれもさまざまな読みの技法に通暁《ぎょう》する必要があります。本書で多様な〈読み〉の技法を提示するのはそのためです。種々の技法を駆使して古典作品の読解に立ち向かえる能力は、日常生活でも、多様なコンテクストを抱えた人々とのコミュニケーションにおいても役立つはずです。

本書は、文学作品や漫画、映画作品を読み解く際のコンテクストの設定方法について語るものですが、同時に、日常的な場面で役立つ実践的な意義をeこうりょしたものでもあるのです。

（千葉一幹『コンテクストの読み方　コロナ時代の人文学』　※本文を改めた部分があります。）

［注］　＊ブレグジット……イギリスの欧州連合（ＥＵ）離脱。

問一　二重傍線部ａ「はあく」、ｂ「ざんしん」、ｃ「のぞむ」、ｄ「おんしょう」、ｅ「こうりょ」を漢字に直しなさい。送りがなの必要なものはそれも書きなさい。

問二　傍線部❶「にもかかわらず、この会話の意味をスムーズに理解できなかった方はかなりいたはずです」とありますが、なぜ「会話の意味をスムーズに理解でき」ないのですか。筆者の考えとして最も適切なものを、次の中から一つ選び、記号で答えなさい。

ア　三人の会話の内容を理解するには、「きつね蕎麦」や「たぬき蕎麦」などについての、前提となる知識が読者に必要とされるから。

イ　三人の会話のコンテクストを理解するには、かなり特殊な状況を設定する必要があり、多くの読者にとってはなじみがないから。

ウ　三人の会話は、会話の場所を示していない不完全なものであるため、読者がコンテクストを共有することが難しいから。

エ　三人の会話の内容を理解するためのコンテクストが、会話の中で明示されていないため、読者がそれを設定する必要があるから。

オ　三人の会話がありふれた内容であるため、読者が様々なコンテクストを想定でき、どれか一つに決定することができないから。

問三　傍線部❷「文学作品について語るには、まずこのコンテクストの設定の仕方を知らねばなりません」とありますが、その理由の説明として最も適切なものを、次の中から一つ選び、記号で答えなさい。

ア　文学作品に対する多様なコンテクストの設定の仕方を知ることで、その中から正しいコンテクストを選び取ることができ、それに基づいた作品本来の解釈をすることができるから。

イ　文学作品を解釈する際にコンテクストを設定する必要があるが、その方法について知ることで様々な新しい読みが可能になり、より説得力のある解釈をすることもできるようになるから。

ウ　文学作品の背景として設定されるコンテクストは、読者が自分なりに設定するために多様なものであり、それぞれが独自の価値を持っている、尊重されるべきものだから。

エ　文学作品について語ることは作品をコンテクストと結びつけることであると意識することによって、何らかのコンテクストに縛られない説得力ある作品解釈ができるようになるから。

オ　文学作品の解釈は特定のコンテクストと結びつけてなされるので、コンテクストの設定について学ぶことで、精神分析学や社会学などの広範な学問的知見を得ることができるから。

問四　傍線部❸「一つの出来事も、異なるコンテクストの設定によって、一八〇度違う相貌を呈することがあります」とありますが、その例として本文中に挙げられているアメリカ大統領選挙の説明として最も適切なものを、次の中から一つ選び、記号で答えなさい。

ア　ヒラリー・クリントン候補がトランプ候補を総得票数で上回っていたことは、クリントン候補が未登録移民から多くの票を得たという主張と結びつけられ、トランプ候補を選択した判断の正当性の根拠とされた。

イ　バイデン候補が多くの票を得た期日前投票や郵便投票は、新型コロナ感染拡大対策という本来の目的ではなく、選挙における不正と結びつけて語られ、選挙制度そのものへの批判にすり替えられた。

ウ　ヒラリー・クリントン候補が三〇〇万～五〇〇万もの未登録移民から得票した事実は、大統領が不法移民によって決定されうる危機感と結びつけられ、移民排除を訴えるトランプ候補を正当化する根拠とみなされた。

エ　バイデン候補がトランプ候補に勝利したことは、新型コロナ感染拡大と結びつけられることで、選挙における感染症対策が十分ではなかったという安全管理上の問題として非難された。

オ　トランプ候補がヒラリー・クリントン候補に勝利したことは、総得票数ではクリントン候補が二〇〇万票以上も上回っていたことと結びつけられ、トランプ候補の大統領としての正当性に疑いが生じた。

問五　傍線部❹「コンテクストの設定について学ぶことは、きわめて現実的意義があるのです」とありますが、筆者の考える「現実的意義」とはどのようなものですか。説明しなさい。

問六　傍線部❺「そここそが文学作品の出番です」とありますが、「文学作品」へのどのような行為によって「コンテクストの設定方法」を学ぶことができるのですか。筆者の考える「文学作品」とはどのようなものかを明らかにしつつ、説明しなさい。

問七　本文に基づいてＡさん～Ｅさんが意見を述べています。本文の趣旨に合致しないものを、次の中から一つ選び、記号で答えなさい。

ア　Ａさん――僕は自分の言っていることを人に理解してもらえないことがよくあるから、コンテクストの設定能力を磨いていく必要があると思ったよ。

イ　Ｂさん――物事を自分の都合の良いように解釈して、他の人を誘導しようとする人を見かけるけど、コンテクスト設定能力の望ましい使い方ではないよね。

ウ　Ｃさん――「空気を読め」という言葉はよく耳にするけれど、相手にコンテクストを読み取ることを強要するように感じて、良い表現だとは思わないなあ。

エ　Ｄさん――仲違《たが》いしている友達とも、その人がどうして怒っているのか、バックグラウンドを理解することで仲直りするきっかけがつかめるかもしれないな。

オ　Ｅさん――親しい間柄の友人同士でなかったとしても、いちいち会話の中で前提となるような状況の説明なんかしないのはよくあることだよね。

二　次の文章は、山本周五郎「彩虹《にじ》」の一節である。亡き父の後を継いで鳥羽《とば》藩の国家老《くにがろう》に就任し、二十五歳の若さで藩政を指揮することになった脇田宗之助《わきたそうのすけ》が江戸から数年ぶりに帰藩した。最も親しい友人であった筆頭年寄の樫村伊兵衛《かしむらいへえ》は、宗之助の様子が以前とやや異なることに戸惑いを覚えながらも、宗之助に頼まれて自分の幼なじみであるさえとの縁談をとりもった。縁談が決まってから半年の間、顔を合わせていなかったさえが伊兵衛のもとを訪れてきた。これを読んで、後の問いに答えなさい。なお、設問の都合で本文の上に行数を付しています。

「半年まえ、貴方《あなた》様はわたくしに、脇田さまへ嫁《ゆ》く気があるかとお訊《たず》ねなさいました、あれは、おたわむれだったのでございますか」

「たわむれ……」伊兵衛は思いがけない言葉に a 眼《め》を瞠《みは》った、「どうしてそんなことを云《い》うんだ、脇田との間になにかあったのか」

「わたくし、『お受け申します』とお返辞を致しました」

「おれはその通り脇田へ伝えた」

「脇田さまはなんと仰《おお》せでしたの」

「すぐ正式に人を立てて縁組をすると云った」

「なんのおはなしもございませんわ、それらしいお人もみえず、そういうおとずれもございませんでした」

伊兵衛の脳裡《のうり》に、その刹那《せつな》ふと宗之助の逞《たく》ましい顔が思いうかんだ。＊桃園の庭で自分を捻《ね》じ伏《ふ》せながら、勝ち負けを執拗《しつよう》に追求した顔、それから忽然《こつぜん》と変《かわ》った不敵な笑い顔が、……その一種特別な笑い顔が、今なにかを伊兵衛の心に叩《たた》きつけるようだった。

「それは本当だな」

「それでわたくし、お伺い申しました」

❶「家へ帰っておいで」伊兵衛は抱き緊《し》めるような眼でさえを見た、「……あとでゆく」

「脇田さまへおいでになりますのね」

「他にも用があるんだ」

「こんどは」とさえは燃えるような眼で伊兵衛を見た、「……こんどは、お断《こと》わり申しても宜《よろ》しゅうございますわね」

「いやそれは待って呉《く》れ、おれが会って」

「いいえ」さえは＊屹《きっ》と頭を振った、「……わたくしあれからずいぶん色いろなことを考えました、そして半年のあいだ待っていましたのは、ただ脇田さまからの縁談だけではございませんでした、*頼三郎さま」

❷伊兵衛は体《たい》を躱《か》わすとでもいうようにつと起《た》った。それに続くべきさえの言葉の重大さが、光のように彼の感情へ反射したからである、縋《すが》りつくようなさえの眼から外向《そむ》きながら、彼はもういちど、「家へお帰り」と云った。

「あとでゆく、そのときあとを聞こう、おれからも話すことがある、いいか」

そして大股に居間のほうへ去った。

海のほうからなまぬるい風が吹いていた、夕立でも来そうな空で、鼠《ねずみ》色の断雲が低く北へ北へとながれていた。大手外にある脇田の家を訪ねると、「登城しております」ということで、そのまま城へ上った。宗之助は*勘定奉行役所で、うず高い書類をまわりに、筆を取ってなにか書き物をしていた。側《そば》には腹心の例の三人だけで、他には人がいなかった。

「もうすぐ済むから暫《しば》らく待って呉れ」伊兵衛を見ると彼はそう云って書き物を続けたが、やがて終《おわ》った物から順に、「これは*作事方へ、これは御船方《おふなかた》へ」と三人に渡し、かれらが出てゆくと、「待たせて済まなかった」と云いながら伊兵衛の側へ来て坐《すわ》った。

「かけ違って暫らく会わなかった、なにか急な用でもあるのか」

「口を飾らずに云うから、*其許《そこもと》も言葉の綾《あや》なしに答えて貰《もら》いたい」伊兵衛は片手を膝に置いて云った、「……先頃から世間に妙な評判が立っている、*年貢《ねんぐ》、運上《うんじょう》、半減。家臣一統の扶持《ふち》を表高《おもてだか》に復帰するという、あの風評が其許の手から出ているというのは事実か」

「ほう、来たな」宗之助はにやっと笑った、「……それは樫村伊兵衛の質問か、それとも筆頭年寄としての問《とい》かどっちだ」

「今のところは古い友人として訊《き》くことにしよう」

「ではその積《つも》りで答えるが、ああいう評判を撒《ま》いたのはいかにもおれだ、それに就《つい》てなにか意見があるのかね」

「おれの意見はあとだ、風評が其許から出たとすると、あれにはそれだけの根拠があるのだな」

「ある」宗之助は頷《うなず》いた、「……おれが国老の座に坐ればあのとおり実行する」

「それで藩の財政が成り立つと思うか」

「そうとう窮屈なことはたしかだな」

「然《しか》もなお実行する必要があるのか」

「そのこと自体は必要じゃない、寧《むし》ろ一つの手段だといっていいだろう」

「脇田政治の前ぶるまいか」

「痛いところだ」宗之助は平然と笑った、「……たしかにそれもある、活《い》きた政治を行《おこ》なうためにはまず家中領民の人望と信頼を摑《つか》まなければならない、家中の士《さむらい》にとっては扶持、領民にとっては租税、この二つは直接生活に及ぶもので、政治に対する信不信も多くここに懸《かか》っている、おれはこの二つでおれの政治に対する信頼を獲得するんだ」

「わかった、それではおれの意見を云おう」と、伊兵衛はずばずばと云った、「……その得た人望に依《よ》ってどんな政治を行なうか知らない、然しまず人気を取るという遣《や》り方には嘘《うそ》がある。其許の政治が正しいものなら、敢《あえ》て事前に人気を取る必要はない筈《はず》だ、おれは筆頭年寄として絶対に反対する」

「どこまで反対し切れるか見たいな」宗之助は上機嫌に笑った、「……脇田政治のうしろには家中一統と領民が付いているぞ」

「❸それがどれだけのちからかおれも見せて貰おう、次《つ》ぎにもう一つ話がある」伊兵衛は区切りをつけるように咳《せき》をした、「……其許は半年まえに桃園の女《むすめ》を嫁に欲しいと云った、おれは頼まれてその仲次ぎをした、女は承知すると答えたので、おれは其許にその返辞をもっていった、覚えているか」

「ああそんなこともあったな」宗之助はわざとらしく眉を顰《ひそ》めた、「……そうだ、たしかにそんなことがあったっけ」

「そのとき其許は、すぐ正式に人を立てて申込《もうしこみ》をすると約束した、ところが人も立てず、女のほうへおとずれもしないという、……脇田、これをどう解釈したらいいんだ」

「実は嫁は定《きま》ったんだ」彼は具合の悪そうな顔もせずに云った、「……たしか知らせた筈《はず》だがな、相手は安藤対馬守《つしまのかみ》家の江戸屋敷で」

「おれの問に答えて呉れ、桃園の女はどうする積りなんだ」

「どうするって、妻を二人持つわけにはいかないよ」

「それが返辞か」刺すような伊兵衛の視線を、宗之助はさすがに受けかねたらしい、眩《まぶ》しそうに脇へ外《そ》らしながら、「そうだ」と云った。

「よし、ちょっと立て」

伊兵衛はそう云いながら自分から立った。宗之助はちらと伊兵衛を見た、そしてしずかに立った。伊兵衛はその眼をひたと睨《にら》んでいたが、大きく右手をあげ、宗之助の高頰《たかほお》をはっしと打った。力の籠《こも》った痛烈な平手打《ひらてうち》である、宗之助の上身はぐらっと右へ傾いた。

「これが古い友達の別れの挨拶だ」伊兵衛は抑えつけたような声で云った、「……貴公は貴公の好むように生きろ、おれはおれの信ずる道をゆく、ひと言云って置くが、正《まさし》さというものを余り無力にみ過ぎるなよ」

そしてそのまま大股に去ろうとすると、うしろから宗之助が、「樫村」と呼んだ。伊兵衛は廊下に立《たち》止まって振《ふり》返った。宗之助はじっとこちらを見た、なにやら色の動いている眼つきだった。

「……仕合《しあわ》せを祈るぞ」

低い声でそう云うと、宗之助は元の席のほうに帰った、伊兵衛もそのまま踵《きびす》を返した。

城を下って大手へ出ると、*沛然《はいぜん》とした雨が来た。伊兵衛はその雨のなかを、まっすぐに海岸のほうへ歩いていった。❹昂奮《こうふん》している頰へ叩きつけるような雨のこころよさに、彼はなんども空を仰いでは大きく呼吸をした。……桃園へゆくと、待《まち》兼ねていたさえが迎えて、彼の濡《ぬ》れ鼠の姿を見ておどろきの声をあげた、なにか事があったと思ったらしい。「まあどうなさいました」

「いやなんでもない濡れただけだ」伊兵衛は手で制しながら脇へまわった、「……なにか着替えを貸して貰おう」

「はい、でもそのままではお気持が悪うございましょう、お召物をお出し申しますから、ちょっと風呂へおはいりあそばせ」

「そうしようかな」

伊兵衛は縁先でくるくると裸になった。風呂を浴びて、着替えをすると、さえは海の見える離室《はなれ》へと彼を案内した。……雨はいまの間《ま》にあがって、午後の日ざしが明るく、座敷いっぱいにさし込んで来た。伊兵衛は窓の側へ座を占め、しずかにさえを近く招いた。

「脇田のほうは切《きり》をつけて来た、改めておれから訊く、さえ……樫村へ嫁に来ないか」

「はい」さえは思いがけないほどすなおに頷《うなず》き、光を湛《たた》えた、美しい＊しおのある眼で伊兵衛を見あげた、「……わたくし、よい妻になりたいと存じます」

「半年のあいだに色いろ考えたと云った、おれもそうだった。正直に云おう、さえが脇田の申出《もうしいで》を受けると答えてから、おれは初めてさえというものをみつけたのだ、それまでは夢にもそんなことは思わなかったが、他人《ひと》の妻になるときまってから、どうにもならぬほど大切なものに思われだしたのだ、おれはずいぶん苦しい思いをしたよ」

「わたくしが、同じように苦しんだと申上げましたら、b ぶしつけ過ぎるでございましょうか」さえは大胆に伊兵衛を見た。

「ああ」と、伊兵衛は、微笑しながら頷いた、「……それ以上は云わないほうがいい、脇田が現われたお蔭《かげ》で、おれがさえをみつけさえがおれをみつけたとすれば」

「いいえさえはもっと以前から……」そう云いかけた自分の言葉に自分でびっくりしたのだろう、さえはぽっと頬を染めながら立って縁先へ出た。そしてにわかに浮き浮きと明るい調子で叫ぶように云った。

「まあごらんあそばせ、美しい、大きな彩虹《にじ》が」

伊兵衛も立っていった。雨後の浅みどりに晴れあがった空に、大きく鮮やかに彩虹がかかっていた。

「美しいな」伊兵衛も眼のさめるような気持で声をあげた、「……あの雨があって、この彩虹の美しさが見られるんだ、❺脇田宗之助はおれたちにとっての夕立だったな」

そう云った刹那だった、彼の耳に、「仕合せを祈るぞ」という宗之助の別れの言葉が甦《よみが》えってきた。

——あっ。伊兵衛は思わず宙を見た。——脇田め、それを承知のうえか、自分がひと雨降らさなければ、二人の上に彩虹の立たぬことを。

❻……あいつはおれの気性を知っていた、そうだったか。

平手打をぐっと堪《こら》えたときの、逞ましい宗之助の表情を思い返しながら、伊兵衛はふと自分の右手を見た。……さえはじっと彩虹を見あげていた。

（山本周五郎『彩虹』　※本文を改めた部分があります。）

［注］
＊桃園の庭……桃園はさえの両親が営む料亭がある場所。脇田の帰藩を祝う宴会を開いた際に、さえが見ている前で、脇田は伊兵衛に相撲の勝負を持ちかけた。その翌日、脇田はさえとの結婚の仲介を伊兵衛に願い出た。　＊屹と……確固としていてゆるみがないさま。　＊頼三郎……伊兵衛の幼名。
＊勘定奉行役所……主に財政を担当する、藩の中枢を担う役所。　＊作事方……建築、修理の工事を請け負う役職。　＊其許……二人称。そなた。
＊年貢、運上、半減。家臣一統の扶持を表高に復帰する……ここでは領民の税負担を減らし、家臣の収入を増やすことをいう。
＊沛然とした雨……勢いよく降る雨。　＊しおのある……愛嬌《きょう》のある。

問一　二重傍線部ａ・ｂの語の本文中の意味として最も適切なものを、次の中からそれぞれ一つずつ選び、記号で答えなさい。

ａ「眼《め》を瞠《みは》った」
ア　あわてて眼をそらした
イ　怒って眼をつりあげた
ウ　驚いて眼を見開いた
エ　笑って眼を細めた
オ　怪しんで眼を光らせた

ｂ「ぶしつけ過ぎる」
ア　あまりにも厚かましい
イ　ひどく弱々しい
ウ　非常にふがいない
エ　たいそう憎たらしい
オ　ひときわ勇ましい

問二　傍線部❶『家へ帰っておいで』伊兵衛は抱き緊めるような眼でさえを見た、『……あとでゆく』とありますが、このときの伊兵衛の心情の説明として最も適切なものを、次の中から一つ選び、記号で答えなさい。

ア　縁談が進まない焦《あせ》りから脇田への恨み言をいうさえをなだめながら、縁談の成立のために脇田に結婚の意志を改めて確認しようと思っている。
イ　脇田にだまされたかもしれないと不安になっているさえに理解を示しつつも、脇田が人をおとしめるようなことをするはずがないと思っている。
ウ　仲介した身として脇田がさえと結婚したいと言い出したことの真意を問いただして、大切な存在である幼なじみのさえを守ろうと思っている。
エ　からかい半分でさえに縁談を持ちかけたとしか考えられない脇田の表情が思い起こされて、さえのために脇田への恨みを晴らしてやろうと思っている。
オ　脇田との縁談を仲介したに過ぎない自分がさえから責められることに疑問を感じたが、幼なじみとしての責任感からさえを安心させようと思っている。

問三　傍線部❷「縋りつくようなさえの眼から外向きながら、彼はもういちど、『家へお帰り』と云った」とありますが、このときの伊兵衛の様子の説明として最も適切なものを、次の中から一つ選び、記号で答えなさい。

ア　さえが脇田よりも自分のことを好きであることに気づき、その気持ちに何としても応えたいと意気込んでいる様子。

イ　感情の高ぶったさえをやんわりと咎《とが》めつつも、さえの告白めいた言葉に対して動揺を抑えきれていない様子。

ウ　親友である脇田の機嫌を損ねることを恐れるあまり、ためらいながらもさえの気持ちを無視しようとしている様子。

エ　さえが伊兵衛に助けを求めていることに気づかず、脇田との縁談をもう一度自分で確認しようとしている様子。

オ　脇田への怒りだけではない、自分に向けられたさえの強い気持ちに今は正面から向き合うことができない様子。

問四　傍線部❸「それがどれだけのちからかおれも見せて貰おう」と伊兵衛は述べていますが、ここで「脇田政治」について伊兵衛はどのように考えていますか。その説明として最も適切なものを、次の中から一つ選び、記号で答えなさい。

ア　自分が正しいと信じる政治なら堂々と方針を示すべきであり、領民にこびて真実を隠す政治のやり方は不誠実である。

イ　思い通りの政治を行うために、実現が容易ではないとわかっている政策を打ち出して人気を取ろうとするのは誤っている。

ウ　権力を背景にして領民を強引に従わせるやり方には偽りがあり、人望や信頼を得るために必要な正しさを軽視している。

エ　先に人気を得ることで政治を円滑に行おうとすることは悪いことではないが、家臣や領民をだますのは不適切である。

オ　周囲の意見に聞く耳を持たない脇田のやり方では家臣の信頼を得られず、領民の人気だけが先行するという欠点が生じる。

問五　傍線部❹「昂奮している頬へ叩きつけるような雨のこころよさに、彼はなんども空を仰いでは大きく呼吸をした」とありますが、このときの伊兵衛についての説明として最も適切なものを、次の中から一つ選び、記号で答えなさい。

ア　屈辱的な扱いを受けたさえの代わりに平手打ちで一矢《いっし》報いたという達成感に酔うとともに、熱気を冷ましてくれる雨の心地よさに浸りながら、国家老を敵に回すことになった現実を冷静に振り返って自分とさえの行く末を案じている。

イ　藩の政治を私物化しようとしている脇田を翻意させられなかった無念さと、無意識にためこんでいた脇田への怒りを爆発させた爽快感を味わいながら、縁談を反故《ほご》にされたことをどのように伝えればさえが傷つかずに済むか頭を悩ませている。

ウ　さえを縁談で翻弄した上に政治的にも身勝手なふるまいをする脇田を勢いよく叩いてやった気持ちよさに加えて、意図せずしてさえに堂々と思いを伝えられる状況になったことをひそかに喜びながらも、慣れない告白を前に緊張している。

エ　脇田を平手打ちにした後の高ぶった気持ちを落ち着かせてくれる雨の心地よさだけではなく、それまで抑えていた自分の感情を解放させた快感のなかで、さえに対する思いを自分の中で確かめながら、どのように話をするか頭の中で整理している。

オ　一方的な暴力によって脇田との関係を断ってしまった罪悪感よりも、さえへの強い執着心を一気に表出することができた晴れやかな気分がまさったことで、自分でも気づいていなかった恋心をさえに打ち明ける覚悟が芽生えている。

問六　傍線部❺「脇田宗之助はおれたちにとっての夕立だった」とありますが、伊兵衛はどういうことを言いたいのですか。説明しなさい。

問七　傍線部❻「……あいつはおれの気性を知っていた、そうだったか」とありますが、このとき伊兵衛はどのようなことを理解したのですか。説明しなさい。

問八　この文章の表現や内容に関する説明として適切なものを、次の中から二つ選び、記号で答えなさい。

ア　「燃えるような眼」（15行目）や「縋りつくようなさえの眼」（20行目）、「光を湛えた、美しいしおのある眼」（76行目）といった表現から、嫉妬深さと冷静さを併せ持っているさえの複雑な心理が伝わってくる。

イ　「にやっと笑った」（31行目）や「平然と笑った」（41行目）、「上機嫌に笑った」（47行目）と笑いの表現を連続させることで、脇田が裏表のない、快活な人物であることを読者に印象づけている。

ウ　政争にばかり気を取られている伊兵衛と、「頼三郎」という幼名で伊兵衛を呼ぶなどして伊兵衛からの告白を待ちわびているさえとの間にあるすれ違いが滑稽さを生んで、物語に変化を与えている。

エ　「おれの問に答えて呉れ、桃園の女はどうする積りなんだ」（55行目）や「伊兵衛はそう云いながら自分から立った」（59行目）のようにさえのことに関しては自然と力が入る伊兵衛の様子が緊張感のある筆致で描かれている。

オ　「なまぬるい風」・「鼠色の断雲」（23行目）から「沛然とした雨」（67行目）となり、「午後の日ざしが明るく」（74行目）、そして「彩虹」（86行目）が現れるに至るまでの天候の描写は、物語の展開と関連している。

カ　目的を達成するためには手段を選ばない脇田と世間の人々からの信頼を集めたい伊兵衛という対照的な両者の様子を描きながら、対立を乗り越えた末に互いへの信頼や友情が生まれてくる感動的な展開となっている。

三　次の文章を読んで、後の問いに答えなさい。

　昔、橘逸勢《たちばなのはやなり》と云《い》ふ人、事ありて東《あづま》の方へ流されける時（謀反の罪に問われ、伊豆に流されることになったとき）、其《そ》のゆかりの人、嘆き悲しむ類《たぐ》ひ多かりける中に、情なき女子の（悲嘆に暮れた）、殊にとりわきさりがたく思ふありけり。主も、かくうき事にあへるをばさるものにて（橘逸勢も、このようなつらい目に遭ったことはともかくとして）、これに別れん事を思へり。娘は云はぬことを憚《はばか》り忘れ（言ってはならぬことを慎むのも忘れて）、恥を捨てて、悲しみをたれて、もろともに行かんとす。
　おほやけ使ひ（朝廷からの使い）、限りなくいとほしく覚ゆれど（かわいそうだと）、流さるる人のX習ひにて、事の聞こえも便なかるべければ（そのことが知れ渡ったら都合が悪いので）、堅くいさめてa免《ゆる》さず。せめて思ひあまりけるにや、其の宿をb尋ねつつ、駅《むまや》づたひに夜々なん行きける。身にたへたらん人だに（丈夫な人でさえ）、知らぬ野山を越えて夜な夜な尋ね行かん事は、❶あるべき事にもあらず。まして、女の身なれば、おぼろけにて至りつくべくもあらねど、仏天やあはれとおぼしけん、Yからくして、つひにかしこに至りつきにけり。遠江の国の中とか、なかばなる道のほどに、形は人にもあらず、影のごとく痩せおとろへて、濡《ぬ》れしほたれたる様にて尋ね来たりける。❷待ちつけて見けん親の心、いかばかり覚えけん。
　さるほどに、行き着きて、いくほども経ず、父重き病ひをうけたりければ、此《こ》の娘、ひとり添ひて残りゐて、終日《ひねもす》・終夜《よもすがら》おこなひ勤むる（仏に一心に祈る）さま、さらに身命を惜しまず。これを見聞く人、涙を流し、あはれみ悲しまぬはなし。後には、❸あまねく国の中こぞりて、尊みあへり。わざと（熱心に）詣でつつ、縁を結ぶ類ひ（仏道に入るきっかけを作る）、多くなんありける。
　さて、ほど経て後、国の守《かみ》に告げて、「帝《みかど》に事の由《よし》を申し、許されを蒙《かうぶ》りて、父のかばねを都へもてのぼりて、孝養の終りとせん」と請《こ》ひければ、其のありさまをc聞こし召して、驚きて、又ことなく❹免されけり。悦《よろこ》びて、則《すなは》ち、彼の骨をくびにかけ、帰り上りにけり。
　昔も今も、まことに志深くなりぬることは、必ずとぐるなるべし。

（『発心集』　※本文を改めた部分があります。）

問一　二重傍線部a「免さず」、b「尋ねつつ」、c「聞こし召して」は誰の動作ですか。最も適切なものを、次の中からそれぞれ一つずつ選び、記号で答えなさい。
　ア　橘逸勢　イ　橘逸勢の娘　ウ　おほやけ使ひ　エ　国の守　オ　帝

問二　波線部X「習ひ」、Y「からくして」とありますが、その意味として最も適切なものを、次の中からそれぞれ一つずつ選び、記号で答えなさい。
　X　ア　手本　イ　人情　ウ　習性　エ　心得　オ　慣例
　Y　ア　辛抱して　イ　やっとのことで　ウ　同情して　エ　思いがけず　オ　たちまち

問三　傍線部❶「あるべき事にもあらず」とありますが、この箇所の意味として最も適切なものを、次の中から一つ選び、記号で答えなさい。
　ア　できることではない
　イ　憐《あわ》れまずにはいられない
　ウ　都合が悪いわけではない
　エ　恐ろしくないわけではない
　オ　難しいことではない

問四　傍線部❷「待ちつけて見けん親の心、いかばかり覚えけん」とありますが、「待ちつけて見」たとき親である逸勢はどういう気持ちだったと筆者は推測していますか。説明しなさい。

問五　傍線部❸「あまねく国の中こぞりて、尊みあへり」とありますが、その理由を説明しなさい。

問六　傍線部❹「免されけり」とありますが、ここで「娘」の申し出が許されたのはなぜですか。その説明として最も適切なものを、次の中から一つ選び、記号で答えなさい。
　ア　橘逸勢を謀反《むほん》の罪で流《る》刑にしたことは間違っていたと、帝自らその非を認めたから。
　イ　父を想《おも》う娘の姿に感動した国の守が、帝が許してくれるように、上手く取り計らったから。
　ウ　父のなきがらを都に持って帰ろうとする娘の執念を感じて、帝が恐ろしく思ったから。
　エ　父のために尽くし、その死後も名誉回復に努めようとする娘の姿に、帝が心打たれたから。
　オ　流された父に対する娘の孝養の心に感心した周りの人々の思いが、帝の心を動かしたから。

令和6年度　愛光高等学校入学試験問題　数学　（その1）(60分)

※100点満点（配点非公表）

受験番号（　　　　　　）　氏名（　　　　　　　　　　）

（注意） 1 は答だけでよいが，2 3 4 5 6 は式と計算を必ず書くこと。

1 次の(1)～(5)の□に適する数または式を，下の解答欄に記入せよ。

(1) $\left(-\dfrac{x}{y}\right)^4 \div \left(\dfrac{1}{4}xy\right)^2 \times \left\{-\left(\dfrac{1}{2}x^2y^4\right)^3\right\}$ を簡単にすると ① である。

さらに，$x=\dfrac{4}{3}$，$y=\dfrac{3}{8}$ のとき，この式の値は ② である。

(2) $\dfrac{-(\sqrt{6}-2)^2}{\sqrt{2}}-(\sqrt{6}-1)(2\sqrt{2}-\sqrt{3})=$ ③

(3) $2(x^2-5x)^2-72$ を因数分解すると ④ となる。

(4) $\sqrt{4n^2+165}$ が自然数となるような自然数 n は全部で ⑤ 個ある。

そのうち，$\sqrt{4n^2+165}$ の最大値は ⑥ である。

(5) 右の図のように，円周上に6点A，B，C，D，E，Fがあり，$\angle ABC=60°$，$\angle BCA=80°$ である。

$\angle CAB$，$\angle ABC$，$\angle BCA$ の二等分線が，それぞれ点D，E，Fで円と交わるとき，$\angle EFD=$ ⑦ ° である。

また，$\angle FDE$，$\angle DEF$，$\angle EFD$ の二等分線が，それぞれ点A，B，Cで円と交わるとき，$\angle EFD=$ ⑧ ° である。

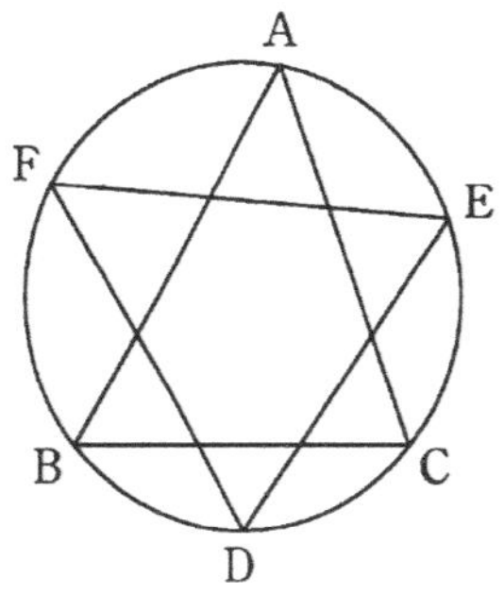

【解答欄】

<table>
<tr><td colspan="4">①</td><td colspan="4">②</td><td colspan="4">③</td></tr>
<tr><td colspan="12">④</td></tr>
<tr><td colspan="3">⑤</td><td colspan="3">⑥</td><td colspan="3">⑦</td><td colspan="3">⑧</td></tr>
</table>

2 連立方程式 $\begin{cases}4x+y=-3\\-ax+by=16\end{cases}$ の解の x と y の値を入れかえると，連立方程式 $\begin{cases}ax+by=11\\7x+16y=3\end{cases}$ の解になる。このとき，a，b の値を求めよ。

答　$a=$　　　　，$b=$

3 容器Aには17.5％の食塩水が100 g，容器Bには5％の食塩水が100 g入っている。両方の容器から同時に x gずつ取り出し，Aから取り出した食塩水はBに，Bから取り出した食塩水はAに入れてよくかき混ぜる。さらに，両方の容器から同時に $2x$ gずつ取り出して，同じ操作を行う。このとき，次の問いに答えよ。

(1) 1回目の操作後，Aの食塩水に含まれる食塩の量を x を用いて表せ。答のみでよい。

答

(2) 2回目の操作後，Aの食塩水の濃度が13％となるとき，x の値を求めよ。

答　$x=$

令和６年度　愛光高等学校入学試験問題　数学　（その２）

受験番号（　　　　　　）　氏名（　　　　　　　　　　　）

4　右の図のように，放物線 $y=x^2$ と直線 $y=x+6$ があり，その交点を x 座標が小さい順に A，B とする。

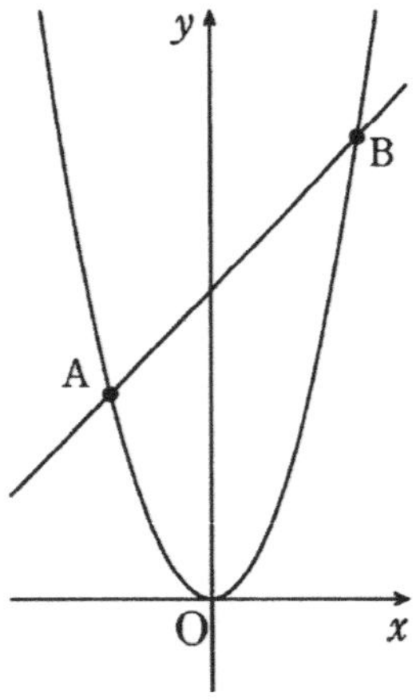

(1)　点 A，B の座標を求めよ。答のみでよい。

答　A（　　，　　），B（　　，　　）

(2)　直線 $y=x+6$ に関して点 C$(3,\ a)$ と対称な点 D が放物線上にあるとき，a の値と点 D の座標を求めよ。ただし，$a \neq 9$ とする。

答　$a=$　　　　，D（　　，　　）

(3)　点 D を通り，四角形 ACBD の面積を 2 等分する直線の式を求めよ。

答

5　6 枚のカード [0]，[1]，[2]，[3]，[4]，[5] をよく混ぜて，1 枚ずつ続けて 4 枚引く。引いた順にカードを並べて数をつくる。例えば，[1]，[2]，[0]，[3] の順で引くと，4 桁の数 1203 ができ，[0]，[2]，[1]，[4] の順で引くと，3 桁の数 214 ができる。このとき，次の問いに答えよ。

(1)　できる数が 4 桁の数である確率を求めよ。

答

(2)　できる数が 4 桁の偶数である確率を求めよ。

答

(3)　できる数が 4 桁の 4 の倍数である確率を求めよ。

答

6　四面体 ABCD において，$AB=\sqrt{2}$，$AC=2$，$BD=\sqrt{2}$，$\angle BAC=45^\circ$，$\angle CAD=30^\circ$，$\angle ADC=90^\circ$ である。辺 AC の中点を M とするとき，次の問いに答えよ。

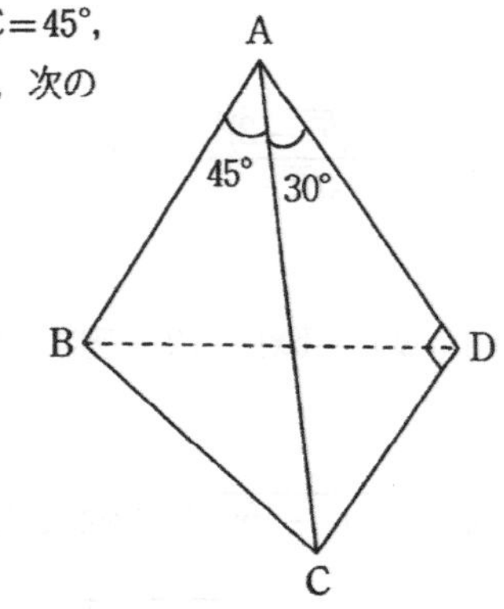

(1)　線分 DM の長さを求めよ。答のみでよい。

答

(2)　平面 ACD と直線 BM が垂直であることを証明せよ。

(3)　四面体 ABCD の体積を求めよ。

答

令和６年度　　愛光高等学校入学試験問題　　英　語　　(70分)　　（その１）

※音声と放送原稿非公表

Ｉ．リスニングテスト問題：　放送の指示に従って問題を解き，その答えを解答用紙に記入しなさい。

Question No. 1

a. In the library.

b. A few minutes ago.

c. For a long time.

d. To study together.

Question No. 2

a. That is my aunt.

b. That is her sister.

c. They are my parents.

d. He is her brother.

Question No. 3

a. He likes curry.

b. He is kind.

c. He plays baseball.

d. He has long hair.

Question No. 4

a. Hikaru should go to the police.

b. Hikaru should visit the dentist.

c. Hikaru should become a teacher.

d. Hikaru should go to the cafeteria.

Question No. 5

a. None of Julie's seeds became plants.

b. A couple of Julie's seeds became plants.

c. Half of Julie's seeds became plants.

d. All of Julie's seeds became plants.

Question No. 6

a. Steve is older and taller.

b. Steve's brother is older and taller.

c. Steve's brother is taller even though he is younger.

d. Steve's brother will be taller than Steve next year.

Question No. 7

How long will the library be closed?

Question No. 8

What is something you can do in the Career Center?

Question No. 9

Why did they decide to go to Hawaii? Give one reason.

Question No. 10

What will happen if they take rocks from the mountain?

Ⅱ. スタンフォード（Stanford）大学の心理学者（psychologist）ウォルター・ミッシェル（Walter Mischel）によるマシュマロテスト（marshmallow test）と呼ばれる実験の結果と実験に参加した子どもの将来との関係に関する次の英文を読んで，設問に答えなさい。星印(*)の語句は(注)を参考にしなさい。

Imagine yourself being in a room by yourself. There is a desk in the room and you see a marshmallow on the desk. Now, you have two options: eat one now, or wait for a few minutes and eat two later. Would you wait for the second marshmallow? Of course, it is your decision. You can have one marshmallow now ―(A)<u>but then you're done.</u>

This was the *dilemma facing a group of preschool-age children in the 1960s. They didn't know for sure that the way they (　あ　) the dilemma would be part of one of the most famous psychological studies of all time. I'm going to tell you all about the Stanford Marshmallow Test: what it was, what it has said about success, and the effect it has had on psychology to this day.

The rules of the test were simple. [　Ⅰ　] Stanford professor Walter Mischel and his team put a single marshmallow (　1　) front of a child, usually 4 or 5 years old. They told the child they would leave the room and come back in a few minutes. Children who ate the marshmallow before the researchers came back couldn't get a second marshmallow. Children who waited until the researcher returned to the room could get a second marshmallow.

(B)<u>Researchers [ア. ate　イ. and which　ウ. which children　エ. ones　オ. recorded　カ. the marshmallow] waited.</u> Several years later when the children were teenagers, the researchers saw the children again and (　い　) their parents a series of questions about their *cognitive abilities, how they handled stress, and their ability to show *self-control under pressure. They also looked at the children's *SAT scores. A few years later, the researchers tested the children again on their self-control.

What did they find? [　Ⅱ　] Success came in many ways. Generally, the children who waited for the second marshmallow:

- Scored higher SAT scores
- Reported lower levels of *substance abuse
- Were less likely to be overweight
- Had better social skills and self-control, according to their parents

The results of the experiment were published in the 1980s and the 1990s. Since then, the world of psychology has (　う　) the study important because it gives us different ways of looking at how *personality influences children's success in the future.

The Marshmallow Test was able to give researchers a link between self-control and success. Having self-control as a child could (　え　) success as an adult. However, (　2　) influenced self-control? Not all children ate the marshmallow right away.

Mischel and his team developed a "hot-and-cool" system of thinking. It explained (　3　) some children ate the marshmallow immediately. [　Ⅲ　] This same system could help you with any task that involves instant pleasure, (　4　) buying something expensive that you don't need or smoking a cigarette.

Most of us are in the "cool" system when we're not *tempted. It's the cognitive ability to think about long-term *benefits. (C)<u>We know that smoking is bad for us and that quitting smoking will result in long-term health.</u> We know that we will get more marshmallows if we wait. We know that if we go to the gym instead (　5　) hitting the *snooze button of our alarm clock, we will feel fresher later and healthier in the long run.

However, "hot" *stimuli make that cool system weak. When things in our mind warm up and get hot because of the stimuli, we can't control our behavior any more. [　Ⅳ　]

Why do some people "heat up" faster than others? Why are some stimuli "hotter" than others? (D)<u>These are questions that psychologists like Mischel are still trying to solve.</u>

(注)　dilemma 板挟み・ジレンマ　cognitive 認識に関する　self-control 自制心　SAT 大学進学適性試験
substance abuse 薬物乱用　personality 人格　tempted 誘惑されて　benefits 利益
snooze button 一時停止ボタン　stimuli 刺激

設問

１．下線部(A)が表す内容を，25字以内の日本語で具体的に説明しなさい。

２．下のア，イの文が，本文中[Ⅰ]～[Ⅳ]のどれに入るか，記号で答えなさい。

　ア．In short, Mischel and his team found that developing self-control as a child had a strong impact on the child's later success in life.

　イ．We smoke a cigarette, take the marshmallow, and hit the snooze button.

３．空所（ 1 ）～（ 5 ）に入れるのに最も適切なものを一つずつ選び，記号で答えなさい。ただし，それぞれの語は一度しか使えません。

　ア．in　イ．like　ウ．of　エ．to　オ．what　カ．who　キ．why

４．下線部(B)の[　]内の語句を正しく並べ替え，２番目・４番目・６番目に来るものを順に記号で答えなさい。

５．空所（ あ ）～（ え ）に入れるのに最も適切なものを動詞[affect / ask / buy / consider / handle]の中からそれぞれ一つずつ選び，必要があれば適切な形に変えて答えなさい。ただし，それぞれの語は一度しか使えません。

６．下線部(C)，(D)を日本語に訳しなさい。

Ⅲ．以下の不動産会社受付の Kei と部屋探しに来た大学生の Ted の対話を読み，下の設問に答えなさい。星印(*)の語は(注)を参考にしなさい。

Kei: Good morning! How can I help you?

Ted: I'd like to rent an apartment in this neighborhood. Can you help me?

Kei: Sure! Please take a seat and tell me what kind of apartment you are looking for. Is it just for you?

Ted: Well, that's depends (A) what's available. I would like to live alone if I can, but I could share a bigger place with a friend of mine if I have to.

Kei: OK. First, what do you have in mind?

Ted: The most important thing is the *location. I want to be in the city, in this neighborhood if possible. I want to be able to walk to the university and the subway station. I don't have a car.

Kei: OK, then you don't (ア) if there's no parking space.

Ted: Exactly. And I want a safe and strong building. I also want it to have a living room, a dining room, one bedroom, and, of course, a modern kitchen and a bathroom. Oh, and I would like to have a balcony. Plus, it would be wonderful if the room already has some furniture like a table, a sofa and a bed. And lastly, ①if the room [a / a lot of / and has / big / faces / get / south / sunlight / to / window] and fresh air, that would be perfect.

Kei: All right. Then, what is your budget? I mean, what *monthly rent are you thinking about?

Ted: I'm hoping to find something for about $700 a month.

Kei: Look, right now there are no good apartments in this area under $1,200 a month – and they don't have dining rooms or balconies. There are modern, safe and strong buildings that are actually near the subway station – but they're at least six miles outside of the city. I hate to say this, but ②it is [everything / find / has / one / unusual / that / to / want / you], such as furniture, sunlight and fresh air. I think you should accept the reality.

Ted: I know you are right. Maybe I have to accept the real situation. But there's no way I'm going to live far away from here. Do you think you could find a two-bedroom place closer for, like, $1,400 a month? Something I could share with my friend?

Kei: Let me do a little research this morning and see what I can find. I'm not going to tell you that it's (イ), but I can't promise anything, either. Give me a couple of hours to see what's out there. If I find anything great, we can go have a look this afternoon. Oh, and let me just confirm one thing. You don't have a pet, do you?

Ted: No, I don't have a pet. And I'm sure my friend can leave his dog with his family. They have a place in the country.

Kei: Good. Then, please make sure both you (B) your friend bring your *financial information with you.

Ted: Right. We'll see you at noon, then. Thank you very much.

Kei: See you later.

(注) location：場所　　monthly：月々の　　financial：金銭的な

2024(R6) 愛光高
K 教英出版

設問

1．空所（　A　），（　B　）に入る英語1語をそれぞれ答えなさい。

2．下線部①，②の[　　　]内の語句を本文の内容に合うように並べ替えなさい。

3．空所（　ア　），（　イ　）に入る語の組み合わせを以下の中から選び記号で答えなさい。

(a) ア → mind　　イ → impossible　　(b) ア → mind　　イ → possible

(c) ア → like　　イ → impossible　　(d) ア → like　　イ → possible

4．次の(a)～(f)の中から，本文の内容に一致するものを全て選び，解答欄にある記号を丸で囲みなさい。

(a) Ted is concerned about where to live because he wants to go to his university on foot.

(b) Ted is afraid of living alone, so from the beginning, he came to find an apartment for two people.

(c) Kei is confident there will be a good apartment for Ted, so he will spend a few hours finding one.

(d) Ted wants to rent an apartment that has not only a modern kitchen and a bathroom but also a balcony.

(e) Ted's friend will not be able to be with his dog if he shares the room with Ted.

(f) Ted gave up finding an apartment because Kei told him to.

Ⅳ．次の英文を読んで，以下の問に答えなさい。

ChatGPT is a computer program that can talk to people in a way that is similar to having a <u>conversation</u>. It can be used to help students with their English studies. However, using it too much is not good because students need to talk to real people to learn English better. Also, it might not be safe for personal information. So, teachers need to be careful when using it in class.

問　上の文中には，その単語の最も強く発音する箇所の母音の発音が，下線部の conversation の最も強く発音する箇所の母音の発音と同じであるという単語が複数含まれている。該当する単語をすべて抜き出しなさい。ただし，正解は4つ以下であるので，解答欄の4つの各欄にひとつずつ単語を答え，不要な欄は空欄のままにしておくこと。

Ⅴ．次の英文は，ある英英辞典における，単語の意味説明と用例を抜き出したものである。例を参考にして，空欄にふさわしい英語を答えなさい。

例：An **apple** is a round fruit with red, green, or yellow skin.

用例 I always have an **apple** in my backpack.

1．An (　　　) is a long stick with a cloth or plastic cover that you use to protect yourself from the rain.

用例 Harry kept me dry with his (　　　) during the rain.

2．To (　　　) is to make it ready.

用例 We will need more days to (　　　) the report for the presentation.

3．A (　　　) is a person whose job is to care for people who are sick, working with doctors.

用例 The (　　　) took the patient's temperature.

4．You can call television, radio, newspapers, and magazines together "mass (　　　)".

用例 They told their story to the news (　　　).

5．A (　　　) is a large store that sells all kinds of food and other products for the home.

用例 I prefer a (　　　) to a convenience store because everything is cheaper there.

Ⅵ. 次の英文のうち，下線部に誤りのあるものについては，例にならって，その下線部を正しく書き直したものを解答欄に書きなさい。誤りのない文については解答欄に〇を書きなさい。ただし，書き換えはなるべく最小限とし，不必要に書き換えすぎないこと。

例：I have a apple.　　正解：an apple　不正解：a lot of apple pie

1. I hope Mother is in a good mood, or she will be angry with me for coming home late.
2. You look a little bit upset. Is there anything was wrong?
3. This photo always reminds me the night view of Hong Kong.
4. Not all of them were eager to return home on the weekend.
5. You should find times to relax and hang out with friends after a busy week.

Ⅶ. 次の文の下線部①，②については，日本語の内容を表す英語を書きなさい。下線部③，④については解答欄に与えられている[　　]内の語句を並べ替えなさい。

①健康の価値はそれを私たちが失ったときに明らかとなる。健康とはとても抽象的な概念なのだ。何故ならば，それは痛みや制限など「何かがない」ことを意味するからである。②あなたが健康であるときに，そこに何か特別なものを感じることはない。しかし，たとえ短い期間であっても，ひとたび健康を損なうと，③自分がいかに脆い存在なのかに気付かされる。もし，あなたやあなたに近い人が病気になったことがあるならば，④快適な生活を送るために，健康であること以上に大切なことは他にないと分かるだろう。しかし，健康を保つのは難しいことである。何故ならば，あなたは常にその体を住処にしようと狙っている細菌やウイルスと接触しているのだから。

令和６年度　愛光高等学校入学試験問題　理科(その１)　　(60分)

【１】 次の文を読み，以下の問いに答えよ。

世界では，地球温暖化の原因の１つと考えられている二酸化炭素の排出をできるだけ抑え，環境への影響を減らす社会づくりの取り組みが行われている。国が令和３年10月に策定した「第６次エネルギー基本計画」では，2030年度の電源構成のうち，水素・アンモニア発電が１%程度占めることを見込んでおり，今後水素エネルギーの利活用が期待されている。

水素と酸素を反応させ，そのときに発生する電気を利用して走行する $_a$燃料電池自動車は，二酸化炭素や窒素酸化物が発生せず，ガソリン車よりも燃料 1 kg あたりの走行距離も長い。松山市では，水素エネルギーの需要が見込める燃料電池自動車等のモビリティの普及を目指し，令和３年３月31日付けで，「$_b$水素ステーション導入に向けた分科会」が発足し，燃料電池自動車購入費用の補助も行っている。一方，$_c$家庭用燃料電池では，反応の過程で二酸化炭素の排出が起きてしまうが，従来の火力発電による電気利用と比べると二酸化炭素の排出は抑えられている。$_d$この電池では，電気だけでなく，発生する熱を給湯に利用することもできる。松山市では家庭用燃料電池の普及にも力を入れ，補助を行っている。

（１） 水素の発生法として最も適当なものを，次の(ア)～(エ)から１つ選び，記号で答えよ。

（ア） 炭酸水素ナトリウムにうすい塩酸を加える

（イ） 二酸化マンガンにうすい過酸化水素水を加える

（ウ） 鉄にうすい塩酸を加える

（エ） 塩化アンモニウムと水酸化カルシウムを混合し加熱する

（２） 下線部aについて，次の空欄［ア］～［ウ］を埋め，燃料電池の負極，正極でのイオン反応式を完成させよ。ただし，必要であれば係数も書くこと。また，電子は e^- を用いて表すこと。燃料電池では，負極で生じたイオンが，正極において供給される酸素と反応している。

負極： H_2 → ［ア］ ＋ $2e^-$

正極： O_2 ＋ $4H^+$ ＋ ［イ］ → ［ウ］

（３） 下線部bについて，燃料電池自動車は液体の水素を 50 L 使って，270 km 走ることができた。同じ距離をガソリン車で走ろうとすると，ガソリン 15 L が必要であった。燃料電池自動車で，ガソリン車がガソリン 1.0 kg で走ることのできる距離と同じ距離を走るためには，液体の水素は何 kg 必要か。小数第三位を四捨五入して小数第二位まで答えよ。ただし，液体の水素の密度は 0.040 g/cm³，ガソリンの密度は 0.75 g/cm³ とする。

（４） 下線部cについて，家庭用燃料電池では，メタンを主成分とする都市ガスや，プロパンを主成分とする LP ガスを化学反応させ，できた水素を利用している。メタン CH_4 と(空気中の)水蒸気 H_2O から水素 H_2 と二酸化炭素 CO_2 が発生するという反応を化学反応式で表せ。

（５） 下線部dについて，ある家庭の燃料電池において，メタンを反応させ生じた水素を使用したとき，浴槽の水 160 L の温度が 15 ℃ から 40 ℃まで上昇した。水素 1 g を燃料電池に利用したときに発生する熱量を 52.5 kJ，水の密度を 1.0 g/cm³，水 1 g の温度を 1 ℃ 上昇させるのに必要な熱量を 4.2 J とすると，このとき発生した熱量は何 kJ か。また，その熱量を発生させるために必要なメタンは何 g か。それぞれ整数で答えよ。ただし，（４）の反応で生成した水素は全て燃料電池の化学反応に使われたとし，燃料電池の化学反応により生じた熱は全て水の温度上昇に使われたものとする。また，（４）の化学反応において反応するメタンと水素の分子数の比は，化学反応式の係数の比と一致する。なお，水素原子と炭素原子の質量の比は 1：12 である。

【２】 吸水性高分子に関して，次の文を読んで，下の問いに答えよ。

吸水性高分子は，線状の分子が複雑にからみあうことですき間の多い構造をしている。また，その線上に炭素C，酸素O，ナトリウムNaが結合してできたCOONaの構造がたくさんあり，乾燥時には図１のようになっている。水に触れると，図２のようにCOONaの部分がCOO^-とNa^+に(　a　)する。このとき吸水性高分子内にできた「すき間」とその「外側」ではイオンの濃度が異なり，「すき間」のイオンの濃度が大きくなる。イオンは水を引きつける性質をもっているので，水が「すき間」にどんどん入り込んでいく。そのため吸水性高分子は，自身の質量の何倍もの質量の水を吸収することができる。

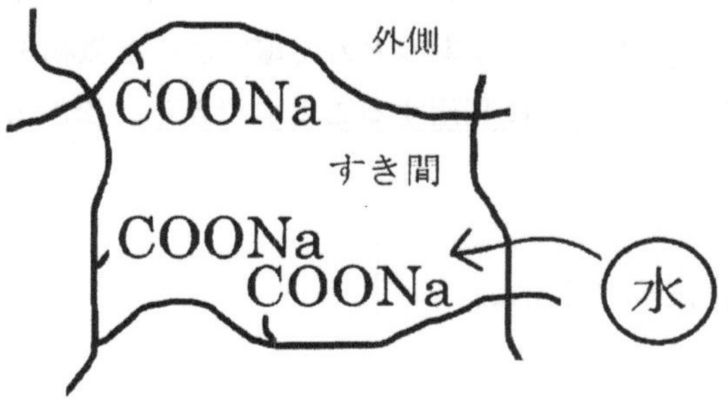

図１

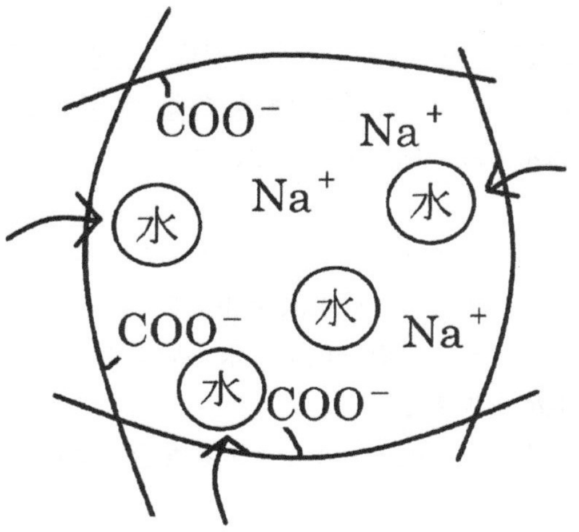

図２

実際に吸水性高分子が吸収する水の量を調べるため，次の実験１，２を行った。

【実験１】　２つのビーカーにビーズ状の市販の吸水性高分子を0.20gずつ入れ，水(14.0mL，21.0mL)を加えて24時間放置した(21.0mLの水を加えて作成した吸水性高分子をサンプルXとする)。その後，吸水性高分子を取り出し質量を調べた。また，吸水後の吸水性高分子を30.0mLの水の入ったメスシリンダーの中に入れて，水面の目盛りを調べた。結果は表のようになった。

表　吸水性高分子の質量とメスシリンダーの目盛り

加えた水の体積[mL]	14.0	21.0
吸水性高分子の質量[g]	8.00	8.00
メスシリンダー内の水面の目盛り[mL]	38.0	38.0

【実験２】　実験１と同様の操作を繰り返し，サンプルXを20.40g用意した。それをビーカーに入れ，上から食塩を6.00gふり，24時間放置した。その後，放置後のサンプルXを取り出し質量を調べると3.28gであった。

(１)　文章中の(　a　)に入る語を，漢字２字で答えよ。

(２)　物質が(　a　)すると様々なイオンが生じる。塩化水素が(　a　)するときの様子を，イオン式を用いて化学反応式で答えよ。

(３)　実験１の結果から，市販の吸水性高分子2.00gは，最大で何gの水を吸収できるか。答えに小数点以下が出るときは，四捨五入して整数で答えよ。ただし，吸水性高分子の質量と吸収される水の質量は比例するものとする。

(４)　実験１において，水を吸収する前の質量を同じにして比べた場合，最大限に水を吸収した吸水性高分子の体積は，吸水前の吸水性高分子の体積の何倍か。小数第二位を四捨五入して小数第一位まで答えよ。ただし，吸水前の吸水性高分子2.00gの体積は1.2mLであった。

(５)　実験２で吸水性高分子の質量が変化する理由を次の文で記した。文中の空欄に入る適当な文を，10字程度で答えよ。

【文】　吸水性高分子に食塩をふることで，吸水性高分子の「すき間」と「外側」を比べると，「外側」の方が[　　　　]ため，水が「外側」に出ていくから。

(６)　実験２の後，吸水性高分子内に残っている水の質量は何gか。小数第二位を四捨五入して小数第一位まで答えよ。ただし，実験２で移動したものは水のみとする。

【３】 ばねは，縮めると元に戻ろうとする。その際仕事をすることができるので，縮んだばねはエネルギーをもっていることになる。あるばねにはたらく力とばねの縮みの関係はグラフのようになる。このばねに軽い板をとりつけ，図１のように重さ(物体にはたらく重力の大きさ)2Ｎのおもりを押し当て，6 cm 押し縮めて手を放すと，おもりはストッパーで固定された台を 18 cm の高さまで上った。ばねのエネルギーはすべて物体の運動エネルギーとなり，床や台に摩擦はなく，おもりは台から飛び出すことはないものとする。

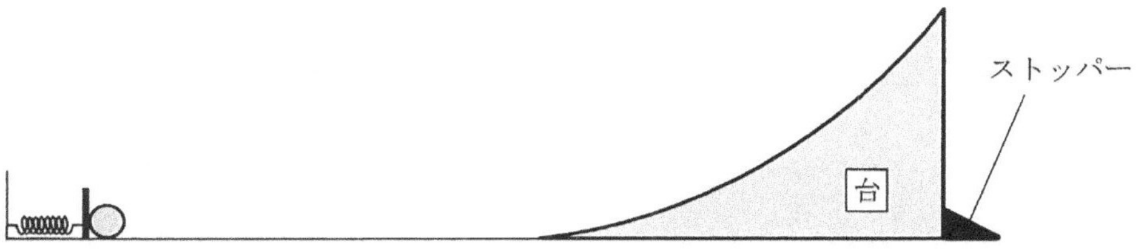

図１

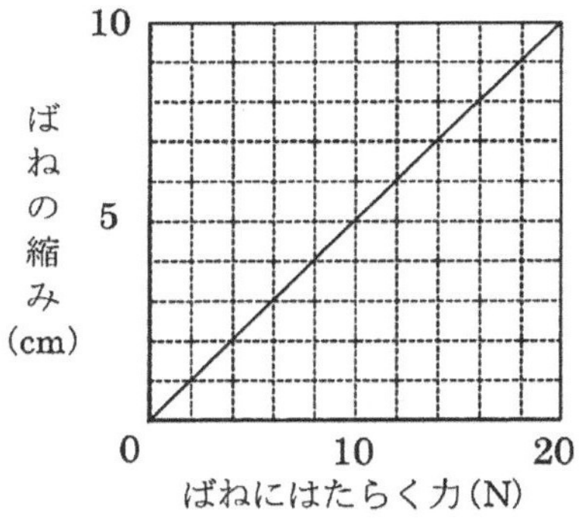

（１） 重さ 4Ｎのおもりを押し当て，6 cm 押し縮めて手を放すと，おもりは固定された台を何 cm の高さまで上るか。

（２） 図２のように同じばねを２本つなぎ，重さ 2Ｎのおもりを押し当て，6 cm 押し縮めたときに，手がおもりを押している力は何Ｎか。

（３） （２）の状態から手を放すと，おもりは固定された台を何 cm の高さまで上るか。

図２

50-(19)【理6-(3)】

次に，図１のように再びばねを１本にし，重さ 2Ｎのおもりを押し当て，3 cm 押し縮めて手を放すと，おもりは固定された台を 4.5 cm の高さまで上った。

（４） 図３のように同じばねを２本つなぎ，重さ 2Ｎのおもりを押し当て，２本のばね全体で 6 cm 押し縮めたときに，手がおもりを押している力は何Ｎか。

（５） （４）の状態から手を放すと，おもりは固定された台を何 cm の高さまで上るか。

図３

（６） （１）において，台のストッパーをはずし，台が自由に動く状態で行うと，おもりが台を上る最高点の高さは，（１）と比べてどうなるか。次の(ア)～(ウ)から１つ選び，記号で答えよ。

(ア)高くなる　　(イ)同じ　　(ウ)低くなる

【４】 音の高さは音の振動数によって決まり，ある「ド」の振動数を１としたとき，１オクターブ高い「ド」までの音階の振動数の比は常に表のようになる。

音階	振動数の比
ド	1
レ	9 / 8
ミ	5 / 4
ファ	4 / 3
ソ	3 / 2
ラ	5 / 3
シ	15 / 8
ド	2

（１） 弦楽器の場合，音の高さを高くする方法を次の(ア)～(ク)から３つ選び，記号で答えよ。

(ア)　弦を太くする　　(イ)　弦を細くする　　(ウ)　弦を強く張る
(エ)　弦を弱く張る　　(オ)　弦を強くはじく　　(カ)　弦を弱くはじく
(キ)　弦の長さを長くする　　(ク)　弦の長さを短くする

（２） 表中の「ラ」の音の振動数を 440 Hz とすると，表中の「ファ」の音の振動数は何 Hz か。

（３） （２）のとき，振動数が 1320 Hz である音を，次の(ア)～(キ)から１つ選び，記号で答えよ。

(ア)　ド　　(イ)　レ　　(ウ)　ミ　　(エ)　ファ
(オ)　ソ　　(カ)　ラ　　(キ)　シ

【５】 ある日，光さんは天気の観測と資料の収集を行い，次の表１～表４を得た。これらをもとに，下の問いに答えよ。

表１　光さんの観測結果

気温	17.5 ℃
湿度	69.1 %
気圧	1011.4 hPa
風向	西
風速	4.4 m/秒
雲量	9
降水	なし
雲	積乱雲

表２　気温と飽和水蒸気量

気温 [℃]	10.0	10.5	11.0	11.5	12.0	12.5	13.0	13.5	14.0	14.5
飽和水蒸気量 [g/m^3]	9.4	9.7	10.0	10.3	10.7	11.0	11.4	11.7	12.1	12.5

気温 [℃]	15.0	15.5	16.0	16.5	17.0	17.5	18.0	18.5	19.0	19.5
飽和水蒸気量 [g/m^3]	12.8	13.2	13.6	14.1	14.5	14.9	15.4	15.8	16.3	16.8

表３　風力階級表

風力	風速[m/秒] 以上　未満
0	0.0 ～ 0.3
1	0.3 ～ 1.6
2	1.6 ～ 3.4
3	3.4 ～ 5.5
4	5.5 ～ 8.0
5	8.0 ～10.8

表４　湿度表

A [℃]	B [℃]											
	0.0	0.5	1.0	1.5	2.0	2.5	3.0	3.5	4.0	4.5	5.0	5.5
20	100	95	90	86	81	77	72	68	64	60	56	52
19	100	95	90	85	81	76	72	67	63	59	54	50
18	100	95	90	85	80	75	71	66	62	57	53	49
17	100	95	90	85	80	75	70	65	61	56	51	47
16	100	95	89	84	79	74	69	64	59	55	50	45
15	100	94	89	84	78	73	68	63	58	53	48	43

図　記号の例

（１） 表１と表３を用いて，この日の観測地点の天気記号と風の矢ばねを，右の図を参考に解答欄に作成せよ。

（２） 表１の気圧について，この日の観測地点の気圧と最も近い圧力となるのはどれか。次の(ア)～(エ)から１つ選び，記号で答えよ。ただし，100 g の物体にはたらく重力の大きさを１N とし，水の密度を 1 g/cm^3 とする。

(ア) 底の面積が 50 cm^2，質量 45g のペットボトルに 455 mL の水を入れ，底を下にして床に置いたときに，ペットボトルから床にかかる圧力。

(イ) キャップの面積が 6 cm^2, 質量 65 g のペットボトルに 1975 mL の水を入れ，キャップを下にして床に置いたときに，ペットボトルから床にかかる圧力。

(ウ) 先端を平らにした釘《くぎ》(先端の面積が 5 mm^2，質量 1 g)を，先端を下にして床に置き，上から 0.5N の力でたたいた瞬間に，釘の先端から床にかかる圧力。

(エ) 水深 100m における水圧。

（３） 表１と表２を用いて，この日の観測地点の水蒸気量を，小数第二位を四捨五入して小数第一位まで答えよ。また，この地点の気温をT[℃]，露点をα[℃]とすると，次の式で雲底高度(その地点の地表から雲の底までの高さ)H[m]を求めることができる。この日の観測地点の雲底高度を求めよ。

$$H = 125 \times (T - \alpha)$$

（４） 表４は乾湿計を使って湿度を測定する際に使用される，湿度表である。乾湿計は，湿球温度計から水が蒸発する際に周囲の熱を奪うことを利用して，水がどれくらい蒸発するかと，気温との関係で，その空間の湿度を計測する器具である。表中の空欄［A］，［B］に入る式を，次の(ア)～(エ)からそれぞれ１つずつ選び，記号で答えよ。ただし，乾球温度計の示度をT_d[℃]，湿球温度計の示度をT_w[℃]とする。

(ア) T_d　　(イ) T_w　　(ウ) $T_d - T_w$　　(エ) $T_w - T_d$

光さんがさらに調べたところ，観測を行った１時間ほど前に，発達した温帯低気圧にともなう前線がこの地域を通過していた。

（５） この前線の種類を答えよ。ただし，この日の観測地点の天気は，この前線による影響のみを受けているものとする。

（６） この前線が通過してから温帯低気圧の影響がなくなるまでの間に，気温と気圧の値はそれぞれどのように変化するか。その説明として最も適当なものを，次の(ア)～(エ)から１つずつ選び，記号で答えよ。

(ア) 徐々に上昇する。

(イ) 徐々に下降する。

(ウ) 最初は上昇するが，温帯低気圧にともなうもうひとつの前線が通過すると下降する。

(エ) 最初は下降するが，温帯低気圧にともなうもうひとつの前線が通過すると上昇する。

令和６年度　愛光高等学校入学試験問題　理科(その５)

【６】 次の文章を読み，下の問いに答えよ。

動物は，活動を行うために必要な酸素と栄養分を体外から取り込み，活動を行うことによって発生した二酸化炭素などの老廃物を体外に排出している。酸素は肺で血液に取り込まれ全身の細胞に運ばれ，全身の細胞で発生した二酸化炭素は血液によって肺に運ばれ排出される。また，食べ物に含まれる栄養分は消化管のはたらきで消化された後，小腸で吸収され全身の細胞に運ばれて利用される。ランニングなどの運動を行う場合，筋肉を力強く収縮させるために非常に多くのエネルギーが必要となり，そのエネルギーをまかなうために筋肉の細胞による呼吸が盛んになる。このとき，呼吸数（「息を吸う」＋「息をはく」で１回と数える）や心拍数が増加し，細胞への酸素と栄養分の供給量が増える。また，二酸化炭素などの老廃物は血流により速やかに運搬され，体外に排出される。

中学３年生の太郎君は，運動を行ったときの体に起こる変化に興味をもち，自分の体で調べることにした。

《実験》　運動を行う前および 10 分間のランニング中に，スマートウォッチ（体温や心拍を常時計測することができる），ビニール袋，気体検知管を用いて，１分間の心拍数，呼吸数，１回の呼吸の吸気（吸った空気）および呼気（はいた空気）を調べた。

《結果》　運動を行う前，１分間の心拍数は 65 回，呼吸数は 20 回で，ビニール袋を用いて調べると，１回の呼吸における吸気の量・呼気の量はともに 300mL であった。運動中，１分間の心拍数は 120 回，呼吸数は 80 回で，１回の呼吸における吸気の量・呼気の量はともに 240mL であった。運動中，呼気１回分をビニール袋に集め気体検知管を使って調べたところ，酸素濃度は 16.6％であった。屋外の空気についても同様に測定すると，酸素濃度は 21.1％であった。

（１） 肺の内部には，図１に示すような構造が無数に存在し，効率よく酸素を取り込み，二酸化炭素を排出している。この構造の名称を答えよ。

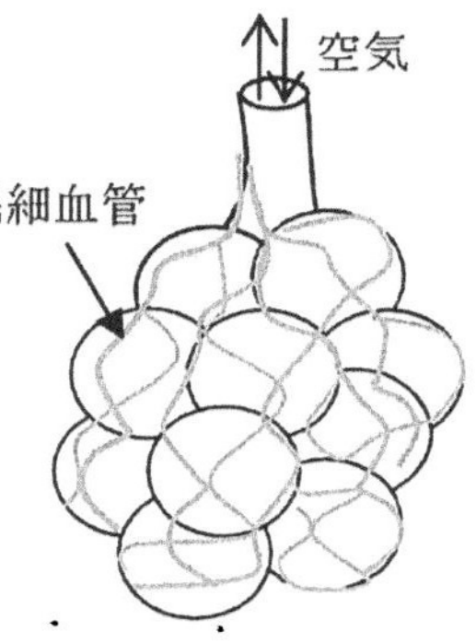

図１　肺の微細構造

（２） 肺で取り込まれた酸素と，全身の細胞で発生する二酸化炭素はともに血液によって運ばれるが，これらの気体は血液中ではどのような状態で運ばれるか。次の(ア)～(オ)から正しいものを１つ選び，記号で答えよ。

（ア） 酸素も二酸化炭素も血しょうに溶けた状態で運ばれる。
（イ） 酸素も二酸化炭素も赤血球と結合して運ばれる。
（ウ） 酸素は赤血球と結合して運ばれ，二酸化炭素は白血球と結合して運ばれる。
（エ） 酸素は赤血球と結合して運ばれ，二酸化炭素は血しょうに溶けた状態で運ばれる。
（オ） 酸素は血しょうに溶けた状態で運ばれ，二酸化炭素は赤血球と結合して運ばれる。

（３） 太郎君が行った《実験》および《結果》について，運動をしているとき太郎君の全身の細胞は１分間に何 mL の酸素を必要としていたか，計算せよ。答えに小数点以下が出るときは，四捨五入して整数で答えよ。ただし，肺で取り込まれた酸素はすべて全身に運ばれたとする。

（４） ヒトの体のはたらきについて述べた，次の(ｉ)～(iii)に関連する，(ア)と(イ)の文についてそれぞれ正誤を判定し，両方とも正しい場合は○を，両方とも誤りの場合は×を，片方のみが正しい場合は正しい方の記号を，それぞれ答えよ。

（ｉ） 図２は，ヒトの体を正面から見たときの心臓および血管の断面図を模式的に表している。図２のａ～ｄで示す血管は，全身または肺とつながっている。
（ア） 血液はｂの血管を通じて肺に向かい，ａの血管を通じて肺から心臓へ戻ってくる。
（イ） 動脈血（酸素を多く含む血液）が流れる血管はｃとｄである。

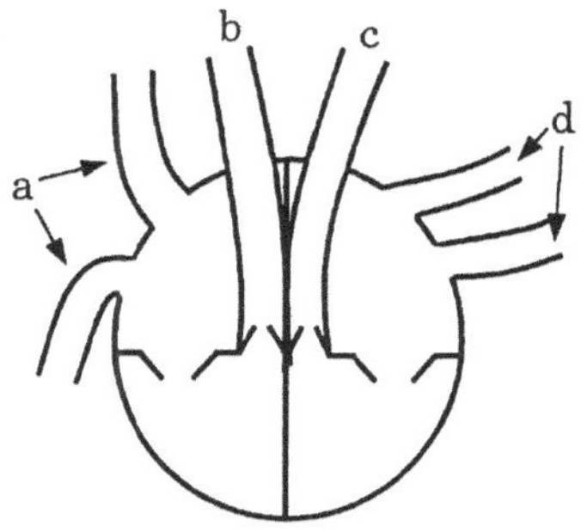

図２

（ii） 消化管で消化された食べ物に含まれる栄養分は，おもに小腸で吸収される。
（ア） 栄養分のうちデンプンはブドウ糖になり，タンパク質はアミノ酸になり吸収される。
（イ） ブドウ糖とアミノ酸は小腸の毛細血管に入り運ばれる。

（iii） 栄養分のうちのある成分を使って細胞が呼吸を行うと，毒性の強いアンモニアが発生する。
（ア） 栄養分のうち脂肪酸を使って細胞が呼吸を行うと，アンモニアが生じる。
（イ） アンモニアは腎臓で尿素につくりかえられ，尿として体外に排出される。

令和６年度　愛光高等学校入学試験問題　理科(その６)

【７】 次の文章を読み，下の問いに答えよ。

現在，発電や輸送，工業や産業などの活動で用いられるエネルギーの約８割が石油や石炭，天然ガスによってまかなわれている。石油や石炭は太古の生物の死がいが地中で長い年月をかけて変化してできたものであることから[Ｘ]とも呼ばれるが，これらの資源の埋蔵量には限りがあり，今後50年程度で枯渇すると考えられている。このため，①太陽光など持続的に利用できる再生可能エネルギーの研究開発が急がれている。

また，大気中の二酸化炭素濃度の上昇による地球温暖化への対策も急務であり，二酸化炭素の排出を実質ゼロにする，カーボン[Ｙ]を実現するために様々な取り組みが行われている。その取り組みの１つとして，②微生物のはたらきを利用して，糖液をしぼりとったあとのサトウキビからアルコールをつくり，これを燃焼させて発電する[Ｚ]発電がある。[Ｚ]発電を行っても全体的には大気中の二酸化炭素の量を増加させることはないとみなすことができ，カーボン[Ｙ]を実現する方法の１つとして世界的に広がりをみせている。

（１） 文章中の空欄[Ｘ]～[Ｚ]に入る適当な語をそれぞれ答えよ。ただし，Ｘは漢字４文字で，Ｙ，Ｚはカタカナで答えよ。

（２） 下線部①について，再生可能エネルギーに当てはまるものを，次の(ア)～(オ)からすべて選び，記号で答えよ。

(ア) 原子力　(イ) 風力　(ウ) 水力　(エ) シェールガス　(オ) 地熱

（３） 下線部②について，次の文は，サトウキビのしぼりかすを用いた[Ｚ]発電の過程を示している。文中の下線部ａ，ｂではどのような形態のエネルギーからどのような形態のエネルギーへの変換が起きているか。変換前，変換後のエネルギーの形態として最も適当なものを，下の(ア)～(カ)からそれぞれ選び，記号で答えよ。

【文】 サトウキビは，ａ日光を用いて光合成を行い，デンプンなどの有機物を合成し成長する。糖液をしぼりとった後のしぼりかすに含まれる植物繊維などの有機物を原料にして，微生物による発酵によって，エタノールを得る。エタノールを燃焼し，水を沸騰させ，生じた高圧の水蒸気を用い，発電機に接続されたｂタービンを回して発電する。

(ア) 位置エネルギー　(イ) 運動エネルギー　(ウ) 化学エネルギー
(エ) 電気エネルギー　(オ) 熱エネルギー　(カ) 光エネルギー

サトウキビは砂糖を取り出すために熱帯地方で広く栽培されている。サトウキビ農家は，切った茎を土にさして発根させる，さし木と呼ばれる方法で翌年に植える苗を増やしている。

（４） さし木で増やした苗の特徴として最も適当なものを，次の(ア)～(エ)から１つ選び，記号で答えよ。

(ア) 親と全く同じ形質となる。　(イ) 親と全く異なる形質となる。　(ウ) 親の形質の半分を受け継ぐ。
(エ) 親と全く同じ形質となる株と全く異なる形質となる株が３：１の割合で現れる。

（５） さし木による生殖方法は一般に何生殖と呼ばれるか。名称を答えよ。

（６） 栽培されたサトウキビのなかに，遺伝子が変化して，草丈が低い，病気にかかりやすい，多くの糖分が採取できるなど，周囲の株とは異なる形質をもつ株が現れることがある。このような現象を何と呼ぶか。名称を答えよ。

（７） サトウキビに最も近い植物を，次の(ア)～(オ)から１つ選び，記号で答えよ。

(ア) イチョウ　(イ) イネ　(ウ) ゼニゴケ　(エ) ヘチマ　(オ) ベニシダ

令和６年度　愛光高等学校入学試験問題

社会

（60分）

《答えはすべて解答用紙に記入しなさい。選択問題については，記号で答えなさい。》

1　世界各地で古くから人々はさまざまな目的をもち，聖地を参拝してきました。このことに関する次の文【A】～【C】を読み，後の問に答えなさい。

【A】(ｱ)アテネの南にエピダウロスという町があります。この町には，すぐれた医術を持つと言われてきたアスクレピオスがまつられてきました。そのため紀元前５世紀頃から，この場所にケガや病気の回復を願ってギリシア各地から多くの人々が訪れるようになりました。この地を訪れた人々のケガや病気が回復したという話が各地に広まると，(ｲ)地中海沿岸に住む人々が御利益を求めて参拝するようになり，やがて各地にアスクレピオスをまつる神殿が建立されるようになりました。その後，ギリシアが(ｳ)ローマ帝国の支配下におかれ，キリスト教が広まると，アスクレピオスへの信仰は禁止されましたが，そのような中でもエピダウロスは癒しの聖地として多くの人々に支持されました。

問１　下線部(ｱ)について，アテネの民主政に関連して述べた文として誤っているものを，次の中から１つ選びなさい。

(あ) 広場で開かれる民会が，政治を決定する最高機関とされた。
(い) ペルシアとの間で戦争が起こると，民主政は崩壊した。
(う) 外国の出身者は市民となれず，政治に参加できなかった。
(え) 戦争時には兵士として戦う男性の市民が，民会での政治に参加した。

問２　下線部(ｲ)について，この地域に関連して起きたできごとについて述べた文Ⅰ～Ⅲを，古いものから年代順に正しく並べかえたものを，下の中から１つ選びなさい。

Ⅰ　イタリアの都市を中心に，古代のギリシアやローマへの関心が高まり，人の個性や自由を追求する考え方が生まれた。
Ⅱ　年間を通じて利用できる港を求めたロシアは，黒海や地中海沿岸に南下する政策をとった。
Ⅲ　イスラム教徒が地中海南岸からヨーロッパへ侵入し，イベリア半島までを支配するようになった。

(あ) Ⅰ―Ⅱ―Ⅲ　(い) Ⅰ―Ⅲ―Ⅱ　(う) Ⅱ―Ⅰ―Ⅲ
(え) Ⅱ―Ⅲ―Ⅰ　(お) Ⅲ―Ⅰ―Ⅱ　(か) Ⅲ―Ⅱ―Ⅰ

問７　下線部(ｷ)に関連して，本来パラダイムシフトとはアメリカの科学哲学者クーンが科学の進歩についての従来の考え方を批判し，新たな考え方を提唱する際に用いたものです。次の文章を読み，クーンの思想の説明として最も適当なものを，次の中から１つ選びなさい。

> …この「パラダイム」とは，一般に認められた科学的業績で，一時期の間，専門家に対して問い方や答え方のモデルを与えるもの，と私はしている。
> （中略）
> そして専門家たちが，もはや既存の科学的伝統を覆すような不規則性を避けることができないようになった時，ついにその専門家たちを新しい種類の前提，新しい科学の基礎に導くという異常な追及が始まるのである。専門家たちに共通した前提をひっくり返してしまうような出来事を，この本では科学革命と読んでいる。科学革命とは，通常科学の伝統に縛られた活動と相補う役割をし，伝統を断絶させるのである。
> …
> トーマス・クーン『科学革命の構造』より

(あ) 科学は，一定のパラダイムの中で事実を理解するものである。新しい問題に出会ったら，新しい方法で実験をやり直して，問題を解決する。科学者たちの地道な努力が実って少しずつパラダイムの転換が生じ，科学革命が起きる。
(い) 科学は，一定のパラダイムの中で事実を理解するものである。でも，その考え方だけでは説明できない事が増えてきて，それらの新たな事実を説明するときパラダイムの大きな転換が生じて科学革命が起きる。
(う) 科学は，考えたことが実験であっているかどうかを確かめるものである。新しい問題に出会ったら，新しい方法で実験をやり直して，問題を解決する。科学者たちの地道な努力が実って少しずつパラダイムの転換が生じ，科学革命が起きる。
(え) 科学は，考えたことが実験であっているかどうかを確かめるものである。でも，その考え方だけでは説明できない事が増えてきて，それらの新たな事実を説明するときパラダイムの大きな転換が生じて科学革命が起きる。

問８　下線部(ｸ)のように，地方への移住が増えることは地方の活性化につながると期待されています。それに関連して，地方の財政について述べた次のａ～ｃの文の中から，正しいものをすべて選び，その組み合わせとして最も適当なものを，下の中から１つ選びなさい。

ａ　全ての地方自治体の財源は全て自主財源でまかなわれている。
ｂ　所得税や法人税などの国税の一定の割合が地方公共団体に配分される国庫支出金は，使途を限定されていない。
ｃ　ふるさと納税として地方公共団体に寄付をすると，その額に応じて納める税金が控除される。

(あ) ａ　(い) ｂ　(う) ｃ　(え) ａとｂ
(お) ａとｃ　(か) ｂとｃ　(き) ａとｂとｃ　(く) 正しいものはない

問６　下線部(ｶ)に関連して，次の図はテレワークについてさまざまな年代の人に実施したアンケート調査の結果の一部である。この図から読み取れることとして誤っているものを次の中から，１つ選びなさい。

図　テレワークで容易に実施可能なこと

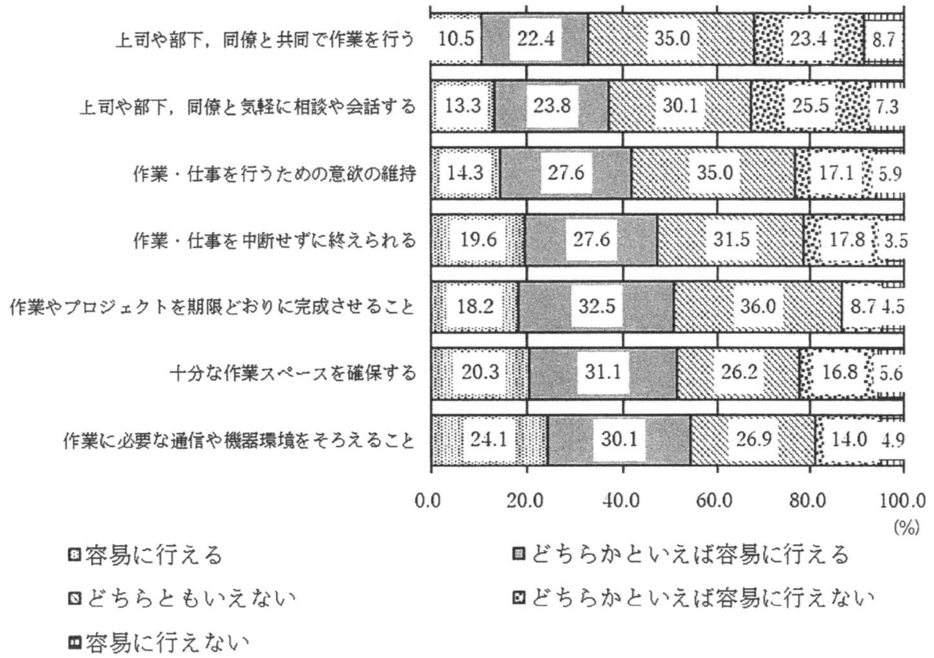

（『情報通信白書　令和三年版』より作成）

(あ) 容易に行える（「容易に行える」及び「どちらかといえば容易に行える」）として挙げられたものとしては，「作業に必要な通信や機器環境をそろえること」，が一番多く，「作業に必要な通信や機器環境をそろえること」が容易に行えない（「容易に行えない」及び「どちらかといえば容易に行えない」）という回答の割合の２倍を超える。

(い) 「作業やプロジェクトを期限どおりに完成させること」が容易に行えない（「容易に行えない」及び「どちらかといえば容易に行えない」）という回答の割合は一番少ないが，その２倍以上の割合が「どちらともいえない」と答えている。

(う) 「作業・仕事を行うための意欲の維持」が容易に行える（「容易に行える」及び「どちらかといえば容易に行える」）という回答の割合よりも，容易に行えない（「容易に行えない」及び「どちらかといえば容易に行えない」）という回答の割合のほうが大きい。

(え) 「上司や部下，同僚と気軽に相談や会話する」が容易に行えない（「容易に行えない」及び「どちらかといえば容易に行えない」）という回答の割合よりも，容易に行える（「容易に行える」及び「どちらかといえば容易に行える」）という回答の割合のほうが大きい。

問３　下線部(ｳ)に関連して，ローマ帝国は建築などの実用的な文化を発展させたことが知られています。次の写真Ｘ・Ｙは，ローマ帝国の時代につくられた建造物です。それについて述べた文①～④のうち，正しいものの組み合わせを，下の（あ）～（え）から１つ選びなさい。

Ｘ

Ｙ

①　写真Ｘは，ローマから各地に軍隊を移動させるためにつくられた道路の１つである。
②　写真Ｘは，都市に水を供給するために整備された水道の１つである。
③　写真Ｙは，市民が利用するためにつくられた公衆浴場である。
④　写真Ｙは，見世物として猛獣と剣闘士の戦いがおこなわれた円形競技場である。

（あ）①③　　（い）①④　　（う）②③　　（え）②④

【B】預言者ムハンマドによって(エ)イスラム教が成立すると，アラビア半島から各地に信仰が広まっていきました。こうした中で，イスラム教徒の間でもムハンマドにゆかりのある場所を目指す旅が行われるようになりました。イスラム教徒にとって最大の聖地となったメッカは，ムハンマドが生誕した場所であり，信者は一生に一度は祈りを捧げるために訪れるべき場所とされています。メッカの他にもイスラム教徒にとって聖地とされた場所の１つには，ムハンマドが帰天したとされる(オ)イェルサレムもあります。イェルサレムはイスラム教徒だけでなくユダヤ教徒，キリスト教徒の聖地でもあるため，この地をめぐって三者が対立することもありました。イェルサレムを含むパレスティナ地方をめぐる対立は，宗教や領土の問題を含む(カ)パレスティナ問題として現在まで続いています。

問４　下線部(エ)について，イスラム教が成立すると，イスラム教徒は各地を征服したり，交易を行ったりしてイスラム教を広め，多くの人々に信仰されるようになりました。イスラム教と同様に，キリスト教や仏教も様々な地域で，いろいろな民族に信仰されています。次の図は，イスラム教，キリスト教，仏教の信者数の総計に，それぞれが占める割合を示したものです。イスラム教，キリスト教，仏教に当てはまるものの組み合わせとして正しいものを，下の中から１つ選びなさい。

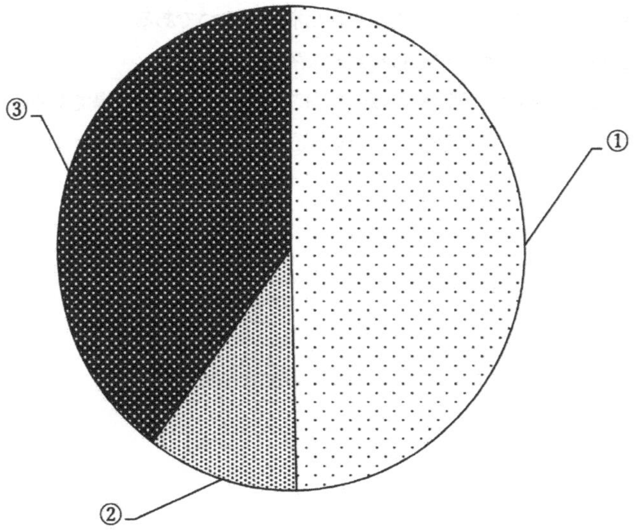

統計年次は，2022 年。

（『世界国勢図会　2022/23』より作成）

	(あ)	(い)	(う)	(え)	(お)	(か)
イスラム教	①	①	②	②	③	③
キリスト教	②	③	①	③	①	②
仏教	③	②	③	①	②	①

問５　下線部(オ)に関連して，2022 年 11 月 25 日，東京都労働委員会は大手飲食宅配代行サービスの配達員について，労働組合法上の「労働者」と認める判断を出しました。労働者として認められることで，労働者としての権利が行使できるようになりました。それについて述べた次のａ～ｃの文の中から，正しいものをすべて選び，その組み合わせとして最も適当なものを，下の中から１つ選びなさい。

ａ　労働者は団結権が認められており，必ず労働組合を作らなくてはならない。

ｂ　労働組合は労働者の代表として使用者との間で労働条件について交渉する権利が認められている。

ｃ　団体行動権とは使用者の承認を経てストライキなどを行う権利のことをさす。

（あ）ａ　（い）ｂ　（う）ｃ　（え）ａとｂ
（お）ａとｃ　（か）ｂとｃ　（き）ａとｂとｃ　（く）正しいものはない

問４　下線部(エ)について，以下の図１は配偶関係別の人口構成比（男女別）の変化を示したもので，図２は家族の姿の変化を示したものです。図２中の空欄［X］［Y］［Z］にはそれぞれ単独，夫婦のみ，１人親と子どものいずれかが当てはまります。図１を参考に，図２中の空欄［X］［Y］［Z］に当てはまるものの正しい組み合わせを下の中から１つ選びなさい。

図１　配偶関係別の人口構成比

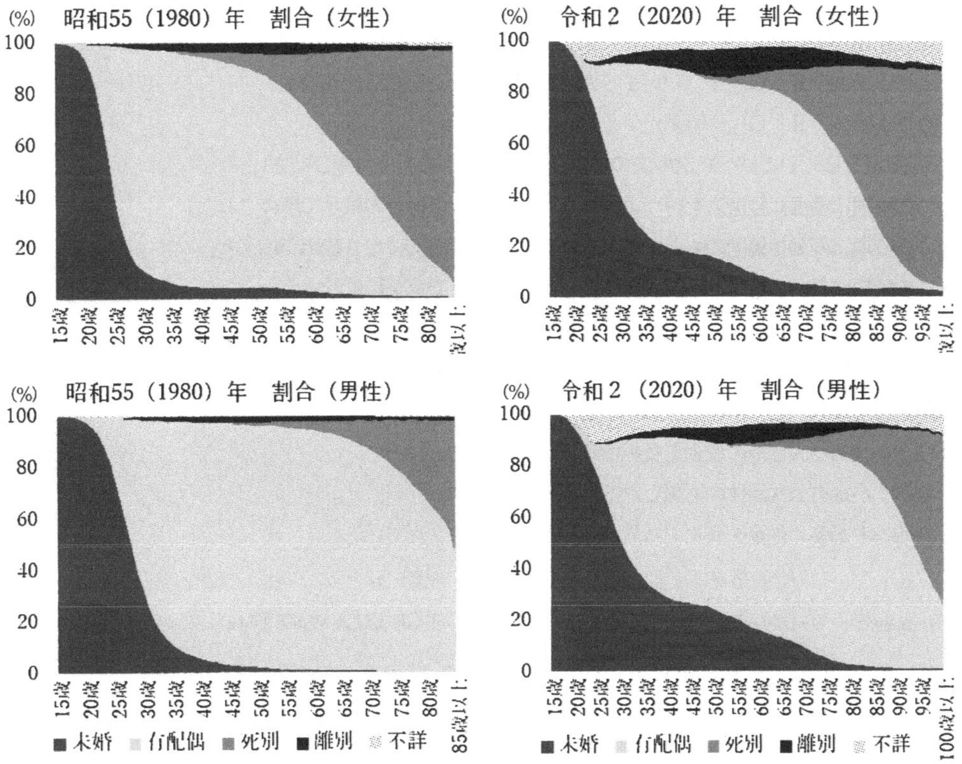

（『男女共同参画社会白書　令和四年版』より作成）

図２　家族の姿の変化

1980年		2015年		2020年	
夫婦と子ども	42.1%	［X］	34.5%	［X］	38.0%
3世代等	19.9%	夫婦と子ども	26.8%	夫婦と子ども	25.0%
［X］	19.8%	［Y］	20.1%	［Y］	20.0%
［Y］	12.5%	3世代等	9.4%	［Z］	9.0%
［Z］	5.7%	［Z］	8.9%	3世代等	7.7%

（『男女共同参画社会白書　令和四年版』より作成）

	(あ)	(い)	(う)	(え)	(お)	(か)
X	単独	単独	夫婦のみ	夫婦のみ	１人親と子ども	１人親と子ども
Y	夫婦のみ	１人親と子ども	単独	１人親と子ども	単独	夫婦のみ
Z	１人親と子ども	夫婦のみ	１人親と子ども	単独	夫婦のみ	単独

問５　下線部(オ)に関連して，この地域で起きたできごとについて述べた文Ⅰ～Ⅲを，古いものから年代順に正しく並べかえたものを，下の中から１つ選びなさい。

Ⅰ　イエスが十字架にかけられ処刑された。

Ⅱ　ムハンマドが天に帰った。

Ⅲ　新バビロニア王国の支配から解放されたヘブライ人が，ユダヤ教の神殿を建てた。

（あ）Ⅰ―Ⅱ―Ⅲ　（い）Ⅰ―Ⅲ―Ⅱ　（う）Ⅱ―Ⅰ―Ⅲ
（え）Ⅱ―Ⅲ―Ⅰ　（お）Ⅲ―Ⅰ―Ⅱ　（か）Ⅲ―Ⅱ―Ⅰ

問６　下線部(カ)について，第１次世界大戦中にイギリスがとった外交政策が今日まで続くアラブ人とユダヤ人の対立を引き起こしたと言われています。次の史料①・②は，イギリスが第１次世界大戦中にアラブ人およびユダヤ人に対して行った二枚舌外交と呼ばれる外交政策を示すものです。これらの史料の内容を踏まえ，アラブ人とユダヤ人が対立するようになった理由を，２行以内で具体的に説明しなさい。（史料は一部を省略し，わかりやすく書き改めています。）

史料①

> １，イギリスは一定の修正を加えて，メッカのフサインによって要求されている範囲内すべての地域におけるアラブ人の独立を認め，それを支援する用意がある。
> ２，イギリスは外国からのすべての侵略に対して聖地を保全し，その不可侵性を承認する。

史料②

> 私はイギリス国王陛下の政府を代表いたしまして，以下の宣言を，閣議の同意を得て貴下にお伝えすることができて非常によろこばしく思っております。
> 「国王陛下の政府はパレスティナにおいてユダヤ人のための民族的郷土を設立することを好ましいと考えており，この目的の達成を円滑にするために最善の努力を行うつもりです。」

【C】中国ではいくつかの山が古くから聖地として多くの人々を引き付けてきました。中でも，山東省の泰山は(キ)孔子も訪れたことがある山として人々の信仰を集め，仏教などの寺院が多く建立されてきました。唐の時代には修行僧など一部の人々によって行われていた泰山への巡礼は，(ク)宋の時代になって安産を祈願したり，病気の回復を願う庶民も参加するようになりました。明や清の時代には，巡礼に参加した人々がその周辺の名所や史跡をめぐるなど，一種の観光として泰山への参拝が盛んに行われるようになりました。(ケ)アヘン戦争以降の混乱や，(コ)列強による中国進出が進められた中で，泰山への参拝は衰退していきましたが，20 世紀後半以降，政府が経済の変革を進めると，次第に中国国内の人々の余暇や観光への支出が増え，中国国内の参拝者が増加しました。さらに，1987 年に世界遺産に登録されると，国外からも多くの人々が盛んに参拝するようになりました。

問７　下線部(キ)について，孔子の教えや政治との関わりについて述べた文として誤っているものを，次の中から１つ選びなさい。

（あ）孔子の教えは，周が衰退した後に多くの国々が争った春秋・戦国時代に生まれた。

（い）孔子は，思いやりの心でおこないを正し，日常の生活や政治に取り組むことにより，国はよく治まると説いた。

（う）孔子やその弟子たちの言葉やおこないは，『論語』にまとめられている。

（え）秦の始皇帝は孔子の教えを取り入れ，中央集権国家の政治のしくみを整えた。

問８　下線部(ク)について，宋やその対外関係について述べた文として正しいものを，次の中から１つ選びなさい。

（あ）対立していた高句麗への攻撃に失敗したことなどが原因で滅亡した。

（い）百済の復興を目指して大軍を派遣した日本を，新羅と同盟して白村江の戦いで破った。

（う）ユーラシア大陸の東西にまたがる大帝国となり，陸上や海上の交通路を整備したことで，ヨーロッパからも商人やキリスト教の宣教師が訪れた。

（え）北方におこった金との戦いに敗れたため，都を南に移した。

問９　下線部(ケ)に関連して，アヘン戦争に勝利した 19 世紀のイギリスについて述べた文として正しいものを，次の中から１つ選びなさい。

（あ）議会はそれまでの国王を追放し，オランダから新国王をむかえた。

（い）ドイツが植民地を求めて海外に進出しようとしたことに対抗し，フランス，ロシアと三国協商を結んだ。

（う）国王の専制を防ぐために，人びとの権利を文書で確認したマグナ＝カルタが定められた。

（え）インド大反乱を鎮圧すると，インドを直接の支配下に置いた。

問１　下線部(ア)に関連して，インターネット，テレビ，書籍，新聞の各種メディアのいずれかの長所もしくは短所について述べた文Ⅰ・ⅡとＡ～Ｄとの組み合わせとして最も適当なものを，下の中から１つ選びなさい。

Ⅰ　自分で必要な情報を検索し，選択することができ，利用可能な情報の範囲が非常に広い。

Ⅱ　情報更新がなく，時間が経つにつれ，内容やデータが古くなっていく。

Ａ　テレビの長所	Ｂ　インターネットの長所	Ｃ　書籍の短所	Ｄ　新聞の短所

（あ）Ⅰ：Ａ　Ⅱ：Ｃ　（い）Ⅰ：Ａ　Ⅱ：Ｄ

（う）Ⅰ：Ｂ　Ⅱ：Ｃ　（え）Ⅰ：Ｂ　Ⅱ：Ｄ

問２　下線部(イ)について述べた次の文の中から，正しいものを１つ選びなさい。

（あ）この時期に過度に経済力を持つようになった財閥がＧＨＱの指示で解体された。

（い）この時期に変動相場制のもとで対ドル為替レートが円安になり輸出が増えた。

（う）この時期に日本のＧＮＰ（国民総生産）が西側世界で第２位になった。

（え）この時期に日本銀行による高金利政策の採用でバブル景気がおこった。

問３　下線部(ウ)の説明として述べた次のａ～ｃの文の中から，正しいものをすべて選び，その組み合わせとして最も適当なものを，下の中から１つ選びなさい。

ａ　税金を納める人とその税金を負担する人が同じである。

ｂ　すべてが地方公共団体の財源となる地方税である。

ｃ　高所得者が多く税金を負担する累進課税制度が採用されている。

（あ）ａ　（い）ｂ　（う）ｃ　（え）ａとｂ

（お）ａとｃ　（か）ｂとｃ　（き）ａとｂとｃ　（く）正しいものはない

6　次の文はある中学校の授業のようすです。文を読んで後の問に答えなさい。

先　生：「コロナ禍で注目を集めるようになった生活様式の変化」についてレポートをまとめてきてもらいました。今日はそれを順番に発表してもらおうと思います。まずはＡさんお願いします。

Ａさん：ぼくはコロナ禍で変化した生活様式に「フードデリバリー利用の増加」があると思って，いろいろ調べてみました。「フードデリバリー」というと新しい感じがしますが，要は出前だと考えると歴史は結構古いです。ぼくが(ア)図書館やインターネットで集めた資料によると，具体的な出前の形態が確立されたのは江戸時代中期だそうです。でもその頃は手書きの注文書のやりとりや直接の来店などが必要でした。その後昭和に入って電話が普及するようになると，注文のしやすさから人気が出てきました。特に(イ)高度成長期には，出前のそばを何重にも高く積んで運ぶ人がたくさんいたそうです。平成に入ると，インターネットの普及とともに，オンラインでの注文や大手チェーンの宅配サービスが増えてきました。そして，スマホが普及してアプリで注文ができるようになると，より身近に利用できるようになりました。特にコロナ禍でレストランなどの営業が制限されるようになると，デリバリーサービスがさらに注目を集めました。合わせて，(ウ)消費税の増税によって外食のコストが高まったことや(エ)家族構成が変化したことなども，デリバリーサービスの普及を促す一因になっているそうです。

先　生：Ａさんありがとうございました。出前がこのように現代風にアレンジされて注目を集めるようになるとは，私には意外でした。デリバリーサービスが一気に普及すると，便利な一方で，デリバリーを担当する配達員たちの(オ)労働条件や報酬，安全対策については問題点が指摘されるようにもなってきています。このあたりの問題も今後注目していかなくてはなりません。続いてＢさんお願いします。

Ｂさん：はい。コロナ禍の中で「(カ)テレワーク」という言葉を頻繁に聞くようになりました。これは，情報通信技術を活用して自宅や移動中などオフィス以外の場所で働くことを指します。テレワークにはいろいろなツールが使われますが，その中でも特に重要なのが「ビデオ会議システム」です。このビデオ会議システム，実はコロナ禍以前から存在していましたが，コロナ禍によって一気に普及し，今では多くの企業で働く人々にとって欠かせないツールになりました。ビデオ会議システムの普及によって，オフィスに出勤しなくても，どこからでも会議に参加できるようになったんです。これは働き方に大きな変化をもたらし，新たなビジネスモデルも生まれてきました。そうして社会全体にとって(キ)パラダイムシフトをもたらしたのです。例えば，オフィスの近くに住む必要がなくなったため，(ク)地方へ移住する人が増えてきたという事例もあります。

先　生：Ｂさんありがとうございました。コロナで休校が続いたときは学校でもビデオ会議システムが大活躍しましたね。しかし一方で，ビデオ会議システムの普及に伴い，セキュリティ問題，人間関係の変化など，新たな課題も出てきています。

問10　下線部(コ)について，19 世紀末以降，ヨーロッパ列強による中国分割がはじまると日本もヨーロッパ列強と同様に中国へ進出し，利権を手に入れようとするようになりました。こうした中，中国では日本の進出に抵抗する運動がさかんになりました。これについて述べた文として誤っているものを，次の中から１つ選びなさい。

(あ) 清朝は日本の二十一か条の要求に反発し，これをきっかけに日清戦争がはじまった。

(い) 北京での学生集会をきっかけに日本を排除しようとする運動が起こると，しだいに全国的な反日運動へと発展した。

(う) 柳条湖で満鉄の線路が爆破された事件をきっかけに関東軍が満州に勢力を拡大すると，中国は日本の武力による侵略だとして国際連盟に訴えた。

(え) 盧溝橋事件をきっかけに日中戦争がはじまると，共産党と国民党は抗日民族統一戦線を結成し，日本に抵抗した。

2　次の【A】～【E】の文を読み，後の問に答えなさい。なお，出題に用いる史料は，分かりやすくするように，一部を書き換えたり，省略したりしています。

【A】四国遍路は，(ｱ)空海ゆかりの八十八箇所の霊場をめぐるもので，814 年に空海によって開かれたと言われることもあります。しかし，実際に空海が八十八箇所の霊場をめぐったことは確認できず，四国遍路の源流ができあがるのは，12 世紀ごろと考えられています。(ｲ)『今昔物語集』には，四国の海岸部を歩いて修行した僧侶のことが書かれており，同様の記述は，後白河上皇がまとめた歌謡集にも見ることができます。こうした修行が，後の八十八箇所の巡礼の起源となりました。

問１　下線部(ｱ)の人物に関連して述べた下の文①～④の中には，正しいものが２つあります。その組み合わせとして適当なものを，次の中から１つ選びなさい。

(あ) ①②	(い) ①③	(う) ①④	(え) ②③	(お) ②④	(か) ③④

①　唐で新しい仏教を学び，唐風の書の達人でもあった。

②　山奥の寺で厳しい修行を行うことを重んじた。

③　現在の滋賀県に延暦寺を建てた。

④　彼の教えは貴族の間に広がっていき，各地に阿弥陀堂がつくられた。

問２　下線部(ｲ)について，次の史料は，『今昔物語集』の中にある，摂関政治が行われていたころの国司について書かれた物語を要約したものです。この史料に関連して述べた文Ｘ・Ｙの正誤の組み合わせとして正しいものを，下の（あ）～（え）から１つ選びなさい。

藤原陳忠《のぶただ》という人物は，信濃国の国司としての任期を終え京へ帰っていた。その時に，神坂《みさか》峠（現在の岐阜県と長野県の間にある峠）を通り過ぎていると，乗っている馬が橋を踏み外し，馬ごと深い谷へ転落した。お供をしていた者たちが谷を見下ろすと，とても生きているようには思えなかった。しかし，「かごに縄をつけて降ろせ。」との陳忠の声が谷底から聞こえたので，かごを降ろして引き上げてみると，かごには陳忠ではなくヒラタケというきのこがたくさん載せられていた。再度かごを降ろして引き上げると，陳忠もかごに乗っていたが，片手にたくさんのヒラタケを持っている。お供をしていた者たちが安心し，かつあきれていると，陳忠は「転落する途中に木に引っかかってみれば，すぐそばにヒラタケがたくさん生えているではないか。宝の山に入って手ぶらで出てくるのは悔やみきれない。『受領はたとえ倒れたとしても土をもつかめ』と言うではないか。」と言い放った。

Ｘ　藤原陳忠は，摂政や関白には就けないような中級・下級の貴族だと考えられ，とても欲深い人物としてえがかれている。

Ｙ　朝廷が，地方の政治を立て直すために国司の権限を強め，税の取り方などをほとんど国司に任せるようになったことが，この物語での藤原陳忠の発言の背景となっている。

（あ）Ｘ：正　Ｙ：正　　（い）Ｘ：正　Ｙ：誤　　（う）Ｘ：誤　Ｙ：正　　（え）Ｘ：誤　Ｙ：誤

令和６年度　愛光高等学校入学試験　問題用紙（社会）

問４　下線部(エ)に関連して，以下の設問に答えなさい。

（1）日本の選挙について述べた次の文ａ～ｃの中から，正しいものをすべて選び，その組み合わせとして最も適当なものを，下の中から１つ選びなさい。

ａ　衆議院議員の選挙制度は小選挙区制と比例代表制を組み合わせた制度である。

ｂ　参議院議員の選挙制度改革によって，複数の県を合わせて一つの選挙区とする合区が実現した。

ｃ　選挙権年齢が満 18 歳以上に引き下げられたことにより，若い世代の政治参加が促進され，全体の投票率が上昇している。

（あ）ａ　（い）ｂ　（う）ｃ　（え）ａとｂ

（お）ａとｃ　（か）ｂとｃ　（き）ａとｂとｃ　（く）正しいものはない

（2）人々の政治参加を促進するため，2013 年から，選挙期間中のインターネットを使った選挙運動が解禁されています。これについて述べた次の文の中から，誤っているものを１つ選びなさい。

（あ）選挙期間中の街頭演説の告知をウェブサイトやＳＮＳでできるようになった。

（い）満 18 歳未満の人も特定の候補者を応援するなど，インターネット上での選挙運動ができるようになった。

（う）動画共有サービスを利用して，討論会や演説会のようすを配信することができるようになった。

（え）候補者と政党にかぎりメールによる投票の呼びかけをできるようになった。

問５　下線部(オ)について，日本の政党に関連して述べた次の文の中から，誤っているものを１つ選びなさい。

（あ）一般的に，国会で議席の過半数からなる多数派の政党が政権を組織する。

（い）政党や政治家には，政治資金に関する情報について情報公開が義務づけられていない。

（う）一定の要件を満たした政党は，国庫から政党交付金を受け取ることができる。

（え）近年，支持政党のない層が大きな割合を占め，選挙結果に影響をおよぼしている。

問６　下線部(カ)に関連して，日本の政党政治について述べた次の文ａ～ｃの中から，正しいものをすべて選び，その組み合わせとして最も適当なものを，下の中から１つ選びなさい。

ａ　1955 年に，自由民主党と日本共産党が成立し，55 年体制が成立した。

ｂ　1993 年に保守政党が合同し，55 年体制が崩壊した。

ｃ　55 年体制の崩壊以降，衆議院議員総選挙のたびに政権交代がおこっている。

（あ）ａ　（い）ｂ　（う）ｃ　（え）ａとｂ

（お）ａとｃ　（か）ｂとｃ　（き）ａとｂとｃ　（く）正しいものはない

【Ｂ】四国をめぐり歩く修行は，有名な僧侶たちによっても行われました。源平の争乱によって焼失した(ウ)東大寺を再建した重源は，若き日に空海ゆかりの地をたずねて四国で修行しました。鎌倉時代に時宗を開いた一遍も，四国をめぐり歩く修行をしたと言われています。また，室町時代には，伊予国の(エ)守護大名河野氏が高野山に参詣するなど，空海への信仰が四国で広がっていきます。四国をめぐり歩く修行と空海への信仰が結び付いて，四国遍路は成立していったと考えられています。

問３　下線部(ウ)の東大寺に関連するできごとⅠ～Ⅲを，古いものから年代順に正しく並べかえたものを，下の中から１つ選びなさい。

Ⅰ　覚仁《かくにん》という僧侶は，当時の上皇が書類に不備のある荘園を停止する政策を出したため，東大寺の荘園を維持するために朝廷と交渉した。

Ⅱ　東大寺の荘園である黒田荘に悪党と呼ばれる武士が現れ，東大寺に対して抵抗した。

Ⅲ　宋の新しい建築様式を取り入れた東大寺南大門が再建された。

（あ）Ⅰ―Ⅱ―Ⅲ　（い）Ⅰ―Ⅲ―Ⅱ　（う）Ⅱ―Ⅰ―Ⅲ

（え）Ⅱ―Ⅲ―Ⅰ　（お）Ⅲ―Ⅰ―Ⅱ　（か）Ⅲ―Ⅱ―Ⅰ

問４　下線部(エ)に関連して，室町時代の守護は将軍から領国の支配を認められるかわりに，その国から軍勢を動員するなどして，将軍のために戦いました。次の史料は，1393 年に室町幕府の将軍が，河野氏に対して軍勢を動員するよう命じたものです。この史料を根拠として考えられることを述べた文Ｘ・Ｙの正誤の組み合わせとして正しいものを，下の（あ）～（え）から１つ選びなさい。

西条（現愛媛県西条市）から東を除く伊予国の軍勢を引き連れて，すぐに伯耆《ほうき》国に行き，山名氏之《うじゆき》に協力しなさい。

Ｘ　河野氏は，伊予国の守護大名であっただけでなく，伯耆国の守護大名でもあった。

Ｙ　伊予国には，河野氏が支配することを，室町幕府が認めていない地域があった。

（あ）Ｘ：正　Ｙ：正　（い）Ｘ：正　Ｙ：誤　（う）Ｘ：誤　Ｙ：正　（え）Ｘ：誤　Ｙ：誤

【C】中世の終わりになると，僧侶だけでなく民衆たちも四国の霊場をめぐり歩くようになり，四国の巡礼が次第に大衆化していきました。この後，江戸時代になると，1631年に出版された(ｵ)浄瑠璃の脚本に「四国遍路は八十八箇所である」との記述を見ることができ，17世紀前半には八十八箇所の霊場が成立していたと考えられます。(ｶ)交通路の整備やガイドブックの出版などによって，多くの人が巡礼するようになりました。

問５　下線部(ｵ)に関連して，江戸時代の元禄文化を代表する浄瑠璃作家であった近松門左衛門について述べた次の文の空欄［　X　］・［　Y　］に当てはまる語句の組み合わせとして正しいものを，下の（あ）～（え）から１つ選びなさい。

近松門左衛門の『曾根崎心中』は，［　X　］の［　Y　］を主人公とする作品で，［　Y　］社会の義理と人情の葛藤がえがかれている。

（あ）X：江戸　Y：町人　　（い）X：江戸　Y：武士
（う）X：大阪　Y：町人　　（え）X：大阪　Y：武士

問６　下線部(ｶ)に関連して，江戸時代の交通について述べた次の文X・Yの正誤の組み合わせとして正しいものを，下の中から１つ選びなさい。

X　江戸と上方を結ぶ東海道や中山道などの道路が整備された。
Y　江戸幕府は通行税を取るために箱根などに関所を設けた。

（あ）X：正　Y：正　　（い）X：正　Y：誤　　（う）X：誤　Y：正　　（え）X：誤　Y：誤

問１　下線部(ｱ)の民主主義では，法の役割が重要であり，政治は「法の支配」に基づいて行われる必要があるとされます。図１と図２はそれぞれ「法の支配」と「人の支配」のいずれかを示しています。「法の支配」について述べた文として最も適当なものを１つ選びなさい。

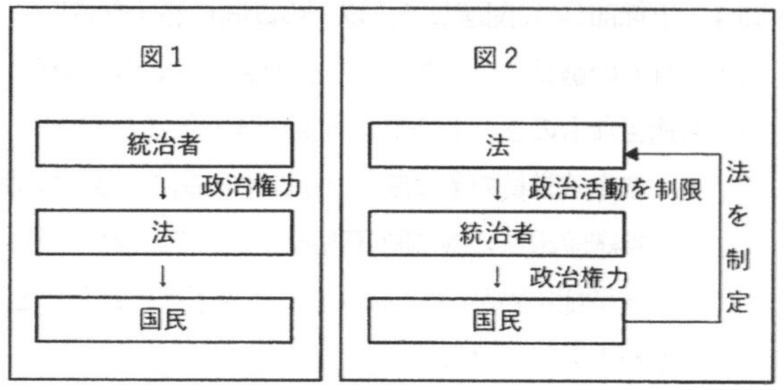

（あ）統治者がつくった法であれば，どのような法であったとしても，その法を国民が必ず守らなければいけないという原理を表しているから，図１が「法の支配」を示している。
（い）統治者の支配のために必要なことが記された法がつくられ，その法を国民が守るべきであるという国民の心理的支配を原理として表しているから，図１が「法の支配」を示している。
（う）法の内容よりも形式を重視して，法の形式さえ整っていれば，どのような法でも統治者と国民は守るべきであるという原理を表しているから，図２が「法の支配」を示している。
（え）国民の自由と権利を擁護する法を民主的手続でつくり，統治者はその法を遵守しながら国民を統治するという原理を表しているから，図２が「法の支配」を示している。

問２　下線部(ｲ)に関連して，以下の設問に答えなさい。

（１）日本国憲法に定められた直接民主制は３つあります。次の表の空欄に当てはまる語句を答えなさい。

直接民主制	憲法の条文
①　最高裁判所の裁判官の国民審査	第79条
②　地方自治特別法の住民投票	第95条
③　［　　　　　　］	第96条

（２）地方自治法では，住民の声を反映させるため，住民の直接請求権を認めています。これに関する以下の表中の空欄に当てはまる数字をそれぞれ答えなさい。

請求の種類	必要な署名（有権者に占める割合）	請求先
条例の制定または改廃の請求	［①］分の１以上	首長
監査請求	［①］分１以上	監査委員
議会の解散請求	一般的に，［②］分の１以上	選挙管理委員会
首長・議員の解職請求	一般的に，［②］分の１以上	選挙管理委員会

問３　下線部(ｳ)の説明として述べた次のａ～ｃの文の中から，正しいものをすべて選び，その組み合わせとして最も適当なものを，下の中から１つ選びなさい。

ａ　大選挙区制は二大政党制が成立しやすい。
ｂ　比例代表制は得票の少ない政党も議席を得やすくなる。
ｃ　小選挙区制は死票が多くなる。

（あ）ａ　　（い）ｂ　　（う）ｃ　　（え）ａとｂ
（お）ａとｃ　　（か）ｂとｃ　　（き）ａとｂとｃ　　（く）正しいものはない

5　次の会話文は，ある中学校の社会の授業中のようすです。この文を読み，後の問に答えなさい。

先　生：今日は，政治と選挙について話しましょう。政治は社会を運営し，異なる意見や利益を調整するために非常に重要な役割を果たします。政治の基本的な役割について考えてみましょう。

Ａさん：政治は社会課題の解決や安全保障，生活向上をめざすものだと思います。

先　生：そのために，行政は政策の実施を担当し，立法は法律の制定を行い，司法は法に基づいてさまざまな判断を行います。各権力が互いに監視し合い，権力の濫用や暴走，人権侵害を防ぐしくみになっています。

Ｂさん：国の機関や権力の分立は，(ア)民主主義とも関連しているんですね。具体的な制度について詳しく教えてください。

先　生：民主主義は国民が政治に参加し，自由に意見を表明できる制度です。民主主義には，具体的には，直接民主制と間接民主制の２つがあります。(イ)直接民主制では国民が重要な決定に直接参加して意思を表明し，間接民主制では選挙を通じて代表者を選びます。

Ｃさん：政治への積極的な参加として，選挙は民主主義を支える重要な手段の１つですよね？

先　生：そうです。選挙は国民が意思表示する中心であり，代表者を選び，政治に影響を与える機会です。さまざまな(ウ)選挙制度が採用されていますが，(エ)今日の日本の選挙には問題点も多く指摘され，改革が求められています。

Ａさん：その他にも政治参加の方法はいろいろありますよね？

先　生：そうですね，政治参加の方法は多岐にわたります。どんなことが政治参加に当たるか考えてみてください。

Ｂさん：演説を聞きに行くこともそうでしょうし，デモに参加するなどいろいろあると思います。

Ｃさん：支持する(オ)政党の党員になることも政治参加ですよね。

先　生：そうですね。政党は政策や考え方を共有する人々が集まる団体です。政党は国民の多様な意見を統合し，政策を形成し，政権獲得をめざしています。

Ａさん：(カ)政党政治は政権の交代や政策の議論を可能にし，民主主義の基本原則を支えているんですね。

先　生：そのとおりです。いろいろな政党があって，選挙で有権者は自分の信念に合致する政党を選択できます。今日は，選挙や政治参加について学びました。政治に参加し，民主主義を支えることは国の未来に向けて不可欠な役割です。皆さんの質問や関心が政治に対する理解を深める一歩になりました。

【D】明治時代の四国遍路は，(キ)新政府による神道と仏教を分離させて仏教を排斥する政策によって一時的に低迷したとも言われますが，実際には盛んに巡礼が行われていました。また，徒歩以外の移動手段が成立すると，四国遍路を巡礼する手段も多様化しました。さらに(ク)大正時代になり，大衆に向けた文化が発展するようになると，レジャーとして効率的に霊場をめぐる「モダン遍路」と呼ばれるものも登場します。しかし，1937年に(ケ)日中戦争が始まると，巡礼者は大きく減少していきました。

問７　下線部(キ)のような政策を新政府が行ったのは，天皇を中心とする国家をつくるためです。これに関連する次の史料Ⅰ～Ⅲを古いものから年代順に正しく並べかえたものを，下の中から１つ選びなさい。

Ⅰ　そもそも1853年以来，未曽有の国難が続き，前の天皇もずっとお心を悩ませておられた事情は，人々の知るところである。そこで天皇はお心を決められて，王政復古・国威回復の基本となることを定められた。

Ⅱ　一　広く会議を開いて，政治の全ては公議世論（人々の意見）に従って行うべきである。

（３条略）

一　知識を世界に求め，天皇国家の基礎を奮い起こすべきである。我が国が未曽有の変革をなそうとしている。私が自ら人々の先頭に立ち，天地の神々にちかって，国政の基本方針を定め，全ての人々の保全の道を樹立するつもりだ。

Ⅲ　最近は外国との関係が盛んで，政権がひとつでなければ秩序を保つ事ができません。そこで私は，従来の旧習を改めて政権を朝廷に返し奉り，広く議論を行い，天皇の決断を仰ぎ，心を一つに協力して日本を治めていこうと考えました。

(あ)　Ⅰ―Ⅱ―Ⅲ　(い)　Ⅰ―Ⅲ―Ⅱ　(う)　Ⅱ―Ⅰ―Ⅲ
(え)　Ⅱ―Ⅲ―Ⅰ　(お)　Ⅲ―Ⅰ―Ⅱ　(か)　Ⅲ―Ⅱ―Ⅰ

問８　下線部(ク)について述べた次の文の中から，誤っているものを１つ選びなさい。

(あ)　最初の日刊新聞が発刊され，世論の形成に影響を与えた。
(い)　労働者の生活をえがくプロレタリア文学が流行した。
(う)　蓄音機やレコードが広がり，歌謡曲が全国で流行するようになった。
(え)　ライスカレー・トンカツ・オムレツ・コロッケなどの洋食が広がった。

問９　下線部(ケ)に関連して，日中戦争中の中国について述べた次の文の空欄 X ・ Y に当てはまる都市の場所を，地図の中のａ～ｃから選んだ時に，その組み合わせとして適当なものを，下の（あ）～（か）から１つ選びなさい。

> 中国の国民政府は首都を X から武漢，さらに Y に移し，アメリカやイギリスなどからの援助を受けながら，抗戦を続けました。

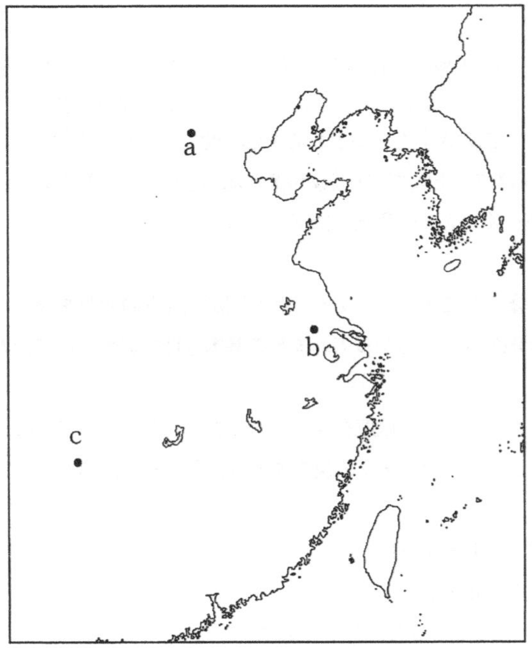

（あ）Ｘ：ａ　Ｙ：ｂ　（い）Ｘ：ａ　Ｙ：ｃ　（う）Ｘ：ｂ　Ｙ：ａ
（え）Ｘ：ｂ　Ｙ：ｃ　（お）Ｘ：ｃ　Ｙ：ａ　（か）Ｘ：ｃ　Ｙ：ｂ

問８　次の図Ｘ～Ｚは，ピッツバーグ，ソルトレークシティ，サンフランシスコのいずれかの都市における月平均気温，月降水量を雨温図で表したものです。都市名とＸ～Ｚとの正しい組み合わせを，下の中から１つ選びなさい。

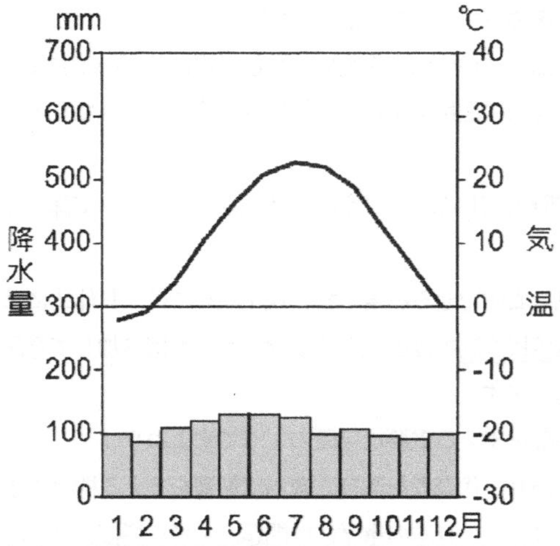

X

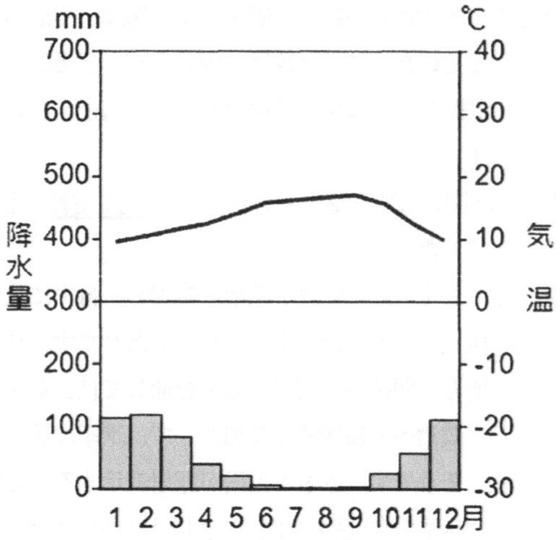

Y

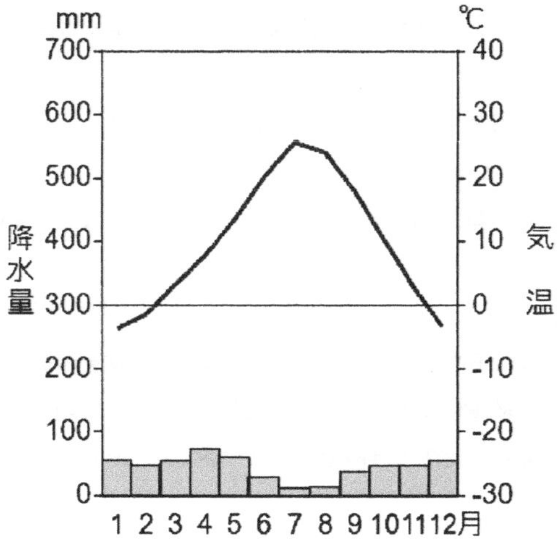

Z

（Climate-Data.org より作成）

	(あ)	(い)	(う)	(え)	(お)	(か)
ピッツバーグ	X	X	Y	Y	Z	Z
ソルトレークシティ	Y	Z	X	Z	X	Y
サンフランシスコ	Z	Y	Z	X	Y	X

問７　下線部(キ)に関連して，次の図はカリフォルニア州の人種構成*を示したものであり，図中のＸ～Ｚには，白人，黒人，アジア系のいずれかが当てはまります。人種名とＸ～Ｚの組み合わせとして正しいものを，下の中から１つ選びなさい。

*統計は，白人・黒人・アジア系・その他に分けています。

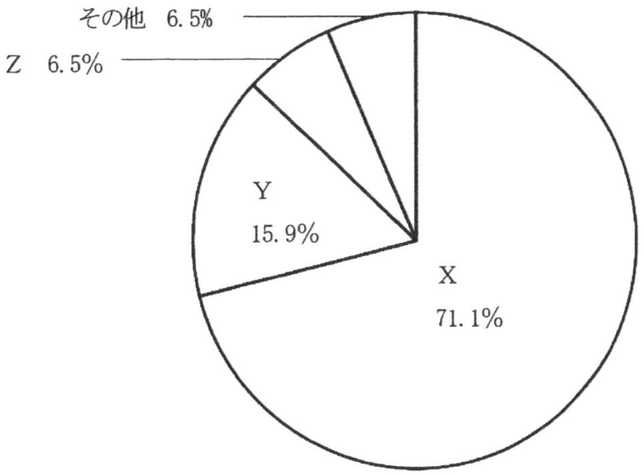

統計年次は，2021年。

（『データブック・オブ・ザ・ワールド2023』より作成）

	(あ)	(い)	(う)	(え)	(お)	(か)
白人	X	X	Y	Y	Z	Z
黒人	Y	Z	X	Z	X	Y
アジア系	Z	Y	Z	X	Y	X

【E】戦時中から戦後の混乱によって，しばらく四国遍路は低迷しますが，戦後の復興が進むなかで四国遍路を巡礼する人の数も回復していきました。さらに，(コ)高度経済成長期には，団体バスや自家用車での巡礼が盛んになりました。1990年代以降，経済が低迷し，社会不安も高まると，四国遍路における「癒し」の要素も重視されるようになります。四国遍路の人気は現在でも続いており，世界遺産への認定を目指した取り組みもなされています。

問10　下線部(コ)に関連して，次のグラフは1957年以降の自家用車や電化製品などの耐久消費財の普及率の変化を示したものです。グラフの中の（あ）～（え）は，カラーテレビ，自家用車，白黒テレビ，洗濯機のいずれかを示しています。自家用車に当てはまるものを，（あ）～（え）から１つ選びなさい。

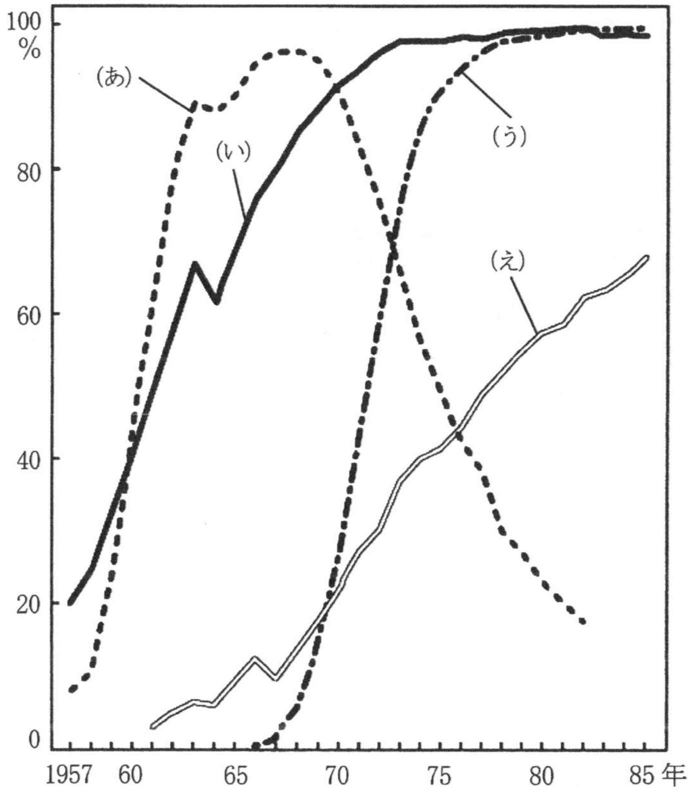

（『日本統計年鑑』より作成）

3　次の文は，ある中学生が夏休み明けの社会の授業中に発表したものです。これを読んで，後の問に答えなさい。

森林は，(ｱ)木材の供給だけでなく，水の浄化や貯留，土砂災害の防止，さらには(ｲ)地球温暖化の防止，生物多様性の維持など，さまざまな機能を発揮しています。これらは「森林の多面的機能」と呼ばれ，私たちのくらしや環境に恵みを与えてくれています。

日本の(ｳ)森林面積は国土の約７割を占め，かつては，木材の大部分を自給していました。高度経済成長期に住宅用や産業用の木材需要が急増すると，(ｴ)国産材だけでは供給が不足するようになり，1963 年から木材の輸入自由化が始まりました。そのため，海外から安価な木材の輸入が進んだことで，木材自給率は急激に低下していきました。

その後，2000 年代になると，戦後復興期に大量に造成されたスギやヒノキの人工林が，樹齢 50 年を超えるまでに成長したことなどから，(ｵ)大規模集約化によって伐採を推進する林業政策がとられるようになりました。大規模集約化した林業とは，複数の森林所有者が所有する林地を１つにまとめ施業を行うことです。これにより，広範囲に大型で高性能な機械を運び入れ，伐採コストを下げながら，生産量を増やすことが可能になりました。こうした林業が全国的に行われるようになり，木材自給率は次第に改善していったのです。

一方で近年，大規模集約化した林業は，豪雨や台風による災害拡大の一因となることも指摘されるようになりました。例えば，2017 年の九州北部豪雨や 2018 年の(ｶ)西日本豪雨では，皆伐の跡地や広範囲に土砂を削り取って整備した林道で，土石流など大規模な土砂災害が多数発生したことが確認されています。

このように，大規模集約化した林業のあり方に疑問が呈される中で，自伐型林業に注目が集まりつつあります。自伐型林業とは，災害に強い森林づくりを目指しながら，適正な規模の限られた森林の経営や管理・施業を，所有者や地域住民が永続的に行う自立・自営の小さな林業のことです。100 年以上の長期的な視点に立った持続可能な森林の利用がめざされています。(ｷ)人口減少や産業衰退などさまざまな課題が深刻化する地域に，安定した仕事が生まれることで，移住・定住が促進されるなど，今後も住み続けられる地域へと変貌を遂げていくことが期待されています。

○月◇日　終着駅のエメリービルからバスに乗ってサンフランシスコに着きました。ここは，(ｵ)先端技術産業の研究・開発を進めている街です。僕は，コンピュータ歴史博物館に足を運んでみることにしました。館内のスタッフの方の話を聞いて，1960 年代以降，近隣の名門大学を拠点に，多くの(ｶ)半導体工場やコンピュータ・ＩＣＴ関連の企業が進出してきたとわかりました。(ｷ)現在では，先端技術産業の分野での起業をめざす好奇心旺盛な学生や技術者が世界各国から集まってきているのだそうです。

問５　下線部(ｵ)について，サンフランシスコの郊外にある，先端技術産業が集中している地区は一般に何と呼ばれているか答えなさい。

問６　下線部(ｶ)に関連して，次の表は集積回路の輸出額と輸入額について示したものであり，表中のＸ～Ｚには，アメリカ合衆国，中国，アジアＮＩＥｓ*のいずれかが当てはまります。国・地域名とＸ～Ｚの組み合わせとして正しいものを，下の中から１つ選びなさい。

*アジアＮＩＥｓ：韓国・シンガポール・台湾・香港を指す。

（単位：百万ドル）

	輸出額	輸入額
X	440, 495	337, 509
Y	116, 496	349, 964
Z	43, 175	31, 632

統計年次は，2020 年。

（『世界国勢図会 2022/23』より作成）

	(あ)	(い)	(う)	(え)	(お)	(か)
アメリカ合衆国	X	X	Y	Y	Z	Z
中国	Y	Z	X	Z	X	Y
アジアＮＩＥｓ	Z	Y	Z	X	Y	X

○月△日　列車はシカゴに着きました。ここは，運河や鉄道が開通したことで，周辺で生産された農産物の集散地や加工地として繁栄した街です。僕は，19 世紀に創設されたシカゴ商品取引所の見学に行きました。ここでは，かつてのような立ち会いで取引を進める光景は見られなくなっており，現在は電子取引のみが行われていました。そして，建物の電光掲示板では(ｳ)世界で流通する農産物の価格変動や取引量などの情報を確認できました。その後，ロッキー山脈のふもとに位置するソルトレークシティに向かう列車に乗って西にしばらく進むと，辺り一面の(ｴ)大豆畑やトウモロコシ畑が広がっていました。

問３　下線部(ｳ)に関連して，世界各国で穀物の流通に大きな影響力をもち，農業の大規模化や技術開発などのアグリビジネスを展開している巨大企業のことを一般に何と呼ぶか答えなさい。

問４　下線部(ｴ)に関連して，次の表中のＸ～Ｚは，大豆の生産量，輸出量，輸入量のいずれかの上位５か国を示したものです。Ｘ～Ｚに入る組み合わせとして正しいものを，下の中から１つ選びなさい。

	X	Y	Z
1位	中国	ブラジル	ブラジル
2位	アルゼンチン	アメリカ合衆国	アメリカ合衆国
3位	オランダ	アルゼンチン	パラグアイ
4位	エジプト	中国	アルゼンチン
5位	タイ	インド	カナダ

統計年次は，2020 年。

（『世界国勢図会 2022/23』より作成）

	(あ)	(い)	(う)	(え)	(お)	(か)
生産量	X	X	Y	Y	Z	Z
輸出量	Y	Z	X	Z	X	Y
輸入量	Z	Y	Z	X	Y	X

問１　下線部(ｱ)に関連して，次の図は，世界のいくつかの国の木材の伐採用途（製材・パルプ・合板などに利用される用材と，燃料として利用される薪炭材に分けられる）の内訳を示したもので，Ａ～Ｃには，コンゴ民主共和国，中国，ロシアのいずれかが当てはまります。国名とＡ～Ｃとの正しい組み合わせを，下の中から１つ選びなさい。

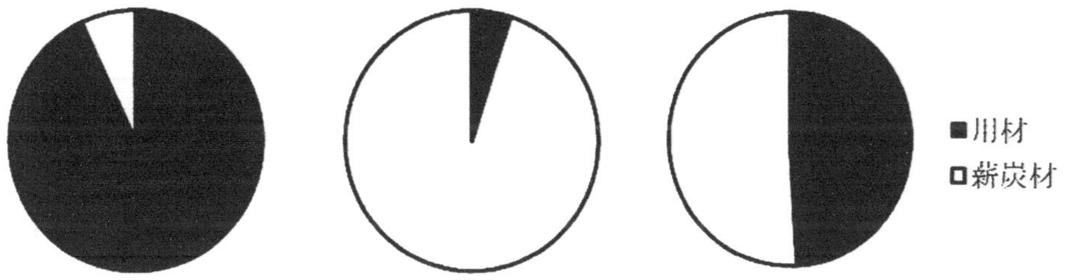

A　　B　　C

統計年次は，2019 年。

（『世界国勢図会 2022/23』より作成）

	(あ)	(い)	(う)	(え)	(お)	(か)
コンゴ民主共和国	A	A	B	B	C	C
中国	B	C	A	C	A	B
ロシア	C	B	C	A	B	A

問２　下線部(イ)に関連して，二酸化炭素などの温室効果ガスの増加によって地球温暖化が深刻化しています。次の図は，世界の主な国の二酸化炭素排出量を示しています。縦軸は１人あたり排出量を，横軸は 1990 年の総排出量を 100 としたときの 2019 年の排出量を示した指数を，円の大きさとその横の数字はそれぞれの国の 2019 年の総排出量を示しています。図中のＡ～Ｃは，アメリカ合衆国，インド，中国のいずれかが当てはまります。国名とＡ～Ｃとの正しい組み合わせを，下の中から１つ選びなさい。

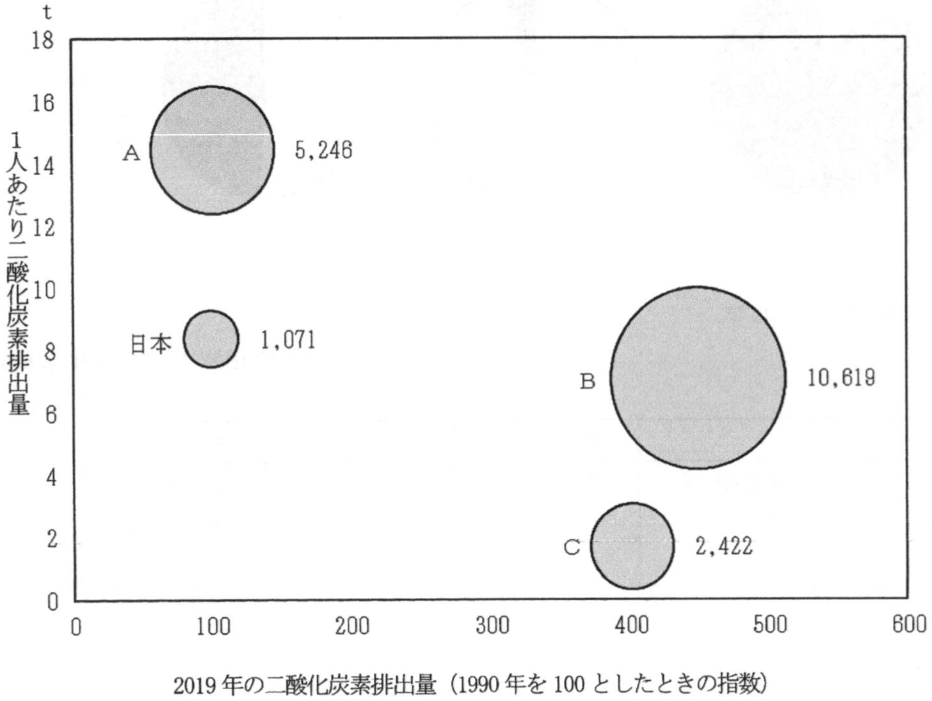

円の横の数字の単位は百万 t。

（『世界国勢図会 2022/23』より作成）

	(あ)	(い)	(う)	(え)	(お)	(か)
アメリカ合衆国	A	A	B	B	C	C
インド	B	C	A	C	A	B
中国	C	B	C	A	B	A

問２　下線部(イ)の医療産業の発展は，乳児死亡率の低下に貢献してきました。そのことに関連して，次の図はいくつかの国における乳児死亡率と自然増加率*を示したものであり，（あ）～（え）は，アメリカ合衆国，インド，ブラジル，ドイツのいずれが当てはまります。アメリカ合衆国に当てはまるものを，図中の（あ）～（え）の中から１つ選びなさい。

*自然増加率：出生率から死亡率を引いたもの。

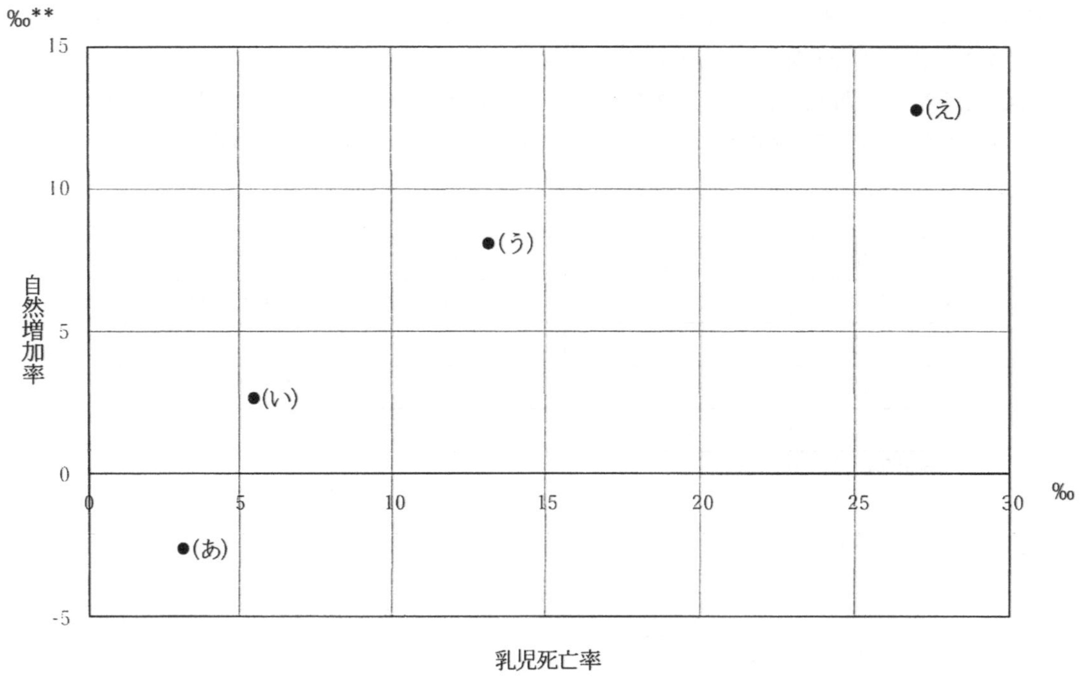

統計年次は，2020 年。

（『世界国勢図会 2022/23』より作成）

**‰(パーミル)：千分率。

4　次の文は，Ｓさんがアメリカ合衆国で鉄道旅行をしたときの日記の一部です。これを読み，後の問に答えなさい。

○月○日　列車はピッツバーグに着きました。ここは，五大湖周辺で鉄鉱石や石炭が採れたことや，水運などを利用して(ｱ)鉄鋼業で繁栄した街です。僕は，当時の面影を探しにかつての工場群へ行ってきました。ここでは，実際に稼働していた高炉や鋳造工場を見学したり，鍛冶・溶接を体験したりすることができました。鉄鋼業が競争力を失った今は，工場の多くが閉鎖され，その跡地には高層ビルが立ち並んでいます。現在では，バイオテクノロジーや(ｲ)医療産業などに力を入れて，地域の再生を進めているのだそうです。

問１　下線部(ｱ)に関連して，次の表は，アメリカ合衆国，中国，韓国における1970年から2020年にかけての粗鋼の生産量の推移を示したものです。国名とＸ～Ｚとの正しい組み合わせを，下の中から１つ選びなさい。

（単位：千トン）

	1970年	1980年	1990年	2000年	2010年	2020年
X	504	8, 558	23, 125	43, 107	58, 914	67, 079
Y	119, 310	101, 457	89, 726	101, 824	80, 495	72, 732
Z	17, 800	37, 120	65, 350	128, 500	638, 743	1, 064, 732

（『世界国勢図会』2004/2005 および 2022/2023 より作成）

	(あ)	(い)	(う)	(え)	(お)	(か)
アメリカ合衆国	X	X	Y	Y	Z	Z
中国	Y	Z	X	Z	X	Y
韓国	Z	Y	Z	X	Y	X

問３　下線部(ｳ)に関連して，次の表は，世界のいくつかの地域における森林面積とその割合，木材伐採高に占める針葉樹の割合を示したもので，Ａ～Ｃには，オセアニア，北中アメリカ，南アメリカのいずれかが当てはまります。地域名とＡ～Ｃとの正しい組み合わせを，下の中から１つ選びなさい。

	森林面積（千 ha）	森林面積の対地域面積比（%）	木材伐採高に占める針葉樹の割合（%）
A	846, 311	47. 5	22. 3
B	753, 009	33. 0	70. 0
C	185, 249	21. 6	61. 6

統計年次は，2019年。

（『世界国勢図会 2022/23』より作成）

	(あ)	(い)	(う)	(え)	(お)	(か)
オセアニア	A	A	B	B	C	C
北中アメリカ	B	C	A	C	A	B
南アメリカ	C	B	C	A	B	A

問４　下線部(エ)に関連して，国産材の素材生産量と地域別の生産量の推移を示した次の図１・２に関連して述べた文Ｘ・Ｙの正誤の組み合わせとして正しいものを，下の（あ）～（え）の中から１つ選びなさい。

図１　国産材の素材生産量の推移

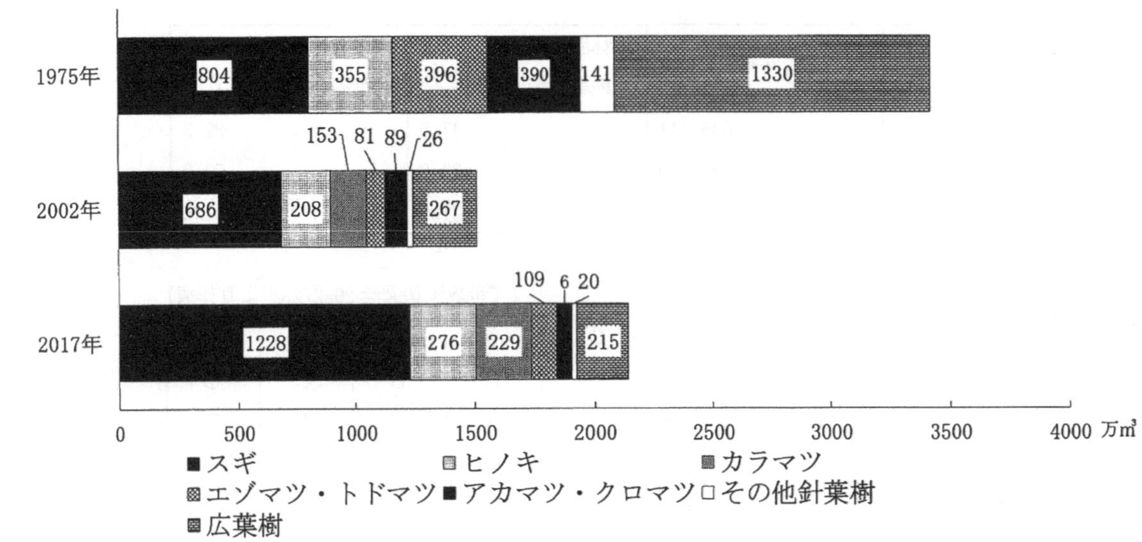

（農林水産省「木材需給報告書」より作成）

図２　国産材の地域別生産量の推移

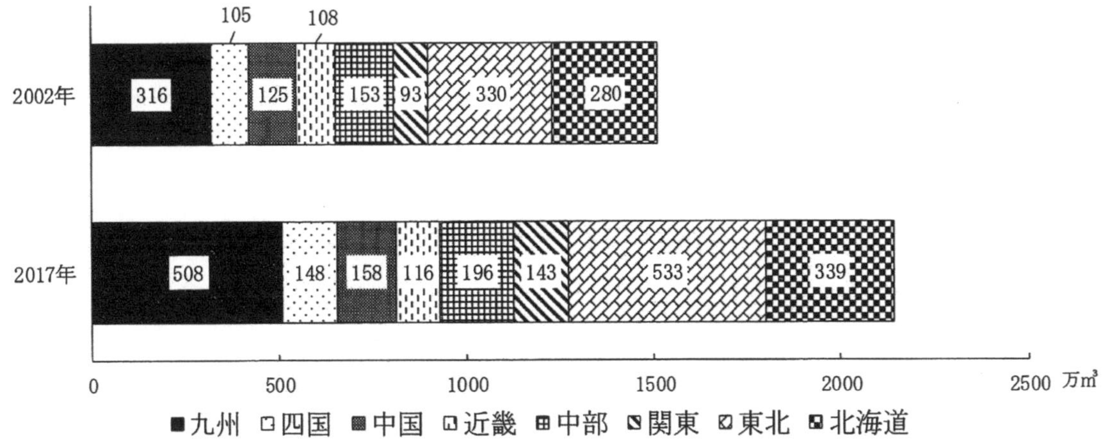

（農林水産省「木材需給報告書」より作成）

Ｘ　1975 年と 2002 年の広葉樹の素材生産量を比べるとおよそ 80%減少しているのに対して，2002 年と 2017 年のスギの素材生産量を比べるとおよそ 80%増加している。

Ｙ　2002 年と 2017 年の国産材の地域別生産量を比べると，東北地方と九州地方での伸びが著しく，どちらの地方も 1.5 倍以上になっている。

（あ）Ｘ：正　Ｙ：正　　（い）Ｘ：正　Ｙ：誤　　（う）Ｘ：誤　Ｙ：正　　（え）Ｘ：誤　Ｙ：誤

図３　四国地方における市町村別の第一次産業就業者の割合（2020 年）

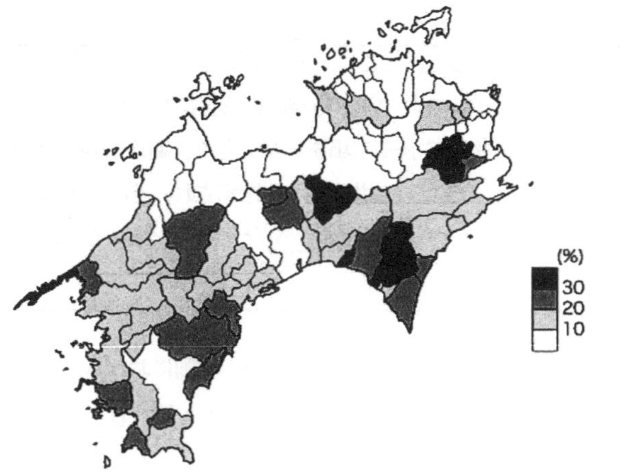

（令和２年国勢調査より作成）

Ｘ　各県の県庁所在地とその隣接市町村では，すべての市町村で人口が５%以上減少している。

Ｙ　第一次産業就業者の割合が 30%以上の市町村では，すべての市町村で 65 歳以上の人口の割合が 40%を超えている。

（あ）Ｘ：正　Ｙ：正　　（い）Ｘ：正　Ｙ：誤　　（う）Ｘ：誤　Ｙ：正　　（え）Ｘ：誤　Ｙ：誤

問７　下線部(キ)に関連して，四国地方では，山間部や瀬戸内海の離島などを中心に，人口の減少と高齢化が深刻化しています。次の図１～３に関連して述べた文Ｘ・Ｙの正誤の組み合わせとして正しいものを，下の（あ）～（え）の中から１つ選びなさい。

図１　四国地方における市町村別の人口増減率（2015 年から 2020 年）

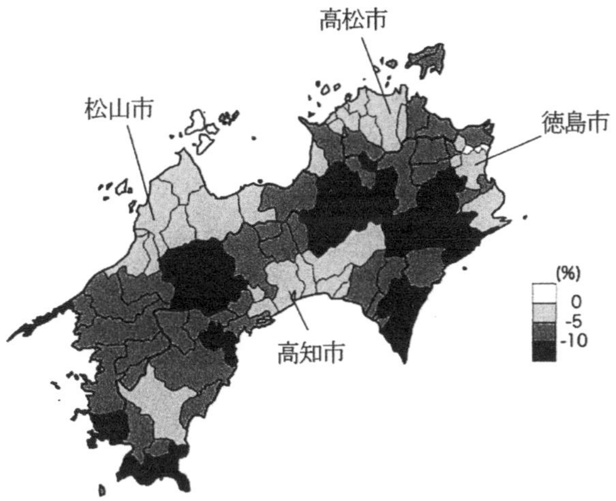

図２　四国地方における市町村別の 65 歳以上の割合（2020 年）

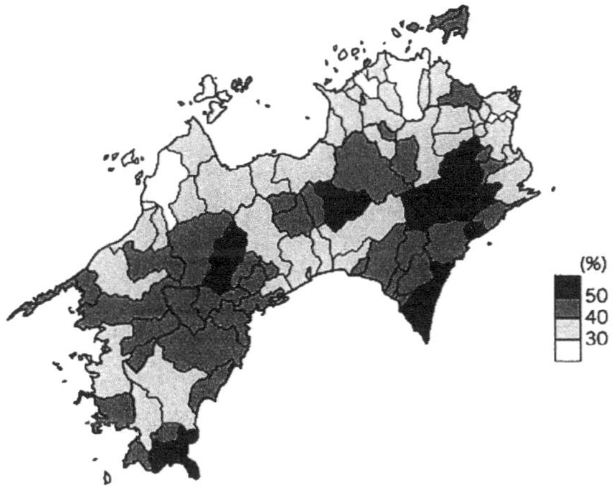

問５　下線部(オ)について，この政策の一環として木材利用拡大の点から，木質バイオマス発電所の建設がすすめられました。バイオマス発電について述べた次の文中の下線部について，このような考え方を何と呼ぶかカタカナで答えなさい。

木などのバイオマス燃料の燃焼によって排出される二酸化炭素は，森林が成長する過程で大気中から吸収したものであり，全体として見れば大気中の二酸化炭素の増加にはつながらないとされ，木質バイオマス発電は環境にやさしい発電方法としても注目を集めました。ただ最近になって，木をそのまま燃料とするバイオマス発電は，発電コストが低くなりにくく，効率もよくないなど，新たな問題が指摘され始めています。

問６　下線部(カ)に関連して，次の図は，2018 年の西日本豪雨で大きな被害が生じた，愛媛県大洲市の市街地周辺について陰影をつけて起伏を表現したものです。また，後の文①～③は，図中のA～Cのいずれかの地点で，豪雨時に想定される危険性について述べたものです。A～Cと文①～③の組み合わせとして最も適当なものを，下の（あ）～（か）の中から１つ選びなさい。

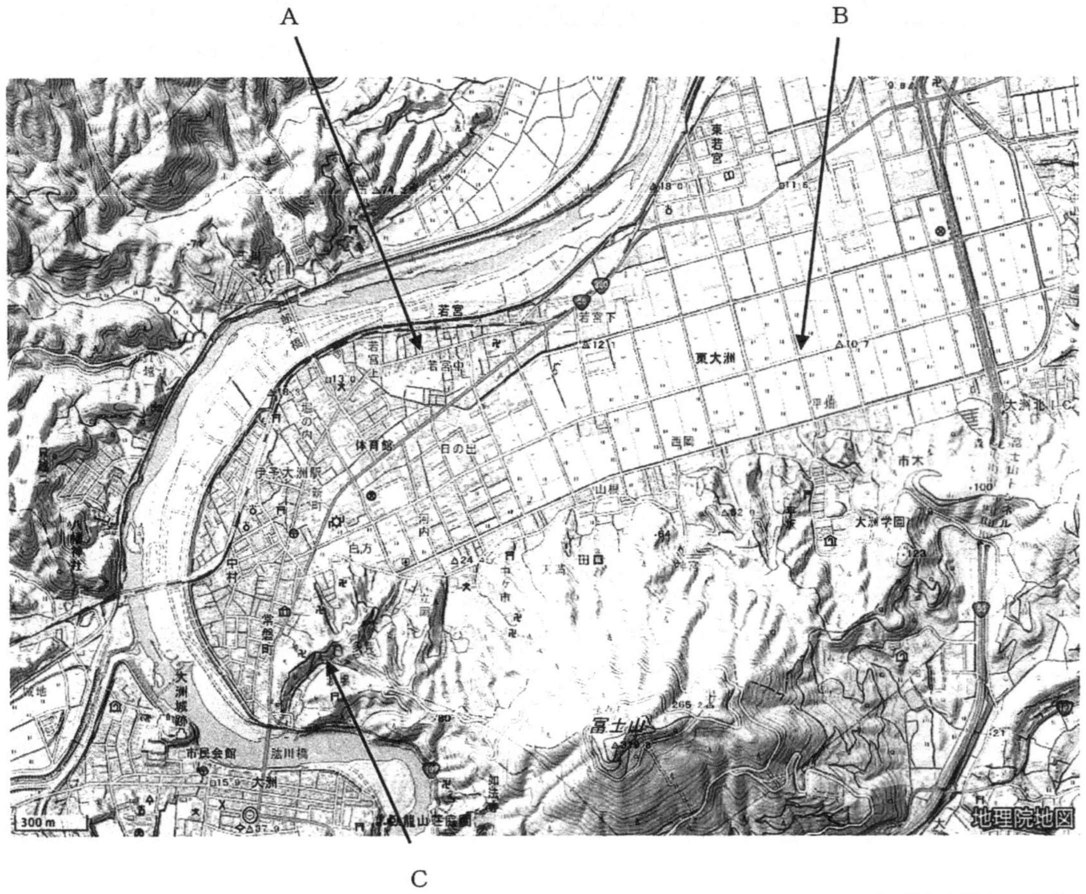

（地理院地図より作成）

①　洪水に対しては比較的安全だが，大規模な洪水では浸水することがある。

②　河川氾濫のリスクはほとんどないが，縁辺部の斜面近くでは崖崩れに注意。

③　河川の氾濫によって周囲よりも長期間浸水し，水はけが悪い。

	（あ）	（い）	（う）	（え）	（お）	（か）
A	①	①	②	②	③	③
B	②	③	①	③	①	②
C	③	②	③	①	②	①

令和６年度　愛光高等学校入学試験　問題用紙（社会）

令和六年度　愛光高等学校　入学試験問題　国語　解答用紙

【採点欄】には何も記入しないこと

受験番号

氏名

合計

※100点満点（配点非公表）

一

問一　a　b　c　d　e

問二

問三

問四

問五

問六

問七

二

問一　a　b

問二

問三

問四

問五

問六

問七

問八

三

問一　a　b　c

問二　X　Y

問三

問四

問五

問六

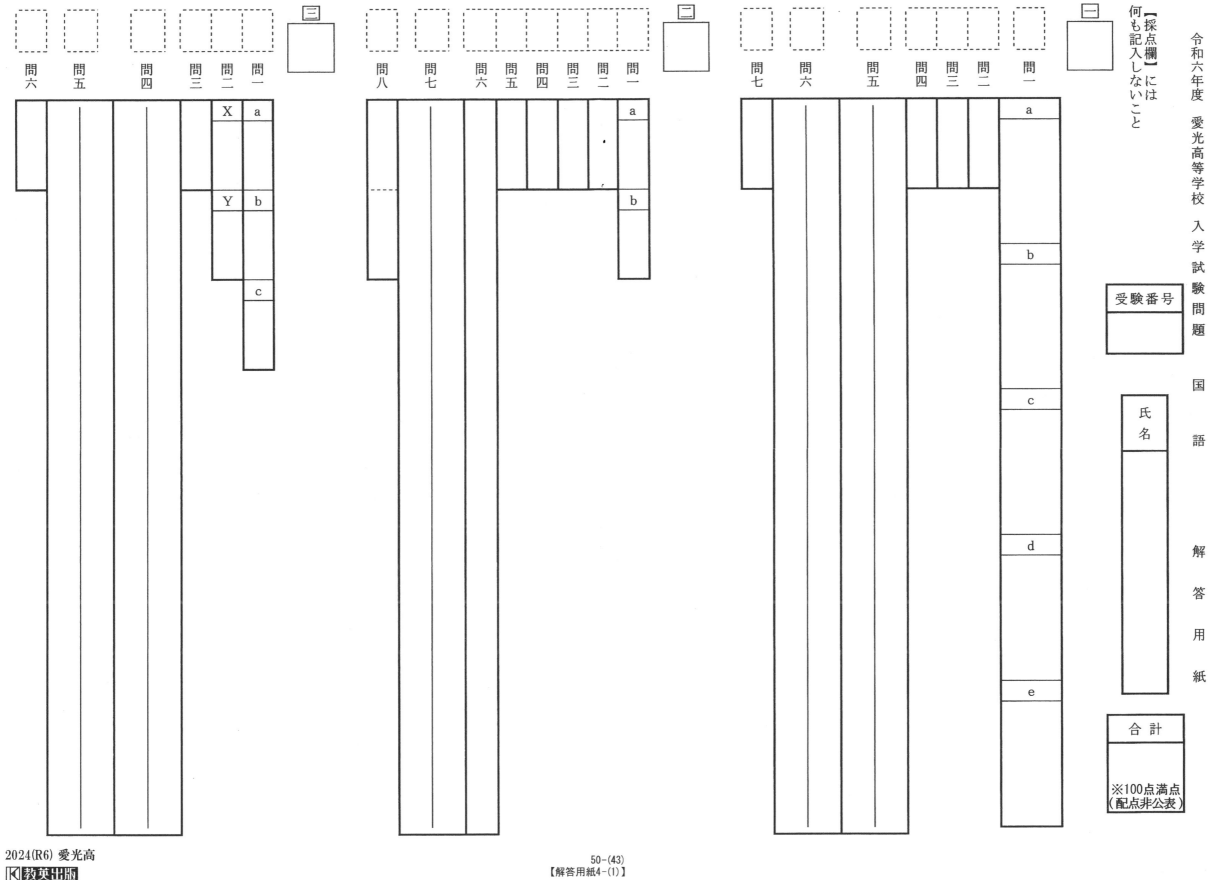

令和６年度　愛光高等学校入学試験　英語　（解答用紙）

Ⅰ	1	1 　2 　3 　4 　5 　6
	7 / 8	7 　8
	9 / 10	9 　10
Ⅱ	1	15 　25
	2	ア 　イ
	3	1 　2 　3 　4 　5
	4	
	5	あ 　い 　う 　え
	6	C
		D
Ⅲ	1	A 　B
	2	① if the room [　　] and fresh air
		② it is [　　], such as
	3	
	4	a 　b 　c 　d 　e 　f
Ⅳ		
Ⅴ	1	1 　2 　3 　4 　5
Ⅵ	1 / 2	1 　2
	3 / 4	3 　4
	5	
Ⅶ	①	
	②	
	③	[are / how / it / makes / realize / weak / you / you].
	④	you know that [being / for / healthy / important / is / more / nothing / than] a pleasant life.

(得点)

※100点満点
（配点非公表）

受験番号 　　番 　氏名

50-(45)
【解答用紙4-(2)】

令和６年度　愛光高等学校入学試験問題　理科（解答用紙）

【１】

(1)		(2)	ア		イ		ウ		(3)	kg
(4)		(5)	熱量	kJ	メタン	g				

【２】

(1)		(2)		(3)	g										
(4)	倍	(5)												(6)	g

【３】

(1)	cm	(2)	N	(3)	cm
(4)	N	(5)	cm	(6)	

【４】

(1)				(2)	Hz	(3)	

【５】

(1)		(2)		(3)	水蒸気量	g/m³	雲底高度	m	
		(4)	A		B				
		(5)		(6)	気温		気圧		

【６】

(1)		(2)		(3)	mL	(4)	i		ii		iii		

【７】

(1)	X		Y		Z		(2)			
(3)	a	変換前		変換後		b	変換前		変換後	
(4)		(5)		(6)		(7)				

受験番号（　　　　　　）　名前（　　　　　　　　　　　　　）　※100点満点（配点非公表）

令和6年度 愛光高等学校入学試験 解答用紙（社会）

※小計・合計欄には記入しないこと

1

問1　問2　問3　問4　問5

問6

問7　問8　問9　問10

小計

2

問1　問2　問3　問4　問5

問6　問7　問8　問9　問10

小計

3

問1　問2　問3　問4

問5　問6　問7

小計

4

問1　問2　問3　問4

問5　問6　問7　問8

小計

5

問1

問2 (1)　(2) ①　②

問3　問4 (1)　(2)　問5　問6

小計

6

問1　問2　問3　問4　問5

問6　問7　問8

小計

受験番号		氏名	

合計

※100点満点
（配点非公表）

2024(R6) 愛光高
教英出版

令和四年度　愛光高等学校　入学試験問題　国語　（60分）　（その一）

一　次の文章を読んで、後の問いに答えなさい。

＊ＡＩと共存していく社会について、考えてみましょう。ＡＩは何らかの答えを出してくれますが、問題はその答えが正しいかどうかの検証をヒトがするのが難しいということです。大切なことは、何をＡＩに頼って、何をヒトが決めるのかを、しっかり区別することでしょう。よく使われるものとして、データをコンピュータに学習させて、それを基に分析を行う機械学習型のＡＩがあります。これは過去の事例からの条件（重み付け）にあった最適な答えを導き出すので、その学習データの質で答えが変わってきます。画像診断ＡＩのように、見落としがないかなど医師の診断を助ける道具としては非常に役に立ちます。ただ、例えば過去の事例にないケースの判断は難しいのですが、その場合には「正解を知っている」医師が判断すればいいので問題はありません。

機械学習型ではなく、ＳＦ映画に登場するヒトのように考える汎用型人工知能はどうでしょうか？　まだ開発aとちゅうですが、さまざまな局面でヒトの強力な相談相手になることが期待されています。こちらはヒトが「正解を知っている」わけではないので、使い方を間違うとかなり危険だと思っています。なぜなら、ヒトが人である理由、つまり「考える」ということが激減する可能性があるからです。一度考えることをやめた人類は、それこそＡＩに頼り続け、「主体の逆転」が起こってしまいます。ヒトのために作ったはずのＡＩに、ヒトが従属してしまうのです。

では❶そうならないようにするには、どうすればいいのでしょうか。私の意見としては、決して「ヒトの手助け」以上にＡＩを頼ってはいけないと思います。あくまでＡＩはツール（道具）で、それを使う主体はリアルなヒトであるべきです。

「いや、ＡＩのほうが賢明な判断をしてくれるよ」とおっしゃる方もおられるでしょう。しかし、それは時と場合によります。いつも正しい答えが得られるという状況は、ヒトの考える能力を低下させます。ヒトは試行錯誤、つまり間違えることから学ぶことを成長と捉え、それを「楽しんで」きたのです。喜劇のコントの基本は間違えて笑いを誘い、最後はその間違いに気づくことが面白いのです。逆に「悲劇」は、取り返しがつかない運命に永遠にbしばられることに、恐怖と悲しみを覚えるのではないでしょうか。

ＡＩは、人を楽しませる面白い「ゲーム」を提供するかもしれません。しかし、リアルな世界では、❷ＡＩはヒトを悲劇の方向に導く可能性があります。そして何よりも私が問題だと考えるのは、ＡＩは死なないということです。

私たちは、たくさん勉強しても、死んでゼロになります。そのため、文化や文明の継承、つまり教育に時間をかけ、次世代を育てます。一世代ごとにリセットされるわけです。死なないＡＩにはそれもなく、無限にバージョンアップを繰り返します。

私は１９６３年の生まれで、大学生の時（１９８４年）にアップル社からマッキントッシュ（Ｍａｃ）のコンピュータが発売され、その後ウィンドウズが誕生したのを体験してきました。ゲームも、フロッピーディスクに入った「テトリス」を８インチの白黒画面でハイスコアをcきそったものです。その後のパソコン、ゲーム機、スマホなどの急速な進歩は、本当に驚きです。

私はコンピュータの急成長も可能性も脆弱《ぜいじゃく》性も知っている「生みの親」世代です。そしてコンピュータが「生みの親」より賢くなっていくのを体感してきました。だからこそＡＩの危険性、つまりこのままいったらやばいと直感的に心配になるのかもしれません。いつまで経《た》っても子供が心配な親の心境に似ています。

その危機感について、自分の子供に相当する世代には警鐘を鳴らすことができますが、❸孫の世代にはどうでしょうか。孫たちにとってはヒト（特に親）の能力をはるかに凌駕《りょうが》したコンピュータが生まれながらにして存在するのです。タブレットで読み・書き・計算を教わり、私情が入らないようにと先生代わりのＡＩが成績をつけるという時代にならないとも限りません。そんな孫の世代にとっては、ＡＩの危険性よりも信頼感のほうが大きくなるのは当然です。

❹死なないＡＩは、私たち人間と違って世代を超えて、進歩していきます。一方、限られた私たちの寿命と能力では、もはや複雑すぎるＡＩの仕組みを理解することも難しくなるかもしれませんね。人類は１つの能力が変化するのに最低でも何万年もかかります。その人類が自分たちでコントロールすることができないものを、作り出してしまったのでしょうか。

進歩したＡＩは、もはや機械ではありません。ヒトが人格を与えた「エイリアン」のようなものです。しかも死にません。どんどん私たちが理解できない存在になっていく可能性があります。

死なない人格と共存することは難しいです。例えば、身近に死なないヒトがいたら、と想像してみてください。その人とは、価値観も人生のdひあいも共有できないと思います。非常に進歩したＡＩとはそのような存在になるのかもしれません。

多くの知識を溜《た》め込み、いつも合理的な答えを出してくれるＡＩに対して、人間が従属的な関係になってしまう可能性があります。私たちがちょうど自分たちより寿命の短い昆虫などの生き物に抱くような、ある種の「優越感」と逆の感情を持つのかもしれません。「ＡＩは偉大だな」というような。

ヒトには寿命があり、いずれ死にます。そして、世代を経てゆっくりと変化していく――それをいつも主体的に繰り返してきましたし、これからもそうあることで、存在し続けていけるのです。ＡＩが、逆に人という存在を見つめ直すいい機会を与えてくれるかもしれません。生き物は全て有限な命を持っているからこそ、「生きる価値」を共有することができるのです。

同様にヒトに影響力があり、且つ存在し続けるものに、宗教があります。もともとその宗教を始めたeかいそは死んでしまっていても、その教えは生き続ける場合があります。そういう意味では死にません。

ヒトは病気もしますし、歳《とし》を重ねると老化もします。ときには気弱になることもあります。そのようなときに死なない、しかも多くの人が信じている絶対的なものに頼ろうとするのは、ある意味理解できることです。ＡＩも将来、宗教と同じようにヒトに大きな影響を与える存在になるのかもしれません。

宗教は、付き合い方を間違うと、戦争やテロにつながるのは歴史からご存じの通りです。ただ、宗教のいいところは、個人が自らの価値観で評価できることです。それを信じるかどうかの判断は、自分で決められます。それに対してＡＩは、ある意味ヒトよりも合理的な答えを出すようにプログラムされています。ただ、その結論に至った過程を理解することができないので、人がＡＩの答えを評価することが難しいのです。「ＡＩが言っているのでそうしましょう」となってしまいかねません。何も考えずに、ただ服従してしまうかもしれないのです。

それではヒトがＡＩに頼りすぎずに、人らしく試行錯誤を繰り返して楽しく生きていくにはどうすればいいのでしょうか？

その答えは、私たち自身にあると思います。つまり❺私たち「人」とはどういう存在なのか、ヒトが人である理由をしっかりと理解することが、その解決策になるでしょう。

人を本当の意味で理解したヒトが作ったＡＩは、人のためになる、共存可能なＡＩになるのかもしれません。そして本当に優れたＡＩは、私たちよりもヒトを理解できるかもしれません。さて、そのときに、その本当に優れたＡＩは一体どのような答えを出すのでしょうか？

――❻もしかしたらＡＩは自分で自分を殺す（破壊する）かもしれませんね、人の存在を守るために。

（小林武彦『生物はなぜ死ぬのか』　※本文を改めた部分があります。）

［注］　＊ＡＩ……Artificial Intelligence（人工知能）の略称。

問一　二重傍線部ａ「とちゅう」、ｂ「しばられる」、ｃ「きそった」、ｄ「ひあい」、ｅ「かいそ」を漢字に直しなさい。送りがなの必要なものはそれも書きなさい。

問二　傍線部❶「そうならないようにするには」とありますが、「そう」の指す内容を説明したものとして最も適切なものを、次の中から一つ選び、記号で答えなさい。

ア　さまざまな場面において、ＡＩがヒトの相談相手となることで、ヒトの考えることを手助けする道具になってしまうこと。

イ　機械学習型ＡＩの学習データを増やし、ヒトのように考える汎用型ＡＩに改良していくことが進歩だと思ってしまうこと。

ウ　汎用型ＡＩは、機械学習型ＡＩとは違い、ヒトのように考えることができるのに、ヒトのようには扱われないこと。

エ　ヒトが正しい答えを知らない事柄について、ＡＩに判断を委ねてしまい、自分では考えなくなってしまうこと。

オ　リアルなヒトではなく、汎用型ＡＩを相談相手とすることで、ＡＩの存在にますます重きを置くようになってしまうこと。

問三　傍線部❷「ＡＩはヒトを悲劇の方向に導く可能性があります」とありますが、「ヒトを悲劇の方向に導く可能性」とは、どのような可能性ですか。その説明として最も適切なものを、次の中から一つ選び、記号で答えなさい。

ア　完全なＡＩが完成することによって、それを作るためにヒトが行ってきた試行錯誤を止めてしまうという可能性。

イ　ＡＩに頼ることがあたり前になることによって、ヒト本来のあるべき姿に戻れなくなってしまうという可能性。

ウ　どのような場合であっても悲観的な答えを提供するために、面白みを感じる機会をヒトから奪ってしまうという可能性。

エ　ヒトをゲームに没頭させることで、学習に励む機会をヒトから奪い取り、ヒトを堕落させてしまうという可能性。

オ　間違いを犯すというヒトの特徴を際立たせ、ＡＩに比べてヒトが至らないことを、かえって強調してしまうという可能性。

問四　傍線部❸「孫の世代にはどうでしょうか」とありますが、この部分で、筆者はどのようなことを言いたいのですか。その説明として最も適切なものを、次の中から一つ選び、記号で答えなさい。

ア　ＡＩの危険性を訴えたところで、孫の世代には、それをじゅうぶんに理解してもらえないのではないかということ。

イ　合理性を重視することがあたり前となった孫の世代の、ＡＩに価値を見出す考え方には賛成しきれないということ。

ウ　今後は、ＡＩを用いた教育が当然となっていくだろうことを考えると、ＡＩを危険視ばかりもしていられないということ。

エ　親の世代の能力を超えているのだから、孫の世代の能力では、進歩したＡＩに到底かなうはずもないということ。

オ　孫の世代を日々教育している子の世代を差し置いて、孫の世代に直接働きかけをすることは遠慮されるということ。

問五　傍線部❹「死なないＡＩは、私たち人間と違って世代を超えて、進歩していきます」とありますが、そのように進歩する「死なないＡＩ」について、筆者はどのような点が問題だと考えていますか。説明しなさい。

問六　傍線部❺「私たち『人』とはどういう存在なのか、ヒトが人である理由をしっかりと理解することが、その解決策になるでしょう」とありますが、筆者は「私たち『人』」をどういう存在だと考えていますか。説明しなさい。

問七　傍線部❻「もしかしたらＡＩは自分で自分を殺す（破壊する）かもしれませんね」とありますが、ＡＩがそのようにするかもしれないのはなぜですか。その説明として最も適切なものを、次の中から一つ選び、記号で答えなさい。

ア　宗教の教えが持っているような絶対性を獲得するために、自らを停止し新たな判断を止めることが必要だと考えることができるから。

イ　自分がヒトへの理解を深められるようになるほど、ヒトは複雑化した自分を理解できなくなっていくことに虚《むな》しさを感じるから。

ウ　ヒトのようでありながら、いつまでも生き続けるという在り方は、自分が共存するべき人にとって望ましくないと判断できるから。

エ　自分を犠牲にしてでも能力の低い存在を守り抜くことが、本当の意味で優れた存在のなすべき責務であることがわかっているから。

オ　自分を破壊することが、最終的には人と共存しなければならないという、自らの定めから解放されるための唯一の手段だから。

二　次の文章は、吉村昭「羆《ひぐま》」の一節である。銀九郎は、熊撃ちの猟師として知られていた母親に育てられ、名高い猟師となった。猟に出た銀九郎は仔熊《こぐま》を連れた母熊を射殺したが、残された仔熊を連れ帰り、権作《ごんさく》と名付けてかわいがった。権作は賢い＊羆だったが、三年後に四歳の雄熊へと成長すると、愛妻の光子を襲って惨殺し山の中に逃げてしまう。銀九郎は光子の復讐《ふくしゅう》を遂げようと山に入り、権作を追い求める。以下はそれに続く場面である。これを読んで、後の問いに答えなさい。

権作が崖の根から出てくるのは、早くとも翌々日あたりだろうと思った。熊は、満腹感を味わえば同じ個所《かしょ》で休息し移動しない習性がある。が、その期間がどれほどかはわからないし、一応崖の出口を監視する必要があった。

風向《かざむき》は、昨日とは少し西に変《かわ》っていた。熊の嗅覚は、鋭い。人間の匂いを空気の流れの中にかぎつければ、熊はたちまち逃げるか逆に襲ってくる。

銀九郎は、常に風下に身を置くようにして、樹幹に身をひそませながら崖の出口を望見できる位置にたどりついた。

かれは、身を伏すと古びた双眼鏡をとり出して眼に押しあてた。そして、崖の出口にあたるゆるやかな傾斜にレンズを向けた。

かれの双眼鏡は、少しずつ角度を変えて土の上をさぐっていった。

突然、双眼鏡の動きがとまった。かれの眼は、レンズの中の土の一点に据えられた。

予想もしていないことが起《おこ》っていた。土の上には権作の足跡が印《しる》され、双眼鏡で追うとそれはさらに山の奥へとむかっている。

冷静にならねばならぬ、と、かれは錯乱した意識の中で思った。権作が崖の根を早くもはなれたのは、その場所に好ましくない要素があったためなのか。

銀九郎は、その想像をすぐに否定した。権作は、その鋭敏な感覚で自分を追いつづける者の存在に気づき、いったんは人間の近づけぬ崖の根に身をひそめた後、危険を感じて＊匆々《そうそう》にその場を去ったにちがいない。

権作の慎重さに、❶かれは唖然《あぜん》とした。と同時に、権作を必ず自分の銃で仕留めてみせるという激しい意欲にかられた。

かれは、傾斜をくだると崖の出口の土の上に膝をついた。眼の前に、雑草をふみしだいた大きな足跡がある。指先でその部分にふれてみた。草は湿り気をおびていて、足跡は新しい。

かれは、顔をあげて点々とつづく足跡に眼を据えると、再び銃に弾丸が装塡《そうてん》されていることをたしかめて身を起した。そして、銃をにぎりしめて歩き出した。

足跡は、深い樹林の中に入ってから傾斜をななめにくだっていた。

かれは、足を早めながら前方の地形をさぐった。権作の進む方向が予測できれば、先廻《まわ》りして現《あら》われるのを待つ。それは、母ゆずりのかれの最も得手とする方法で、失策をおかしたことはほとんどなかった。

しかし、かれは、その方法がこの場合には不可能だということを知った。樹林のきれたあたりからは地形がなだらかに起伏していて、しかもそこには一面に丈の高い＊熊笹《くまざさ》が生いしげっている。熊笹は熊の体をかくし、いったんそこに入りこんでしまえば姿をとらえることはむずかしい。

かれは、双眼鏡に眼をあてた。熊笹の茂みは三百メートルほどつづいているが、それが絶たれると灌木《かんぼく》のまばらに立った日当《ひあた》りのよい高みがつらなっている。その地形は、かれにとって熊の進路を予測させるのに恰好《かっこう》のものに思えた。

権作をしとめるのは、熊笹の茂みを越えた地域だとかれは判断し、足跡を追って歩きつづけた。

左側の谷から淡い霧が這《は》い上《あが》っていたが、視界はひらけ、空気は澄んでいた。

樵《きこり》の通う道が熊笹の繁《しげ》みの間に細々と通じ、足跡はその上に重々しく刻みつけられている。銀九郎は、足音をしのばせながら早い速度で進んだ。

かれは、権作が身近にいることを知っていた。足跡は数分前に印された生々しいもので、おそらく二、三百メートル前方を、大地をふみしめながら歩いているはずだった。

かれは、身をかがめて歩きながらも双眼鏡で前方をうかがいつづけた。が、熊笹は高く、その間隙《かんげき》からのぞいてみても権作の姿を見出《みいだ》すことはできなかった。

道は、ゆるい曲《まが》りになっていた。そして、道にしたがって曲った時、かれは不意に足をとめた。

❷顔から血の色がひき、眼《め》は大きくひらかれた。足跡が断ちきられたように消えている。

戻り足だという声が、閃光《せんこう》のようにかれの全身をつらぬいた。弱い小動物は、敵に追われていることを知ると再び足跡を慎重にふんで後退し、傍《わき》に逃げこんで足跡をくらます。賢い熊にも同じような動作をするものがあるが、それは、敵を待ち伏せして襲う方法なのだ。

権作が、戻り足をつかった。それは、執拗《しつよう》に追ってくる銀九郎を打ち斃《たお》そうとする目的をもったものであった。

かれは、権作の仕掛けた罠《わな》に完全にはまりこんだことを意識した。権作は、熊笹の中に身をひそませている。そして、銀九郎の歩く気配と不意に停止した気配をさぐりとっているはずだった。

熊笹は、かれの顔近くまで生いしげっている。突然とび出してくれば、かれはたちまちその大きな掌《てのひら》で叩《たた》きつぶされるだろう。

動いてはならぬ、とかれは思った。身を動かせば、熊は瞬間的に襲ってくる。

かれは、銃をにぎりしめた。そして、左手を徐《おもむ》ろに動かすとズボンのポケットに滑りこませた。手作りの弾丸が、指先に冷たくふれた。

かれは、巧みに指のつけ根に三発の弾丸をはさみこんだ。

恐怖が、かれの体を痙攣《けいれん》させた。かれは、それまでただ一度十メートルほどの至近距離で撃ったことがあるが、弾丸は目的の場所から大きくそれた。幸い当《あた》った場所が腰骨であったため熊は崩《くず》折れたが、近すぎると弾丸の命中率はきわめて低い。

❸かれは、恐怖とたたかった。初めて母に連れられて山に入ってから三十年、その間に得た熊撃ちとしての技倆《ぎりょう》と勘をすべて傾注すれば権作にうちかつことはできるはずだ、としきりに自分に言いきかせた。

あたりには、深い静寂がひろがっている。かれは、身をかたくして耳をすませた。

❹風が起り、熊笹が遠くの方から波頭のようになびいてきて、銀九郎の周囲に茎や葉のすり合う音が満ちた。が、そのざわめきの中で、銀九郎はかすかに笹を踏みしだく音をはっきりときとった。それは、十メートルほど後方の熊笹の中からだった。

かれの体からは、汗がふき出ていた。権作は、しげみの中で息をひそませている。至近距離であることが、かれにとっては不利であった。

かれは、意を決して静かに体をめぐらし通ってきた道に向《むか》い合った。と、体の中に、激しい闘志が突然のようにわき上った。三十年間の経験をもつ熊撃ちとして、熊と対決する自負が四肢にみなぎった。

権作のひそむ個所を知ったことが、かれの気分を落《おち》着かせた。そして、距離をなるべく遠く保つために、徐々にあとずさりした。

熊笹が、動いた。

かれは、銃を胸の位置にずり上げた。

不意に、道の上に薄茶色いものが姿をあらわした。口から白い息を吐く熊は、銀九郎の知っている権作よりも大きく逞《たくま》しくみえた。が、左足は白い毛につつまれ、それが山中で成長した権作であることはあきらかだった。

かれは、銃口を熊に向けた。

権作は、こちらに顔を向けて動かない。が、一瞬後に銀九郎の方にむかってすさまじい勢いで突き進んできた。

かれの指先が引き金をひいた。すさまじい発射音と硝煙の匂いが、かれの体をつつみこんだ。

熊の顔が、眼の前いっぱいにのしかかってきた。が、足がくずれると頭部がさがり、熊笹を押し倒すと横に倒れた。

かれは、指の根にはさんだ弾丸を目まぐるしい速さで装塡すると、三発連続的に権作の頭にうちこんだ。

かれは、権作の体を見下ろした。一年の間に権作は山の匂いを体中から発散し、雌の奪い合いで傷つけられたのか、耳がちぎれ鼻の傍にも深い爪あとが刻まれていた。山中の生活で、毛並みも荒々しく変化していた。

かれの咽喉《のど》に熱いものがつき上げてきた。光子を殺した権作の体が遺体となって横たわっていることに復讐をはたした歓《よろこ》びを感じた。

かれは、*マキリをぬくと権作の眼球をえぐりとり、リュックサックの中に無造作に投げこんだ。むろん毛皮や熊の胆《い》をとる気はなかった。

❺かれは、銃を肩にかけると権作の血に染まった頭部を何度も足蹴《あしげ》にし、後《うしろ》もふりむかず足早に道を下った。

熊をしとめた快感は、不思議にもかれの胸には湧いてはこなかった。歓喜もいつの間にか消えて、妙に物悲しい感情がしきりに湧いてくる。

権作を射殺しても、光子がもどってこないことに、かれは激しい苛立《いらだ》ちを感じていた。

熊笹に、風が渡った。

かれの歩みが、急ににぶりはじめた。権作は、なぜ熊笹から道に姿をあらわすような不用意なことをしたのだろう。それは、自らを危険にさらすことを意味している。

権作は、道に出たあと銀九郎を見つめながら身じろぎもしなかった。そして、その直後銀九郎にむかって突き進んできたが、それは不思議と殺意の乏しい、人を襲うたけだけしさには欠けていた。

権作は、飼育してくれた銀九郎の姿をみとめ、なつかしさで走り寄ってきたのではあるまいか。

❻銀九郎は、頭をふった。権作は、宿命的に人間と相容《あいい》れることのできない野獣なのだ。権作は、自分を殺すためにつかみかかってきた。それを自分は、一発で打ち斃したにすぎない。

村落での孤独な生活が思われた。権作を斃すという希望が、かれの生活に一つの緊張感をあたえていたが、それも果《はた》されたかれには、光子の遺骨をおさめた骨壺《こつつぼ》しか残されていない。

かれは、眼をあげた。*重畳とつらなる山は、紅葉におおわれている。それは、山が雪におおわれる前の残照にも似た華やかな彩《いろど》りだった。

❼かれは、リュックサックをゆすり上げると沈鬱な表情で傾斜をくだっていった。

（吉村昭『羆』新潮文庫刊　※本文を改めた部分があります。）

［注］　*羆……熊の一種で体長は二〜二・八メートルあり、人を襲うことがある。毛皮は敷物に、内臓の胆は薬用にされる。
*匆々に……あわただしく。　*熊笹……山林中に自生するササの一種。高さは約一メートル。　*マキリ……猟師が用いる狩猟刀。
*重畳……幾重にも重なること。

問一　傍線部❶「かれは唖然とした」とありますが、どういうことに「唖然」としたのですか。その説明として最も適切なものを、次の中から一つ選び、記号で答えなさい。

ア　崖の根に逃げこんでいた権作が、銀九郎との戦いに闘志を燃やして、猛然と山奥へと突き進んでいたこと。
イ　崖の根で待ち構えていた権作が、銀九郎と戦いになるのを恐れて、おびえて山奥へ姿を消してしまったこと。
ウ　崖の根に潜んでいた権作が、銀九郎の追跡を抜け目なくかわして、より安全な山奥へと移動していたこと。
エ　崖の根で休息していた権作が、銀九郎を混乱させようとして、巧みに足跡を残しつつ山奥へ向かったこと。
オ　崖の根から動かなかった権作が、銀九郎の予想の通り事前に危険を察して、悠然と山奥へと立ち去ったこと。

問二　傍線部❷「顔から血の色がひき、眼は大きくひらかれた」とありますが、なぜですか。説明しなさい。

問三　傍線部❸「かれは、恐怖とたたかった」とありますが、この時の銀九郎について説明したものとして最も適切なものを、次の中から一つ選び、記号で答えなさい。

ア　銀九郎は身構えている権作を至近距離で仕留める自信はなかったが、猟師だった母や殺された妻のためにもここで逃げてはならないのだと自らに言い聞かせている。

イ　銀九郎は至近距離だけに体がふるえて狙いを外すのではないかと弱気になったが、三十年も熊撃ちの猟師をしているのだから失敗などするものかと自らに言い聞かせている。

ウ　銀九郎はたとえ至近距離ではあっても熊笹の中にいる権作を一発で射殺できるかどうかは分からなかったが、今までの経験があるので大丈夫だと自らに言い聞かせている。

エ　銀九郎は隠れている権作を至近距離から撃ち殺すのはあまりに酷《ひど》いようにも思ったが、殺された妻のかたきを取るためにはしかたがないことなのだと自らに言い聞かせている。

オ　銀九郎は難しい至近距離での射撃に失敗すれば権作に殺されてしまうという不安に襲われたが、母親ゆずりの腕前と経験があれば成し遂げられると自らに言い聞かせている。

問四　傍線部❹「風が起り、熊笹が遠くの方から波頭のようになびいてきて、銀九郎の周囲に茎や葉のすり合う音が満ちた。が、そのざわめきの中で、銀九郎はかすかに笹を踏みしだく音をはっきりとききとった」とありますが、この表現の効果を説明したものとして最も適切なものを、次の中から一つ選び、記号で答えなさい。

ア　熊笹に隠れている権作の居場所を聴覚を用いて表現することで、見えない敵と向き合う銀九郎の緊張感が描かれている。

イ　熊笹の葉や茎が風になびいてすれ合う音を表現することで、権作と戦わざるをえない銀九郎の悲しみを暗示している。

ウ　熊笹が波のように押し寄せる原野を表現することで、銀九郎の全身に突然わきあがった激しい闘志を演出している。

エ　熊笹が風にあおられ銀九郎に襲いかかるのを表現することで、銀九郎に対する権作の強い敵意が比喩的に示されている。

オ　熊笹の原野を不気味な風景として表現することで、どこに潜んでいるか分からない権作の恐ろしさを印象づけている。

問五　傍線部❺「かれは、銃を肩にかけると権作の血に染まった頭部を何度も足蹴にし、後もふりむかず足早に道を下った」とありますが、この時の銀九郎の心情を説明したものとして最も適切なものを、次の中から一つ選び、記号で答えなさい。

ア　立派な雄熊となった権作をしとめた快感はすぐに消え、なすすべもなく光子が殺されてしまったことへの悲しみがつのり、復讐を果たしたけれども気が晴れずにいる。

イ　光子を殺した権作をしとめた歓びよりも、仔熊の頃から飼育していた権作を失った悲しみが勝るようになり、権作を殺さざるを得なかったことを深く嘆いている。

ウ　銀九郎は逞しく成長した権作をしとめて嬉《うれ》しかったが、それが光子を殺されたことへの恨みの感情と変わり、光子が生き返らないことへの怒りを権作の遺体にぶつけ続けている。

エ　殺された光子の仇《あだ》をとった歓びはあったものの、熊をしとめた快感は湧いてこず、興奮が醒《さ》めた後は権作を殺しても光子は生き返らないことにやりきれなさを感じている。

オ　成長した権作を仕留めて興奮したが、毛皮や熊の胆が弾丸で傷ついて価値がなくなったことに落胆し、権作を殺しても光子の供養《くよう》にならないことにとても腹を立てている。

問六　傍線部❻「銀九郎は、頭をふった」とありますが、銀九郎はなぜ「頭をふった」のですか。説明しなさい。

問七　傍線部❼「かれは、リュックサックをゆすり上げると沈鬱な表情で傾斜をくだっていった」とありますが、この時の銀九郎の心情を説明したものとして最も適切なものを、次の中から一つ選び、記号で答えなさい。

ア　権作をしとめて名を上げた銀九郎だが、殺された光子のためにも村落に帰ってからはその名を汚さないように生活しなければならないと自らを戒めている。

イ　権作をしとめるという目的を果たした銀九郎だが、下山後は村落で権作や光子の存在を失った生活を送ることを考えると寂しさや虚《むな》しさがわいてきている。

ウ　山の中で命をかけて権作と渡り合った銀九郎だが、事を成し遂げて村落に帰れば何ら変わり映えのしない普段通りの生活が待っていることに失望している。

エ　光子の供養のために権作をしとめた銀九郎だが、罪のない権作の命を奪ったことが忘れられず、今後の生活においても悔やみ続けるだろうと思っている。

オ　権作の毛皮や熊の胆を持ち帰る気にならなかった銀九郎だが、妻の光子も遺骨以外は何も残さなかったので、下山してもわびしい生活になることを嘆いている。

三　次の文章は、『イソップ物語』の翻訳として知られる『伊曾保《いそほ》物語』の一節である。これを読んで後の問いに答えなさい。

ある時、*さんといふ所の侍二人、伊曾保を誘引して、夏の暑さをしのがんため、涼しき所をもとめて到《いた》りア[ぬ]。その所に着きて、三人定めていはく、「ここによき*肴《さかな》一種有り。空《むな》しく食はんもさすがなれば、しばらくこの*台《うてな》にまどろみて、よき夢見たらん者この肴を食はん」となり。❶さるによつて、三人同じ枕に臥《ふ》しけり。二人の侍は、*前後も知らず寝入りければ、伊曾保はすこしもまどろまず、あるすきまをうかがひてひそかに起きあがり、この肴を食ひつくして、また同じごとくにまどろみけり。

しばらくありて後、❷一人の侍起きあがり、今一人を起こしていはく、*それがしすでに夢を*かうむる。そのaゆゑは、*天人二体天降《くだ》らせ給《たま》ひ、我を*召し具して、天の快楽をかうむると見しといふ。今一人がbいふやう、「わが夢はなはだ是《これ》にことなり。*天朝二体、*我を介錯《かいしやく》して、*ゐんへる野へ到りぬと見る」。その時両人*僉議《せんぎ》してかの伊曾保を起こしければ、寝入らイ[ぬ]伊曾保が、夢の覚めたる心地しておどろく気色に申すやう、「*御辺《ごへん》たちは、いかにしてかこの所に来たり給ふぞ。さも不審なる」と申しければ、❸両人の者あざ笑つていはく、「伊曾保は何事を*のたまふぞ。我この所を去る事なし。御辺とともにまどろみけり。わが夢は定まりウ[ぬ]。御辺の夢はいかに」と問ふ。伊曾保、答へていはく、「御辺は天に到り給ひエ[ぬ]。今一人はゐんへる野へ落ちぬ。二人ながら、*この界に来たる事あるべからず。❹しからば、肴を置きては何かはせんと思ひて、それがしことごとく給はりオ[ぬ]と夢に*見侍《みはんべ》る」といひて、かの肴の入れ物をあけて見れば、いひしごとくに少しも残さず。その時、二人の者笑ひていはく、「❺かの伊曾保の才覚は、*愚案のうかがふところにあらず」と、❻いよいよ敬ひ侍《はべ》るなり。

（『伊曾保物語』　※本文を改めた部分があります。）

［注］　*さん……地名。ギリシャのサモス島のこと。　*肴……酒を飲む時のおかずになるおいしい食べ物。　*台……見晴らしの良い高い建物。
*前後も知らず寝入りければ……前後不覚にぐっすりと熟睡したのに。　*それがし……私。　*かうむる……授かる。
*天人二体……天人お二方。「体」は神仏を数える際の数え方。　*召し具して……天上に召し連れて。　*天朝……ここでは天人のこと。
*我を介錯して……我に付き添って。　*ゐんへる野……「inferno」。地獄のこと。　*僉議……相談。　*御辺……あなた。
*のたまふ……おっしゃる。　*この界……この世界。現世。　*見侍る……見ました。　*愚案……（我らの）愚かな考え。

問一　波線部a「ゆゑ」・b「いふやう」を現代仮名遣いに直し、すべてひらがなで書きなさい。

問二　文中のア～オの[ぬ]の中で、他と用法の違うものを一つ選び、記号で答えなさい。

問三　傍線部❶「さるによつて」の「さる」の指している内容として最も適切なものを、次の中から一つ選び、記号で答えなさい。
ア　肴をすぐに食べると少し物足りないので、しばらく眠って良い夢を見て、お腹《なか》を空《す》かせてから食べようと話したこと。
イ　肴を先に食べてしまったらむなしくなるので、昼寝をして良い夢を見てから肴を食べるかどうか考えようと話したこと。
ウ　肴をただ食べてしまうのはつまらないので、皆で少しの間眠って、良い夢を見た人が肴を食べようと決めたこと。
エ　肴を皆で食べるには量が少ないので、三人で眠って夢を見られなかった人に肴をあげようと取り決めをしたこと。
オ　肴を普通に食べるだけでは面白くないので、しばらくの間横になって、皆で良い夢を見てから食べようと話し合ったこと。

問四　傍線部❷「一人の侍」の発言の箇所に「　」（カギカッコ）が省略されています。この「一人の侍」の発言にあたるのはどの部分ですか。最初と最後の五字を書き抜いて答えなさい。（句読点も一字に数えます。）

問五　傍線部❸「両人の者あざ笑つていはく」とありますが、「両人の者」が「あざ笑つ」たのは、伊曾保の発言を聞いてどのように思ったからですか。説明しなさい。

問六　傍線部❹「しからば、肴を置きては何かはせん」とはどういうことですか。その説明として最も適切なものを、次の中から一つ選び、記号で答えなさい。
ア　二人の侍が現世にやって来たことがないのなら、肴のおいしさなど知っているはずがないのではないかということ。
イ　二人の侍は地獄に落ちてしまって現世には帰れないのだから、肴を置いておいても仕方がないだろうということ。
ウ　二人の侍が自分よりも面白い夢を見ていそうなので、このままでは肴を食べられてしまうのではないかということ。
エ　二人の侍はこの世からいなくなってしまったので、せめて二人に肴を捧《ささ》げることができないだろうかということ。
オ　二人の侍がもう現世とは違う世界に行ってしまったのならば、肴を残しておいても意味はないだろうということ。

問七　傍線部❺「かの伊曾保の才覚」とありますが、侍たちは「伊曾保」のどのような点を「才覚」があるといっているのですか。説明しなさい。ただし、「才覚」とは「機転」のことです。

問八　傍線部❻「いよいよ敬ひ侍るなり」とはどういうことを言っていますか。その説明として最も適切なものを、次の中から一つ選び、記号で答えなさい。
ア　二人の侍が、自分たちの無力さを痛感させるほどの伊曾保の才覚をおそれ多く思ったということ。
イ　二人の侍が、自分たちは伊曾保に遠く及ばないと感じ、伊曾保の才覚に少し嫉妬《しっと》したということ。
ウ　二人の侍が、用意周到な伊曾保の作戦に感動を覚え、伊曾保の才覚を尊敬したということ。
エ　二人の侍が、伊曾保にしてやられたことを愉快に思い、伊曾保の才覚に感心したということ。
オ　二人の侍が、子供のようなことを思いつく伊曾保の才覚をほほえましく思ったということ。

令和４年度　愛光高等学校入学試験問題　数学　（その１）(60分)

受験番号（　　　　　　）　氏名（　　　　　　　　　　）　※100点満点（配点非公表）

（注意）　1 は答だけでよいが，2 3 4 5 6 は式と計算を必ず書くこと。

1　次の(1)～(5)の □ に適する数または式を，下の解答欄に記入せよ。

(1)　$a^2b^2-a^2+6ab-9b^2$ を因数分解すると ① である。

(2)　$(-a^2b)^3\div\dfrac{(a^3b^2)^2}{12}\times\left(-\dfrac{1}{2}ab\right)^3=$ ②

(3)　$(1+\sqrt{2}-\sqrt{3})(1-\sqrt{2}-\sqrt{3})-\dfrac{(\sqrt{6}-\sqrt{2})^2}{2}=$ ③

(4)　168 と 1260 の最大公約数を x とするとき，$x=$ ④ である。また，x の正の約数をすべてかけ合わせると，x^y と表せる。このとき，$y=$ ⑤ である。

(5)　平行四辺形 ABCD において，辺 AB 上に AE : EB＝3 : 2 となる点 E をとる。また，AC, BD の交点を M とし，AC, DE の交点を N とする。平行四辺形の面積が 10 のとき，△ANE の面積は ⑥ で，△DNM の面積は ⑦ である。

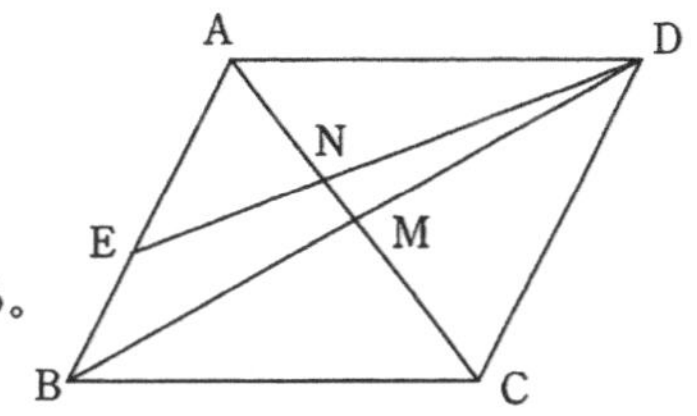

【解答欄】

①		②	③
④	⑤	⑥	⑦

2　A, B 2つの蛇口がついた水そうがあり，A からは毎分 x L，B からは毎分 y L の水が入る。この水そうに，空の状態から A, B 両方使って水を入れると 5 分で満水になる。

1 日目，空の状態から A, B 両方使って水を入れ始めたが，2 分後，B から入る水の量が毎分 $\left(\dfrac{1}{2}y-1\right)$ L に減ったため，その後水そうが満水になるのに 4 分かかった。

2 日目，空の状態から A, B 両方使って水を入れ始めたが，最初から，A からは毎分 $\dfrac{3}{4}x$ L，B からは毎分 $\left(\dfrac{1}{2}y-1\right)$ L しか水が入らなかったので，7 分間水を入れても水そうが満水になるには 16 L 足りなかった。このとき，x と y の値を求めよ。

答 $x=$　　　　　，$y=$

3　2 地点 P, Q とそれを結ぶ 1 本道がある。A さんと B さんはそれぞれ自動車で，A さんは P を出発して Q に，B さんは Q を出発して P に向かった。2 人は同時に出発し，すれ違ってから 3 時間 45 分後に B さんは P に到着した。A さんの自動車の速さを時速 60 km，B さんの自動車の速さを時速 x km とする。このとき，次の問いに答えよ。

(1)　出発してからすれ違うまでにかかった時間を x を用いて表せ。答だけでよい。

答

(2)　P, Q 間の距離が 250 km であったとき，x の値を求めよ。

答

令和４年度　愛光高等学校入学試験問題　数学　（その２）

受験番号（　　　　　）　氏名（　　　　　　　　）

4　右の図のように，放物線 $y=\frac{1}{2}x^2$ と傾き１の直線が２点Ａ，Ｂで交わっている。Ａ，Ｂの x 座標がそれぞれ $-a$，$2a$ $(a>0)$ であるとき，次の問いに答えよ。

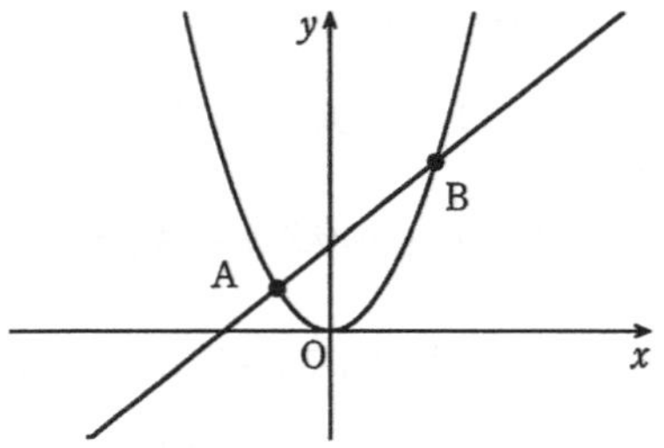

(1)　a の値を求めよ。

答

(2)　点Ｐが放物線 $y=\frac{1}{2}x^2$ 上を動くとき，ＰＡ＝ＰＢとなる点Ｐの座標を２つとも求めよ。

答　（　　　，　　　），（　　　，　　　）

(3)　(2)で求めた２点のうち，x 座標の小さい方を P_1，もう１つを P_2 とおく。このとき，四角形 P_1AP_2B の面積を求めよ。

答

5　１つのさいころを３回投げて，出た目の数を順に十の位，一の位，小数第１位として小数をつくる。その小数の小数第１位を四捨五入した整数をＡとするとき，次の問いに答えよ。

(1)　Ａ＝45 となる確率を求めよ。

答

(2)　Ａ≧45 となる確率を求めよ。

答

6　右の図のように，三角錐Ｏ－ＡＢＣを，底面である△ＡＢＣに平行な面ＤＥＦで切った立体がある。△ＤＥＦはＤＥ＝8，ＥＦ＝4，ＦＤ＝$4\sqrt{3}$ の三角形である。また，ＡＢ＝12，ＤＡ＝ＥＢ＝ＦＣ＝6 である。このとき，次の問いに答えよ。

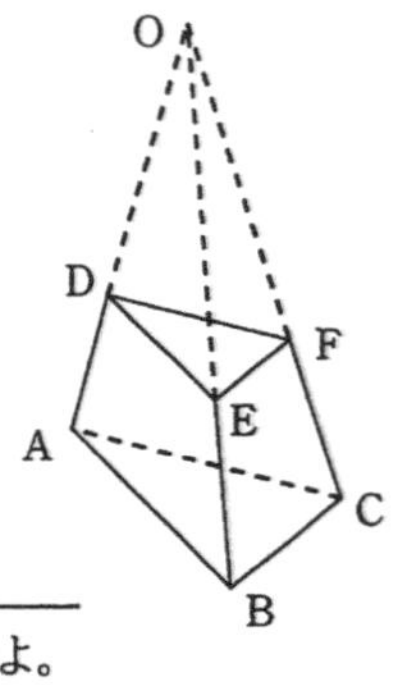

(1)　ＢＣの長さを求めよ。答だけでよい。

答

(2)　Ｏから平面ＡＢＣに垂線ＯＨを引いたとき，△ＯＡＨ≡△ＯＢＨを証明せよ。

(3)　この立体の体積を求めよ。

答

※音声と放送原稿非公表

Ⅰ．リスニングテスト問題：　放送の指示に従って問題を解き，その答えを解答用紙に記入しなさい。

Question No. 1

a. I like to play computer games.

b. I play the piano.

c. I play baseball and tennis.

d. I like to watch rugby and basketball.

Question No. 2

a. It tastes great.

b. My lunch was delicious.

c. It was too much.

d. My lunch cost three dollars.

Question No. 3

a. Yes, take a rest.

b. No, help yourself.

c. Sorry, I know.

d. Sure, take your time.

Question No. 4

a. It is nine o'clock now.

b. It is eight-fifty now.

c. It is nine-ten now.

d. It is ten o'clock now.

Question No. 5

a. Maria wants to be a mother.

b. Maria's mother is a chef.

c. The chef likes Maria's mother.

d. Maria likes the chef.

Question No. 6

a. John's wife phoned his office.

b. John called his wife at her office.

c. John will leave his office and call his wife.

d. John will contact his wife from his office.

Question No. 7

How old will Grandma Rose be on her birthday?

Question No. 8

What kind of trip is Mr. Will Baker on?

Question No. 9

What season will Tom take his vacation?

Question No. 10

What time will Tom's flight arrive in Hawaii?

Ⅱ．次の英文は，大人になるまでの運動が健康や脳の発達に対して及ぼす影響について述べた新聞の記事である。英文を読んで，設問に答えなさい。星印(*)の語は(注)を参考にしなさい。

A new research suggests that exercise in childhood has a good effect on health in later years and improves brain power – even in adults who do not exercise. Other studies also show that physical activity in childhood may have a positive effect on the developing brain.

Last week, a study by the government said many adults between the ages of about 40 and 60 in *England take less than 10 minutes' exercise a month. It means that they are damaging their health. But when does (A)<u>the problem</u> start? It seems the answer is "very young". Last year, an international study suggested that British children take less exercise than those in other countries. British government recommends that children should do at least an hour of exercise every day, but among the 40 countries all over the world, England and *Wales are the third worst in the list, and Scotland is at the bottom. Only 22% of British boys between 11 and 15 do the [①] exercise, and just 15% of British girls.

Active children can have many clear (B)<u>short-term *benefits from exercise</u>, but British children do not have one: about 20% of children between 10 and 11 in England are overweight. On the other hand, the unfamiliar long-term benefits from exercise suggest that exercise is probably even more important than we think.

Sweden has long been interested in the relation between physical activity since childhood and achievements in later life. Researchers examined 1.2 million 18-year-old men's *fitness records since childhood and their progress through life. They found that their *cardiorespiratory fitness might have an effect on understanding or learning in later life. In other words, { C }, you may be more successful in the future.

Scientists believe there are many reasons for this. Other studies show that doing enough physical activity until their early 20s to improve cardiorespiratory fitness is directly related to the *function of the developing brain, because (D)<u>some parts of the developing brain which are involved in memory do not finish their development until then</u>.

"It seems that the developing brain in some parts is particularly affected by *cardiorespiratory exercise," says a professor at Northeastern University. "The development of the *prefrontal cortex is involved in your ability to think, judge carefully, and take a thoughtful action. In everyday life, it is very important in your ability [②] successful and healthy lives. (E)<u>Cardiorespiratory exercise increases your *blood stream</u>. Then your brain begins to build new *blood vessels to carry more blood and *oxygen to the whole body. As a result, more *synapses between *neurons in your brain are formed. It means that different parts of your brain are more able to talk to each other." Another research shows that exercise keeps [③] neurons even after middle age: the people in their 60s and 70s who have continued exercise are more able to think and understand.

"Exercise has another influence which [④] for a long time," says a professor of biology at the University of California. "(F)<u>People [are / childhood / daily exercise / have / more / since / taken / who / willing] to get out and exercise even after they grow up</u>. They know they would more like to try something after exercise. It's because exercise increases the levels of chemicals in the brain such as *dopamine; this has a positive effect on *motivation."

（注）England イングランド(地域名)　Wales ウェールズ(地域名)　benefit 恩恵　fitness records 身体機能の記録
cardiorespiratory fitness 心肺機能　function 機能　cardiorespiratory exercise 有酸素運動
prefrontal cortex 前頭前皮質(脳の一部位の名称)　blood 血液（の）　blood vessels 血管　oxygen 酸素
synapse シナプス，接合部　neuron 神経細胞　dopamine ドーパミン　motivation モチベーション，やる気

設問

１．下線部(A)の具体的な内容を，日本語で説明しなさい。

２．空所[　①　]～[　④　]に入る英語を次の[　　]の中からひとつずつ選び，必要なら形を変えなさい。解答は１語になるとは限らない。ただし，同じ語を繰り返し選んではいけない。

[　last　/　lead　/　protect　/　recommend　]

３．下線部(B)の例をひとつ，本文の内容に沿って10字以内の日本語で答えなさい。

４．空所{　　C　　}に入る英語として最も適切なものを，次のア～エの中からひとつ選びなさい。

ア．if you start exercise after you are about 18

イ．if you keep exercise until you are about 18

ウ．if you take exercise only when you are about 18

エ．if you stop exercise before you are about 18

５．下線部(D)を日本語に直しなさい。

６．次のア～エは，下線部(E)の後に起きると本文で紹介されている現象である。本文の内容に沿って，これらが起きる順番通りに並べ替え，記号で答えなさい。

ア．Synapses between neurons in the brain increase.

イ．Your brain builds new blood vessels.

ウ．You are more able to think, judge carefully, and take a thoughtful action.

エ．More blood and oxygen are carried to different parts of the body.

７．下線部(F)の[　　]内の語句を並べ替えて意味の通る英文を完成しなさい。解答は[　　]の部分のみでよい。

８．次のア～オの中から，本文の内容に一致するものを二つ選びなさい。

ア．According to an international study, children in Wales are more active than those in Scotland.

イ．We clearly know about the long-term benefits from exercise, so we think it is very important.

ウ．Swedish researchers have found that physical activity since childhood has some connection with progress in later life.

エ．When some parts of your body need more blood and oxygen, your brain tells you to exercise.

オ．People want more to try something after they exercise, but the reason is not clear at all, so researchers are trying hard to find it out.

Ⅲ．次の対話を読み，下の設問に答えなさい。星印(*)の語は(注)を参考にしなさい。

Tomoya：Hello, Susan.　How was your summer holiday?

Susan　：Hi, Tomoya.　It was fantastic!　I traveled in Edinburgh and had a very good time there.

Tomoya：Edinburgh?　Where is it?

Susan　：Edinburgh is the *capital of Scotland and I stayed there for a week.

Tomoya：Oh, Scotland.　What did you do there?

Susan　：Well, I went to some famous tourist spots (　a　) Edinburgh Castle and Calton Hill.　I also enjoyed Royal Edinburgh Military Tattoo very much.

Tomoya：Royal Edinburgh Military Tattoo?　What's that?

Susan　：It's a music festival.　*Army bands from various countries play music in the event.　(A)[so / was / got / their / wonderful / that / performance / goosebumps / I].

Tomoya：That sounds so nice.　I want to go to see it someday, too.

Susan　：You should.　(B)[the / I / ever / was / been / music festival / to / it / best / have].　However, I had a terrible experience (　b　) the trip.

Tomoya：A terrible experience?

Susan　：Yeah.　When I arrived at Edinburgh Airport, my *baggage didn't *come out.

Tomoya：What?　Why did that happen?

Susan　：This time, I flew from Haneda Airport to Heathrow Airport in London.　Then, I caught another flight in London and flew to Edinburgh Airport.　And as I said, when I arrived there, I realized that my baggage was *missing.　So I asked a member of the *ground staff and she told me that it was still in London.

Tomoya：That's too bad.　I've heard that sometimes happens when you travel abroad.

Susan　：That actually happened to me this time.　After all, I had to wait two days (　c　) my baggage until it arrived in Edinburgh.　So I couldn't change clothes or use other things.

Tomoya：You had such a bad experience ....

Susan　：Yes, but *apart from that, the trip was perfect and it was a special holiday.

（注）capital 首都　army 軍隊　baggage 荷物　come out 出てくる　missing 見当たらない
ground staff 地上勤務員　apart from ～を除けば

設問

１．空所(　a　)～(　c　)に入る最も適切な語を下のア～カから選び，記号で答えなさい。ただし，同じ記号を複数回用いないこと。

ア．across　イ．into　ウ．like　エ．for　オ．over　カ．during

２．下線部(A)が次の日本文の意味になるように[　]内の語を正しく並べかえなさい。ただし，文頭に来る語も小文字で記してある。

「彼らの演奏は鳥肌が立つほど素晴らしいものだった。」

３．下線部(B)が次の日本文の意味になるように[　]内の語を正しく並べかえなさい。ただし，文頭に来る語も小文字で記してある。

「それは私がこれまで行った中で一番の音楽祭だった。」

４．本文の内容と一致すれば①，一致しなければ②，また本文の内容からだけでは判断できなければ③を選びなさい。

ア．Susan had some terrible experiences while she was traveling in Edinburgh.

イ．In Edinburgh, Susan went to see Holyrood Palace.

ウ．Susan couldn't receive her baggage when she arrived at Edinburgh Airport.

Ⅳ．下線部の発音がすべて同じ場合は○で，すべて異なる場合は×で，一つ異なる場合はその記号で答えなさい。

１．	ア．future	イ．hundred	ウ．push
２．	ア．away	イ．afraid	ウ．amazing
３．	ア．health	イ．earthquake	ウ．either
４．	ア．ready	イ．idea	ウ．reason
５．	ア．design	イ．expensive	ウ．cancer

Ⅴ．A-B と C-D の関係が同じになるように，（　　）に適切な１語をそれぞれ入れなさい。

	A	B	C	D
１．	difficult	easy	first	（　　）
２．	soccer/tennis	sport	fall/spring	（　　）
３．	live	life	speak	（　　）
４．	care	careful	sun	（　　）
５．	eighteen	eighteenth	five	（　　）

Ⅵ．次の 1. ～ 8.の英文には下線部に誤りを含む文が五つある。下線部ア）～ ツ）から間違い箇所を五つ選び，その記号と下線部に代わる正しい表現を書きなさい。答えはアイウエオ順に書くこと。

１．After she ア)came home, she イ)lay her phone on the desk and ウ)watched TV.

２．We エ)don't know either his name オ)and his profession.

３．I カ)have to キ)hand in this report ク)by the end of this week.

４．The sun rises ケ)from the east everywhere コ)on the earth.

５．This magazine サ)is full of beautiful シ)photos taken in Hokkaido.

６．Our son finally ス)became a lawyer and made セ)happy us.

７．James was about to ソ)go to bed when he heard someone タ)enter the room.

８．Books about history チ)is very popular ツ)among young people in Japan.

Ⅶ．次の文の下線部①，②については，日本語の内容を表す英語を書きなさい。下線部③，④については解答欄に与えられてる[　　]内の語句を並べ替えなさい。ただし，文頭に来る語も小文字で記してある。

ハチが元気に外を舞う季節になってきた。かつては「ブンブンブン」などと口ずさみながら眺めていたものだが，昨今は孫娘のことが心配でならない。①彼女はハチを見ると，捕まえて口に入れようとするのである。②その光景はとても恐ろしいので，私がハチを見つけたときはハチを触らないように彼女に頼む。しかし，幼い孫娘は聞く耳を持たない。③彼女はハチに危害を加えようと思っているわけではないのだが，ハチは攻撃されたと思い，そして彼女を刺そうとするのだ。家族で対策を考える毎日だ。④彼女を守るのに一番良いのは，ハチについてもっと多くを学ぶことかもしれない。

令和４年度　愛光高等学校入学試験問題　理科（その１）　(60分)

【１】　次の文章を読み，下の問いに答えよ。

現在，地球上にはさまざまな生物が存在しているが，もともとは水中に生息していた共通の祖先から①進化し，多様化したと考えられている。その根拠としては，過去の生物の化石と現存している生物の形態を比較したり，②現存しているさまざまな種類の生物の共通点と異なる点を比較したりすることで得られた結果などが挙げられる。また，推測された進化の過程は一般に③系統樹で示され，近縁の生物であるほど共通する特徴が多い。次の表は，５種類のセキツイ動物（イヌ・カエル・ハト・フナ・ヘビ）について，それぞれの特徴をまとめたものである。

表　イヌ・カエル・ハト・フナ・ヘビの特徴

	主な生活の場	呼吸器官	体温	受精方法	卵の外側を包むもの	排出する主な窒素化合物
カエル	幼生…水中 成体…陸上	幼生…えら 成体…肺	変温	体外受精	水や水に溶けたものを通す膜	幼生…物質Ａ 成体…物質Ｂ
Ⅰ	陸上	肺	変温	体内受精	水を通さない硬い殻《から》	物質Ｃ
Ⅱ	陸上	肺	恒温	体内受精	水や水に溶けたものを通す膜	物質Ｂ
Ⅲ	水中	えら	変温	体外受精	水や水に溶けたものを通す膜	物質Ａ
Ⅳ	陸上	肺	恒温	体内受精	水を通さない硬い殻	物質Ｃ

（１）　下線部①の説明として適当なものを，次の（ア）～（エ）からすべて選び，記号で答えよ。
（ア）　生きている間に，からだのつくりや機能が失われていくこと。
（イ）　生きている間に，からだのつくりや機能が環境に適応していくこと。
（ウ）　世代を重ねる間に，からだのつくりや機能が失われていくこと。
（エ）　世代を重ねる間に，からだのつくりや機能が環境に適応していくこと。

（２）　下線部②について，相同器官や相似器官もその一例である。それぞれの具体例として最も適当なものを，次の（ア）～（オ）から１つずつ選び，記号で答えよ。
（ア）　コウモリの翼とモグラの前足　（イ）　クジラの後ろ足とヒトの尾骨　（ウ）　ツバメの翼とアゲハチョウの羽
（エ）　サバの胸びれとカマキリの前足　（オ）　ミツバチの羽とアリの中足

（３）　表中のⅠ・Ⅱは，イヌ・ハト・フナ・ヘビのうちどれか，それぞれ答えよ。

（４）　恒温動物の心臓を流れる血液の説明として最も適当なものを，次の（ア）～（エ）から１つ選び，記号で答えよ。
（ア）　心室内は酸素を多く含む血液が流れ，心房内は酸素が少ない血液が流れる。
（イ）　心室内は酸素が少ない血液が流れ，心房内は酸素を多く含む血液が流れる。
（ウ）　右心室と右心房内は酸素を多く含む血液が流れ，左心室と左心房内は酸素が少ない血液が流れる。
（エ）　右心室と右心房内は酸素が少ない血液が流れ，左心室と左心房内は酸素を多く含む血液が流れる。

（５）　下線部③について，表から考えられる最も妥当な系統樹を，次の（ア）～（エ）から１つ選び，記号で答えよ。

（ア）
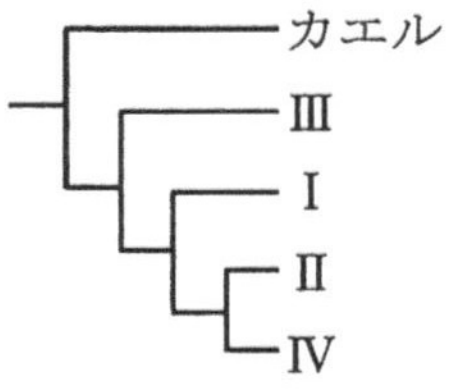

（イ）
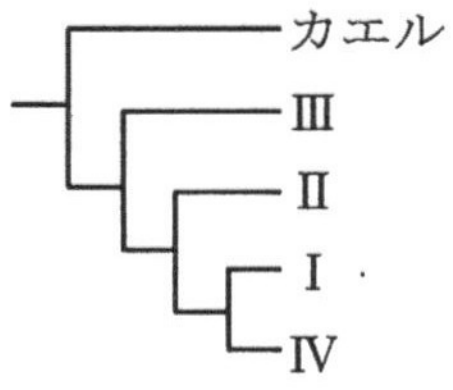

（ウ）
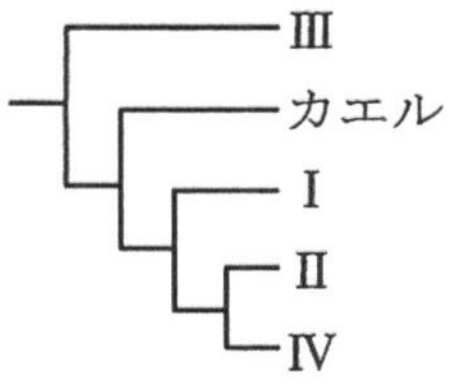

（エ）
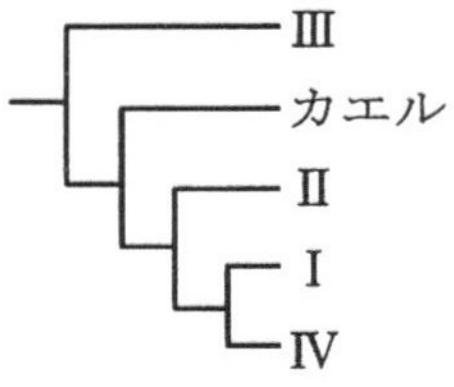

（６）　次の文は，表中のⅠ～Ⅳをもとに，「卵の外側を包むもの」と卵内で成長する個体の「排出する主な窒素化合物」の進化について考察したものである。文中の空欄 ④ ～ ⑥ に，下の各語群の（ア）～（オ）から最も適当なものをそれぞれ１つずつ選び，記号で答えよ。ただし，Ⅰ～Ⅳの「排出する主な窒素化合物」は，卵内または母体内で成長するときから成体になるまで変化しないものとする。

「卵の外側を包むもの」の進化は， ④ から卵内で成長する個体を守るために特に有効である。しかし，この進化は卵内を閉鎖空間にし，排せつ物に含まれる窒素化合物が卵内で成長する個体の健康を害する恐れがある。そこで，進化にともない，「排出する主な窒素化合物」は， ⑤ 性質をもつ ⑥ になったと考えられる。

④ の語群
（ア）　外敵　（イ）　共食い　（ウ）　乾燥　（エ）　温度変化　（オ）　pH 変化

⑤ の語群
（ア）　酸性の　（イ）　中性の　（ウ）　アルカリ性の　（エ）　水に良く溶ける　（オ）　水に溶けにくい

⑥ の語群
（ア）　物質Ａ　（イ）　物質Ｂ　（ウ）　物質Ｃ　（エ）　物質Ａ・Ｂ　（オ）　物質Ａ・Ｃ

【２】 次の文章を読み，下の問いに答えよ。

１個の細胞が２つに分かれ，２個の細胞になることを細胞分裂という。動物も植物も細胞分裂を繰り返すことで，成長したり組織を更新したりしている。また，動物では，体のすべての細胞のもとになる受精卵は最初に卵割という特殊な細胞分裂を行う。

図は，ある動物の通常の細胞分裂と卵割によって生じた細胞１個当たりの体積変化を，最初に分裂する細胞の体積を 100％として示したものであり，実線はある細胞の細胞分裂を60時間追跡した結果，点線はある受精卵からの卵割を15時間追跡した結果である。

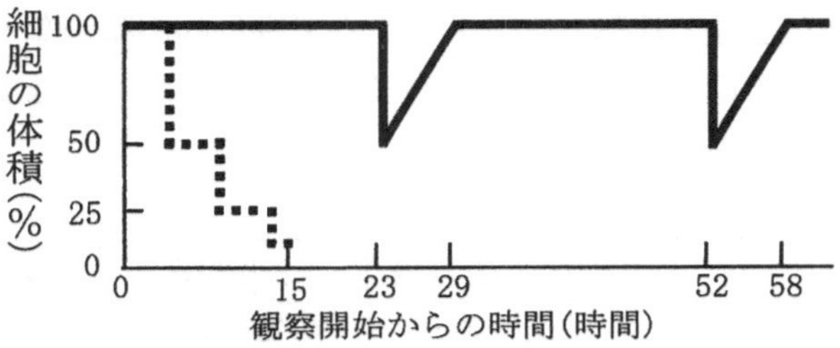

図　細胞分裂と卵割の細胞１個当たりの体積変化

（１） 次の文の（　①　），（　②　）に入る用語をそれぞれ書け。

受精卵は卵割を繰り返して（　①　）になる。その後，細胞分裂を繰り返すことでさらに細胞の数を増やし，体のつくりができていく。このように，受精卵が（　①　）になり，体がつくられていく過程を（　②　）という。

（２） 植物体で盛んに細胞分裂する部分とその成長について，正しい組み合わせを次の(ア)～(ク)からすべて選び，記号で答えよ。

（ア） 茎の先端部分・伸長(長くなる)成長
（イ） 双子葉植物の茎の先端部分以外・伸長成長
（ウ） 単子葉植物の茎の先端部分以外・伸長成長
（エ） 根の先端部分・伸長成長
（オ） 茎の先端部分・肥大(太くなる)成長
（カ） 双子葉植物の茎の先端部分以外・肥大成長
（キ） 単子葉植物の茎の先端部分以外・肥大成長
（ク） 根の先端部分・肥大成長

（３） 図の実線で示された細胞分裂について，すべての細胞が図のような一定周期で今後も細胞分裂を繰り返したとすると，観察開始時に図における０時間の状態にあった１個の細胞は150時間後には何個の細胞になると考えられるか。

（４） 通常の細胞分裂と卵割の違いについて，図から正しいと判断できる文を，次の(ア)～(カ)からすべて選び，記号で答えよ。

（ア） 細胞分裂より卵割の方が１回の分裂にかかる時間が短い。
（イ） 細胞分裂より卵割の方が１回の分裂にかかる時間が長い。
（ウ） 細胞分裂より卵割の方が分裂によって生じる細胞の大きさが小さい。
（エ） 細胞分裂より卵割の方が分裂によって生じる細胞の大きさが大きい。
（オ） 細胞分裂では分裂する細胞の大きさは常に同じだが，卵割では分裂が進むほど分裂する細胞の大きさは小さくなる。
（カ） 細胞分裂では分裂が進むほど分裂する細胞の大きさは小さくなるが，卵割では分裂する細胞の大きさは常に同じである。

（５） 図から考えて，受精卵が卵割した後に細胞分裂を繰り返したときの体全体の体積変化を示すグラフはどれか。最も適当なものを次の(ア)～(カ)から１つ選び，記号で答えよ。

（ア）
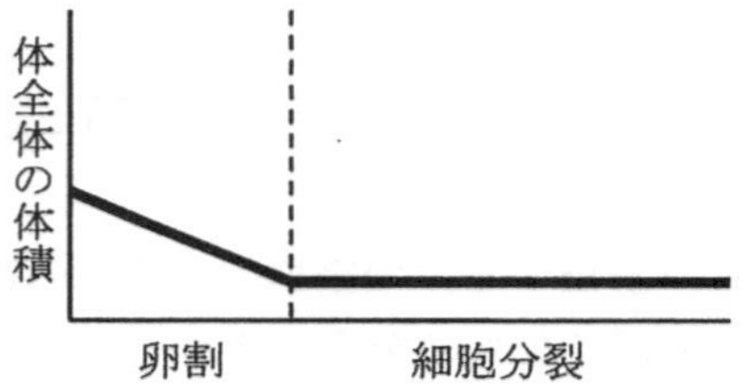

（イ）
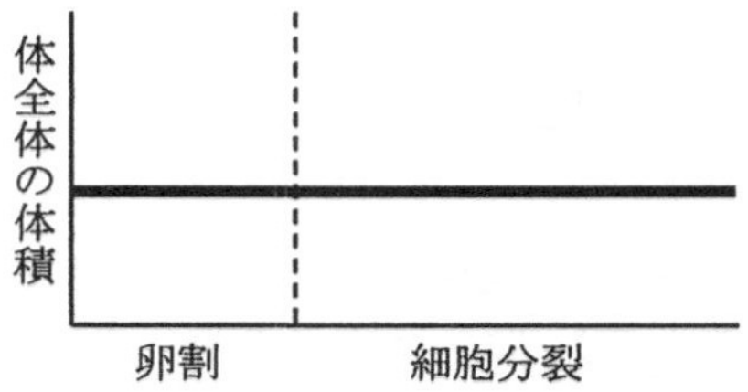

（ウ）
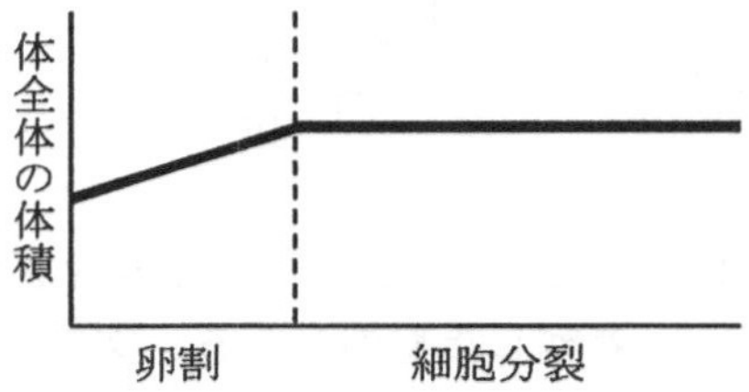

（エ）
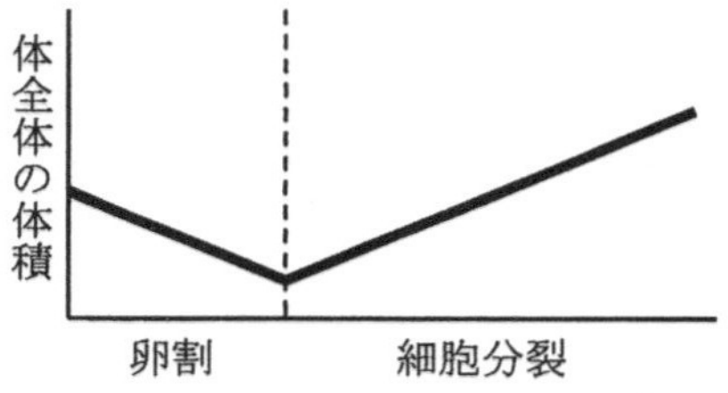

（オ）
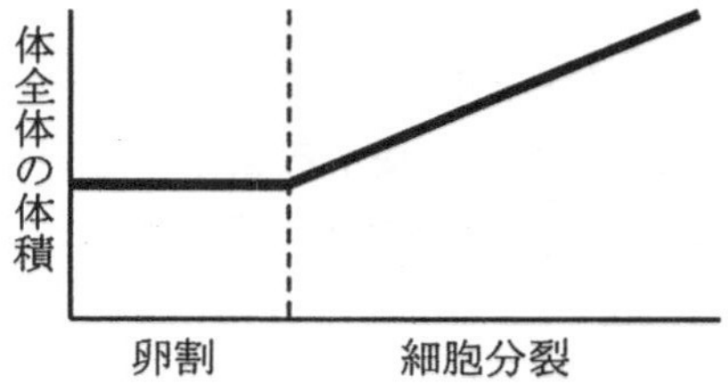

（カ）
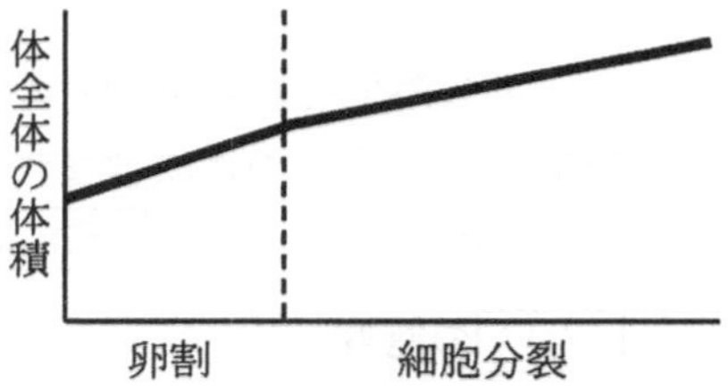

【３】　天体に関する次の文を読み，下の問いに答えよ。

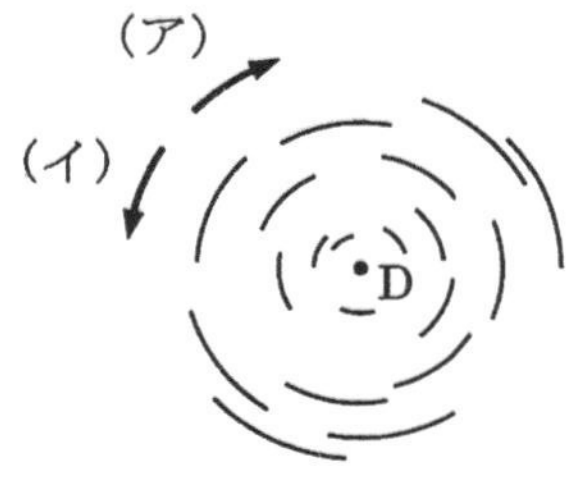

図１

地球は約 24 時間で１回転しており，この動きを［ Ａ ］と呼ぶ。また，地球は太陽の周りを１年かけて回転しており，この動きを［ Ｂ ］と呼ぶ。夜空の星を観察すると，地球の［ Ａ ］により星の位置は時間とともに変化する。図１は，愛媛県松山市（北緯 33.8 度）において北の空の星を数時間観察したときの様子を示しており，時間とともに星の位置が図１の［ Ｃ ］の向きに移動する様子がわかる。①図１のＤで示す星は北極星で，時間が経過しても位置はほとんど変化しない。

太陽は自ら光を発する恒星で，その光は非常に強いため，太陽を観察するときには，②日食グラス（光の強さを 200 分の１以下に弱める効果がある）を用いて肉眼で直接的に観察する方法や，天体望遠鏡で得られた太陽の像を投影板に映して間接的に観察する方法（図２）が用いられる。後者の場合は，投影板に記録用紙を載せ，③黒点の位置や形などをスケッチすることもでき，この記録をもとに，④太陽の［ Ａ ］の様子を推定することができる。

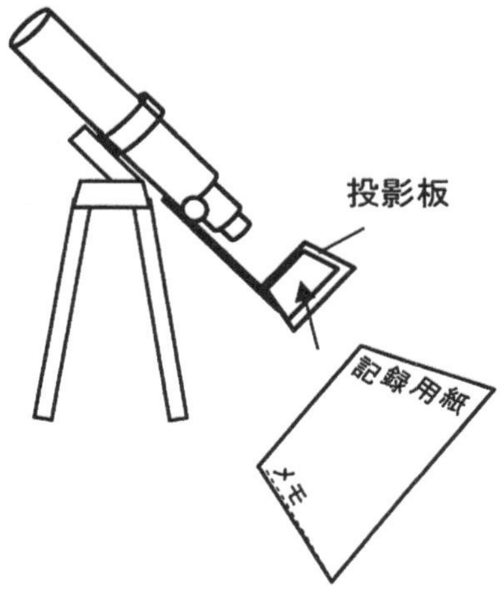

図２　太陽を間接的に観察する方法

（１）　空欄Ａ・Ｂに入る適当な語を答えよ。また，空欄Ｃについては，図１の（ア）・（イ）から正しいものを選び，記号で答えよ。

（２）　下線部①について，時間が経過しても北極星の位置がほとんど変化しない理由として最も適当なものを，次の（ア）～（エ）から１つ選び，記号で答えよ。
（ア）　地球から見える星の中で最も古い星であるから。
（イ）　地球から見える星の中で最も遠い位置にあるから。
（ウ）　地球の地軸の延長線上に近い位置にあるから。
（エ）　地球の回転に合わせて移動しているから。

（３）　愛媛県松山市で，夏至の日の午前０時に北極星を観測した場合，その高度（地平線となす角度）は何度か。答えは小数第１位まで答えよ。

（４）　下線部②について，ある日，太陽の一部が欠ける部分日食が起きた。この太陽を，日食グラスを用いて肉眼で観察すると，図３のように左下が欠けているように見えた。このとき，図２に示す方法で投影しスケッチしたとすると，太陽はどのように記録用紙に描かれると考えられるか。最も適当なものを次の（ア）～（エ）から１つ選び，記号で答えよ。

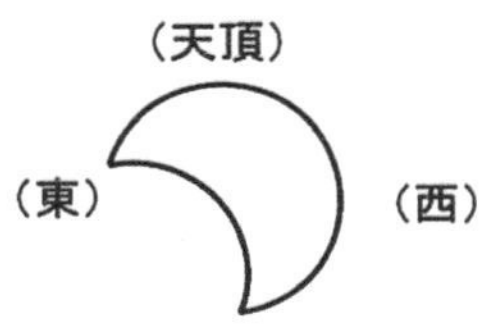

図３　日食グラスを用いて観察された日食の像

（ア）

（イ）

（ウ）

（エ）

（５）　下線部③について，太陽の黒点とはどのような部分か。最も適当なものを次の（ア）～（エ）から１つ選び，記号で答えよ。
（ア）　太陽をとりまく高温のガスの部分である。
（イ）　爆発的にガスなどの物質を噴き上げている部分である。
（ウ）　周囲よりも温度がやや低い部分である。
（エ）　金星や水星によって太陽の光が遮られた部分である。

（6）　下線部④について，次の文は，太陽の黒点の観察結果から太陽の［ Ａ ］について研究したレポートの一部である。空欄あ～うに入る数値を答えよ。

《研究目的》

太陽の［ Ａ ］にかかる時間を，太陽の黒点の動きから推定する。

《観察結果》

○月△日の朝方，投影法を用いて太陽を見ると，図４に示す黒点が観察された。翌日以降，観察された黒点は一定の向きにずれていったが，図４のスケッチを行ってから 27.3 日後に，図４と同じ位置に同じ黒点が観察された。

図４

《考察》

天の北極から見た場合，図５に示すように，太陽の［ Ａ ］，地球の［ Ａ ］および［ Ｂ ］の向きは，いずれも反時計回りである。図４で観察された黒点は太陽の［ Ａ ］とともに反時計回りに移動し，観測地点である地球も［ Ｂ ］によって反時計回りに位置を変える。ここで，地球は１年かけて太陽の周りを一周するので，地球は１日あたり 1°移動するとみなす。

図４に示した黒点が，27.3 日後に再び同じ位置に観察された。この間に，地球は［ Ｂ ］により反時計回りに［ あ ］°移動しているため，この黒点は（360 ＋［ あ ］）°移動していることになる。したがって，太陽の［ Ａ ］にかかる時間をｘ日とすると，

ｘ：［ い ］＝ 27.3 ：360 ＋［ あ ］

の式が得られる。

これを解くと，ｘの値が求まり，太陽の［ Ａ ］にかかる時間は，小数第２位を四捨五入して，［ う ］日と推定される。

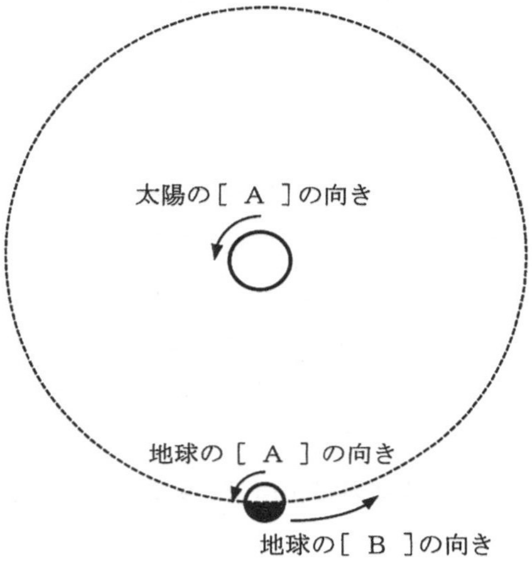

図５　天の北極から見た，太陽と地球の［ Ａ ］・［ Ｂ ］の様子。

【４】 次の文を読んで，下の問いに答えよ。

ある濃度の塩酸100 mLを入れたビーカーを５個用意した。次に，石灰石0.5 g，1.0 g，1.5 g，2.0 g，2.5 gをそれぞれのビーカーに加えて，発生する二酸化炭素の体積を測定した。その結果を表に示す。ただし，この実験で用いた石灰石は，主成分である炭酸カルシウムのほかに不純物も含んでいる。また，不純物は水に溶けず，塩酸とも反応しない。

表　石灰石の重さと発生した二酸化炭素の体積

石灰石の重さ(g)	0	0.5	1.0	1.5	2.0	2.5
発生した二酸化炭素の体積（mL）	0	72	144	216	225	225

（１） この塩酸 100 mL に 1.8 g の石灰石を加えたときに発生する二酸化炭素は何 mL か。整数で答えよ。

（２） この塩酸 100 mL に 2.5 g の石灰石を加えたとき，反応しなかった炭酸カルシウムと不純物が合計で 1.5 g 残った。この実験で用いた石灰石中に占める炭酸カルシウムの割合は何％か。整数で答えよ。

（３） 二酸化炭素に関する記述として**誤っているもの**を，次の(ア)～(カ)からすべて選び，記号で答えよ。

（ア） 無色，無臭の気体である。
（イ） 石灰水に通じると白濁する。
（ウ） 原子力発電の際に多量に発生する。
（エ） 水溶液を青色リトマス紙につけると赤変する。
（オ） 地球温暖化の原因物質のひとつとして考えられている。
（カ） 水に溶けやすく，空気より軽いので上方置換で捕集する。

（４） 次の(ア)～(キ)のうち，二酸化炭素が発生するものをすべて選び，記号で答えよ。

（ア） 酸化銀を加熱する。
（イ） サイダーを加熱する。
（ウ） うすい塩酸に亜鉛を加える。
（エ） うすい塩酸に硫化鉄を加える。
（オ） 炭酸水素ナトリウムを加熱する。
（カ） うすい過酸化水素水に二酸化マンガンを加える。
（キ） 水酸化ナトリウムと塩化アンモニウムを混ぜて，加熱する。

（５） ドライアイスは，常温常圧で液体にならずに直接気体に変化する。この状態変化の名称を答えよ。

（６） 二酸化炭素で満たした集気びん中でマグネシウムを燃やしたところ，激しく反応した。この反応を化学反応式で表せ。

【５】 自動車は，１９世紀に発明されて以来，移動手段や物資の輸送手段として社会の発展に大きく貢献してきた。しかしその一方で，自動車の排出ガスに含まれる有害物質は，さまざまな環境問題の原因になっている。自動車の排出ガスに関する次の文章を読み，下の問いに答えよ。

ガソリンは原油から得られる液体で，主に炭素と水素からなる炭化水素と呼ばれる化合物からできている。例えば，「ハイオク」と呼ばれるガソリンは，炭化水素の一種であるイソオクタン C_8H_{18} を高い割合で含んでいる。エンジン内部で①ガソリンが燃焼すると，そのほとんどは完全燃焼して二酸化炭素と水が生じるが，エンジン内部に空気が十分に送られないと②不完全燃焼を起こし，無色無臭の強い毒性をもつ気体が生じてしまう。

逆に，エンジン内部に過剰の空気が送り込まれてしまうと，窒素と酸素が結びつくことで一酸化窒素 NO が生じる。この気体は，排出後に空気中ですみやかに酸素と結びつき，③酸性雨の一因となる有毒な気体に変化する。

そこで近年では，④エンジン内部に送りこむ空気の量を調節することで，不完全燃焼を起こさず，かつ一酸化窒素 NO を生じにくくする技術が開発されている。また，世界的には⑤電気自動車や燃料電池車などの普及が進んでいる地域もある。

（１） 下線部①について，イソオクタン C_8H_{18} の完全燃焼は次の化学反応式で示される。反応式中の空欄［ i ］，［ ii ］に当てはまる数値をそれぞれ答えよ。

$$2\,C_8H_{18} + [\ \mathrm{i}\ ]\,O_2 \rightarrow [\ \mathrm{ii}\ ]\,CO_2 + 18\,H_2O$$

（２） 下線部②について，この気体の名称を答えよ。

（３） 下線部③について，この気体は，集気びんに集めると赤褐色に見える。この気体の名称を答えよ。

（４） 下線部④について，ガソリンがすべてイソオクタン C_8H_{18} からできているものとして，ガソリン１g を完全燃焼させるために最低限必要な空気の質量は何 g か。ただし，イソオクタン１分子の重さは酸素１分子の重さの 3.6 倍であり，酸素１g をエンジン内部に送り込むためには，空気 4.5 g が必要である。答えが割り切れない場合には，小数第二位を四捨五入して小数第一位まで答えよ。

（５） 下線部⑤について，電気自動車は，走行時には排出ガスを出さない。しかし，電気自動車を充電するときの電力の一部は，火力発電によってつくられているため，その際には温室効果ガスの一種である二酸化炭素が排出される。ガソリン自動車と電気自動車の二酸化炭素排出量について述べた次の文章中の空欄［ iii ］～［ v ］に当てはまる数値はいくらか。ただし，小数が出る場合には，四捨五入してすべて整数で答えよ。

まず，1 L のガソリンで 20 km 走行可能なガソリン自動車について，走行時の二酸化炭素排出量を考える。ガソリン 1 L に含まれるイソオクタンを 0.78 kg，イソオクタン１分子の重さは二酸化炭素１分子の重さの 2.6 倍であるとしたとき，このガソリン自動車を１万 km 走行させるために二酸化炭素は［ iii ］kg 排出される。

次に，1 kWh の電力で 8 km 走行可能な電気自動車について，1 kWh の電力を発電する際に排出される二酸化炭素が 0.44 kg であるとしたとき，この電気自動車を１万 km 走行させるために二酸化炭素は［ iv ］kg 排出されることになる。

また，大容量バッテリーを必要とする電気自動車を製造する際には，ガソリン自動車の場合よりも多くの二酸化炭素が排出される。その差が１台あたり 6500 kg であるとすると，電気自動車とガソリン自動車がどちらも［ v ］万 km 走行したとき，製造時を含めた両者の二酸化炭素排出量が等しくなる。

【６】 次の文章を読み，下の問いに答えよ。ただし，空気の抵抗力は考えないものとする。

おもりを水平でなめらかな床に置いたとき，重力の他に床からおもりに対して力がはたらく。この力の名前を［　①　］という。また，②なめらかな斜面におもりを静かに置くと，おもりは斜面に平行な向きにすべる。しかし，斜面がざらざらしている場合は，おもりがすべらずに斜面上で静止することがある。これは，斜面に平行な向きにも斜面からおもりに力がはたらくからである。この力を摩擦力といい，［　①　］と摩擦力の合力のことを③抗力という。摩擦力は，④おもりが静止している場合だけでなく，⑤運動している場合もはたらく力であり，おもりが運動する向きと逆向きにはたらく力である。

（１） 文中の［　①　］に当てはまる力の名称を漢字４文字で答えよ。

（２） 下線部②について，傾斜の異なる２つのなめらかな斜面上で，それぞれおもりを静かにはなしてすべらせる実験AとBを行った。図１のグラフは，実験AとBでのおもりの速さとおもりが動き始めてからの経過時間との関係を示している。また，斜面の最下点は，水平でなめらかな床に接続されている。このグラフから読み取れることとして正しいものを，次の(ア)～(ケ)からすべて選び，記号で答えよ。

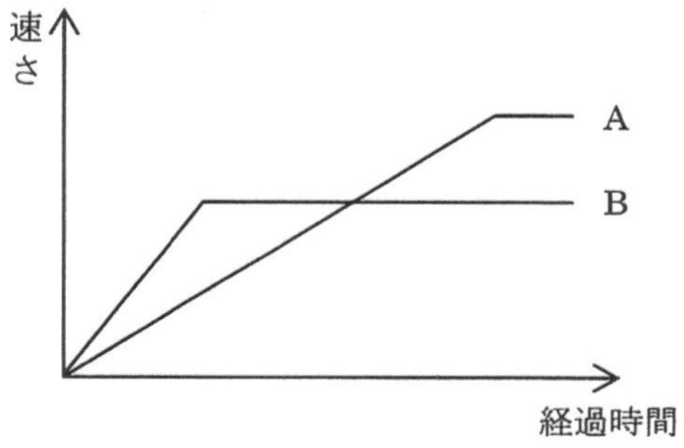

図１

（ア） 実験Aで用いたおもりの方が重い。
（イ） 実験Bで用いたおもりの方が重い。
（ウ） 実験AとBで用いたおもりの重さは等しい。
（エ） 先に最下点に到達するのは実験Aのおもりである。
（オ） 先に最下点に到達するのは実験Bのおもりである。
（カ） 最下点から見て，おもりから手をはなした高さが高いのは実験Aである。
（キ） 最下点から見て，おもりから手をはなした高さが高いのは実験Bである。
（ク） 斜面の傾斜が急なのは実験Aである。
（ケ） 斜面の傾斜が急なのは実験Bである。

（３） 下線部③について，図２は摩擦のある斜面上で静止するおもりの様子を表している。図中の矢印は，おもりが受ける重力と摩擦力をそれぞれ表している。おもりが斜面から受ける抗力を，解答欄の図に矢印で示せ。ただし，矢印の向きは力の向き，矢印の長さは力の大きさを表し，抗力の作用点は図中の点Pである。

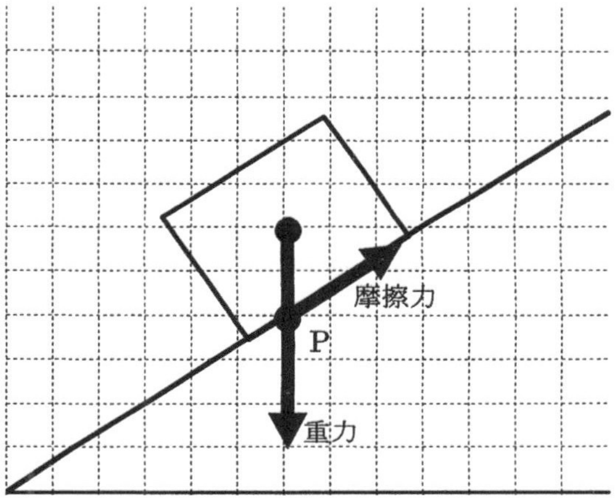

図２

（４） 下線部④について，図３のようにおもりの側面に糸を取り付け，摩擦のある斜面に平行に引いておもりを引き上げようとしたが，おもりは動かなかった。このとき手で糸を引く力の反作用に相当する力を，解答欄の図に矢印で示せ。ただし，**矢印は作用点（●）と矢印の向きがわかるように**描き，長さは自由に決めてよい。

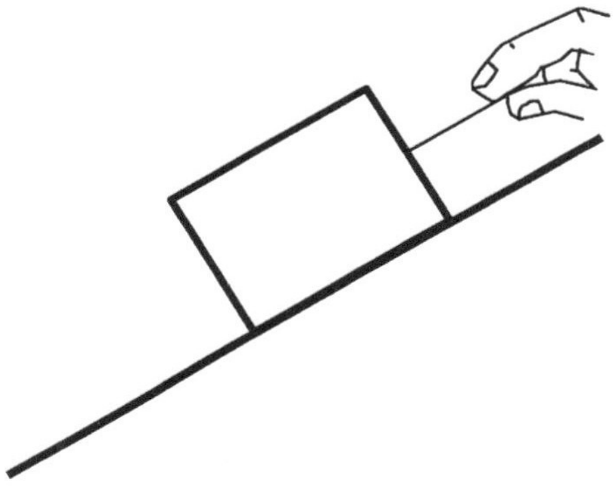
図３

（５） 下線部⑤について，図４のように水平な摩擦のある床上でおもりに糸を取り付けて水平右向きに引いたところ，おもりは動き出した。糸を引く力の大きさを10Nにしたところ，おもりは5m/sの等速で運動した。等速で運動しているとき摩擦力の大きさは何Nか。また，抗力による仕事率は何Wか。ただし，1秒あたりのおもりの運動エネルギーの変化は，物体が受ける力の仕事率の総和に等しいことを用いてよい。

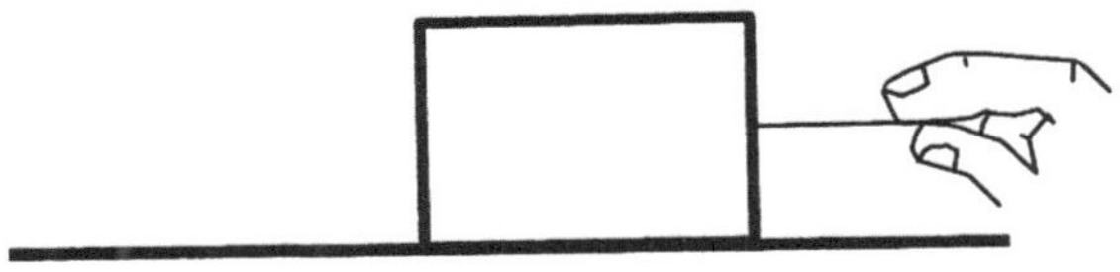
図４

【７】 図のように，熱量計を用いて水の温度上昇を測定した。先生からは，熱量計に50 gの水を入れて，電熱線に2 Aの電流を流し，10 分間水温を測定するよう指示があり，各班の測定結果は表のようになった。ただし，電熱線の抵抗は2.1 Ω，電熱線から出る熱はすべて水の温度上昇に使われるものとして，下の問いに答えよ。

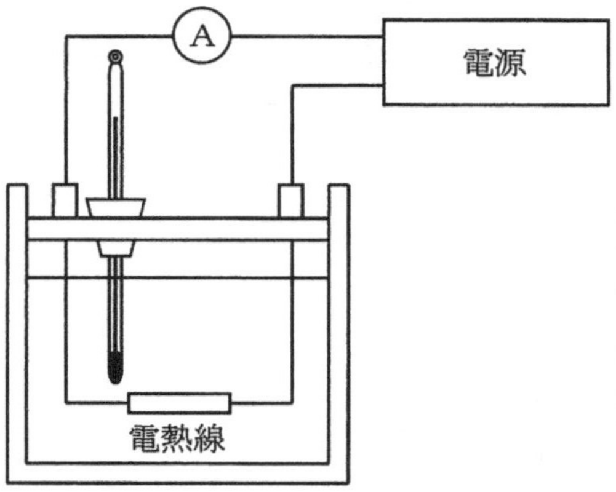

表

	0 分	2 分 30 秒	5 分	7 分 30 秒	10 分
A班	20.0 ℃	26.0 ℃	32.0 ℃	38.0 ℃	44.0 ℃
B班	20.0 ℃	21.5 ℃	23.0 ℃	①	②
C班	20.0 ℃	27.5 ℃	35.0 ℃	34.4 ℃	③

（１）　電熱線での消費電力は何 W か。

（２）　10 分間で電熱線から出た熱量は何 J か。

（３）　A 班の実験結果をもとに計算すると，水 1 g の温度を 1 ℃上昇させるのに必要な熱量は何 J になるか。

A 班は，先生の指示通りに実験を行っていた。しかし，B 班では，2 分 30 秒経過した時点で水温が 21.5 ℃にしかなっておらず，A 班の値よりもかなり低かった。「これはおかしい。」ということで原因を調べていると，電流計の値が 1 A になっていることに気がついた。そこで，話し合った結果，「今まで 1 A だったので，5 分経過後から 3 A にしよう。」ということになり，5 分の時点で電源のつまみをこっそり回し，3 A にして実験を継続した。

（４）　表中の①と②はそれぞれ何℃か。

一方，C 班は 5 分経過した時点で水温が 35.0 ℃で，他の班より高いことに気づいた。そのことが気になり原因を調べていると，班のひとりが，熱量計に水を入れるときに，誤って水を少しこぼしてしまったことを白状した。「これはまずい。」ということになり，こっそり 20 ℃の水を足すことにした。そこで，6 分経過した時点で水を足したが，多く入れすぎてしまったため，7 分 30 秒の時点で水温が 34.4 ℃になった。

（５）　最初にこぼした水の量は何 g か。

（６）　6 分経過した時点で足した水の量は何 g か。

（７）　表中の③は何℃か。

（８）　C 班が，水を 50 g だと偽って 10 分後の水温を用いて計算した場合，水 1 g の温度を 1 ℃上昇させるのに必要な熱量は，（３）で計算した値より大きくなるか，小さくなるか。

> 実験結果が予想した値よりもずれてしまった場合は，その原因を考えることが科学である。
> しかし，B 班や C 班のように，実験の途中で条件を変えて誤魔化すようなことをしてはいけない。

《答えはすべて解答用紙に記入しなさい。選択問題については，記号や番号で答えなさい。》

1　次の【A】～【D】の文を読み，後の問に答えなさい。

【A】奈良時代の歴史を記した『続日本紀《しょくにほんぎ》』には，732 年の(ｱ)遣唐使に従って唐へ渡った平群広成《へぐりのひろなり》という人物の経験が記されている。広成らは役目を果たし帰国の途についたが，暴風に遭遇して漂流し，現在のヴェトナムに流れ着いた。同行者の多くは現地の兵に襲われたり，病気にかかったりして命を落とした。広成はこの国の都で抑留されたが，中国人商人に助けられ，中国へ脱出した。その後，(ｲ)渤海《ぼっかい》から日本へ派遣される使節に伴われ，739 年に，ようやく帰国することができた。彼の国際経験は朝廷で高く評価され，その後，破格の出世を果たした。

問１　下線部(ｱ)に関連して述べた文として正しいものを，次の中から１つ選びなさい。

（あ）第１回遣唐使は，中国の皇帝から「親魏倭王《しんぎわおう》」の称号と金印を授けられた。

（い）遣唐使により，初めて須恵器を焼く技術が伝えられた。

（う）法隆寺の釈迦三尊像は，遣唐使がもたらした文化の強い影響を受けている。

（え）遣唐使に任命された菅原道真は，唐の衰えなどを理由に，派遣の停止をうったえた。

問２　下線部(ｲ)の渤海は，新羅に滅ぼされた国の子孫を自称していた。その国はかつて新羅の北方にあったが，それはどこか，次の中から１つ選びなさい。

（あ）百済　　（い）高句麗　　（う）伽耶《かや》　　（え）高麗

【B】鎌倉幕府の公式の歴史書ともいえる『吾妻鏡《あづまかがみ》』によれば，1223 年，現在の新潟県に漂流民が流れ着いた。翌年，彼らの持ち物が(ｳ)時の執権のもとに進上された。その内容は弓や刀，はしや帯などで，外国の品物であるが，日本のものと似ており，どれも形を見て名を知ることができたと記されている。ただし，帯の中央に銀の札がついており，その中に四つの文字が記されていたが，それを読むことができたものはいなかったという。この文字は『吾妻鏡』に書き写されていて，(ｴ)江戸時代には幕府の役人が読み方について朝鮮通信使の一行に意見を求めている。さらに明治になって，これが(ｵ)中国北部を支配した金の女真《じょしん》文字であることが判明し，また 1976 年にはロシアの遺跡から全く同じ文字が見つかっている。

問３　下線部(ｳ)の人物は，この直前におこった承久の乱の際にも執権であった。この人物は誰か，次の中から１人選びなさい。

（あ）北条時政　　（い）北条義時　　（う）北条泰時　　（え）北条時宗

問４　下線部(ｴ)に関連して，江戸時代の日本と外国や周辺地域との関係について述べた文として正しいものを，次の中から１つ選びなさい。

（あ）豊臣秀吉の朝鮮出兵以来とだえていた朝鮮との国交が，佐賀藩の努力により回復した。

（い）薩摩藩は琉球王国を服属させ，中国の王朝との関係を断ち切らせた。

（う）松前藩はアイヌの人々との交易の独占権を得て，日本に蝦夷地の産物をもたらした。

（え）幕府は平戸を貿易港として，オランダとのみ貿易を行った。

問５　下線部(ｵ)について，金は女真族が立てた王朝であるが，女真族は 17 世紀に中国全土を支配する王朝を建てた。その王朝は何か，次の中から１つ選びなさい。

（あ）宋　　（い）元　　（う）明　　（え）清

【C】1792 年，(ｶ)大黒屋光太夫《だいこくやこうだゆう》がロシアの使節に伴われて帰国した。後に光太夫は幕府の調べに応じて，また(ｷ)将軍徳川家斉《いえなり》の前でも自らの経験を語ったが，その内容は『北槎聞略《ほくさぶんりゃく》』という本にまとめられた。それによれば，光太夫は 1782 年に江戸へ向かう途中に漂流し，ロシア領のアリューシャン列島に漂着した。その後，帰国を願いロシア国内を転々としたが，当時のロシア皇帝エカチェリーナ２世に謁見《えっけん》し，帰国を許された。時の幕府の実力者は(ｸ)松平定信であったが，この時期には日本近海に多くの外国船が来航し，幕府はその対応に迫られることとなっていった。

問６　下線部(ｶ)のロシア使節を率いたのは誰か，次の中から１人選びなさい。

（あ）モリソン　　（い）ラクスマン　　（う）レザノフ　　（え）シーボルト

問７　下線部(ｷ)の将軍のもとで化政文化が花開いたが，化政文化について述べた文として正しいものを，次の中から１つ選びなさい。

（あ）出雲阿国という女性が歌舞伎おどりを始めて，人気を得た。

（い）松尾芭蕉《ばしょう》が俳諧《はいかい》で新しい作風を生み出した。

（う）葛飾北斎《かつしかほくさい》が優れた風景画を描くなど，錦絵が大流行した。

（え）近松門左衛門が心中などをテーマにした人形浄瑠璃《じょうるり》の台本を書いた。

問８　下線部(ｸ)の人物が行った政策として正しいものを，次の文の中から１つ選びなさい。

（あ）耕地の拡大をめざし，印旛沼《いんばぬま》の干拓を開始した。

（い）昌平坂学問所で，朱子学以外の学問を教えることを禁じた。

（う）公事方《くじかた》御定書という裁判の基準となる法律を定めた。

（え）物価の上昇をおさえるため，株仲間の解散を命じた。

【D】1860 年，(ｹ)日米修好通商条約の批准書交換のためにアメリカへ渡った使節の中に，中浜万次郎がいた。万次郎は 1841 年に漁に出たが暴風に遭い，漂流した。その後，アメリカの捕鯨船に助けられ渡米し，そこで測量や航海術，造船技術を学んだ。1851 年に帰国した万次郎は，各地で取調べなどを受けた後，ちょうどその頃(ｺ)日本へやってきたペリーとの和親条約に関する交渉のために，幕府の役人となった。当時英語を話すことができる人物がいなかったことや，彼がアメリカで学んだ技術が幕府にとって必要であったことが理由である。

問９　下線部(ｹ)に関連して述べた次の文のうち，誤っているものを１つ選びなさい。

（あ）この条約は，アメリカ総領事ハリスの要求によって結ばれた。

（い）孝明天皇は，当初，この条約締結のための許可を与えなかった。

（う）条約締結後に始まった欧米諸国との貿易では，アメリカとの貿易額が一番多かった。

（え）輸出の増加により多くの商品が品不足になり，国内の物価が急激に上昇した。

問 10　下線部(ｺ)に関連して述べた次の文のうち，誤っているものを１つ選びなさい。

（あ）アメリカは北太平洋での捕鯨がさかんになる中で，水や食料などを補給するため日本の港を利用したいと考えていた。

（い）幕府はアメリカの国書を受け取った後，諸大名や旗本に開国に関する意見を求めた。

（う）日米和親条約では下田と函館の開港と，アメリカ船への物資の供給などが定められた。

（え）日米和親条約の締結に不満を持った勢力が，時の老中を暗殺した。

２　次の文は，ある中学校の社会の授業中のようすを表したものです。これを読み，後の問に答えなさい。

先　生：今日は「身近な経済」というテーマで授業を行います。前回の授業中に，「自分の身近な人から，経済に関する話を聞いてくること」という宿題を出しました。みんな，きちんと聞いてきましたか。ではＡ君，発表してください。

Ａ　君：はい。僕は母に聞いてきました。「(ア)消費税が上がった影響で家計が圧迫されて苦しい。政府の赤字が大変って言うけど，我が家の家計はもっと大変だわ。あなたのお小遣いを減らすかもしれないわよ。」と言っていました。僕は，なぜ消費税率が上がったのか，そして政府はなぜ赤字なのか，ということに疑問を持ちました。

先　生：なるほど。ではＡ君は，政府の財政赤字の原因について次回の授業までに調べておきましょう。特に，(イ)財政の役割に注目して調べてみるとよいと思います。次にＢさん，お願いします。

Ｂさん：私は，今年から会社に就職して働き始めた姉に聞きました。姉は，「私の働いている会社は最近業績がよく，給料もいいわよ。(ウ)女性も多く働いているし，(エ)労働条件もよく，居心地がいいの。(オ)ずっとここの会社で働きたいわ。」と言っていました。私は，今まで自分が働く姿を想像したことはなかったのですが，姉の話を聞いて初めて考えました。会社によって働く環境が違うようなので，就職する際にはきちんと調べないといけないな，と思いました。

先　生：Ｂさんにとって，将来のことを考えるよいきっかけになったようですね。素晴らしいことです。それでは次にＣ君の発表を聞きましょう。

Ｃ　君：僕は，近くに住んでいる祖父に話を聞きに行きました。昨年，会社を定年退職してのんびりと暮らしている祖父は，「今は趣味のゴルフを熱心にやっているが，けっこうお金がかかるんだ。(カ)年金だけでは足りないので，最近(キ)株を始めたんだが，これが上手くいっててな。毎日，楽しいぞ。」と言っていました。祖父は，毎日，新聞やインターネットなどで(ク)企業情報やニュースを調べて，株の研究をしているそうです。株で利益を上げるためには，このような努力が必要だと感じました。

先　生：そうですね。株を購入するかどうかは置いておいて，ふだんから新聞などに目を通すことは大事だと思います。Ａ君・Ｂさん・Ｃ君，よい勉強になったと思います。興味を持ったことについて，今後も自ら調べて学んでいきましょう。

問１　下線部(ア)について述べた次の文のうち，正しいものを１つ選びなさい。

（あ）日本の消費税の税率は，イギリスやフランスよりも高く，アメリカよりも低い税率である。

（い）消費税は，税金を納める人と負担する人が同じなので，直接税に分類される。

（う）消費税は，所得の低い人ほど所得に対する税負担の割合が重くなる逆進性という問題がある。

（え）消費税はその全額が，直接，地方公共団体に納められているので，地方税に分類される。

問２　下線部(イ)について，財政は３つの役割を持っている。１つは，民間企業からは供給されにくい公共サービスを提供することである。もう１つは，豊かな人と貧しい人の所得の差を縮めて不平等の拡大を防ぐことである。ではもう１つは何か，10字以内で答えなさい。

問３　下線部(ウ)に関連して，右のグラフは日本の女性の年齢別労働力率を表したものである。1984年から2014年の変化に影響を与えたものとして，誤っているものを，次の中から１つ選びなさい。

（あ）男女雇用機会均等法の施行　　（い）男女共同参画社会基本法の施行

（う）育児・介護休業法の施行　　（え）労働関係調整法の施行

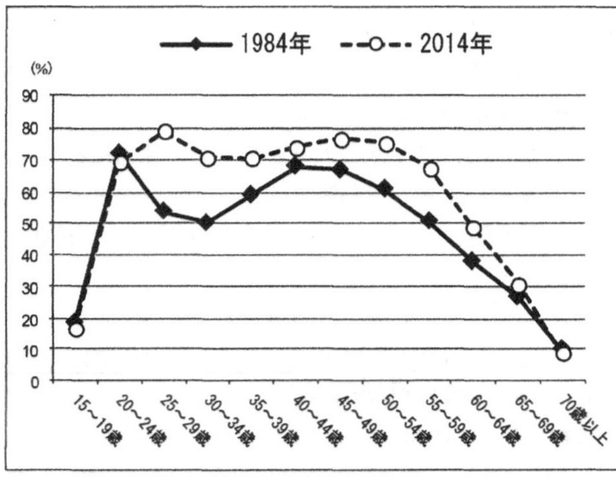

（総務省統計局「労働力調査」より）

問４　下線部(エ)について述べた次の文のうち，正しいものを１つ選びなさい。

（あ）労働時間や休日などの労働条件の最低基準は，労働基準法によって定められている。

（い）どの企業においても，労働条件をよくするためにストライキなどの団体行動をとることは，法律で認められていない。

（う）労働条件をよくするために労働組合が存在しており，その組合員の数や組織率は高度経済成長以降，継続して上昇傾向にある。

（え）アルバイトや派遣労働など非正規雇用と呼ばれる雇用形態は労働条件がよくないため，1990年代以降，継続して減少している。

問５　下線部(オ)に関連して，日本の労働者の多くにみられる，１つの企業で定年まで働く慣例を何と呼ぶか，漢字で答えなさい。

問６　下線部(カ)に関連して，日本の社会保障制度は４つの種類に分類される。そのうち，年金と同じ種類のものを，次の中から１つ選びなさい。

（あ）雇用保険　（い）児童福祉　（う）感染症予防　（え）生活保護

問７　下線部(キ)に関連して，株式や株式会社について述べた次の文のうち，正しいものを１つ選びなさい。

（あ）株式が取引される証券取引所は，日本では東京にしかない。

（い）株主は，会社の最高意思決定機関である株主総会に出席して，意見を述べたり，議決したりする権利をもっている。

（う）日本の株式会社の株は，日本人にのみ購入・保有が認められており，外国人は購入することが出来ない。

（え）日本において株式会社を設立するためには，1,000万円以上の資本金と100名以上の従業員が必要である。

問８　下線部(ク)に関連して，現代の企業は利潤を追求することだけでなく，ボランティアや芸術・スポーツへの支援などの社会貢献活動も責務の一つだと考えられている。このような，企業の果たすべき社会的責任のことを何と呼ぶか，アルファベットで答えなさい。

３　次の【Ａ】～【Ｃ】の文を読み，後の問に答えなさい。

【Ａ】日本列島は大小多くの島々からなり，全体に山地や丘陵地が多くなっている。特に本州の中央部には3000ｍを超える山脈が３つならび，(ア)日本アルプスともよばれているが，この日本アルプスの東側には，糸魚川・静岡構造線を西の縁とする［１］があり，［１］を境にして日本列島は東北日本と西南日本に分けられている。

【Ｂ】世界には，造山運動によって山地や山脈が連なっている場所があり，これを造山帯とよんでいる。現在も活動が活発な世界の造山帯には(イ)アルプス・ヒマラヤ造山帯と［２］造山帯とがあるが，日本列島は［２］造山帯に属しており，地面の隆起や沈降などの大地の動きが活発なため，地震や火山の噴火などがしばしば発生している。

【Ｃ】日本列島は(ウ)およそ北緯20度から北緯45度の範囲にあり，日本の気候は，５つの気候帯にあてはめると，北海道が［３］帯に属するほかは，大部分が温帯に属している。ただし，日本は，梅雨による長雨・台風・冬の降雪の影響などにより，世界の［３］帯・温帯の中でも年間の降水量が多い国になっている。

問１　文中の空欄［１］～［３］に最も適当な語を答えなさい。ただし，［１］はカタカナで記入しなさい。

問２　下線部(ア)に関連して，次の日本アルプスから流れだす河川のうち，太平洋側に河口をもつものを１つ選びなさい。

（あ）天竜川　（い）信濃川　（う）黒部川　（え）神通川

問３　下線部(イ)に関連して，ヒマラヤ山脈が形成された理由を述べた文として正しいものを，次の中から１つ選びなさい。

（あ）活発な火山活動により，8000ｍをこえる火山がいくつも連なった大山脈となった。

（い）インド大陸が移動してユーラシア大陸に衝突し，上に押し上げられた部分が大山脈になった。

（う）マントル対流の上昇する部分に位置しており，下から押し上げられて隆起した部分が大山脈となった。

問４　下線部(ウ)に関連して，以下の設問に答えなさい。

（１）次の都市のうち，北緯20度から北緯45度の範囲に位置していない都市を１つ選びなさい。

（あ）ペキン　（い）マドリード　（ウ）ニューヨーク　（え）パリ

（２）東京が北緯36度，東経140度にあるとする。東京の対せき点（地球の反対側に位置する地点）の緯度・経度を答えなさい。

４　次の【Ａ】～【Ｃ】の文を読み，後の問に答えなさい。

【Ａ】人種とは，人類を身体的（生物的）特徴によって分類した集団のことである。ヨーロッパ系人種，アジア系人種，アフリカ系人種の三大人種が知られるが，第４の人種として，(ア)オーストラリアの先住民である［　Ｘ　］に代表されるオーストラリア人種を加えることもある。ただし，長い人類史において，人々の移動により(イ)混血の人々もたくさん生じてきたため，人種の分類には難しい面もある。

【Ｂ】民族とは，言語・宗教・社会的慣習などの文化的特徴の共通性から強い連帯意識で結びつく集団のことである。特に言語は，(ウ)さかんに研究がなされ，民族を系統毎に分類する最も重要な基準とされてきた。世界の国々をみてみると，一国の中に多種多様な言語集団が居住していることが多く，ほとんどの国は多民族国家と言ってよい。多民族国家にとって，言語をどのようにとりあつかうかは，国内のさまざまな民族をどうあつかうかということであり，重要な問題である。(エ)公用語をどのようにするかについても，国によりさまざまな考え方に立って決められている。

【Ｃ】(オ)世界にはさまざまな宗教がみられるが，その中には，人種・民族の違いや国・地域の領域などを超越して世界中に伝播《でんぱ》し，人類史に大きな影響を与えてきたものがあり，これに該当する３つの宗教を三大宗教または世界宗教という。宗教は，国や地域を越えて人々を結びつける力ともなるが，時には人種・文化・政治体制などと複雑に関連し合い，(カ)国家間の紛争や国内での民族間対立の原因ともなってきた。

問１　文中の空欄［　Ｘ　］に該当する適当な語を答えなさい。

問２　下線部(ア)について，オーストラリアの人種民族政策について述べた次の文を読み，文中の空欄≪ａ≫・≪ｂ≫に該当する適当な語を，それぞれ漢字２字で答えなさい。

現在は多文化主義をとっているオーストラリアであるが，1970年代までは，≪ａ≫主義と呼ばれる政策をとっていた。この政策は，この国がアメリカ合衆国と同様に≪ｂ≫国家であることを背景にしており，「非白人の≪ｂ≫を制限する」政策であった。

問３　下線部(イ)について，南アメリカでは，16世紀以降，先住民の国をほろぼして支配したヨーロッパ系の白人と先住民との間で混血が進んだ。この両者の間で混血した人々を何というか。カタカナで答えなさい。

問４　下線部(ウ)に関連して，ヨーロッパの言語の多くはインド＝ヨーロッパ語族に属し，その中でいくつかの系統にまとめられている。ポーランド語とブルガリア語がともに属している系統として適当なものを，次の中から１つ選びなさい。

（あ）ゲルマン語系　（い）ケルト語系　（う）スラブ語系　（え）ラテン語系

問５　下線部(エ)に関連して，以下の設問に答えなさい。

（１）インドにおける国の公用語（連邦公用語）であり，最も多くの国民が話している言語として適当なものを，次の中から１つ選びなさい。

（あ）タミル語　（い）サンスクリット語　（う）ヒンディー語　（え）ベンガリー語

（２）カナダとベルギーでは，地域毎に言語の異なる人々が居住しており，ともに複数の公用語が認められている。次の文を読み，文中の空欄≪Ｐ≫・≪Ｑ≫に該当する適当な語を答えなさい。

カナダでは，ケベック州のように≪Ｐ≫語を話す人の割合が高い地域があり，英語と≪Ｐ≫語の両方を公用語とするようになった。一方，ベルギーでは，北部に≪Ｑ≫語を話す民族が主に居住し，南部に主に居住する≪Ｐ≫語を話す民族と長い間対立してきた。現在は，両言語とも公用語とされ，首都ブリュッセルは，≪Ｑ≫語・≪Ｐ≫語併用地域となっている。

（３）西アフリカのコートジボワール，セネガル，ベナン，マリ，ニジェールなどの国々は，かつて同じ国の植民地支配を受け，独立後もその国の言語を公用語と定めた。その国名を，次の中から１つ選びなさい。

（あ）フランス　（い）イギリス　（う）スペイン　（え）ドイツ

問６　下線部(オ)に関連して，次の文（あ）～（え）は，フィリピン，タイ，マレーシア，インドネシアのいずれかの国における主な宗教について述べたものである。マレーシアに該当するものを，次の中から１つ選びなさい。

（あ）仏教徒が国民の大半をしめる。男性は成人すると一度出家して仏教の修行を行う。

（い）イスラム教徒が国民の大半をしめる。世界的にみてもイスラム教徒の人口がきわめて多い国である。

（う）キリスト教徒が国民の大半をしめる。首都には世界文化遺産のキリスト教の教会がある。

（え）イスラム教の信者がおよそ半分をしめるが，キリスト教，ヒンドゥー教，仏教の信者もかなりの割合をしめる。

問７　下線部(カ)に関連して，国内における民族間の対立は内戦へと発展し，その結果，多数の難民を生み出すことが多い。難民の保護や支援を主な活動内容としている国連の機関を，次の中から１つ選びなさい。

（あ）ＵＮＣＴＡＤ　（い）ＵＮＨＣＲ　（う）ＵＮＩＣＥＦ　（え）ＵＮＥＰ

5　次の【A】～【C】の文を読み，文中の空欄［１］～［３］に最も適当な語句を記入し，後の問に答えなさい。ただし，［３］は姓名を記入しなさい。

【A】右の絵は，自由民権を求める演説会のようすである。(ア)自由民権運動は1874年ころからはじまり，専制を行う明治政府に対して，国会の開設を要求したが，はじめは士族中心で行われた。ところが，1870年代の後半には，自由民権運動は都市の知識人たちや農村の地主たちに支持者が広がり，全国的な運動になっていった。これに対して，政府は1880年に［１］条例を定めるなど，運動の取り締まりをすすめていった。こうした中，1881年に，北海道開拓のためにつくられた施設の払い下げ問題がおこり，政府への批判が強まると，(イ)政府は1890年に国会を開設することを約束し，(ウ)憲法制定の準備を本格的にはじめていった。

問１　下線部(ア)について，このころの明治政府のしくみについて述べた文として正しいものを，次の中から１つ選びなさい。

（あ）天皇のもとに大名の会議が召集され，政治が決定されていった。
（い）薩摩や長州などの出身者で占められた政府が全国を支配した。
（う）全国に藩が置かれ，大名たちが政治を行っていた。
（え）内閣総理大臣とその他の国務大臣で内閣が構成された。

問２　下線部(イ)に関連して，国会開設までの時期に結成された政党について述べた文として正しいものを，次の中から１つ選びなさい。

（あ）伊藤博文を総裁とする立憲政友会が結成された。
（い）大隈《おおくま》重信を総裁とする立憲改進党が結成された。
（う）山県有朋《やまがたありとも》を総裁とする自由党が結成された。
（え）板垣退助を総裁とする自由民主党が結成された。

問３　下線部(ウ)について，約10年間の準備を経て1889年に発布された大日本帝国憲法に関して述べた文として誤っているものを，次の中から１つ選びなさい。

（あ）プロイセン憲法を参考にしてつくられ，天皇が国民に与えるという形で発布された。
（い）基本的人権を，侵すことのできない永久の権利として定めた。
（う）天皇が軍隊を統率し，外国と条約を結ぶなどの大きな権限を持つことを定めた。
（え）法律をつくる機関として，貴族院と衆議院を設置することを定めた。

【B】右の写真は，1920年に上野公園で開催された第１回メーデーのようすである。(エ)第１次世界大戦後の不景気が続く中，約１万人の労働者が参加したこの集会では，参加した労働者たちは８時間労働制の実施や失業の防止などを求めた。当時，日本の社会では，(オ)1917年のロシア革命や欧米の労働運動に影響された労働者たちが，都市を中心に労働争議をおこしたりした。この中で社会主義運動も活発になり，1922年にはコミンテルンの指導下で［２］党がひそかに結成された。

問４　下線部(エ)に関連して，第１次世界大戦後の国際社会について述べた文として誤っているものを，次の中から１つ選びなさい。

（あ）民族自決の原則にもとづき，アジアやアフリカでは植民地の独立があいついだ。
（い）ヴェルサイユ条約が調印され，ドイツは全ての植民地を失い，多額の賠償金を課せられた。
（う）ワシントン会議が開催され，日本は山東省の権益を中国に返還した。
（え）アメリカ大統領ウィルソンの提唱によって，国際連盟が設立された。

問５　下線部(オ)に関連して，この革命やこれによって誕生した政府について述べた文として誤っているものを，次の中から１つ選びなさい。

（あ）女性や労働者らがペトログラードでおこした食料暴動をきっかけに革命がはじまった。
（い）血の日曜日事件がおこり，多くの民衆が犠牲になった。
（う）レーニンは「すべての権力をソビエトに」と訴え，臨時政府を倒しソビエト政府を樹立した。
（え）ソビエト政府は，ドイツと単独で講和条約を結び，第１次世界大戦から離れた。

【C】右の写真は，［３］首相がすすめた日米安全保障条約の改定に反対する人々が国会を取り巻くようすである。1945年に(カ)国際連合が設立され，国際社会の平和を維持するためのしくみが生まれたが，一方で(キ)冷戦と呼ばれる緊張状態が続いていた。そうした中，この条約の改定により，日本が(ク)アメリカの戦争に巻き込まれる危険があるとして，大きな反対運動がおこったが，条約の批准は行われた。この条約が結ばれたことにより，日本とアメリカとの政治的・経済的なつながりは一層強くなっていった。

問６　下線部(カ)について述べた文として誤っているものを，次の中から１つ選びなさい。

（あ）国際連合憲章は，第２次世界大戦中に採択された。
（い）日本は，独立を回復すると同時に，国際連合に加盟した。
（う）全加盟国で構成される総会では，多数決により意思決定を行う。
（え）米・英・仏・ソ・中の５か国が安全保障理事会の常任理事国となった。

問７　下線部(キ)について，冷戦に関連しておこったできごとについて述べた次の文Ⅰ～Ⅲを古いものから正しく並べかえたものを，下の中から１つ選びなさい。

Ⅰ　アメリカのブッシュ大統領とソ連のゴルバチョフ書記長が，マルタで会談した。

Ⅱ　アメリカは，カナダや西ヨーロッパ諸国とともに，北大西洋条約機構（NATO）を設立した。

Ⅲ　ソ連がキューバに基地を建設し，ミサイルを持ち込もうとしたため，米ソ間で核戦争の危機が高まった。

（あ）Ⅰ－Ⅱ－Ⅲ　（い）Ⅰ－Ⅲ－Ⅱ　（う）Ⅱ－Ⅰ－Ⅲ　（え）Ⅱ－Ⅲ－Ⅰ　（お）Ⅲ－Ⅰ－Ⅱ　（か）Ⅲ－Ⅱ－Ⅰ

問８　下線部(ク)について，第２次世界大戦後にアメリカが関わった戦争について述べた文として誤っているものを，次の中から１つ選びなさい。

（あ）大量破壊兵器を保有しているとして，アメリカ軍はイラクを攻撃し，これを占領した。

（い）南ヴェトナムを支援するアメリカは，北ヴェトナムへの激しい爆撃を行った。

（う）イラン革命がおこると，アメリカは軍隊を派遣し，イランを占領した。

（え）朝鮮戦争がはじまると，韓国を支援するためにアメリカ軍を中心とする国連軍が派遣された。

6　次の文【Ａ】・【Ｂ】を読み，後の問に答えなさい。

【Ａ】権力が１か所に集中すると人々の自由が脅かされるおそれがある。そのため，(ア)政治には，権力をいくつかに分割し，たがいに抑制と均衡をとる権力分立のしくみが導入されている。日本においては，立法権に対しては裁判所の(イ)違憲審査権がある。日本国憲法の第76条で「すべて裁判官は，その［１］に従ひ独立してその職権を行ひ，この憲法及び法律にのみ拘束される」と述べており，(ウ)司法権の独立を保障しているが，国会内に弾劾裁判所が設置されるように，司法権に対する抑制のしくみもある。さらに，立法権による行政権に対する抑制として，内閣不信任決議や国政調査権がある。また，(エ)地方公共団体における首長と議会も，内閣と国会の関係と同じように，たがいに抑制し均衡をとる関係にある。

【Ｂ】日本国憲法の第41条は「国会は，［Ｘ］であって，国の唯一の立法機関である」と定めている。しかし，国会の定める法律では詳細を定めることができないため，憲法は法律を実施するための規定である［２］の制定を内閣に認めている。また，国会に提出される法律案は，専門知識をもった官僚によって作成されるなど，(オ)行政は立法を助けることも多い。そのほか，地方公共団体は独自のきまりである(カ)条例を制定することができ，一種の立法機能を果たすこともある。

問１　文中の空欄［１］・［２］にあてはまる語句をそれぞれ漢字２字で答えなさい。

問２　下線部(ア)に関連して，権力分立を唱えた18世紀のフランスの思想家として正しいものを，次の中から１つ選びなさい。

（あ）ホッブズ　（い）ロック　（う）ルソー　（え）モンテスキュー

問３　下線部(イ)に関連して述べた次の文のうち，正しいものを１つ選びなさい。

（あ）最高裁判所が違憲判決を出したことは，過去１度もない。

（い）違憲審査は，行政権についても対象とされる。

（う）法律は制定されるたびに，ひとつひとつ最高裁判所により判断される。

問４　下線部(ウ)に関連して述べた次の文のうち，正しいものを１つ選びなさい。

（あ）最高裁判所の長官は国民審査の対象とはならない。

（い）弾劾裁判所は，衆議院と参議院の議員で構成される。

（う）行政機関は，裁判官をやめさせることができる。

問５　下線部(エ)に関連して述べた次の文のうち，誤っているものを１つ選びなさい。

（あ）首長は議会の議員のなかから選出される。

（い）議会は首長に対する不信任を決議することができる。

（う）首長は条例や予算に関する議決について審議のやり直しを求めることができる。

問６　文中の空欄［Ｘ］にあてはまる語句を７字で答えなさい。

問７　下線部(オ)に関連して述べた次の文のうち，誤っているものを１つ選びなさい。

（あ）政府の担う仕事が増えたため，公務員の数は増加傾向にある。

（い）内閣提出法案と議員提出法案では，内閣提出法案の成立する割合の方が高い。

（う）行政の許認可権を見直す規制緩和が進められている。

問８　下線部(カ)に関連して，条例の制定や改廃について住民の直接請求権が認められている。これについて述べた次の文のうち，正しいものを，次の中から１つ選びなさい。

（あ）請求を行うためには有権者の３分の１の署名を集めることが必要とされている。

（い）請求は地方公共団体の首長に対して行われる。

（う）請求が行われると，議会は条例を制定したり改廃したりしなければならない。

令和四年度　愛光高等学校　入学試験問題　国語　解答用紙

【採点欄】には何も記入しないこと

受験番号

氏名

合計

※100点満点
（配点非公表）

一

問一　a　b　c　d　e

問二

問三

問四

問五

問六

問七

二

問一

問二

問三

問四

問五

問六

問七

三

問一　a　b

問二

問三

問四　最初　最後

問五

問六

問七

問八

令和４年度　愛光高等学校入学試験　英語　（解答用紙）

I	1		2		3		4		5		6
	7								8		
	9								10		

II	1	
	2	① ② ③ ④
	3	10 ／ 4
	5	
	6	→ → →
	7	(F) People [　　　　　　　　] to get out and ....
	8	

III	1	(a) (b) (c)
	2	(A)
	3	(B)
	4	ア イ ウ

IV	1		2		3		4		5

V	1		2		3		4		5

VI	記号1		訂正1		記号2		訂正2		記号3		訂正3
	記号4		訂正4		記号5		訂正5				

VII	①	
	②	
	③	[it / it / a bee, / got / doesn't / thinks / though / to / she / has / attack / attacked / want] and tries to sting her. and tries to sting her.
	④	[be / about bees / way / learn more / to / to / her / may / the best / protect]. .

受験番号　　　　　　番　　氏名

(得点)

※100点満点
（配点非公表）

令和４年度　愛光高等学校入学試験問題　理科（解答用紙）　※100点満点（配点非公表）

【１】

(1)		(2)	相同器官		相似器官		
(3)	I		Ⅱ		(4)		(5)	
(6)	④		⑤		⑥		

【２】

(1)	①		②		(2)	
(3)	個	(4)		(5)		

【３】

(1)	A		B		C		
(2)		(3)	度	(4)		(5)	
(6)	あ		い		う		

【４】

(1)	mL	(2)	%	(3)	
(4)		(5)			
(6)					

【５】

(1)	i		ii		(2)		(3)		
(4)	g	(5)	iii		iv		v		

【６】

(1)		(2)	

(3)

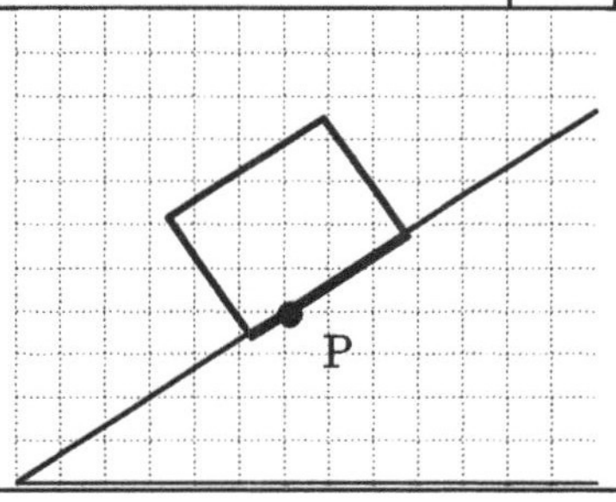

(4)

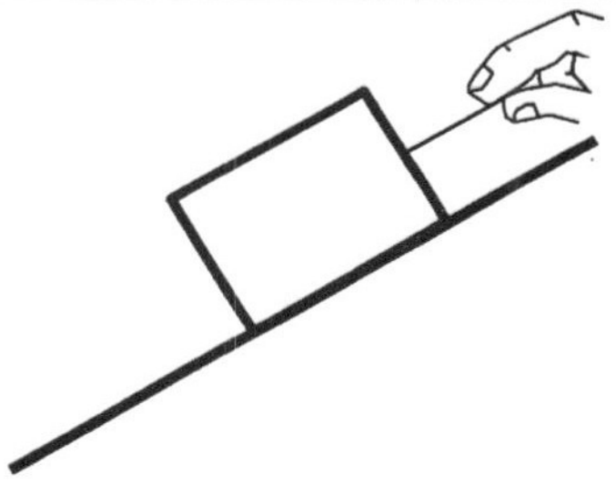

(5)	摩擦	N
	仕事	W

【７】

(1)	W	(2)	J	(3)	J
(4)	① ℃	②	℃	(5)	g
(6)	g	(7)	℃	(8)	

受験番号（　　　　　　）　名前（　　　　　　　　　　　　）

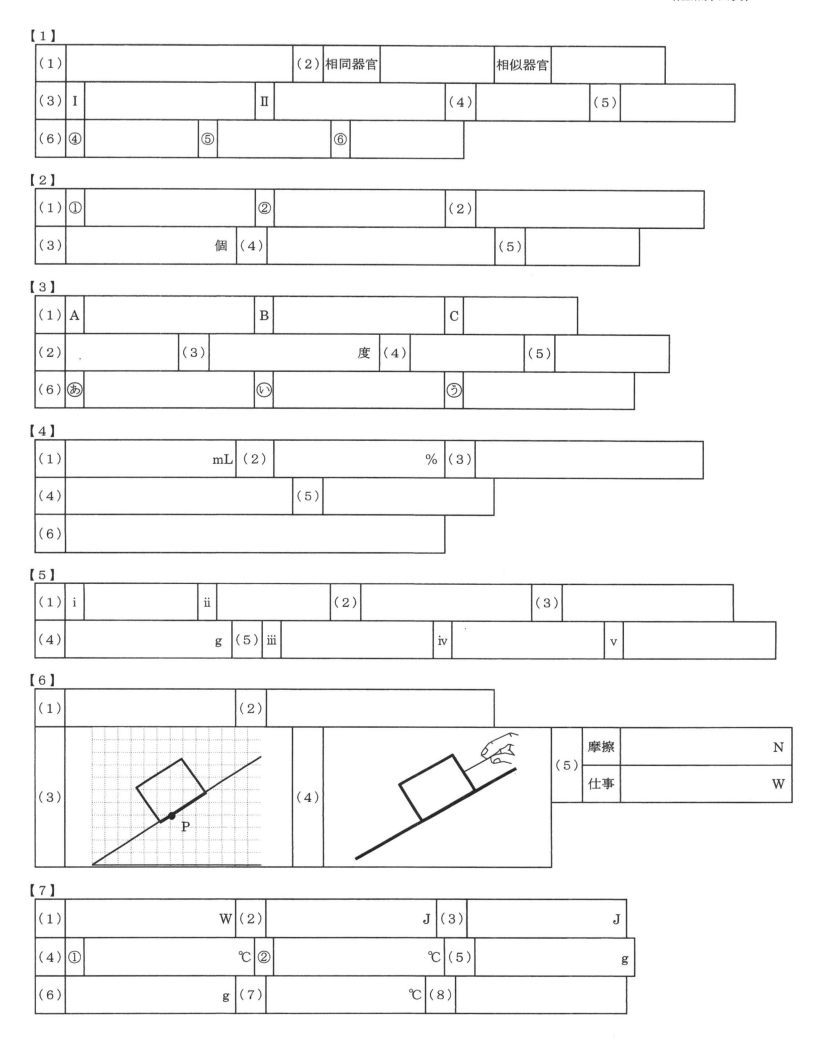

令和4年度　愛光高等学校入学試験　解答用紙（社会）

※小計・合計欄には記入しないこと

1

問1　問2　問3　問4　問5

問6　問7　問8　問9　問10

小計

2

問1　問2　問3　問4

問5　問6　問7　問8

小計

3

問1　1　2　3

問2　問3　問4　(1)　(2)　(　　)緯（　　）度，(　　)経（　　）度

小計

4

問1　問2　a　b

問3　問4

問5　(1)　(2)　P　Q　(3)

問6　問7

小計

5

1　2　3

問1　問2　問3　問4　問5　問6　問7　問8

小計

6

問1　1　2　問2　問3　問4　問5

問6　問7　問8

小計

受験番号		氏名	

合計

※100点満点
（配点非公表）

一　次の文章を読んで、後の問いに答えなさい。

現代の日本社会では、人々を結びつけているのは、「普通」と呼ばれる基準である。「普通」とされている基準に合わせることで、自分が多くの人と一緒であることを確認する。しかしその「普通」とは明確には何のことかがよくわからず、自分で選んだり決めたりしたものでもない。私たちは「普通」と呼ばれる他律的な基準を、暗黙のうちに強制されている。「普通」の代わりに「空気」という言葉を使ってもよいかもしれない。ここで、「普通」とされていることは、「平均的」とか「通常の」を意味するのではない。「普通」とは、どこからともなく世間が求めてくる、個人が到達すべき水準のことを意味している。つまり、生徒らしい服装をするのが「普通」であり、女性は男性よりも周囲に気づかいするのが「普通」であり、サラリーマンはコレコレの髪型をするのが「普通」であり、学校では協調行動ができるのが「普通」である。ここでの「普通」とは能力ばかりを指しているのではない。暗黙の規律やローカルな慣習、多くの人が同調している流行に従うのが「普通」である。「普通」とは、「それに合わせよ」という、どこから発せられているのかわからない命令である。公私を厳密に切り分け、公の場では私事をaつつしみ、公の流れを妨げてはならない。その公の流れこそが、「普通」であり、「空気」である。そして、実際には、「普通」を命じているのは特定の権威や権力である。その権威と権力の流れに逆らうのは「普通」ではない。したがって、❶「普通」という言葉には、権威や権力への恭順と、それに従う人々への同調という二つの圧力が働いている。

多くの人々は、この押し付けられた他律的な規律を内面化し、それに合わせようと固執しつつも、そうなりきれないでいる。そして、そこから生じた自己否定的な感情を他者へと投げつけ、「普通ではない」他者を排除しようとする。本人は「普通」になろうと頑張っているのに、❷「普通」ではないくせに「ノウノウと生きている」人々が許せなくなる。とりわけ犯罪者は公を害する者であり、どんなに小さな過ちでも社会のbちつじょを乱す不届き者である。こう考える「普通」を重んじる人たちは、犯罪者に対して厳罰を与えて排除すればよいと考えている。日本人がいつまでも死刑を廃絶しないのは、死こそが一番てっとり早い排除の方法だからである。日本の社会は、この「普通」、すなわち、権威や権力への恭順によって個人が結びついている階層的な構造をしている。したがって、「普通」に従わない人々は、社会の絆《きずな》そのものの破壊者に思えてくる。障害やcしっかんのある人、海外からの移住者に＊スティグマが貼られるのは、「普通」によってしか社会が成り立たないと信じられているからである。

「普通」によって成り立っている社会には対話はない。対話をするならば、何が尊ぶべき規範であるかを議論できるだろう。それはこれまでの「普通」とは異なる規範かもしれない。だから、❸権威と権力に執着する者は対話を恐れる。

＊先に述べたように、哲学対話の問いは、私達《たち》の世界の分類法を「〜とは何か」という問いによって問いただす。それは、現在の私たちの社会における物事の区別の仕方と、それにdともなう物事の扱い方を再検討しようとする。「礼儀とは何か」と問うときに私たちは、何が礼儀であり、どのような行動をとれば人に礼を尽くしたといえるのかを改めて議論する。それは、現在の社会における社会的な関係を考え直すことである。「仕事は何のためにあるのか」と問うことは、労働が人間にとってどのような意義を持つのか、生活と仕事のバランスや仕事の社会的な意味を問い直すことである。それは、社会の労働のあり方を変更する可能性を探ることである。「なぜ」という問いで、私たちはさまざまな事象と行為の究極の目的を探る。「なぜ勉強するのか」という問いは、現在の勉強が自分の将来の人生と目的にどのようにつながっているのかを問い直している。哲学対話が、子どもに考えさせ、子どもに対話させるのは、他者とともに人間の世界を組み直していくためである。❹対話は、「普通」を求める階層的な社会では決して得られない人間的な絆によって社会を連帯させるのである。

最終的に私が主張したいことは、哲学対話を教育する目的は平和の構築の仕方を学ぶことにあることである。

事実として、民主主義国家内では市民戦争が起きることはほとんどなく、また民主主義国家間でも戦争がきわめて生じにくい。これは、民主主義がすべての人間が参加できる開かれた対話を基礎にした社会であることから来ている。哲学対話が民主的な社会の構築に資するとすれば、それは平和の構築にも資するはずである。

しかし対話と平和の関係は、さらに緊密である。子どもの哲学の第一の意義は、真理を探究する共同体に誰をも導き入れ、互いが互いの声をeけいちょうし、自分を変える準備をしながら対話を行うことにある。これは戦争を止める最後の平和的手段なのだ。対話は、平和を作り出し、それを維持する条件だからである。対話とは、国際社会に見られるように、戦争を回避するための条件である。平和とは対話できる状態のことであり、対話することが平和を保証する。対話において、人は互いの差異によって同じ問いに結びつく。話し合えない人として特定の「非合理な」他者を対話の相手から外していくことは、もはや互いに互いを変化させる契機を失うことである。自らを変化させることのない人々の間には、妥協以外には、争いの可能性しか残されていない。平和とは、人々が対話できる状態だと定義できるだろう。

したがって、❺対話の文化を構築することとは平和構築に他ならない。対話は、戦争を、互いに結びついた差異へと変換する。対話すること、しかも誰もが参加できるもっとも広いテーマによって哲学的な対話をすることは、子供の教育にとって、読み書き算盤《そろばん》よりも先に、もっとも優先すべき必須の活動である。読み書き算盤は、平和でなければ学べないからである。読み書き算盤といった日常生活の基本的スキルは、日常生活が成り立ってはじめて役に立つ。

しかし平和構築においては、対話を持続することと同じほど、対話を開始することが重要である。＊本章の冒頭のエピグラフでリンギスが指摘したように、対話する相手を限ってしまうことは、その外部に敵を作ることに結びついていく。ここでも同じ問題が生じてくる。対話を拒否する者、対話の中に入ろうとしない者に対して、どのように対話の中に誘っていくのか。ここにこそ平和教育の最大のポイントがある。学級で対話を行えば、学校という制度を利用して、形式的には全員の参加を促すことができるだろう。しかし対話は、そうした制度による一種の強制によらずに、すべての人に参加を促し、対話の輪を広げ、そこで誰もが話しやすいルールを生成し、共通の問いについて論じ合う自律的な過程である必要がある。この過程を子どもたちが学ぶこと、教室の中だけではなく、教師や家族、地域の人々とさまざまなテーマで語り合う機会をもてること、❻これこそが平和構築としての教育につながることだろう。

対話的な教育は、民主教育の基礎であり、平和の基礎である。生き方としての民主主義は、対話によって陶冶《とうや》される。子どもの哲学とは平和の構築の実践であり、平和への準備である。ユネスコは、一九九五年の「哲学のためのパリ宣言」のなかで中等教育レベルでも哲学教育を推進し、さらに包括的なカリキュラム開発を行うよう各国政府に求める政策勧告をしている。それは、平和教育という観点からも妥当なことである。

私は、結論として、❼学校がある国と地域では子どもの哲学は必修化すべきであり、そして学校のない国と地域では、子どもの哲学を草の根で実施すべきであると考える。

（河野哲也『人は語り続けるとき、考えていない』岩波書店　※本文を改めた部分があります。）

［注］　＊スティグマ……不名誉で一面的な評価。
＊先に述べたように……筆者は、この本文よりも前の部分でも哲学対話について説明している。
＊本章の冒頭のエピグラフでリンギスが指摘したように……筆者は、この本文の掲載されている章の冒頭で「しかしながら、二人の人間が暴力を放棄してコミュニケーションをとり始めると、彼らは外部の人間とはコミュニケーションのない暴力的な関係に入る。」（アルフォンソ・リンギス『何も共有していない者たちの共同体』野谷啓二訳）という一節を引用している。なお、「エピグラフ」とは、巻頭や章の冒頭に記された短い文のことである。

問一　二重傍線部ａ「つつしみ」、ｂ「ちつじょ」、ｃ「しっかん」、ｄ「ともなう」、ｅ「けいちょう」を漢字に直しなさい。送りがなの必要なものはそれも書きなさい。

問二　傍線部❶「『普通』という言葉には、権威や権力への恭順と、それに従う人々への同調という二つの圧力が働いている」とありますが、ここではどういうことを言っていますか。その説明として最も適切なものを、次の中から一つ選び、記号で答えなさい。

ア　私たちは、身近な権威や権力が自分に向けて発する「普通」であれという命令を受け入れることだけではなく、同様にその命令に従っている多くの人々と同調していくことも求められているのだということ。
イ　私たちは、「普通」であることを命じる権威や権力に従順であることだけではなく、その権威や権力に押し付けられた他律的な規律を周囲の人々にしっかりと守らせることも求められているのだということ。
ウ　私たちは、「普通」であることをいつの間にか強制してくる権威や権力に逆らわないことだけではなく、同時にその権威や権力に従う世間の人々に合わせて行動することも求められているのだということ。
エ　私たちは、社会の中で「普通」であるとされる権威や権力に従うことだけではなく、時には公私を厳密に切り分け、公の流れを妨げないように世間の流行に従って生きることも求められているのだということ。
オ　私たちは、特定の権威や権力に従い「普通」であることだけではなく、同じように「普通」という基準に従う人々と協調しながらも個人として様々な能力を身につけていくことも求められているのだということ。

問三　傍線部❷「『普通』ではないくせに『ノウノウと生きている』人々」とありますが、ここではどういう人々のことを言っていますか。その説明として最も適切なものを、次の中から一つ選び、記号で答えなさい。

ア　皆が何とか「普通」になろうとして苦しんでいるのに、その苦しみを味わわずに平気で「普通」から逸脱している人々。
イ　「普通」になろうと頑張っても「普通」になれずに、そこから生じた自己否定的な感情を他者へと投げつけている人々。
ウ　自分は「普通」になろうと努力していないにもかかわらず、「普通」ではない他者を強制的に排除しようとする人々。
エ　「普通」であることをやめて罪を犯しているくせに、罪を犯したことをあまり気にしないで平然と生きている人々。
オ　実際は「普通」であるとは言えないのに、自分は「普通」であるかのように思い込んでのんきに生きている人々。

問四　傍線部❸「権威と権力に執着する者は対話を恐れる」とありますが、これはなぜですか。説明しなさい。

問五　傍線部❹「対話は、『普通』を求める階層的な社会では決して得られない人間的な絆によって社会を連帯させる」とありますが、ここではどういうことを言っていますか。その説明として最も適切なものを、次の中から一つ選び、記号で答えなさい。

ア　対話は、決まり切った社会の規律の問題点を洗い出し、今の社会を変える方向に多くの人々を駆り立てる役割をもつということ。
イ　対話は、「なぜ」という問いによって「普通」の意味を問い直し、新たな「普通」の基準を人々に考えさせるものだということ。
ウ　対話は、同じ目的をもった人とともに学ぶことの大切さを子どもに教え、勉強することの意味を再検討させる機会だということ。
エ　対話は、考え方の違う様々な人々と共に新しい社会をつくるために、自分達の世界の見方を検討し直そうとする行為だということ。
オ　対話は、他者とともに人間の世界を組み直していくためにあるので、多くの人々が今の社会に適応していくようになるということ。

問六　傍線部❺「対話の文化を構築することとは平和構築に他ならない」とありますが、このように言えるのはなぜですか。その説明として最も適切なものを、次の中から一つ選び、記号で答えなさい。

ア　対話をしていく中で人々は、自分と合わない他者を、争うことなく平和に対話の相手から外していけるようになるため、対話ができる状態を構築することは戦争が起きる可能性を低くすることだといえるから。
イ　対話をしていく中で人々は、自分と他者との違いを前提において自分達が話し合うべき問題を共有し、各自が自身のあり方を見直そうと考えるようになるので、異なる考えをもつ他者と争うことがなくなるから。
ウ　対話をしていく中で人々は、戦争はお互いの差異を認めないことによって生まれるものであることを理解できるようになるため、この差異を認めて維持し続けることによって平和を守っていこうとするようになるから。
エ　対話をしていく中で人々は、自分とは異なる考え方の存在に気づくことで、自分を変化させながら他者と協力し合い、無駄な争いをすることなく効率よく平和を作り上げていくことが大切だと思うようになるから。
オ　対話をしていく中で人々は、自らを変化させるつもりのない人々を言い争うことなく説得し、他者に頼らず自らが自分のあり方を変えていこうとすることで、対話が可能で平和な状態を維持しようとするから。

問七　傍線部❻「これこそが平和構築としての教育につながることだろう」とありますが、ここではどういうことを言っていますか。その説明として最も適切なものを、次の中から一つ選び、記号で答えなさい。

ア　争いの起きない平和な環境を作るための道筋を考えることは、すべての人が対話に参加できるような共通のルールを生成することにつながるということ。

イ　誰もが自律的に参加したいと思えるようなレベルの高い対話の内容を考えることは、考え方の異なる人々と平和的に語り合うことにつながるということ。

ウ　対話に全員を参加させるために、どうやって学校という制度を利用するかを考えることは、子どもたちが争いを起こさなくなることにつながるということ。

エ　対話の中で誰もが納得できる結論を出せるようになる方法を考えることは、争いを減らし、少しずつ平和を実現していくことにつながるということ。

オ　どうすれば全員が自ら対話に参加できるようになるかを考えることは、対話の相手が限定されることによって起きる争いを無くすことにつながるということ。

問八　傍線部❼「学校がある国と地域では子どもの哲学は必修化すべきであり、そして学校のない国と地域では、子どもの哲学を草の根で実施すべきであると考える」とありますが、このように筆者が考えるのは何のためですか。説明しなさい。

二

次の文章を読んで、後の問いに答えなさい。

次の文章は、浮世絵師の歌川広重が「東海道五十三次」を世に出す前の話である。ある日、広重のもとに、見知らぬ＊版元の保永《ほえい》堂竹内孫八が訪ねてきた。以下は、保永堂と広重の対話の場面である。

「栄林堂からは近頃あまり出しておりませんそうで」

「出しておりません」

広重は＊定火消《じょうびけし》同心の以前に戻ったように、そっ気ない口調で言った。栄林堂岩戸屋喜三郎は、横山町二丁目の＊書肆《しょし》で、広重はここから武者絵や美人絵を数多く出している。だがいつからか栄林堂の注文は間遠になり、近頃は全くつき合いが途切れたままだった。

「どうしてそうなりました？」

「どうして？」

広重は保永堂の顔を見た。色の黒い、職人のような顔をしたこの男は、思ったよりもa無躾《ぶしつけ》な人間のようだった。

「どうしてということはないですな。つまりは私の絵が下手で、気に入らないということに尽きるんじゃないですかな」

「あたしの見たところ……」

保永堂は、広重の視線を追うように、光る眼《め》を絡ませてきた。

「栄林堂は、あなたの筆を見誤っていますよ」

「どういうことですかな」

広重はやや煩わしい気分になっていた。そう言えば、この男はどういう用件で来たかをまだ言っていないと思った。栄林堂のほかに、広重はこれまで、永寿堂とか、山口屋、錦樹堂という版元から＊錦絵《にしきえ》を出し、＊狂歌本や＊合巻本の挿絵《さしえ》も描いている。こうした名の知れた版元とのつき合いの間に、保永堂という版元の名前を聞いたことはなかった。

「つまり、あなたは武者絵など描くべきでないのです。栄林堂は眼がない」

「ほう」

広重は漸《ようや》くこの男に興味が動くのを感じた。男は広重がいままで描いてきたものについて、何かを言おうとしているのだった。そうであれば、何を言いたいのか聞くべきだった。慎重に、広重は訊《き》いた。

「それで？」

「あたしはあなたがいままで描いたものをほとんど見ているつもりです。失礼だが、ひょっとしたら、あなたの絵についてあなたご自身が気づいていない点も見ているかも知れません」

「………」

無気味なことを聞く、と思った。版元と会っているとき、作品の出来についてあれこれと話が出る。とくに気性の明けっぴろげな永寿堂などは、他人も自分と同じだと思い込んでいるように、遠慮会《え》釈もない酷評を加えて、酷評することに生き甲《が》斐《い》を感じているようなところがある。

そういう批評は、概《おおむ》ね微笑で受け流せる性質のものだった。そうはおっしゃるが、ここは動かせない、というような余裕がこちら側にある。そして彼等《ら》の批評はその余裕を崩すほどのものでないことが多かった。

だが保永堂は、そういう批評とは別のことを言おうとしているようだった。❶広重は心の中に微《かす》かな動揺が萌《きざ》すのを感じた。保永堂に背中を見られているような不安がある。しかもこの男は、長い間自分の背を見つめてきたというではないか。

「＊一立斎《いちりゅうさい》先生」

保永堂は断定するように言った。

「武者絵も、役者絵も、その美人絵ですら先生には似あわない」

「………」

「これです」

保永堂は、積み重ねた錦絵を膝の上に摑《つか》み上げると、すばやくめくった。その指の動きで、保永堂は長い間、錦絵を扱って飯を喰《く》っている人間であることを示した。

「それは去年出したものだ」

「そう＊川正《かわしょう》の東都名所です。これは」

保永堂はもう一枚の錦絵を示した。

「それは＊東都名所拾景、八年前に永寿堂から出している」

「お気づきかどうか知りませんが、あたしの見るところ先生の本領はこのあたりにあります。東都名所は、そう評判になりませんでした。それがなぜかお解《わか》りですか」

「さあ」

広重は苦笑した。

「ほかにうまい方がいらっしゃるし」

「これですか」

保永堂の指は、また口上を述べながら売る品を揃《そろ》える＊香具師《やし》のように、すばやく動いて二枚の絵を胸の前にかざした。

一枚は画面一パイを痩身《そうしん》の富士が占め、細かな白い雲がその背後に漂っている。異様に赭《あか》い肌をした富士だった。もう一枚は、天を突き上げる針のように尖《とが》った富士である。空は蒼《あお》いが、その裾は漆黒の闇が埋め、鋭い稲妻がその闇をひき裂いている。

❷それは、いつも広重を胸苦しく圧迫する風景だった。＊富嶽《ふがく》三十六景――。大版全四十六枚の前人未到の風景画だった。その風景によって、北斎はいまも江戸の寵児《ちょうじ》だった。

「どう思われますか」

「言うまでもなく絶品ですな」

広重は言ったが、不意に衝《つ》き上げてきたものに動かされて言った。

「だが言わせてもらえば、臭みがある。たとえば＊山師風とでもいうか」

富士は北斎そのものだった。傲然と北斎が聳《そび》えている。普段思っていることだ。だが言ってから、広重はすぐに後悔した。言うべきではなかった。北斎の富士がどう匂おうと、それが有無を言わせない絶品であることは疑いようがないのだ。その奇想、手法……。北斎はそれまでの生涯をその絵の中に投げ込んでいた。それを超える風景は、あり得ない。

保永堂の頬に、微笑が浮かんだ。この男が家へ入ってから、初めて見せた笑いだった。

「ごもっともです」

❸保永堂は言ったが、すぐに微笑を消して、広重の川正版「東都名所」の一枚を指でつついた。

「しかしあなたはここまでしか来ていない」

b辛辣な言い方だった。保永堂の細長い指は東都名所の中の「忍カ岡蓮池之図」をつまんでいる。だが保永堂はその絵を貶《おと》しめたのではなかった。

「ここまでしか来ていないが、しかしこれも」

保永堂の指は、いそがしく両国橋に宵月を配したもう一枚を取り上げて示した。

「あなたがほんとうは風景描きだと白状している絵です」

保永堂は妙な言い方をしたが、広重には彼の言うことがよく解った。出来のよし悪《あ》しは別にして、川正から出すために東都名所を描いたとき、広重は描きたいものを描いたという感じがした。その感じは、八年前に永寿堂から東都名所拾景を出したときにはなかったものである。それは予感のようなものだった。描きたいものを描いた感じの中に、微かに見えたものがある。浮世絵の世界にはまった自分と、漠とした未来が、その風景の中に描き出された気がし、そのことに自分自身でいくらか驚いたのだった。

だがそれは自分でも不確かなことで、まして他人に言うべきことではなかった。保永堂の言葉は、「＊一幽斎描き東都名所」から、いわば❹広重の予感のようなものを読み取ったと言っているのだった。

「そうかも知れませんな」

❺広重は慎重に言い、改めてこの男が言いたがっていて、未《いま》だ隠しているものに興味を持った。深い興味だった。

「しかし風景なら北斎先生がいらっしゃる」

「これですか」

保永堂は今度は、富嶽三十六景の中の「遠江《とおとうみ》山中」の富士の絵を出した。画面を斜めに巨大な木材が横切り、その上に乗った樵夫《きこり》が鋸《のこぎり》を入れている。富士は木材を支えた足場の間に顔を出していた。その富士が、広重には北斎その人のように見えた。やはり自信に満ち、傲然と聳えている。広重はその絵を見つめながら言った。

「こうした絵は、私には描けない」

「こういう絵を描く必要はありません、先生」

不意に保永堂は囁《ささや》くような小声になっていた。

「あなたを風景描きだと申しあげました。そうは言っても、失礼ながら今までのところ、お描きになったのは海のものとも山のものとも言えない風景です。だが、お解りになりませんか」

保永堂の声はいよいよ低くなった。それでいて顔は赤らみ、眼は熱っぽく光っている。

「あなたの風景には誇張がない。気張っておりません。恐らくそこにある風景を、そのまま写そうとなさったと、あたしはみます」

それは北斎のように奇想の持ち合わせがないからだ、と言いかけて広重はふと声を呑《の》んだ。そうではなかったと思ったのである。たとえ奇想が湧いても、北斎のようには描かないだろう。風景はあるがままに俺を惹《ひ》きつける、と思ったのである。

「そこが肝心です。北斎先生の手法は、なるほどc未曾有《みぞう》のものですが、一回限りのものです」

保永堂は断定するように言った。

保永堂は、この長い前置きの後で、＊東海道の宿場を風景にする話を持ち出したのだった。

（藤沢周平「旅の誘《いざな》い」『花のあと』所収　文春文庫刊　※本文を改めた部分があります。）

［注］
＊版元……書籍や浮世絵などの出版元。
＊定火消同心……定火消は、江戸市中の防火と警備にあたった幕府の職名。同心はその中の下級役人。広重は以前、定火消同心だった。
＊書肆……書物の出版や販売をする店。
＊錦絵……多色刷りの浮世絵。
＊狂歌本……狂歌（滑稽や風刺を詠んだ短歌）を集めた本。
＊合巻本……江戸時代後期に流行した、絵入りの読み物。
＊一立斎……広重の号。号とは、画家などが本名とは別に用いる名。
＊川正の東都名所……広重が川正（川口屋正蔵）より出版した東都（江戸）の名所を描いた浮世絵。
＊東都名所拾景……「東都名所」より前に出版した広重の浮世絵。
＊香具師……祭礼や縁日などに、露店を出して見世物や物売りなどをする人。
＊富嶽三十六景……富嶽とは富士山のこと。富士山を主題とした北斎の浮世絵。
＊山師……一発大儲《おおもう》けをねらうような人。
＊一幽斎……広重が「一立斎」の前に用いていた号。
＊東海道の宿場を風景にする話……後に「東海道五十三次」として出版され、世間で大いに評判となることとなる。

問一　二重傍線部a～cの語の本文中の意味として最も適切なものを、次の中からそれぞれ一つずつ選び、記号で答えなさい。

a「無躾な」　ア　物怖《ものお》じしない　イ　飾り気のない　ウ　礼儀をわきまえない　エ　愛想のない　オ　油断ならない

b「辛辣な」　ア　手厳しい　イ　意地の悪い　ウ　率直な　エ　核心をついた　オ　不愉快な

c「未曾有の」　ア　未だに評判の　イ　誰も真似《まね》できない　ウ　極めて優れた　エ　人の意表をつく　オ　これまでに例がない

問二　傍線部❶「広重は心の中に微かな動揺が萌すのを感じた」とありますが、広重がそのように感じたのはなぜですか。その理由として最も適切なものを、次の中から一つ選び、記号で答えなさい。

ア　広重の今までの作品に対する保永堂の批評は微笑で受け流せる性質のものではなく、広重の弱みにつけこむものだったから。
イ　広重のこれまでの作品について、広重が見て見ぬふりをしてきた欠点を保永堂に指摘されるかもしれないと思ったから。
ウ　広重の今までの作品について、他の版元のように面と向かって酷評するのでなく、保永堂が遠回しに批評してきたから。
エ　広重の背中を長年追いかけてきたという保永堂の熱意におされ、その思いに自分は応えられているだろうかと思ったから。
オ　広重のこれまでの作品について、広重自身が自覚していないことを保永堂が見抜いているかもしれないと思ったから。

問三　傍線部❷「それは、いつも広重を胸苦しく圧迫する風景だった」とありますが、北斎の「富嶽三十六景」が「いつも広重を胸苦しく圧迫する」のはなぜですか。その理由として最も適切なものを、次の中から一つ選び、記号で答えなさい。

ア　「富嶽三十六景」はある種の臭みを感じさせるが前人未到の風景画であり、その奇想と手法によって北斎がいまもなお江戸の寵児であることが広重には苦々しく思われるから。
イ　「富嶽三十六景」は北斎の奇抜な発想と手法によって言うまでもなく絶品の風景画だとは言えるものの、見ているうちに胸の内から不意に臭みのようなものが衝き上げてくるから。
ウ　「富嶽三十六景」には富士を通して北斎独自の驚くべき発想や手法がこれ見よがしに表現されており、そこに臭みを感じるものの、自分には描けない優れた風景画には違いないから。
エ　「富嶽三十六景」には富士のかたわらに傲然とした北斎が描かれており、そうした奇抜な着想や手法は臭みとも言えるが、やはり有無を言わせぬ絶品であることに疑いはないから。
オ　「富嶽三十六景」には北斎の生涯のすべてが投げ込まれており、臭みはあるが北斎そのものを代表する作品であり、これまでの北斎の描いた風景画の中でそれを超えるものはないから。

問四　傍線部❸「保永堂は言ったが、すぐに微笑を消して」とありますが、保永堂が「すぐに微笑を消し」た理由として最も適切なものを、次の中から一つ選び、記号で答えなさい。

ア　有名な北斎の風景画には到底かなわないと広重が思っていることを知って思わず微笑《ほほえ》んだが、すぐに話をもとに戻して、広重自身の風景画の特徴についてここでしっかり話そうと思ったから。
イ　それまでの会話の調子とは異なり、北斎のこととなると抑えきれずに批判する広重に圧倒され、調子を合わせるように思わず微笑んだが、ここで笑うのはやはり広重に対して失礼だと思ったから。
ウ　世間で大いに評判の北斎に対して、まだ作品がそれほど売れていない広重がついむきになって批判したことに思わず微笑んだが、その広重の思い上がりをここできちんと正そうと思ったから。
エ　北斎の風景画に対して広重が本音をもらしたことで、ようやく思うように話が進められそうで思わず微笑んだが、そこですかさず広重の風景画に対する自分の考えをはっきり述べようとしたから。
オ　北斎の風景画にはどこか臭みがあるという広重の指摘に、なるほどその通りだと共感して思わず微笑んだが、やはり自分はそれとは別の意見をもっているということを示そうとしたから。

問五　傍線部❹「広重の予感のようなもの」とは、具体的にはどのようなことですか。わかりやすく説明しなさい。

問六　傍線部❺「広重は慎重に言い、改めてこの男が言いたがっていて、未だ隠しているものに興味を持った」とありますが、「この男が言いたがっていて、未だ隠しているもの」とはどのようなものだったか、説明しなさい。

問七　本文中における保永堂の役割や人物像の説明について、最も適切なものを、次の中から一つ選び、記号で答えなさい。
ア　次第に関心を寄せてくる広重の表情を冷静に見つめながら、広重に風景画の才能があるかどうか見極めようとしている。
イ　広重の様子をうかがいながら会話を重ね、広重に自分の本領を意識させて、次の風景画を描くようにしむけようとしている。
ウ　すでに評判の北斎と今後評判になるはずの広重の間に入って、版元として抜け目なく二人にうまく取り入ろうとしている。
エ　北斎の作品を持ち出し広重を挑発しながら反応を見て、広重が本気で北斎を負かしたいと思っているのか探ろうとしている。
オ　北斎を意識する広重の心情を受け止め、広重を慰めることで自信を取り戻させ、風景画家として自立させようとしている。

三　次の文章を読んで、後の問いに答えなさい。

*鵯《ひよどり》、小鳥どもをあつめて謂《い》って云《い》はく《言うには》、「汝《なんぢ》ら畑の作物につき、または庭の菓《このみ》を喰《く》らふに、いらざる高ごゑ《大声で》をして、友を呼びさわぐによりて、人その来たり集まるを知りて、網をはり、*黏《もち》を置くなり。我冬になり、山に食物なき時は、人家《じんか》に来たりて、縁先にある南天の実をa【喰らふ】ども、亭主知る事なし。❶あまりのをかしさに、立ちざま《飛び立つ瞬間に》大きなる声をして、礼をいひてかへるなり。万一黏にかかりても、少しもさわがず、身をb【すくむ】て、そつとあをのけ《仰向け》になりて、ぶらさがり居れば、*はごは上に残り、身ばかり下に落つる時、こそこそと飛んでゆくなり。汝らは、黏にかかりたる時、あわてさわぎ、ばためく《ばたばたする》故に、惣身に《体全体に》黏をぬり付けて、動くこともならずして、Xとらへらるる、❷不調法の至りなり」と、i才智がましく語る。

末座より*鷦鷯《みそさざい》といふ小鳥、笑つて云はく、「人は鳥よりもかしこくて、一たびこの手にあひたる者は、下にも細きはごを置き、例のごとくぶらさがりて、下へ落つれば、下なるはごを、Yせなかに付け、おもひよらぬ事なれば、さすがの鵯殿も、あわてさわぎ給《たま》ふ故に、惣身に黏をぬりてとらへらるる事は同じ事なり。世間小智の人、皆鵯のごとし。おのれ才覚を用ひて、一旦しあふせたる《成し遂げた》事あれば、自満《じまん》して《自分で満足して》、いつもかくのごとくとおもへり。*天下の人豈皆愚かならんや。人はその巧《たくみ》を知りて、*重手をうつにより、今までの才覚の巧、皆iiいたづらになり、❸かえつて仇《あだ》となりて、禍《わざはひ》をまねく事をしらず。」

（『田舎荘子』　※本文を改めた部分があります。）

［注］　*鵯……全長は27㎝前後で、鳴き声は「ひいよひいよ」とやかましい。
*黏……「鳥もち」のこと。粘着性の物質で鳥や昆虫を捕まえるのに使う。
*はご……木片や竹・縄などに鳥もちを塗りつけた、鳥を捕る道具。
*鷦鷯……日本の野鳥でも最小種のひとつで、全長は11㎝前後。
*天下の人豈皆愚かならんや……天下の人はどうして皆愚かであろうか、いや、そうではあるまい。
*重手……念のための二重の計略。

問一　a【喰らふ】・b【すくむ】を、それぞれ本文に合うように適切な形に直しなさい。

問二　二重傍線部X「とらへらるる」・Y「せなかに付け」の主語として最も適切なものを、次の中からそれぞれ一つずつ選び、記号で答えなさい。
ア　鵯　イ　小鳥ども　ウ　鷦鷯　エ　世間小智の人　オ　天下の人

問三　波線部i「才智がましく」・ii「いたづらに」の意味として最も適切なものを、次の中からそれぞれ一つずつ選び、記号で答えなさい。
i「才智がましく」　ア　胸を張って　イ　ずる賢く　ウ　思慮深く　エ　出しゃばって　オ　利口ぶって
ii「いたづらに」　ア　悪ふざけに　イ　不必要に　ウ　むだに　エ　いい加減に　オ　現実に

問四　傍線部❶「あまりのをかしさに」とありますが、なぜですか。その理由として最も適切なものを、次の中から一つ選び、記号で答えなさい。
ア　亭主は大騒ぎをする小鳥がいることには気がつくのに、遠慮して静かにしている鵯を捕まえることは忘れていたから。
イ　亭主は冬になって作物の収穫が終わったので、わざわざ南天の実を食べに来る鵯のことなどは相手にしないから。
ウ　亭主は畑で作物を食べる小鳥のことを用心していても、縁先で南天の実を食べる鵯のことは気に留めていないから。
エ　亭主は小鳥に作物を食べられまいと工夫するが、下手に騒ぐことなく南天の実を食べる鵯には気がついていないから。
オ　亭主は挨拶をせずに作物を食べる小鳥は捕まえ、食べた後に礼を言う鵯は見ていないふりをして許してくれるから。

問五　傍線部❷「不調法の至りなり」とありますが、どういうことを指して言っているのですか。説明しなさい。

問六　傍線部❸「かえつて仇となりて、禍をまねく事をしらず」とありますが、「鵯」の場合には、どうなると言っているのですか。何が「仇」となるのかも含めて説明しなさい。

令和３年度　愛光高等学校入学試験問題　数学　（その１）※100点満点（配点非公表）

受験番号（　　　　　　）　氏名（　　　　　　　　　　）

（注意）1 は答だけでよいが，2 3 4 5 6 は式と計算を必ず書くこと。

（60分）

1　次の (1)～(5) の □ に適する数または式を，下の解答欄に記入せよ。

(1)　$x^2y-2xy^2-x^2+3xy-2y^2$ を因数分解すると ① である。

(2)　$\frac{15}{7}a^{12}\times\left(-\frac{14}{5a^2}\right)\div(-3a^2)^3-\frac{7}{15}a^5\div\frac{21}{40}a=$ ②

(3)　$\frac{(2\sqrt{5}+\sqrt{2})(2\sqrt{5}-\sqrt{2})}{\sqrt{162}}-\frac{3}{4}\div\frac{(\sqrt{3})^3}{(5-\sqrt{6})(1+\sqrt{6})}=$ ③

(4)　$\sqrt{180-3n}$ が整数となるような最小の自然数 n は ④ で，$\sqrt{180-3x}$ が整数となるような最小の正の有理数 x は ⑤ である。

(5)　右の図において，長方形 ABCD と長方形 EFGD は合同で，点 E は対角線 BD 上にあり，点 K は辺 BC と辺 EF の交点である。
AB＝12 cm，AD＝16 cm のとき，線分 BE の長さは ⑥ cmで，四角形 EKCD の面積は ⑦ cm^2である。

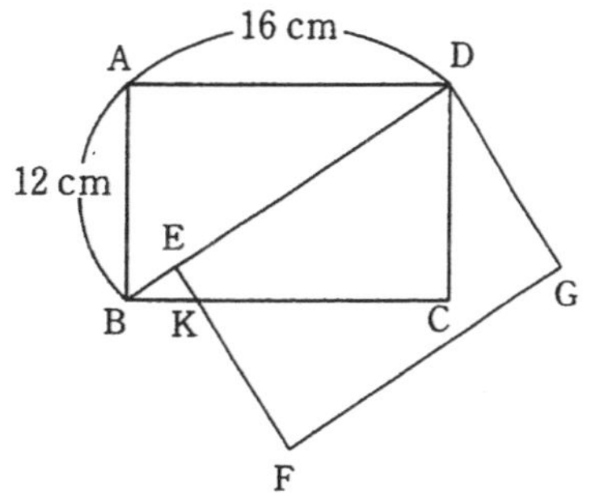

【解答欄】

①		②	③
④	⑤	⑥	⑦

2　大人２人，子供３人で旅行を計画している。この旅行の正規の価格は大人１人 10000 円，子供１人 6000 円である。この旅行を出発日の 10 日前から 20 日前の間に予約すると，大人は x ％引きで，子供は y ％引きで購入でき，５人の合計金額は 30500 円である。また，出発日の 21 日前までに予約すると，割引価格よりさらに大人は 20 ％引きで，子供は 10 ％引きで購入でき，５人の合計金額は 25750 円となる。このとき，x，y の値を求めよ。

答　x＝　　　　，y＝

3　みかんを子供に同じ個数ずつ配る。１人につき子供の人数よりも２個少ない個数で配ると７個余った。そこで，１人につき子供の人数の２倍より９個少ない個数で配ると，１人は 13 個しかもらえず５人は１個ももらえなかった。このとき，子供の人数とみかんの個数を求めよ。

答　子供の人数　　　　，みかんの個数

令和3年度　愛光高等学校入学試験問題　数学　　（その2）

受験番号（　　　　　）　氏名（　　　　　　　　　　）

4　2つの放物線 $y=x^2$ …①，$y=-\frac{1}{2}x^2$ …② と点 $P\left(-\frac{15}{2},0\right)$ がある。右の図のように，点Pを通り傾き2の直線と放物線①の交点をA，Bとし，点Pを通り傾き -1 の直線と放物線②の交点をC，Dとする。

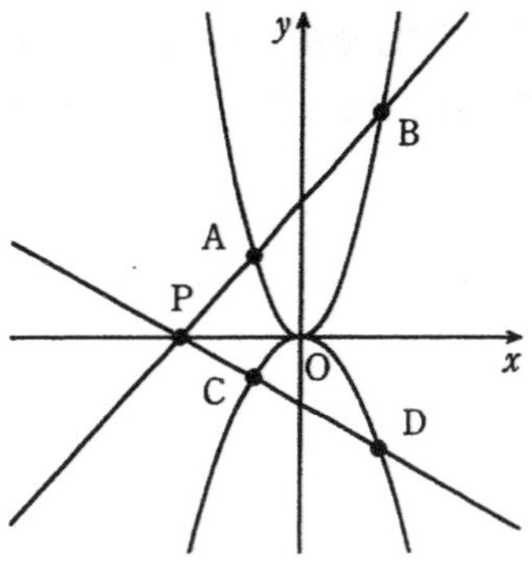

(1)　4点A，B，C，Dの座標を求めよ。答だけでよい。

答　A（　　，　　），B（　　，　　），C（　　，　　），D（　　，　　）

(2)　四角形ACDBの面積を2等分する傾き2の直線の式を求めよ。

答

(3)　三角形BPDの面積を2等分する x 軸に平行な直線の式を求めよ。

答

5　1つのサイコロを3回続けて投げて，出た目の数を順に a，b，c とする。

(1)　a，b が不等式 $b \leqq 2a-5$ をみたす確率を求めよ。

答

(2)　a，b，c が等式 $b=2a-c$ をみたす確率を求めよ。

答

6　右の図のように，立方体ABCD−EFGHの内部で半径が等しい2つの球 O_1，O_2 が接している。さらに，O_1 は3つの面AEFB，AEHD，EFGHに接し，O_2 は3つの面ABCD，BFGC，DHGCに接している。2つの球の表面および内部を V とするとき，次の問いに答えよ。

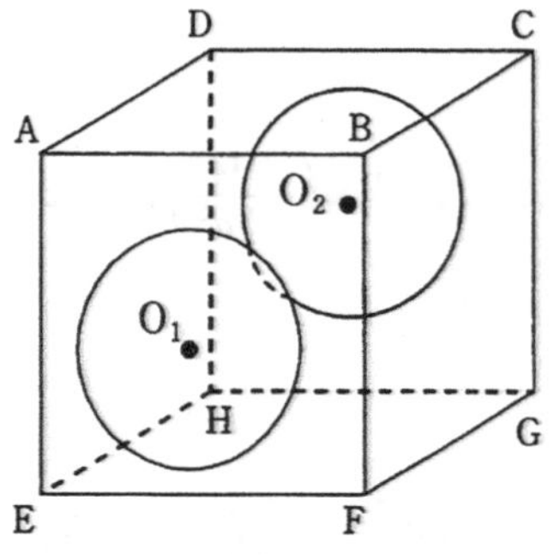

(1)　平面AEGCで切断したときの V の切り口を次の図に書き込め。

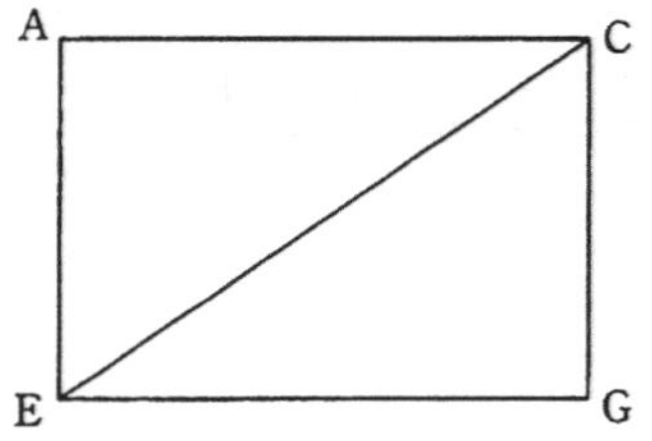

(2)　O_1，O_2 の半径が3のとき，立方体の1辺の長さを求めよ。

答

(3)　(2)のとき，AEの中点を通り，平面ABCDに平行な面で V を切断したとき，切り口の面積を求めよ。

答

※音声と放送原稿非公表

令和３年度　　愛光高等学校入学試験問題　　英　語　　（その１）

（70分）

Ⅰ．リスニングテスト問題：　放送の指示に従って問題を解き，その答えを解答用紙に記入しなさい。

Question No. 1
- a. Today is Saturday.
- b. Today is January 17.
- c. Today is cloudy.
- d. Today is a great day.

Question No. 2
- a. She is my mother.
- b. That is William's daughter.
- c. He is my grandfather.
- d. They are Tim and Steve.

Question No. 3
- a. Sounds like fun.
- b. Take your time.
- c. I'm coming.
- d. Let me see.

Question No. 4
- a. He is at his house.
- b. He is at a restaurant.
- c. He is at a supermarket.
- d. He is at the bank.

Question No. 5
- a. Amy is Sarah's sister.
- b. Sarah is married to John.
- c. John is Kevin's son.
- d. Kevin and Amy have two children.

Question No. 6
- a. Bob's father is still eating dinner.
- b. Bob stopped eating dinner because his father told him to.
- c. Bob's father quit emailing at dinner.
- d. Bob still emails during dinner.

Question No. 7
How many times a day is Harry Potter and the Crying Stone shown?

Question No. 8
Who can save seventy percent on all tickets and snacks?

Question No. 9
How many pizzas will be delivered to Mike?

Question No. 10
How much is the total order?

Chicago Pizza

Pizzas ***FREE DELIVERY***			
Ham 	***BBQ Chicken*** 	***Seafood*** 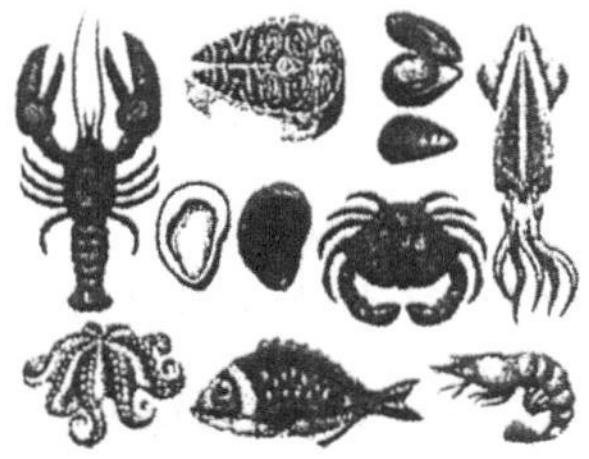	***Sausage*** 
Price	**Small**-$6.00 **Medium**-$8.00 **Large**-$10.50		
Drinks-$1.00 each	**Colas** **Juices** **Ice tea or Coffee** **Beer**		
Specials:	**Meat Lovers Special** Buy one get one free! **Monday**	**Crazy Drink Day** All drinks half off! **Wednesday**	**Birthday Special** Free small pizza on your special day! **Friday**

Ⅱ．正しい文法使用（correct grammatical usage）について述べた以下の文章を読み，各設問に答えなさい。第一段落は，警察署内での二人（Lewis と Morse）の対話である。星印(*)が付いた表現については末尾に付した注を参照すること。

"You must be interested in one or two of the reports, sir." "Why do you think so?" Morse sounded surprised. "You spent about ten minutes on that one, and it's only half a page." "You're a very careful police officer, Lewis, but Tom isn't. Look at this. This is a report written by Tom. It is the most (A)ill-written report I've seen in years, with twelve grammatical mistakes in the first ten lines! The future of the police is hopeless, I'm afraid."

(B)Why did Morse take so much time to check and count the grammatical errors in the reports, instead of reading Tom's opinion carefully? Why did the careless grammar of a report make Morse worry about the future of the police? Why do we care about grammar and spelling so extremely that small errors make us disappointed and afraid for the future of our society and its language?

(　　ア　　) Even professional *linguists try hard to do so. Deborah Cameron, the writer of a book of correct grammar usage, (C)observes in her book that she tries not to judge something at once. However, she still feels nervous about grammatical mistakes: "When I see such a sign as 'Potatoe's,' I always get angry."

(　　イ　　) So the restaurant chain McDonald's drops the "g" in its slogan "I'm lovin' it", and it replaces it with an *apostrophe in order not to keep its older and more traditional customers away. Apple Macintosh's 1997 slogan "Think Different", instead of the grammatically correct "Think (　D　)", uses *non-standard grammar to attract younger customers. When good grammar seems to take care of traditional social classes, people who use non-standard grammar *deliberately (E)challenge them.

(F)For many, good grammar explains other social values, such as politeness, respect, and the protection of their tradition. (　　ウ　　) In the 1980s, commentators said that a move away from *formal grammar teaching in secondary schools in England was the cause of a (G)disregard for honesty and responsibility among young people.

In an interview on Radio 4 in 1985, Norman Tebbit connected standards of English with standards of dress and health, and levels of honesty and *law-abidance. He said, "If you allow people to think that good English is as fair as bad English, or that they can wear dirty clothes at school ... all these things make people have no standards at all, and if you lose standards, (H)[out of / can / stay / nothing / trouble / people / make]."

（注）　linguist(s)：言語学者　　apostrophe：アポストロフィー　　non-standard：非標準的な
　　　deliberately：意図的に　　formal grammar teaching：正しい文法教育　　law-abidance：法律を守ること

設問

１．下線部(A)(C)(E)(G)の語句の意味として最も適切なものを選択肢の中から選び，記号で答えなさい。

(A) ill-written
　1. 病について書かれた　　2. 難解な　　3. できの悪い　　4. 病気の人が書いた

(C) observes
　1. 述べる　　2. 観察する　　3. 遵守する　　4. 気が付く

(E) challenge
　1. 異議を申し立てる　　2. 世話をしない　　3. 刺激する　　4. 愛用する

(G) disregard
　1. 尊重　　2. 後悔　　3. 不幸　　4. 軽視

２．下線部(B)を和訳しなさい。

３．本文中の空所(ア)～(ウ)には以下のいずれかの文が入る。それぞれ適切なものを選び，記号で答えなさい。

1. While grammar may be important to some people, companies which want to connect with younger customers deliberately break such correct grammatical usage.
2. Some companies keep saying that they will make English the only language that can be used at work.
3. We are taught correct usage early in our lives, by parents and schoolteachers, and it is very difficult to throw these away after we grow up.
4. For them, the dropping of formal grammar teaching in schools is responsible for the social problems such as a rise in the number of crimes, a troubled economy and many other social ills.

４．空所(D)の空欄に入るべき１語を答えなさい。

５．下線部(F)はどのようなことを述べているのか。最も適切なものを選び，記号で答えなさい。

1. 多くの人にとって，正しい文法を使わないと社会の中にいる他の人の価値観を説明できないということ。
2. 多くの国にとって，言語の違いが他の国の価値観を尊重できない壁になっているということ。
3. 多くの人にとって，正しい文法を使うことが社会におけるその他の価値観を守ることにつながるということ。
4. 多くの会社にとって，あえて間違った文法を使うことが，その会社の価値を高めるということ。

６．下線部(H)の[　　]内の語を，文脈に合わせて意味が通るように並べ替えなさい。答えは[　　]内の語句のみでよい。

７．マクドナルド社は，顧客数を増加・維持するために何をどうしたのか。15～30 字の日本語で答えなさい。

８．以下の各文の中から，本文の内容と合致するものを二つ選び，記号で答えなさい。

1. Morse was made afraid because he got too many reports.
2. Deborah Cameron gets angry when she sees a sign "Potatoe's" because it is grammatically wrong.
3. All famous companies use wrong grammar in their slogans because it looks interesting.
4. In the 1980s, every secondary school in England taught formal grammar to make young people honest and polite.
5. Norman Tebbit thought using good English was connected with wearing clean clothes, being honesty and other social goodness.

Ⅲ．次の対話を読み，下の設問に答えなさい。星印(*)がついた表現については末尾に付した注を参照すること。

Ken　:　Hey, you are interested in art, aren't you?　Have you heard of the news about the art *auction?　Someone bought a painting for 14 billion yen, and it was the highest price ever.　I was very surprised to hear that, but (A)I cannot understand such a person [to / who / wants / a painting / looks / buy / which] like *graffiti for that price.

Mike :　I know what you're trying to say, but the value of paintings is not decided just because they (　a　) beautiful.　Let me show you some examples.　Look at my smartphone.　These are two paintings.　What kind of impression do you have about each work?

Ken　:　In this painting the woman is facing forward, and at first I thought she was a real person.　I think it's a good painting.　However, to be honest, I cannot understand, or even imagine, what the other one tries to express.　There is a black square in the center of the painting, that's all.

Mike :　The former is called the *realistic painting, and *the latter is called the *abstract painting.　In the history of art, they had different *roles.

Ken　:　I think the realistic painting is painted much better and more *valuable.　Though the abstract painting is also attractive, (B)I feel I can draw a similar one in 10 minutes.　How did the abstract painting become popular?

Mike :　In the past realistic paintings were created to show the world as we see it.　However, they lost their own roles after a very familiar machine was invented.　It's very common today.　Can you guess what it is?

Ken　:　Um, it's a difficult question.　Can you give me a hint?

Mike :　Well, today we use it a lot in our daily life because smartphones have the same *function.

Ken　:　I got it!　It's the camera!

Mike :　That's right.　The camera was a much better way to *visually reproduce the exact world than the painting.　(　　①　　) was totally replaced by (　　②　　), so artists needed to find a reason to draw paintings.　On the *journey to find the answer, artists learned skills to make abstract paintings.

Ken　:　That's interesting.

Mike :　We shouldn't judge the value of art simply by appearances.　(C)[know / for / it / necessary / is / us / to] the history of art, and then we'll be able to (　b　) that artworks are truly valuable.

（注）　auction：オークション　　graffiti：落書き　　realistic painting：写実画　　the latter：後者
abstract painting：抽象画　　role：役割　　valuable：価値のある　　function：機能
visually reproduce：視覚的に再現する　　journey：旅

設問

１．下線部(A)が話の流れに合うように[　　]内の語句を正しく並べ替えなさい。答えは[　　]内の語句のみでよい。

２．空所(　a　)，(　b　)に入る最も適切な語を下のア～オから選び，記号で答えなさい。ただし，同じ記号を複数回用いてはならない。

ア．have　　イ．find　　ウ．look　　エ．take　　オ．like

3．下線部(B)で Ken が伝えたい内容として，最も適切なものを次から選び，記号で答えなさい。

ア．自分には画家よりも早く抽象画を描く能力があるということ。
イ．誰でも簡単に描けることが抽象画の良い点であるということ。
ウ．画家は抽象画を描くのに時間をかけ過ぎているということ。
エ．抽象画がなぜ高い評価を得ているのか理解できないということ。

4．(　①　)，(　②　)に入る最も適切な語句をそれぞれ選び，記号で答えなさい。ただし，文頭にくる語も小文字になっている。

ア．the realistic painting　イ．the abstract painting　ウ．the smartphone　エ．the camera

5．下線部(C)が話の流れに合うように[　　]内の語を正しく並べ替えなさい。ただし，文頭にくる語も小文字になっている。答えは[　　]内の語句のみでよい。

Ⅳ．下線部の発音が，すべて同じなら○を，すべて異なるなら×を，一つだけ異なる場合はその語の記号を答えなさい。

1．ア．museum　イ．news　ウ．raise　エ．useful
2．ア．already　イ．afraid　ウ．break　エ．eight
3．ア．allow　イ．cousin　ウ．group　エ．grow
4．ア．health　イ．thousand　ウ．weather　エ．math
5．ア．beach　イ．ahead　ウ．receive　エ．convenience

Ⅴ．次の各組のそれぞれの文の空所に同じ単語を入れ，意味が通るようにしなさい。

1．(a) The thieves tried to (　　　) away from the police, but they were caught.
　(b) I've (　　　) out of money, so have to look for a job.
2．(a) I am going to (　　　) in this report tomorrow morning.
　(b) Mary often asks for my advice.　On the other (　　　), Sam never listens to me.
3．(a) If you don't (　　　), please tell me your phone number.
　(b) John finally made up his (　　　) to leave the town.
4．(a) Don't you think it's getting cooler day (　　　) day?
　(b) Bill entered someone else's room (　　　) mistake, but no one noticed it.
5．(a) You should always believe your dream will (　　　) true.
　(b) The Gardners are not British.　They (　　　) from Australia.

Ⅵ．次の英文のうち誤りのあるものについては，誤りを含む下線部の番号を答えなさい。誤りがないものについては，解答欄に○を記入しなさい。

1．The singer's performance ①on the stage was great.　②All his fans ③got exciting.
2．You feel nervous, ①don't you?　However, I think ②you will get used ③to live in this town soon.
3．The teacher's ①voice was so soft that some students ②fell sleep ③during the class.
4．George studied ①hard, but he ②couldn't pass the test.　His parents ③were upset.
5．①Nancy began to go to school ②by feet because she thought she was ③getting fat.

Ⅶ．次の文の下線部①，④については，日本語の内容を表す英語を書きなさい。下線部②は，話の流れに沿うように[　　]内の語句を並べ替えなさい。ただし，１語不足しているのでその語を補って解答すること。下線部③は，日本語に合うように解答欄に示されている語句を並べ替えなさい。下線部②，③ともに，解答は[　　]内の並べ替えた語句のみを書くこと。

　私の両親は日曜日によく眠る人たちだった。①父と母の両方ともが一日中働いていたため，週末にはたっぷり眠らなければならなかったのだ。　二人が動き出すのは午前十時か十一時。子どもの頃，②I [Sunday / forward / always / looking / this / was / quiet / having / morning] very much.　土曜日の午後，③母が翌日の朝ごはんを買うように私と姉に言い，少しお金をくれたのだ。　私の定番はジャムパン，メロンパン，アンドーナツで週末ごとにその組み合わせが変わっただけだが，④毎朝は食べることのできないその朝ごはんは，私のお腹だけでなく心もまた満たしてくれた。　土曜の夕方，限られた選択肢の中から翌朝の食料を仕入れ，夜にはそれらを枕元に置いて寝る。そして翌朝，ベッドの上でラジオを聴いたり漫画を読んだりしながら菓子パンをほおばるのだった。

令和３年度　愛光高等学校入学試験問題　理科（その１）

(60分)

【１】 次のＡ，Ｂについて答えよ。

Ａ　右図は，体の正面から見たヒトの心臓の模式図であり，ａ～ｄは心臓の４つの部屋を，ｅ～ｈは心臓につながる血管を示している。次の問いに答えよ。

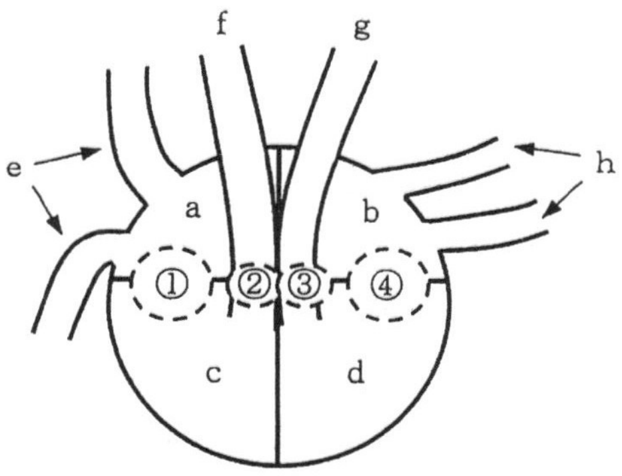

図

（１） 次の（ⅰ）～（ⅲ）の心臓の部屋および血管を，図中のａ～ｈからそれぞれ１つずつ選び，記号で答えよ。

（ⅰ） 左心室

（ⅱ） 肺動脈

（ⅲ） 大静脈

（２） 図中の点線で囲んだ①～④の部分には弁があり，心臓が拍動するのにあわせて開閉することで，血液が静脈→心房→心室→動脈の順にスムーズに送られる。次の（ⅰ），（ⅱ）のとき，図中の①・②には下の（ア）～（エ）のどの状態の弁が当てはまるか。最も適当なものをそれぞれ１つずつ選び，記号で答えよ。

（ⅰ） 心房から心室へ血液が送られるとき

（ⅱ） 心室から動脈へ血液が送られるとき

（ア） 　（イ） 　（ウ） 　（エ） 

（３） 安静にしているとき，左心室からは毎分約５Ｌの血液が全身に送り出されており，血液は枝分かれした動脈を通じて体のすみずみに運ばれる。動脈には筋肉の層があり，その収縮によって各臓器に送られる血液の量は常に調節されている。例えば，脳へつながる動脈は，立っているときには拡張し，寝ているときには収縮して，常に一定量の血液が脳に送られている。また，激しい運動をしているときの心臓は，安静にしているときの５倍の量の血液を送り出すが，酸素と栄養分をより多く必要とする筋肉へ多量の血液を送るため，筋肉以外の臓器へつながる動脈は収縮する。

下の表は，安静にしているときと激しい運動をしているときに，左心室から全身に送り出された血液がどの臓器にどれくらいの割合で配分されるかを，百分率で示したものである。問題文および表を参考にして，次の（ⅰ）～（ⅲ）の文の（ あ ）～（ う ）に入る数値をそれぞれ答えよ。

（ⅰ） 安静にしているとき，左心室から脳へ送られる血液量は毎分約（ あ ）Ｌである。

（ⅱ） 激しい運動をしているとき，左心室から筋肉へ送られる血液量は，安静にしているときの（ い ）倍である。

（ⅲ） 激しい運動をしているとき，左心室から筋肉以外へ送られる血液量は，安静にしているときの（ う ）倍である。

	安静にしているとき	激しい運動をしているとき
脳	20%	5%
肝臓や小腸	25%	5%
筋肉	20%	80%
その他	35%	10%

表

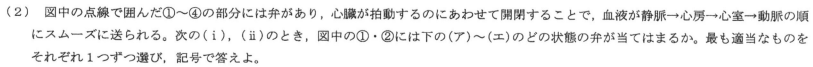

Ｂ　次の文章を読み，下の問いに答えよ。

細胞は細胞分裂によって数を増やす。植物の成長点や形成層で盛んに行われる細胞分裂を体細胞分裂と呼ぶのに対して，生殖細胞をつくるときの細胞分裂を［ a ］分裂と呼ぶ。［ a ］分裂は，エンドウではおしべのやくとめしべの［ b ］の中で起こる。花粉がめしべの柱頭に付着すると，花粉は発芽して花粉管をめしべの基部に向かって伸ばす。このとき，花粉管の中で［ c ］がつくられる。［ c ］は花粉管中を移動した後［ b ］の中にある卵細胞と受精して受精卵となる。その後，［ b ］は成長して種子となり，受精卵は体細胞分裂を繰り返して胚《はい》になる。胚の形質は，卵細胞と［ c ］を通じて両親から受け継いだ遺伝子の組み合わせによって決まる。遺伝子の組み合わせと現れる形質との規則性は，今からおよそ１５０年前にメンデルによってエンドウを用いた交配実験で明らかにされた。

（４）　文中の［ a ］～［ c ］に当てはまる語をそれぞれ答えよ。
（５）　［ a ］分裂により生殖細胞ができるとき，対になっている遺伝子が分かれて別々の生殖細胞に入る。これを何の法則と呼ぶか。

文中の下線部に関連して，エンドウを用いて次の**実験１～５**を行った。エンドウの種子には丸形としわ形があり，１つの種子にはそのどちらか一方の形質が現れる。ただし，エンドウの種子の形を決める遺伝子のうち，優性遺伝子をＡ，劣性遺伝子をａで表す。下の問いに答えよ。

実験１　丸形の種子，しわ形の種子を畑にまいて育てた。それぞれ自家受粉させ多数の種子を得た。丸形の種子から育ったエンドウからは丸形の種子のみが，しわ形の種子から育ったエンドウからはしわ形の種子のみが得られた。
実験２　**実験１**で得た①丸形の種子と②しわ形の種子を畑にまいて育てた。丸形の種子から育ったエンドウの柱頭に，しわ形の種子から育ったエンドウの花粉を受粉させた。得られた種子を観察すると，すべて③丸形の種子であった。
実験３　**実験２**で得た丸形の種子を畑にまいて育てた。このエンドウの花の柱頭にしわ形の種子から育ったエンドウの花粉を受粉させ，実ったさやと種子を調べた。その結果，［ ④ ］。
実験４　**実験２**で得た丸形の種子を畑にまいて育てた。すべて自家受粉させ，多数の種子を得た。
実験５　**実験４**で得た種子から丸形のものを選び，多数畑にまいて育てた。すべて自家受粉させたところ，［ ⑤ ］。

（６）　下線部①～③の種子の遺伝子型を次の(ア)～(オ)からそれぞれ１つずつ選び，記号で答えよ。
　（ア）　すべてAA　（イ）　すべてaa　（ウ）　すべてAa　（エ）　AAとAaが混ざっている　（オ）　Aaとaaが混ざっている
（７）　**実験３**の［ ④ ］に当てはまる文として最も適当なものを次の(ア)～(オ)から１つ選び，記号で答えよ。
　（ア）　丸形の種子のみが得られた。
　（イ）　しわ形の種子のみが得られた。
　（ウ）　丸形の種子としわ形の種子が得られた。丸形の種子のみが入ったさやと，しわ形の種子のみが入ったさやがあった。
　（エ）　丸形の種子としわ形の種子が得られた。どのさやにも丸形の種子としわ形の種子の両方が入っていて，一方の形の種子のみが入ったさやはなかった。
　（オ）　丸形の種子としわ形の種子が得られた。１つのさやには丸形の種子としわ形の種子の両方が入っていることが多かったが，丸形の種子のみ，しわ形の種子のみが入ったさやもあった。
（８）　**実験５**の［ ⑤ ］に当てはまる文として最も適当なものを次の(ア)～(キ)から１つ選び，記号で答えよ。
　（ア）　すべてのエンドウが丸形の種子のみをつけた。
　（イ）　すべてのエンドウがしわ形の種子のみをつけた。
　（ウ）　すべてのエンドウが丸形の種子としわ形の種子の両方をつけた。
　（エ）　丸形の種子のみをつけたエンドウと，しわ形の種子のみをつけたエンドウがあった。
　（オ）　丸形の種子のみをつけたエンドウと，丸形の種子としわ形の種子の両方をつけたエンドウがあった。
　（カ）　しわ形の種子のみをつけたエンドウと，丸形の種子としわ形の種子の両方をつけたエンドウがあった。
　（キ）　丸形の種子のみをつけたエンドウ，しわ形の種子のみをつけたエンドウ，丸形の種子としわ形の種子の両方をつけたエンドウがあった。

【２】 次の文章を読み，下の問いに答えよ。

日本にははっきりとした四季があり，①季節に応じて気圧配置に様々な特徴が見られる。

例えば，冬は [A] と呼ばれる特徴的な気圧配置になることが多く，この気圧配置によって，冬の季節風の風向は [B] となる。この季節風が日本海上の湿った空気を運ぶことによって，日本海側の地域では②雲が形成され，大雪がもたらされる。また，この風が日本列島を縦断している山脈を越えて太平洋側に吹きおろされたときに，太平洋側の平野部で気温の上昇と乾燥化をもたらすことがある。このような現象を特に③フェーン現象と呼ぶ。

（１） 文章中の空欄 [A] に当てはまる語を漢字で答えよ。

（２） 文章中の空欄 [B] に当てはまる方位として最も適当なものを次の(ア)～(エ)から１つ選び，記号で答えよ。

（ア） 北東　　（イ） 南東　　（ウ） 南西　　（エ） 北西

（３） 文章中の下線部①に関連して，日本の季節や時期について述べた次の文の下線部に，**誤りが含まれるもの**を(ア)～(エ)から１つ選び，記号で答えよ。

（ア） 春には「花冷え」という言葉があるように，高気圧や低気圧が日本付近を次々と通過することで天気や気温が変わりやすい。

（イ） 梅雨には「長雨」という別名があるように，停滞前線が日本付近に留まることによって雨やくもりの日が多い。

（ウ） 夏から秋にかけては，「野分」という別名のある台風によって強風や大雨がもたらされることが多い。

（エ） 秋には「秋晴れ」という言葉があるように，高気圧に覆われ続けることで天気はほとんど変化しない。

（４） 文章中の下線部②について，次の文章中の空欄 [C]，[D] に当てはまる語をそれぞれ漢字で答えよ。

一般に，雲が形成される地表から 10 km 程度までの領域では，上空に行くほど気温は低下する。そのため，地表付近の空気が上昇気流などによって持ち上げられると気温が低下し，空気 1 m^3 が含むことのできる最大の水蒸気の質量である [C] は次の表のように減少する。この値が実際に空気 1 m^3 に含まれている水蒸気の質量を下回ると，水蒸気は凝結し始める。このときの温度を [D] といい，雲の底の高度(雲底高度)では [D] になっているとみなすことができる。

表　気温と [C] の関係

気温[℃]	2	4	6	8	10	12	14	16	18	20	22	24	26
[C] [g/m^3]	5.6	6.4	7.3	8.3	9.4	10.7	12.1	13.6	15.4	17.3	19.4	21.8	24.4

（５） 文章中の下線部③について述べた下の文章中の空欄 [X]～[Z] に当てはまる数字を，（４）の表を用いて答えよ。ただし，空気が上昇や下降する際の気温変化の割合は，雲の領域(湿度 100 %)では高度 100 m あたり 0.5 ℃，それ以外の領域では高度 100 m あたり 1 ℃とする。なお，小数点以下が出るときは，四捨五入して整数値で答えよ。

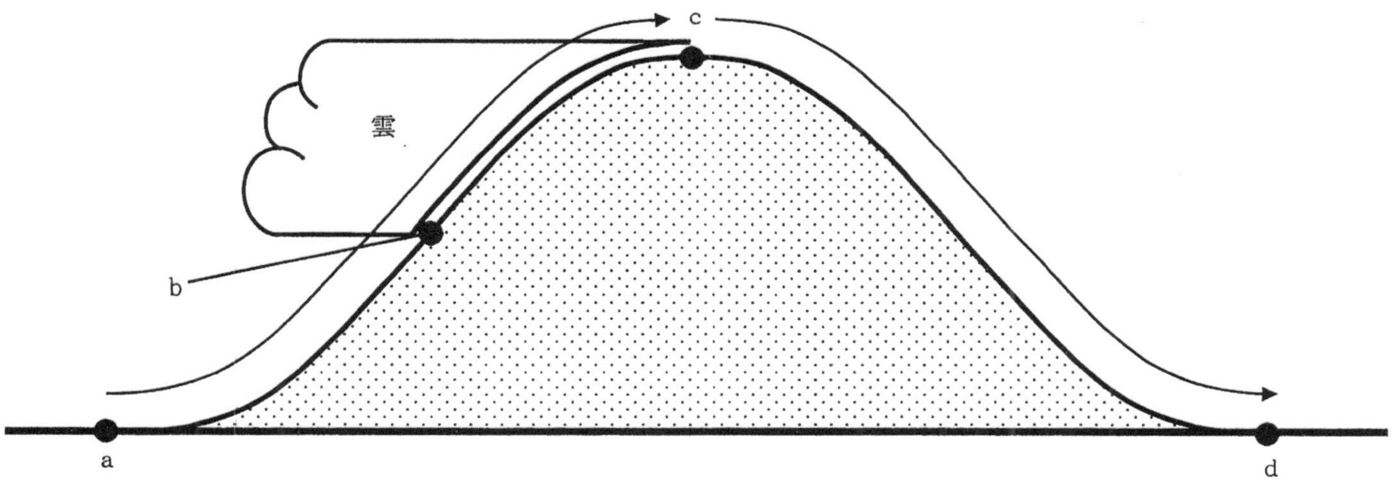

上の図は山脈の断面図である。図のように，風が a 地点(標高 0 m)から山頂の c 地点(標高 1400 m)を越え，d 地点(標高 0 m)へと吹き下ろす場合を考える。a 地点の空気(気温 16 ℃)が風によって運ばれ，山脈にぶつかって持ち上げられることにより，b 地点(標高 600 m)から c 地点にかけて雲が形成された。このとき，c 地点の気温は [X] ℃，湿度は 100 %となる。c 地点から d 地点までには雲がないとすると，d 地点では，気温は [Y] ℃，湿度は [Z] %となり，a 地点よりも気温は上昇し，湿度は低下する。

【３】 次の文章を読み，下の問いに答えよ。

私たちの身のまわりにある製品は，①プラスチックや②金属など様々な物質からできている。金属には，鉄，銅，アルミニウムなど様々な種類がある。身のまわりにある金属の多くは酸と反応しやすく，例えば，③鉄や亜鉛は水素を発生しながらうすい塩酸に溶ける。一方で，金，銀，銅のように塩酸には溶けない金属もある。

また，金属どうしを溶かして混ぜ合わせることで合金をつくることもでき，例えば，銅の合金やアルミニウムの合金は，自動車部品などに利用されている。合金中の金属の混合比率は，金属の密度を利用すると求めることができる。

（１） 下線部①について，**誤っているもの**を次の(ア)～(オ)から１つ選び，記号で答えよ。

(ア) 生物が分解するプラスチックが存在する。

(イ) ガラスや空き缶と違い，リサイクルできない。

(ウ) 酸性やアルカリ性の水溶液による変化が少ない。

(エ) ポリ塩化ビニル(PVC)は，水道管などに利用されている。

(オ) ポリエチレンテレフタラート(PET)は，飲料水の容器などに利用されている。

（２） 下線部②について，金属に共通する性質として**誤っているもの**を次の(ア)～(カ)から１つ選び，記号で答えよ。

(ア) 熱をよく通す。　(イ) 電気をよく通す。　(ウ) 特有の光沢をもつ。　(エ) 常温ですべて固体である。

(オ) たたくとのびてうすく広がる。　(カ) 引っ張ると細くのびる。

（３） 下線部③に関連して，ある濃度の塩酸 100 mL を入れたビーカーを 24 個用意して，そこに表のように亜鉛またはアルミニウムの粉末をそれぞれ加えて，発生する水素の体積を測定した。

表　発生した水素の体積

金属の質量〔g〕	0.1	0.2	0.3	0.4	0.5	0.6	0.7	0.8	0.9	1.0	1.1	1.2
亜鉛を加えたときに発生した水素の体積〔cm^3〕	34	68	102	136	170	204	238	272	306	336	336	336
アルミニウムを加えたときに発生した水素の体積〔cm^3〕	124	248	336	336	336	336	336	336	336	336	336	336

(ⅰ) 塩酸 100 mL と過不足なく反応する亜鉛は何 g か。四捨五入して小数第二位まで答えよ。

(ⅱ) 亜鉛，アルミニウム，銅の粉末の混合物 1.0 g に，水素が発生しなくなるまで塩酸を加えた。このとき溶け残った金属の質量は 0.55 g で，発生した水素の体積は 306 cm^3 であった。混合物中のアルミニウムの質量は何 g か。ただし，答えが割り切れない場合は，四捨五入して小数第二位まで答えよ。

(ⅲ) 密度が 3.6 g/cm^3 の，亜鉛とアルミニウムの合金がある。この合金を構成する亜鉛とアルミニウムの体積比を最も簡単な整数比で表せ。ただし，合金の体積は亜鉛とアルミニウムの体積の和とし，亜鉛とアルミニウムの密度はそれぞれ 7.2 g/cm^3，2.7 g/cm^3 である。

(ⅳ) (ⅲ)の合金 0.5 g に塩酸を加えて，すべて溶かした。このとき発生する水素の体積は何 cm^3 か。整数で答えよ。

【４】 次の文章を読み，下の問いに答えよ。

図１のように，うすい塩酸に亜鉛板と銅板を入れて導線で抵抗とつないだ。亜鉛板の表面では亜鉛原子が電子を失って亜鉛イオンとなってうすい塩酸中に溶け出していく。生じた電子は導線を通って銅板へ向かって流れていき，うすい塩酸中の水素イオンが銅板の表面で電子を受け取り，水素が発生する。このように，化学変化によって電流をとりだすしくみをもつ装置を電池という。

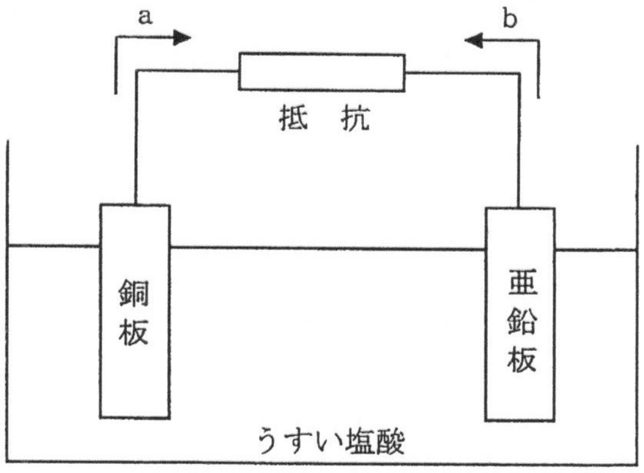

図１

（１） 亜鉛板と銅板の表面で起こっている反応を，イオン式と電子 e^- を用いてそれぞれ表せ。

（２） 導線を流れる電流の向きは，図１中の a と b のどちらか。

（３） この電池から導線に電流が流れているとき，電池のうすい塩酸中で起こっている変化について述べた次の（ア）～（オ）の文のうち，**誤っているもの**を１つ選び，記号で答えよ。

（ア） 亜鉛イオンの数は多くなる。
（イ） 水素イオンの数は少なくなる。
（ウ） 塩化物イオンの数は変化しない。
（エ） 陽イオンの総数は少なくなる。
（オ） イオンの総数は変化しない。

亜鉛，アルミニウム，鉄などの金属は，塩酸に入れると水素を発生しながら溶けてイオンになる。しかし，銅は塩酸に入れても溶けず，イオンにならない。このように，金属によってイオンへのなりやすさには差がある。この金属のイオンへのなりやすさをイオン化傾向という。

そこで，うすい塩酸を用いて，銅板に亜鉛板，アルミニウム板，鉄板をそれぞれ組み合わせて，図２のように電池を組み立てた。銅板と金属板を導線で抵抗とつなぐと電流が流れ，銅板と金属板との間に生じる電圧を測定すると，次の表のような結果になった。ただし，銅板，亜鉛板，アルミニウム板，鉄板は全て同じ表面積になるように大きさをそろえたものを用いた。

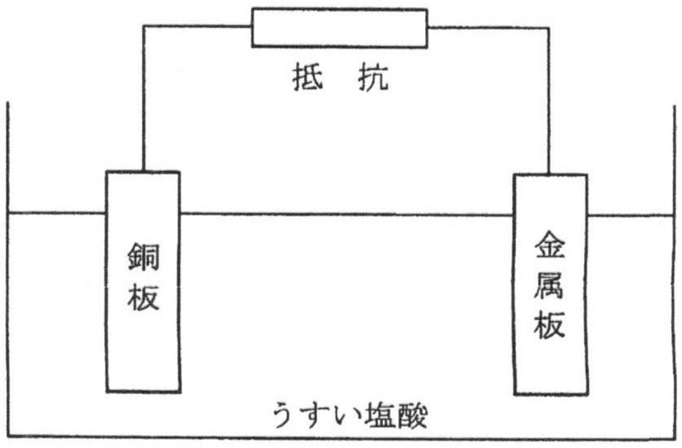

図２

表

金属板の種類	電流が流れている間の電圧の平均値〔V〕
亜鉛	0.50
アルミニウム	0.55
鉄	0.20

（４） 金属板にアルミニウムを用いた場合，アルミニウム板の表面で起こっている反応をイオン式と電子 e^- を用いて表せ。

（５） 金属板に亜鉛を用いた電池で一定時間電流を流した後，亜鉛板を取り出して質量を測定すると，電流を流す前に比べて 0.50 g 減少していた。金属板にアルミニウムを用いた電池で同じ時間電流を流した後，アルミニウム板を取り出して質量を測定すると，電流を流す前に比べて何 g 減少すると考えられるか。四捨五入して小数第二位まで答えよ。ただし，亜鉛原子の質量はアルミニウム原子の質量の 2.4 倍である。

（６） 次の文章の空欄 [A] ～ [E] に当てはまる語句を下の（ア）～（オ）からそれぞれ１つずつ選び，記号で答えよ。ただし，同じものを選んでもよい。

図２の電池では，イオン化傾向の大きい金属ほどうすい塩酸に溶けやすいため，銅板と金属板の間に生じる電圧は大きくなる。したがって，上の表の結果から，亜鉛，アルミニウム，鉄についてイオン化傾向の大きなものから順に並べると，[A] ＞ [B] ＞ [C] となる。

また，うすい塩酸にアルミニウム板と鉄板を入れて電池を組み立てると [D] 板が－極となり，両金属板の間に生じる電圧は，0.55 V と比べて [E] なると予想される。

（ア） 亜鉛　　（イ） アルミニウム　　（ウ） 鉄　　（エ） 大きく　　（オ） 小さく

【５】 次のＡ～Ｃについて答えよ。ただし，荷物の質量は10 kg，人の質量は60 kgであり，ひもの質量及び斜面と荷物の摩擦，滑車とひもの摩擦は無視できるものとする。また，質量100 gの物体にはたらく重力の大きさを１Ｎとする。

Ａ　図１のような斜面を用いて荷物を一定の速さで引き上げる。荷物には斜面に平行になるようにひもがつけられており，滑車を通して人が１秒間に30 cmの割合でひもを引いていく。

（１）　人がひもを引く力の大きさは何Nか。

（２）　人が床から受けている垂直抗力の大きさは何Nか。

（３）　５秒間に人がした仕事は何Jか。

図１

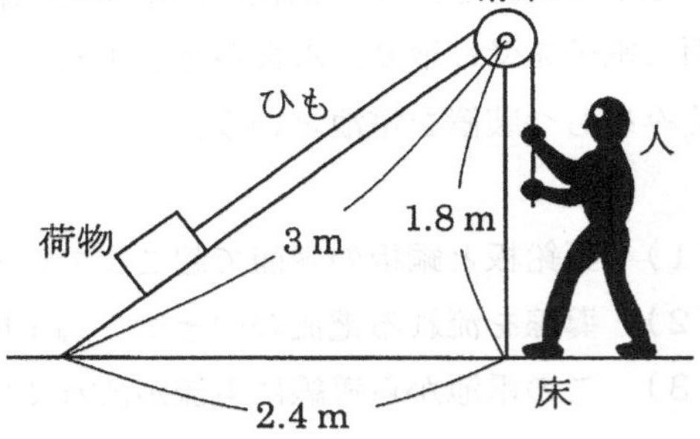

Ｂ　図２のように定滑車と動滑車を用いて荷物を一定の速さで持ち上げる。定滑車と動滑車の質量はともに3 kgで，人が１秒間に30 cmの割合でひもを引いていく。

（４）　人がひもを引く力の大きさは何Nか。

（５）　天井が定滑車を支える力の大きさは何Nか。

（６）　荷物は１秒間に何cmの割合で上がっていくか。

図２

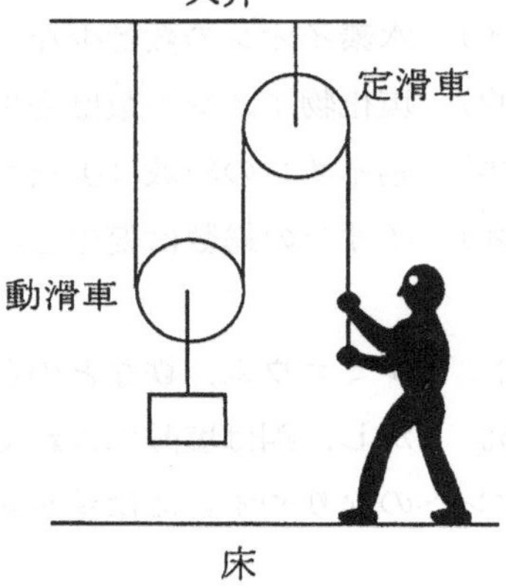

Ｃ　次に，図２の荷物の代わりに図３のようにひもを人にくくりつけて，自分で自分を一定の速さで持ち上げる。

（７）　人が手でひもを引く力の大きさは何Nか。

（８）　姿勢を保ちつつひもを１秒間に30 cmの割合で引いていくと，人は１秒間に何cmの割合で上がっていくか。

図３

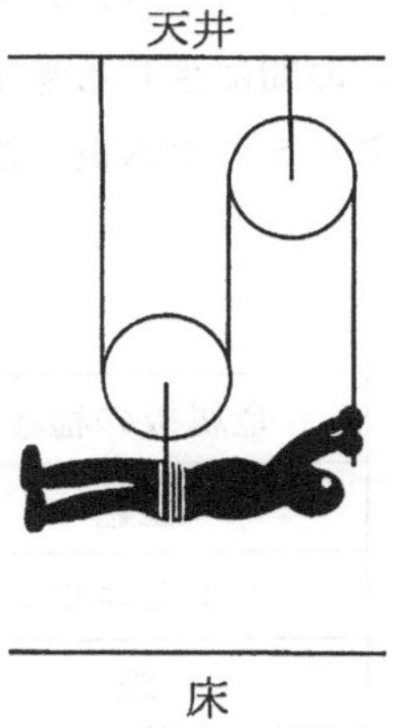

【６】 電流と電圧には，直流と交流の２種類がある。乾電池は直流電源で，電流の向きや大きさは変わらないが，各家庭のコンセントは交流電源で，電流の向きや大きさが絶えず変化している。図１のように抵抗に電源をつないだときに流れる電流の時間変化は，矢印の向きを電流の正の向きとすると，直流電源の場合は図２のようになり，交流電源の場合は図３のようになる。一般に，家庭のコンセントの電圧は 100V であるが，向きや大きさが変化する交流電圧を 100 V と表すのは，直流電圧 100 V と同じはたらきをするからである。したがって，100 V－1000 W の電熱線は，直流でも交流でも 100 V の電圧を加えると 1000 W の電力を消費する。このことを用いて，下の問いに答えよ。

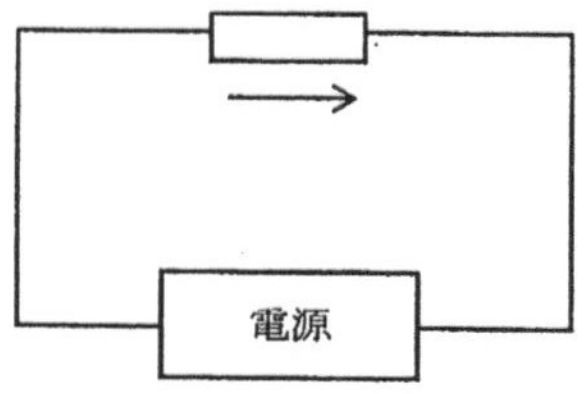

図１

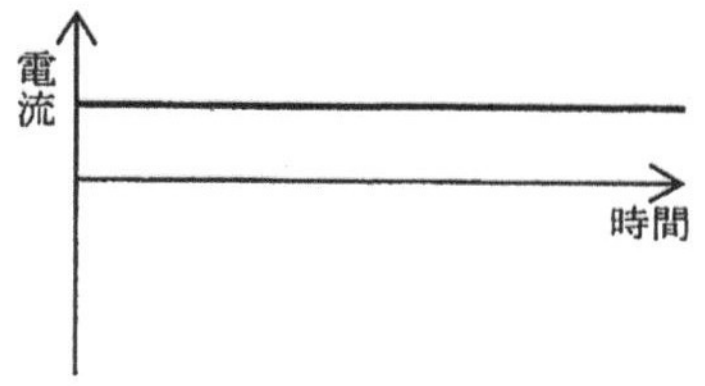

図２

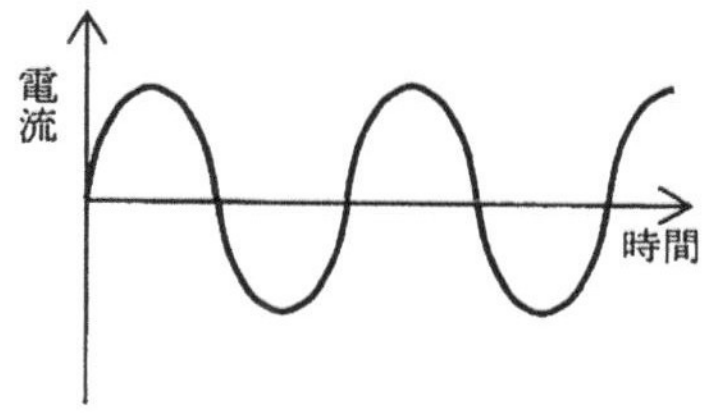

図３

図４と図５のように，100 V の交流電源に 100 V－1000 W の電熱線Ａと 100 V－250 W の電熱線Ｂをつなぐ。

（１） 電熱線ＡとＢの抵抗はそれぞれ何Ωか。

（２） 図４と図５の電熱線Ａの消費電力はそれぞれ何Ｗか。

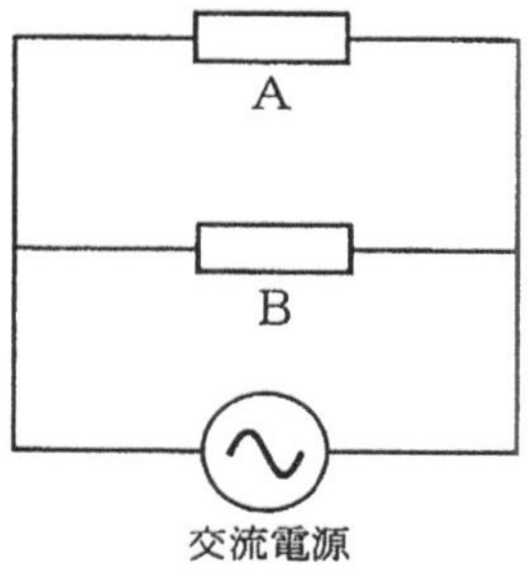

図４

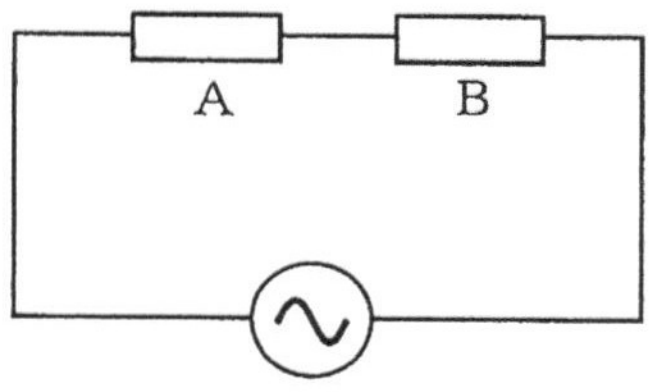

図５

図６と図７のように，図４と図５の回路に，矢印の向きにしか電流を流さないダイオードをつなぐ。なお，電流が流れるときのダイオードの抵抗はないものとする。

（３） 図６の電熱線Ａの消費電力は何Ｗか。

（４） 図７の電熱線ＡとＢの消費電力はそれぞれ何Ｗか。

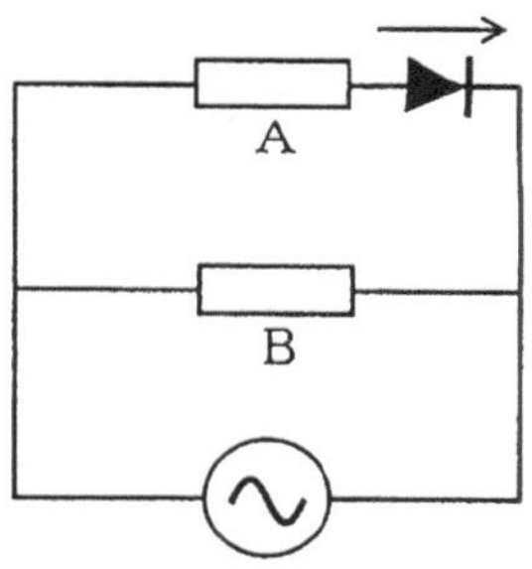

図６

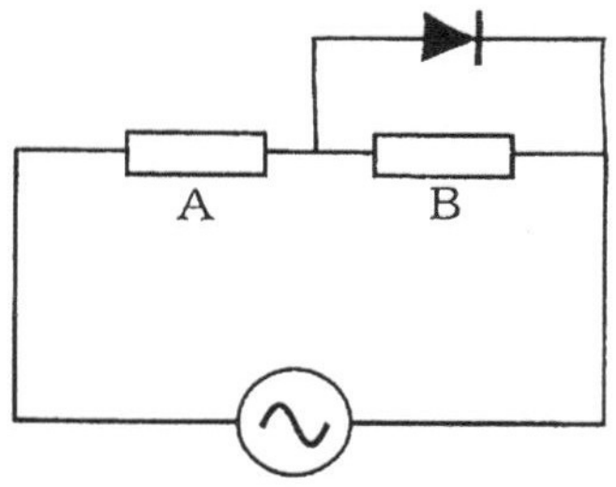

図７

令和３年度　愛光高等学校入学試験問題

社会

（60分）

《答えはすべて解答用紙に記入しなさい。選択問題については，記号で答えなさい。》

1　次の会話文は，ある中学校の社会の授業中のようすです。この文を読み，後の問に答えなさい。

先生：日本では大きな自然災害が頻発しています。今日の授業では，どのような自然災害が起こっているのか，皆さんに調べてきてもらったことについて発表してもらいます。それではＡ君からお願いします。

Ａ君：はい。日本は地震による災害が起きています。地震の種類は主に二つに分けられます。一つはプレートの境界付近で発生する海溝型地震で，2011年に発生した日本海溝を震源域とする東日本大震災や，将来発生が懸念されている(ｱ)南海トラフの巨大地震がこれにあたります。このタイプの地震では，大きな津波を発生させることもあります。二つ目はプレート内部の岩盤に生じた亀裂，すなわち活断層がずれ動くことで発生する直下型地震です。もし，都市直下が震源域となった場合は，1995年の阪神・淡路大震災のような大きな被害が出ることが想定されます。

先生：そうですね。こうした地震の被害を経験して，津波対策のための防潮堤建設や建物の耐震化なども積極的に行われるようになりましたね。それでは次にＢ君お願いします。

Ｂ君：はい。日本は火山災害が多い国です。日本は太平洋を取り巻く環太平洋造山帯に位置していて，(ｲ)北海道から九州まで数多くの火山が分布しています。昔から火山噴火により，火山灰や溶岩が噴出したり，(ｳ)火砕流が発生したりして，人や建物などが大きな被害をうけてきました。そのため，火山活動を監視する観測所を増やしたり，シェルターなどの避難施設をつくったり，火山泥流などを防ぐ砂防ダムを建設したりしました。

先生：なるほど。火山災害も対策が進められてきているのですね。それでは，Ｃ君お願いします。

Ｃ君：はい。日本では気象災害が各地で起こっています。梅雨の時期の集中豪雨や台風による大雨により，(ｴ)平野部では河川の氾濫が，山間地域では土砂崩れなどが起きています。冬場には，(ｵ)日本海側地域では大雪にともなう雪害も発生しています。(ｶ)都市部では，人工排熱によって中心部の気温が上昇し，夏場は積乱雲が発達しやすく，ゲリラ豪雨とよばれる集中豪雨も発生しています。

先生：そうですね。私が子供の頃と比べると，35℃以上の猛暑日や局地的な集中豪雨などが日本各地で多くなった気がします。いわゆる，(ｷ)地球温暖化などにともなって，(ｸ)日本の気候は徐々に変わっていくのかもしれませんね。こうして，皆さんの発表を聞くと，いろんな災害が日本列島では起きています。このような災害に対応するためには，災害は自分の身近で起こりうる問題として皆が考えていく必要もありますね。皆さん今日はありがとうございました。

問１　下線部(ｱ)に関連して，右の図は日本周辺の４つのプレートの位置を示しています。四国や紀伊半島の沖に位置する南海トラフは，ＸプレートとＹプレートの境界線にあります。これらのプレートの正しい組み合わせを，下の中から１つ選びなさい。

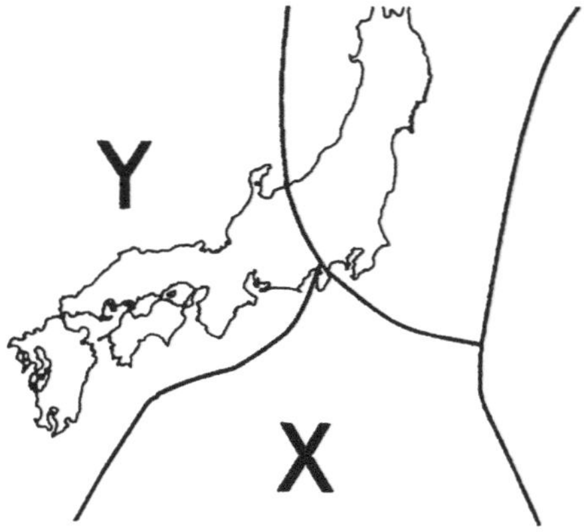

（あ）Ｘ：ユーラシア　　Ｙ：太平洋
（い）Ｘ：ユーラシア　　Ｙ：フィリピン海
（う）Ｘ：太平洋　　Ｙ：北アメリカ
（え）Ｘ：太平洋　　Ｙ：ユーラシア
（お）Ｘ：北アメリカ　　Ｙ：太平洋
（か）Ｘ：北アメリカ　　Ｙ：フィリピン海
（き）Ｘ：フィリピン海　　Ｙ：北アメリカ
（く）Ｘ：フィリピン海　　Ｙ：ユーラシア

問2　下線部(イ)に関連して述べた次の文X・Yについて，その正誤の組み合わせとして正しいものを，下の中から1つ選びなさい。

X　東北地方の太平洋岸沿いには，噴火の危険性のある火山が，数多く分布している。

Y　九州地方には，火山噴火により，山体が崩壊・陥没して凹地となった，巨大なカルデラが見られる。

(あ) X：正　Y：正　　(い) X：正　Y：誤　　(う) X：誤　Y：正　　(え) X：誤　Y：誤

問3　下線部(ウ)について，1991年に大規模な火砕流が発生し，多くの死者を出した火山として正しいものを，次の中から1つ選びなさい。

(あ) 御岳山　　(い) 石鎚山　　(う) 雲仙岳　　(え) 箱根山

2021年度　愛光高等学校入学試験　問題用紙（社会）

問4　下線部(エ)について，次の地形図を見て，この地図中の場所の地形や，将来起こりうる自然災害について述べた次の文の中から，正しいものを1つ選びなさい。

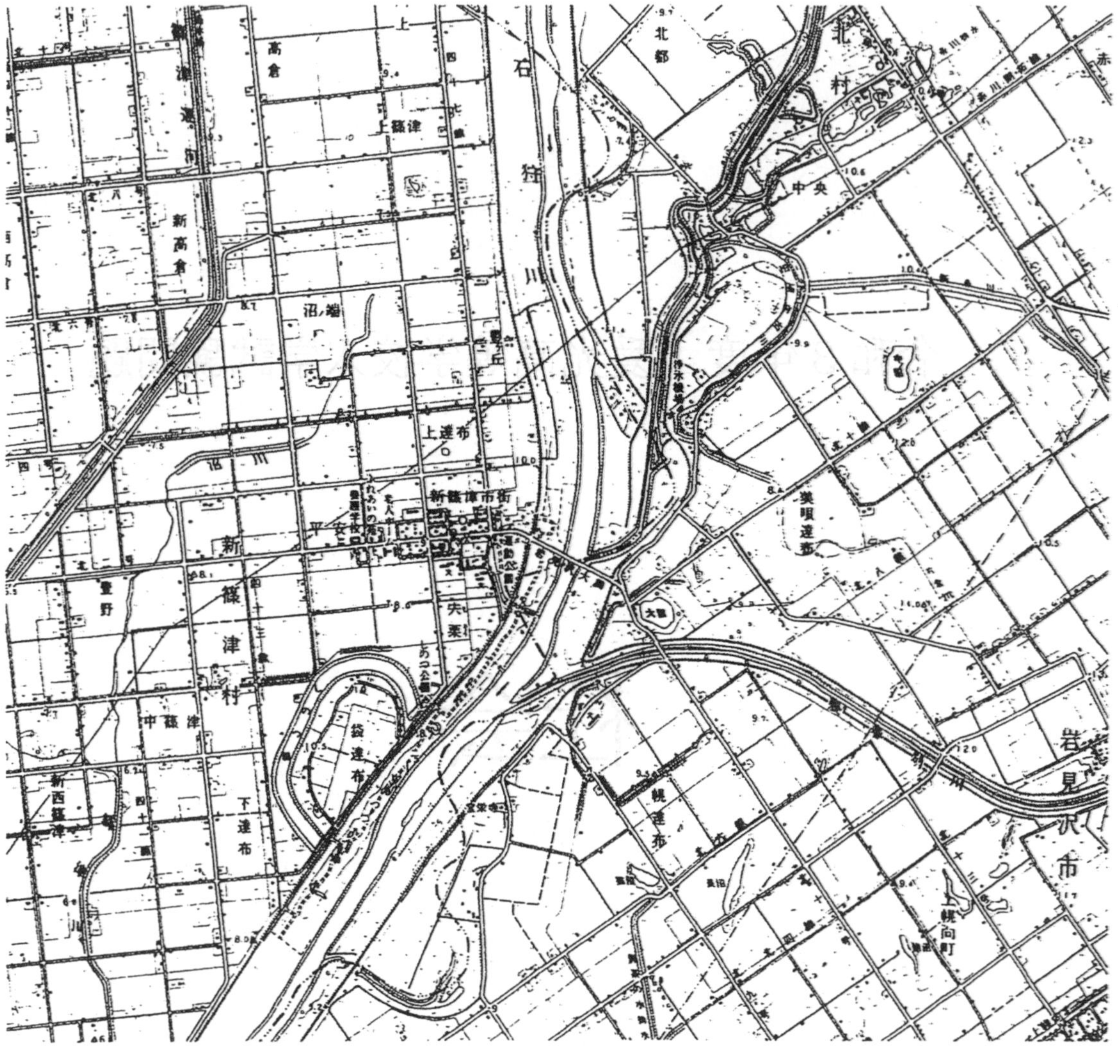

(あ) いくつもの支流が集まる北の方が下流にあたり，水量が増した場合，北の方が洪水被害を受けやすい。

(い) この場所の河川は，平らな平野を流れているため，洪水をきっかけに過去に流路が変わった跡がいくつか見られる。

(う) この場所は，山のふもとに形成された扇状地であるため，地震が起こると液状化の被害を受けやすい。

(え) 上流から流れてくる土砂の堆積が多く，巨大な三角州を形成しており，台風の時は高潮の被害を受けやすい。

問５　下線部(オ)について，日本海側地域で冬場豪雪となる理由を述べた次の文の中から，正しいものを１つ選びなさい。

（あ）寒流の千島海流によって空気が冷やされて，やませと呼ばれる冷たく湿った風が吹くため。

（い）暖流の対馬海流をわたる間に水蒸気を含んだ北西の季節風が，日本海側に吹くため。

（う）山地を越えてくる乾燥したからっ風が吹くため。

（え）海から吹き付ける偏西風の影響で，フェーン現象が発生することが多いため。

問６　下線部(カ)について，都市の中心部が，自動車やオフィスなどから排出される人工熱や，熱を蓄えるアスファルトやコンクリートなどの人工構造物の影響で，郊外に比べて気温が高くなる現象のことを何というか答えなさい。

問７　下線部(キ)について，地球温暖化に関連して述べた次の文X・Yについて，その正誤の組み合わせとして正しいものを，下の中から１つ選びなさい。

X　温暖化によって，山岳地や極地での氷河の減少や消滅が危惧されている。

Y　気温の上昇によって，大気中の窒素酸化物が増加しており，酸性雨の被害が急増している。

（あ）X：正　Y：正　　（い）X：正　Y：誤　　（う）X：誤　Y：正　　（え）X：誤　Y：誤

問８　下線部(ク)に関連して，次の図は，沖縄県那覇市，愛媛県松山市，青森県青森市の３つのいずれかの都市における，日照時間の月別平均値を示したものである。【X】～【Z】にあてはまる都市の正しい組み合わせを，下の（あ）～（か）の中から１つ選びなさい。

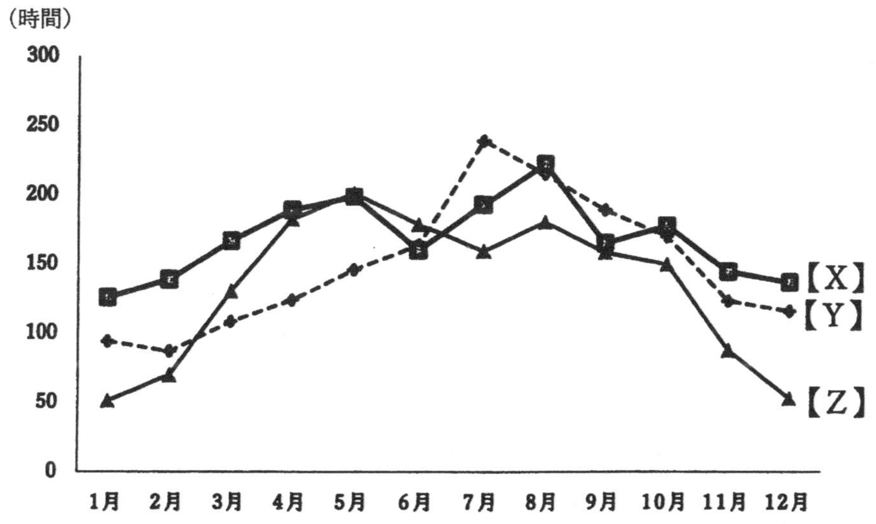

（気象庁ホームページより作成）

	（あ）	（い）	（う）	（え）	（お）	（か）
【X】	那覇市	那覇市	松山市	松山市	青森市	青森市
【Y】	松山市	青森市	那覇市	青森市	松山市	那覇市
【Z】	青森市	松山市	青森市	那覇市	那覇市	松山市

2021年度　愛光高等学校入学試験　問題用紙（社会）

2　次の【A】～【D】の文を読み，後の問に答えなさい。

【A】701年に大宝律令を定めて律令制度による政治の仕組みを整えた政府は，708年，武蔵国から銅が献上されると，唐にならって［ a ］を鋳造しました。政府は，銭貨を(ア)平城京の造営に雇われた人々への支払いなどに利用しましたが，さらにその流通を奨励するため，一定額の銭を蓄えた者に，一定の位階を与えるという法令を出しました。しかしこれはあまり効果がなく，銭貨の流通は畿内やその周辺に限られ，その他の地域では米や布などの物品によって交易がおこなわれました。その後も銭貨の鋳造はしばしばおこなわれましたが，(イ)10世紀の半ばになると，鋳銭事業は途絶えました。

【B】鎌倉時代には商品の流通が活発になり，各地で(ウ)定期市が開かれて，商品の運輸・保管・販売にたずさわる問丸という業者が活躍するようになりました。また，(エ)中国から宋銭が輸入されて貨幣経済が発達すると，年貢の銭納がおこなわれるようになり，高利貸業者の(オ)借上もあらわれました。室町時代になると，農業や手工業はさらに活発になり，都市では常設の小売店が増加しました。さらに，大都市や交通の要地には商品の卸売を専門とする問屋があらわれ，京都への陸路での輸送では馬借とよばれる運送業者も活躍しました。また，商品経済がさかんになると，宋銭とともに［ b ］などの明銭が大量に出回るようになり，貨幣経済の発展が促進され，土倉や酒屋などの高利貸業者の中には，幕府の保護のもと巨大な富を蓄積する者もあらわれました。

【C】江戸幕府は各地の主要な鉱山を直接支配して貨幣の鋳造権を独占し，小判などの金貨や(カ)丁銀・豆板銀などの銀貨を金座や銀座で造ったほか，銭貨として［ c ］を銭座で造り，これらの三貨を全国に流通させました。しかし，東日本では主に金貨が，西日本では主に銀貨が使われたため，(キ)大阪の商人と江戸の商人が取り引きする際には，金貨と銀貨の交換が必要になりました。そのため，貨幣の交換をおこなう両替商があらわれて，金銀の交換だけでなく，貸付，預金などの金融業も営みました。その後幕府は，その時々の幕府をとりまく状況に応じて，(ク)幕末までに何度か貨幣の改鋳をおこないました。

【D】(ケ)明治新政府は富国強兵をめざして殖産興業に力を注ぎ，官営事業として軍事産業や輸出産業の近代化を進めると同時に，交通や通信，金融制度などの整備も進めました。新政府成立当初の貨幣制度は，新政府が発行した紙幣のほか，幕府が発行していた貨幣など多くの種類が流通していたので混乱していました。政府はこれらを整理するため，1871年に新貨条例を定めて十進法を採用し，円・銭・厘を単位とする新しい貨幣を発行しました。さらに翌1872年，殖産興業の資金供給を目的として国立銀行条例を定めると，第一国立銀行などが設立されました。この国立銀行は，当初は紙幣の発行を認められていましたが，1882年に日本銀行が設立されると，翌年には紙幣発行権を取り上げられ普通銀行になりました。

問１　文中の空欄［ a ］～［ c ］にあてはまる貨幣を，それぞれ次の中から１つずつ選びなさい。

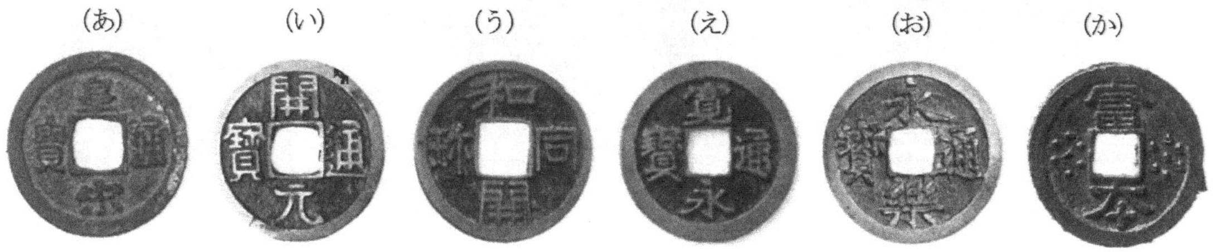

問2　下線部(ア)について述べた次の文のうち，誤っているものを1つ選びなさい。

(あ) 東市と西市が設けられ，各地から都に送られてきた産物などが売買された。

(い) 都の北部中央にある平城宮には，天皇の住居のほか，儀式のための施設や役所がおかれた。

(う) 政治と仏教を切り離すため，寺院の建築が禁止された。

(え) 都の中央を南北に走る朱雀大路で，左京と右京にわけられた。

問3　下線部(イ)に関連して，次の文のうち10世紀のできごととして誤っているものを1つ選びなさい。

(あ) 最後の班田が実施された。

(い) 関東で平将門が，西日本で藤原純友が反乱をおこした。

(う) 藤原清衡が，平泉に中尊寺金色堂を建てた。

(え) 紀貫之らによって『古今和歌集』がまとめられた。

問4　下線部(ウ)に関連して，下の絵は，一遍がある荘園の市で布教するようすを描いた『一遍上人絵伝』の中の一場面です。この絵に描かれている市のようすについて述べた次の文X・Yについて，その正誤の組み合わせとして正しいものを，下の中から1つ選びなさい。

X　女性は，市での売買に参加できなかった。

Y　船で荷物を運ぶのに都合がよい川沿いで市が開かれている。

(あ) X：正　Y：正　　(い) X：正　Y：誤　　(う) X：誤　Y：正　　(え) X：誤　Y：誤

問5　下線部(エ)に関連して，宋との貿易では民間の商船が活発に往来して，交易だけではなく僧侶を中心とした人の交流もさかんでした。こうした僧侶のひとりに道元がいますが，その道元が説いた教えについて述べた次の文のうち，正しいものを1つ選びなさい。

(あ) 秘密の教えや祈とうによって悟りを開く。

(い) 法華経の題目を唱えれば人も国も救われる。

(う) 座禅によって自分の力で悟りを開く。

(え) ひたすらに念仏を唱えれば極楽浄土に往生できる。

問6　下線部(オ)に関連して，鎌倉時代中期以降，御家人のなかには借上から借金をし，返済できずに領地を奪われる者も出てきました。幕府はこうした御家人を救済しようと，1297年に永仁の徳政令を出しますが，このことに関連して述べた次の文X・Yについて，その正誤の組み合わせとして正しいものを，下の中から1つ選びなさい。

X　永仁の徳政令によって，御家人が売った領地は，20年以前に御家人相手に売ったもの以外は，すべてただで取りもどすことができた。

Y　永仁の徳政令で領地を回復した御家人も，その後元寇がおこると，その負担が重かったので再び手放す者もいた。

(あ) X：正　Y：正　　(い) X：正　Y：誤　　(う) X：誤　Y：正　　(え) X：誤　Y：誤

問7　下線部(カ)について，右の丁銀・豆板銀の写真を参考に，これらの銀貨がどのように使われていたか，金貨・銭貨との違いをふまえて15字以内で説明しなさい。

問8　下線部(キ)について，江戸時代の大阪・江戸の商業に関連して述べた次の文のうち，誤っているものを1つ選びなさい。

(あ) 問屋や仲買などの商人が，株仲間という同業者組織を作り，幕府の許可を得て営業を独占した。

(い) 昆布や鮭などの蝦夷地の海産物が，北前船によって大阪に運ばれた。

(う) 三井高利が江戸に開いた越後屋は，「掛売」という後払いの商法で，訪問販売をして利益をあげた。

(え) 菱垣廻船や樽廻船によって，木綿や油，酒，しょうゆなどが大阪から江戸に運ばれた。

問9　下線部(ク)に関連して，幕府による貨幣の改鋳について述べた次の文X・Yについて，その正誤の組み合わせとして正しいものを，下の中から1つ選びなさい。

X　徳川綱吉は，金の含有量を減らした品質の劣る元禄小判を鋳造して多大な収益を上げたが，物価の上昇をまねいた。

Y　開国当初，外国との金銀の交換比率の違いにより金貨が大量に国外に流出すると，流出を防ぐために金の含有量を減らした小型の万延小判が鋳造された。

(あ) X：正　Y：正　　(い) X：正　Y：誤　　(う) X：誤　Y：正　　(え) X：誤　Y：誤

問10　下線部(ケ)について，1870年代に明治政府がすすめた富国強兵政策について述べた次の文のうち，誤っているものを１つ選びなさい。

(あ) 士族に支給していた家禄が財政の負担になっていたので，これを廃止してかわりに公債をあたえた。

(い) 財政収入を安定させるため，土地の所有者に地券を発行し，地価の３％の地租を現金で納めさせた。

(う) ６歳以上の男女はすべて小学校に通うように定められ，授業料は無償とされた。

(え) 満20歳になった男子は，士族と平民の区別なく兵役の義務を負うことになった。

3　次の文【A】～【C】は，ある中学校において，「世界の農業地域を取り上げて，どのような農業が行われているのか調べてみよう」という課題に対して生徒が書いたレポートです。これらを読み，文中の空欄［1］～［3］に当てはまるカタカナの語句を書きなさい。また，後の問に答えなさい。

【A】私は，南アメリカ大陸の熱帯地域の農業について調べました。この地域では，(ア)バナナやコーヒー豆などの熱帯性作物を栽培するプランテーション農業がさかんです。バナナのことを調べてみると，年平均気温21℃以上であることが必要とされ，おおむね(イ)赤道を中心とした北緯30度から南緯30度までの範囲で栽培されているようです。この地域でバナナの生産量が多いのは，赤道が通るエクアドルやブラジルです。コーヒー豆は熱帯の高原などで栽培がさかんな作物で，この地域ではブラジルやコロンビアなどでの生産量が多いです。近年のブラジルでは，アメリカ式の企業的な農業経営が導入され，大豆の栽培がさかんになっています。また，自動車の燃料に利用される［1］の需要が増えたため，その主原料となるさとうきびの栽培も増加しています。

問1　下線部(ア)に関連して，熱帯地域ではバナナやコーヒー豆以外にもさまざまな熱帯性作物の栽培がさかんである。このような熱帯性作物を示す写真として最も適当なものを，次の中から１つ選びなさい。なお，写真の下に，各作物の主な用途を示している。

食用油の原料

(あ)

黒パンの原料

(い)

チョコレートの原料

(う)

砂糖の原料

(え)

問２　下線部(イ)に関連して，この範囲にみられるサバナとよばれる植生を表したものとして最も適当なものを，次の中から１つ選びなさい。

（あ）雨季を中心に丈の短い草が生える草原が広がっている。

（い）さまざまな高さの常緑広葉樹が密林を形成している。

（う）丈の長い草が広がる草原に，まばらに樹木が生えている。

（え）夏の時期にコケ類や地衣類が広がっている。

【Ｂ】私は，西アジアの乾燥地域の農業について調べました。アラビア半島の国々やイランなどにみられる砂漠周辺の(ウ)ステップ気候の地域では，降水量が少ないので一般には作物の栽培が困難です。そのため，羊やラクダなどを飼育し，牧草を求めて広い範囲を移動する遊牧などの(エ)牧畜がさかんです。家畜と共に移動する遊牧民の人々は，移動式の住居でくらし，肉や乳などを食料としてきました。一方で，降水量が年間を通じてほとんどない砂漠気候の地域であっても，地下水がわき出る［２］とよばれる場所や，地下水をカナートなどと呼ばれる地下水路で引いて利用できる場所では，乾燥に強い小麦やなつめやしの他，野菜や果物などを栽培する灌漑農業が行われています。

問３　下線部(ウ)について，西アジア以外にも，このような気候が分布する地域があります。これに該当する地域を，次の中から１つ選びなさい。

（あ）パンパの東部　　（い）サヘル　　（う）ナイル川河口部　　（え）ギアナ高地

問４　下線部(エ)に関連して，乾燥地域のみならず世界中のさまざまな地域で牧畜がさかんに行われている。次の表は，３つの畜産物の生産量上位５カ国と世界の総生産量にしめる各国の割合を示したものであり，表中のＸ～Ｚは，豚肉，牛肉，羊毛のいずれかである。畜産物名とＸ～Ｚとの正しい組み合わせを，下の（あ）～（か）の中から１つ選びなさい。

	X		Y		Z	
1位	中国	22.2%	アメリカ合衆国	18.0%	中国	45.5%
2位	オーストラリア	17.0%	ブラジル	14.4%	アメリカ合衆国	9.7%
3位	ニュージーランド	7.8%	中国	10.4%	ドイツ	4.6%
4位	イギリス	3.2%	アルゼンチン	4.3%	スペイン	3.6%
5位	イラン	2.9%	オーストラリア	3.1%	ブラジル	3.2%

統計年次は，豚肉・牛肉が2017年，羊毛が2013年。　（『データブック　オブ・ザ・ワールド2020』より作成）

	(あ)	(い)	(う)	(え)	(お)	(か)
豚肉	X	X	Y	Y	Z	Z
牛肉	Y	Z	X	Z	X	Y
羊毛	Z	Y	Z	X	Y	X

2021年度　愛光高等学校入学試験　問題用紙（社会）

【Ｃ】私は，カナダ南部の農業について調べました。(オ)カナダは世界で２番目に面積の広い国ですが，気候が寒冷なため，農地はほぼ南部の一部にしかみられません。南部のうち，ロッキー山脈東麓のアルバータ州から中央部のマニトバ州におよぶ範囲には，西から順に，［３］，プレーリーとよばれる，アメリカ合衆国から伸びる２つの平原が広がっています。これらの平原地帯には非常に肥えた土が分布しています。この肥えた土をいかして，アメリカ合衆国以上に大規模な農業が行われており，春小麦などの栽培がさかんです。一方，平原地帯の東側にある(カ)ケベック州やオンタリオ州では，カナダの国旗にも描かれているサトウカエデの栽培がさかんです。サトウカエデからつくられるメープルシロップは，カナダが世界の生産量の８割を占めているそうです。

問５　下線部(オ)に関連して，カナダ北部・北極海沿岸には極めて寒冷なツンドラ気候が分布し，アザラシやカリブーの狩猟などを伝統的に行ってきた先住民が居住している。その民族名を答えなさい。

問６　下線部(カ)に関連して，カナダでは２つの言語が公用語とされており，１つはこの国のほとんどの地域で６割以上の人が主に話している言語，もう１つはケベック州の大半の住民が主に話している言語である。後者の言語を，次の中から１つ選びなさい。

（あ）オランダ語　　（い）スペイン語　　（う）英語　　（え）フランス語

4　次の文は，日本と関係の深いアメリカ大統領について述べたものである。これを読み，後の問に答えなさい。

【Ａ】セオドア・ルーズベルトは1901年に大統領に就任しました。その頃は各国の中国進出が進んでいましたが，アメリカは遅れを取り戻そうと門戸開放を主張しました。特に(ア)ロシアの動きを警戒していたので，1904年に(イ)日露戦争が始まると，アメリカはイギリスとともに戦費の調達などの面で日本を支援しました。また，日本の国力が限界を迎えて戦争の継続が難しくなると，ルーズベルトは日本の依頼を受けて(ウ)ポーツマス条約締結の仲介役になりました。ところが，戦後，南満州鉄道株式会社の共同経営案を日本が拒否したことで，日米関係は冷却化していきました。

【Ｂ】ハーディングは1921年に大統領に就任しました。この頃のヨーロッパでは，1919年の(エ)ヴェルサイユ条約締結によって，第一次世界大戦後の新たな国際秩序が形成されていました。一方，当時のアジア・太平洋地域では，(オ)日本が第一次世界大戦を利用して勢力を拡大していました。ハーディングは日本の勢力拡大をおさえようとワシントン会議を開き，太平洋地域の現状維持，中国の独立と領土の保全，海軍の軍備縮小を各国と確認しました。こうして，アジア・太平洋地域での新たな国際秩序が形成されました。

【Ｃ】フランクリン・ルーズベルトは1933年に大統領に就任しました。当時は(カ)世界恐慌が大きな問題になっていて，彼はその対策にあたりました。この頃，日本は満州の主要地域を占領して，溥儀を元首とする満州国を建国し，さらに1937年に日中戦争が始まりました。こうした日本の動きをルーズベルトは警戒していましたが，次第に日米間の対立が深まり，1941年に(キ)太平洋戦争が始まりました。

【Ｄ】トルーマンは1945年に大統領に就任しました。この年に(ク)第二次世界大戦は終結しましたが，アメリカを中心とした西側陣営と，ソ連を中心とした東側陣営の新たな対立が生まれました。これを冷戦と呼びます。冷戦はアジアにも波及し，1950年に(ケ)朝鮮戦争が始まったので，トルーマンは日本を極東における西側陣営の拠点とするために講和を急ぎ，1951年にサンフランシスコ平和条約が結ばれました。

問1　下線部(ア)に関連して，この頃のロシアの動きについて述べた次の文Ⅰ～Ⅲを，古いものから年代順に正しく並べかえたものを，下の中から１つ選びなさい。

Ⅰ　ドイツ・フランスをさそい，日本に対して遼東半島を清に返すよう三国干渉を行った。

Ⅱ　北清事変が終わっても，満州に大軍をとどめた。

Ⅲ　シベリア鉄道の建設を始めた。

(あ)　Ⅰ－Ⅱ－Ⅲ　　(い)　Ⅰ－Ⅲ－Ⅱ　　(う)　Ⅱ－Ⅰ－Ⅲ
(え)　Ⅱ－Ⅲ－Ⅰ　　(お)　Ⅲ－Ⅰ－Ⅱ　　(か)　Ⅲ－Ⅱ－Ⅰ

問2　下線部(イ)について，国内では戦争に反対する意見も出ました。これについて述べた次の文中の空欄［X］・［Y］に当てはまる人物の組み合わせとして正しいものを，下の中から１つ選びなさい。

［X］はキリスト教徒としての立場から戦争に反対する新聞記事を書き，［Y］は「君死にたまふことなかれ」とうたう反戦詩を発表した。

(あ)X：内村鑑三　　Y：樋口一葉　　　(い)X：内村鑑三　　Y：与謝野晶子
(う)X：幸徳秋水　　Y：与謝野晶子　　(え)X：幸徳秋水　　Y：樋口一葉

問3　下線部(ウ)の条約の内容について述べた文として誤っているものを，次の中から１つ選びなさい。

(あ)ロシアは，日本に賠償金を支払わなかった。

(い)ロシアは，韓国に対する日本の優越権を認めた。

(う)日本は，ロシアが持つ中国の山東半島での利権を引き継いだ。

(え)日本は，ロシアから北緯50度以南の樺太を譲り受けた。

問4　下線部(エ)の条約締結後にヨーロッパで起きたことについて述べた文X・Yについて，その正誤の組み合わせとして正しいものを，下の中から１つ選びなさい。

X　ドイツがオーストリア・イタリアと三国同盟を結んだ。

Y　国際連盟がスイスのジュネーヴを本部として設立された。

(あ)　X：正　Y：正　　(い)　X：正　Y：誤　　(う)　X：誤　Y：正　　(え)　X：誤　Y：誤

問5　下線部(オ)に関連して，大戦中から大戦後にかけての日本について述べた文として誤っているものを，次の中から１つ選びなさい。

(あ)軍事上の目的などから，主要な鉄道が国有化された。

(い)中国に対して二十一か条の要求をし，その大部分を認めさせた。

(う)シベリアに出兵するという発表がきっかけとなって，米騒動が起こった。

(え)かつてない好景気を迎え，工業生産額が農業生産額を上回った。

問6　下線部(カ)に関連して，当時の各国の経済について述べた文として誤っているものを，次の中から１つ選びなさい。

(あ)日本は，綿工業の輸出増加や重化学工業の発展によって，諸外国と比べていち早く不況から立ち直った。

(い)イギリスは，多くの植民地との貿易を拡大しながら，他国の商品をしめ出した経済圏をつくり上げた。

(う)アメリカは，ニューディール政策をかかげ，失業者を救済するためダム建設などの公共事業をおこして雇用を創出した。

(え)ソ連は，世界恐慌を克服するために，スターリンの独裁体制の下で「五か年計画」とよばれた計画経済を進めた。

問7　下線部(キ)について，太平洋戦争中のできごとについて述べた文として誤っているものを，次の中から１つ選びなさい。

(あ)戦争末期になると，植民地である朝鮮や台湾で徴兵制がしかれた。

(い)空襲が激しくなると，都市の小学生は農村に集団で疎開した。

(う)国家総動員法が制定され，政府は議会の承認なしに労働力や物資を動員できるようになった。

(え)サイパン島が陥落した後に，東条英機内閣が退陣した。

問8　下線部(ク)に関連して，戦争終結にいたるまでに連合国によって行われたことについて述べた文X・Yについて，その正誤の組み合わせとして正しいものを，下の中から１つ選びなさい。

X　ヤルタ会談で，ソ連が対日参戦することや，千島列島をソ連の領土とすることなどの密約が結ばれた。

Y　アメリカ・イギリス・中国の３国によって，日本の無条件降伏を促すポツダム宣言が発表された。

(あ)　X：正　Y：正　　(い)　X：正　Y：誤　　(う)　X：誤　Y：正　　(え)　X：誤　Y：誤

問9　下線部(ケ)の頃の日本について述べた文X・Yについて，その正誤の組み合わせとして正しいものを，下の中から１つ選びなさい。

X　米軍からの物資の需要によって特需景気が起こった。

Y　朝鮮半島に出動した在日米軍の空白を補うため，警察予備隊が発足した。

(あ)　X：正　Y：正　　(い)　X：正　Y：誤　　(う)　X：誤　Y：正　　(え)　X：誤　Y：誤

[5] 次の文は，ある中学校での社会科の授業のようすです。この文を読み，後の問に答えなさい。

先　生：これまで，人権の学習を進めてきました。ここまでに，学習したことを分担して簡単にまとめてもらいました。今日はそれを発表してもらいます。Aさんからお願いします。

Aさん：私は，自由権についてまとめました。私たちが個人として尊重され，人間らしく生きていくうえで，自由にものを考え行動することは大切です。このような自由を保障するのが自由権です。自由権は近代における人権保障の中心であり，現在でも重要な権利です。授業では，(ア)日本国憲法が保障するいろいろな自由を学びました。そうした中で，(イ)自由とは，「自分さえよければいい」という他者への迷惑をかえりみない「わがまま」のことではないことも学びました。

先　生：Aさんありがとうございました。自由権はかつて，国家権力がしばしば個人の自由をおさえつけた過去への反省から生まれた人権です。自由はかけがえのないものであるからこそ，自分の自由だけでなく，他の人の自由を尊重しなければなりません。自由をお互いに守りあうことはとても大切なのです。続いて，Bさんお願いします。

Bさん：私は(ウ)平等権について調べてきました。個人の尊重は差別があっては実現できません。そのため，全ての国民は平等に生きる権利が保障されています。けれど実際には，現代社会に差別が残っていることを授業で学びました。そうした(エ)差別を是正するために，差別をされている人々に特別の機会をもうけ平等をはかる取り組みもされています。

先　生：Bさんありがとうございました。差別は絶対にあってはならないことで，差別をなくすために努力を続けていくことが必要です。最後はCさんお願いします。

Cさん：私は社会権について学習しました。授業で出てきた日本国憲法第25条の条文にある「[a]な最低限度の生活」という言葉が印象的でした。でも，「朝日訴訟」や「桶川クーラー事件」について学習すると，何を「最低限度の生活」とするか，とてもむずかしいと感じました。社会権は他にも(オ)教育を受ける権利や労働基本権などがあり，今の生活に欠かせない権利だと感じました。

先　生：Cさんどうもありがとうございました。社会権はドイツの[b]憲法によってはじめて定められた権利で，人間らしい生活に必要な条件を満たすことを国家に対して請求できる権利です。これでみんなの発表が終わりました。とてもよくできていました。時間をかけて人権について学んできたかいがありました。他にも(カ)新しい人権など，学習しなければならないことはたくさんあります。これからも学習していきましょう。今日はこれで授業を終わります。

問1　下線部(ア)について，次の文X・Yは，日本国憲法で保障される精神の自由，身体の自由，経済活動の自由のいずれに関わるものか，正しい組み合わせを下の中から1つ選びなさい。

X　自分の不利益になるような供述を強要されない。

Y　自由に職業を選択することができる。

（あ）X：精神の自由　Y：身体の自由　（い）X：精神の自由　Y：経済活動の自由
（う）X：身体の自由　Y：精神の自由　（え）X：身体の自由　Y：経済活動の自由
（お）X：経済活動の自由　Y：精神の自由　（か）X：経済活動の自由　Y：身体の自由

問2　下線部(イ)に関連して，日本国憲法には以下のような条文があります。文中の空欄[　　]に当てはまる語句を答えなさい。

> 第12条　この憲法が国民に保障する自由及び権利は，国民の不断の努力によつて，これを保持しなければならない。又，国民は，これを濫用してはならないのであつて，常に[　　]のためにこれを利用する責任を負ふ。

問3　下線部(ウ)に関連して述べた次の文X・Yの正誤の組み合わせとして正しいものを，下の中から1つ選びなさい。

X　一票の格差を是正するために都道府県をまたぐ選挙区の導入が検討されているが，まだ実施されていない。

Y　婚姻していない男女の間に生まれた子どもの相続分を少なくする民法の規定が削除された。

（あ）X：正　Y：正　（い）X：正　Y：誤　（う）X：誤　Y：正　（え）X：誤　Y：誤

問4　下線部(エ)について，このような取り組みを何というか，カタカナで答えなさい。

問5　文中の空欄[a]に当てはまる語句を答えなさい。

問6　下線部(オ)が定められている，日本国憲法第26条の内容について述べた次の文X・Yの正誤の組み合わせとして正しいものを，下の中から1つ選びなさい。

X　義務教育は無償とする。

Y　国民には，保護する子どもに教育を受けさせる義務がある。

（あ）X：正　Y：正　（い）X：正　Y：誤　（う）X：誤　Y：正　（え）X：誤　Y：誤

問7　文中の空欄[b]に当てはまる語句を答えなさい。

問8　下線部(カ)に関連して述べた次の文の空欄[　　]に当てはまる語句をカタカナで答えなさい。

> 新しい人権の一つとして自己決定権があげられる。この自己決定権の考えに基づいて，医療の分野では患者が医師から病状や治療法について十分な説明を受け，どのような治療を受けるか患者本人が決定する[　　]が重要になっている。

6　次の会話文を読み，後の問に答えなさい。

母　：（ピンポーンという音）はーい，何か宅配の品物が届いたみたいね。誰が注文したのかしら。玄関まで取りに行ってきます。

大輔：あ，僕のだと思う。先週，カメラのレンズをインターネットで注文したんだ。

父　：インターネットで注文？以前は利用していなかったよね。

大輔：うん。最近友達に注文の仕方を教えてもらった。(ア)スマートフォンで画面を押せば買い物できるし，(イ)現金を持っていなくても購入できるから便利だね。

母　：荷物取ってきたよ。大きな段ボールだね。ラベルに英語が書かれているわ。外国から配送されてきたのかしら。

大輔：うん。(ウ)アメリカの会社から買ったよ。今，外国為替相場は［　　　］の傾向だから，外国から輸入される商品が安くなってお買い得だと思って。

母　：最近，(エ)インターネット販売に関する詐欺やトラブルのニュースを聞いたけど，大丈夫なの？

大輔：大丈夫だよ。僕の周りの友達もみんな利用しているよ。このサイトを運営している企業は，アメリカでインターネット関連の大手企業4社に数えられているところだし，問題ないよ。

父　：今はこれが常識なのかもしれないが，私はインターネットにはさまざまな問題があると思うので，何もかもインターネットに頼るのは抵抗があるな。

母　：そう？私は便利でいいと思うけど。たとえば(オ)インターネットを利用したら，外で買い物している時でも，自分のスマートフォンからお風呂をためたり，冷蔵庫の中身が確認できたりするんでしょ？そういう技術を使ってみたいわ。

大輔：さっそくレンズを取り出して使ってみようかな。あ，レンズが割れている。

父　：ほら，こういう時困るだろう。お店で現物を見て買ったら，こういう問題はおこらないよな。

大輔：大丈夫。こういう問題についてもインターネット上できちんと報告すれば，すぐに対処してくれるよ。返品や交換なんかも，実際にお店で買う場合よりも早いかもしれない。(カ)消費者の権利を守るしくみが整っているんだよね。

母　：(キ)今後の社会を考えたとき，インターネットなどを利用して多くの情報に触れておくことは大事なのかもしれないわね。大輔も利用の仕方に気を付けながら多くのことを学んでね。

問1　文中の空欄［　　　］に当てはまる最も適当な語句を漢字2字で答えなさい。

問2　下線部(ア)に関連して，下のグラフは日本におけるスマートフォン，ＦＡＸ，固定電話の保有率の推移を表したものである。図中の（X）～（Z）の組み合わせとして正しいものを，下の（あ）～（か）の中から1つ選びなさい。ただし，スマートフォンの保有率には，携帯電話・ＰＨＳの保有率を含まない。

主な情報通信機器の保有率の推移

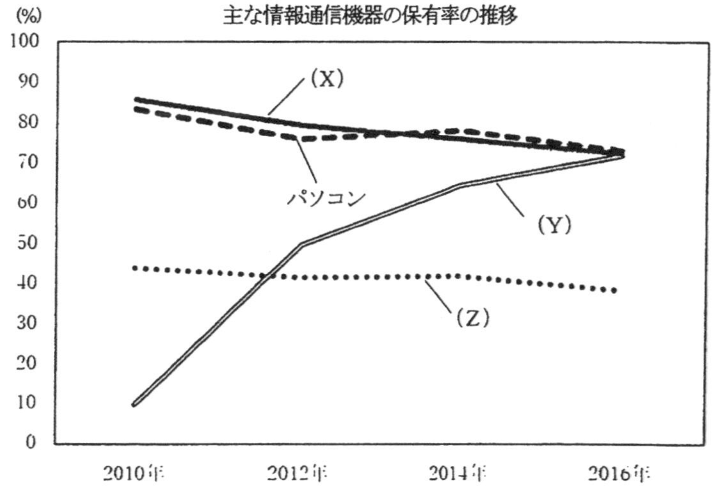

（出典）総務省「通信利用動向調査」

	(X)	(Y)	(Z)
(あ)	スマートフォン	ＦＡＸ	固定電話
(い)	スマートフォン	固定電話	ＦＡＸ
(う)	ＦＡＸ	スマートフォン	固定電話
(え)	ＦＡＸ	固定電話	スマートフォン
(お)	固定電話	スマートフォン	ＦＡＸ
(か)	固定電話	ＦＡＸ	スマートフォン

問3　下線部(イ)に関連して，現金などの通貨に関して述べた次の文のうち，誤っているものを1つ選びなさい。

（あ）日本では，日本銀行が国内全体に流通する通貨量を管理・調節している。

（い）日本では，紙幣や硬貨などの現金通貨よりも，預金通貨のほうが多い。

（う）日本は，近年，国内で流通する通貨量全体を抑えるデフレ政策を実施してきた。

（え）日本は，近年，現金を用いないキャッシュレス決済の比率が上昇している。

問4　下線部(ウ)に関連して，アメリカの経済について述べた文X・Yについて，その正誤の組み合わせとして正しいものを，下の中から1つ選びなさい。

X　現在，輸出額・輸入額は世界最大であり，最大の貿易相手国は日本である。

Y　カナダ・メキシコと貿易に関する協定を結んでおり，3国間では関税が無く，国境を越える人の移動も自由である。

（あ）X：正　Y：正　　（い）X：正　Y：誤　　（う）X：誤　Y：正　　（え）X：誤　Y：誤

問５　下線部(エ)に関連して，インターネット販売について述べた文Ｘ・Ｙについて，その正誤の組み合わせとして正しいものを，下の中から１つ選びなさい。

Ｘ　インターネット販売において被害にあった場合，クーリングオフ制度を使って無期限で契約を解除できる。

Ｙ　インターネット販売のトラブルなどの消費者問題について，日本においては対策をとる専門の省庁は設置されていない。

（あ）Ｘ：正　Ｙ：正　（い）Ｘ：正　Ｙ：誤　（う）Ｘ：誤　Ｙ：正　（え）Ｘ：誤　Ｙ：誤

問６　下線部(オ)について，このようにあらゆるものがインターネットを通じてつながることを何と呼ぶか，アルファベット３字で答えなさい。

問７　下線部(カ)に関連して，1962 年にアメリカのケネディ大統領によって提唱された「消費者の４つの権利」ではないものを，次の中から１つ選びなさい。

（あ）意見を反映させる権利　（い）被害が救済される権利　（う）知らされる権利

（え）選択できる権利　（お）安全を求める権利

問８　下線部(キ)に関連して，このような考え方はデジタルデバイドを解決することにつながると言える。デジタルデバイドとは何か，この語句を 50 字以内で説明しなさい。

令和三年度　愛光高等学校　入学試験問題　国語　解答用紙

【採点欄】には何も記入しないこと

受験番号

氏名

合計

※100点満点
(配点非公表)

一

問一 a b c d e

問二

問三

問四

問五

問六

問七

問八

二

問一 a b c

問二

問三

問四

問五

問六

問七

三

問一 a b

問二 X Y

問三 i ii

問四

問五

問六

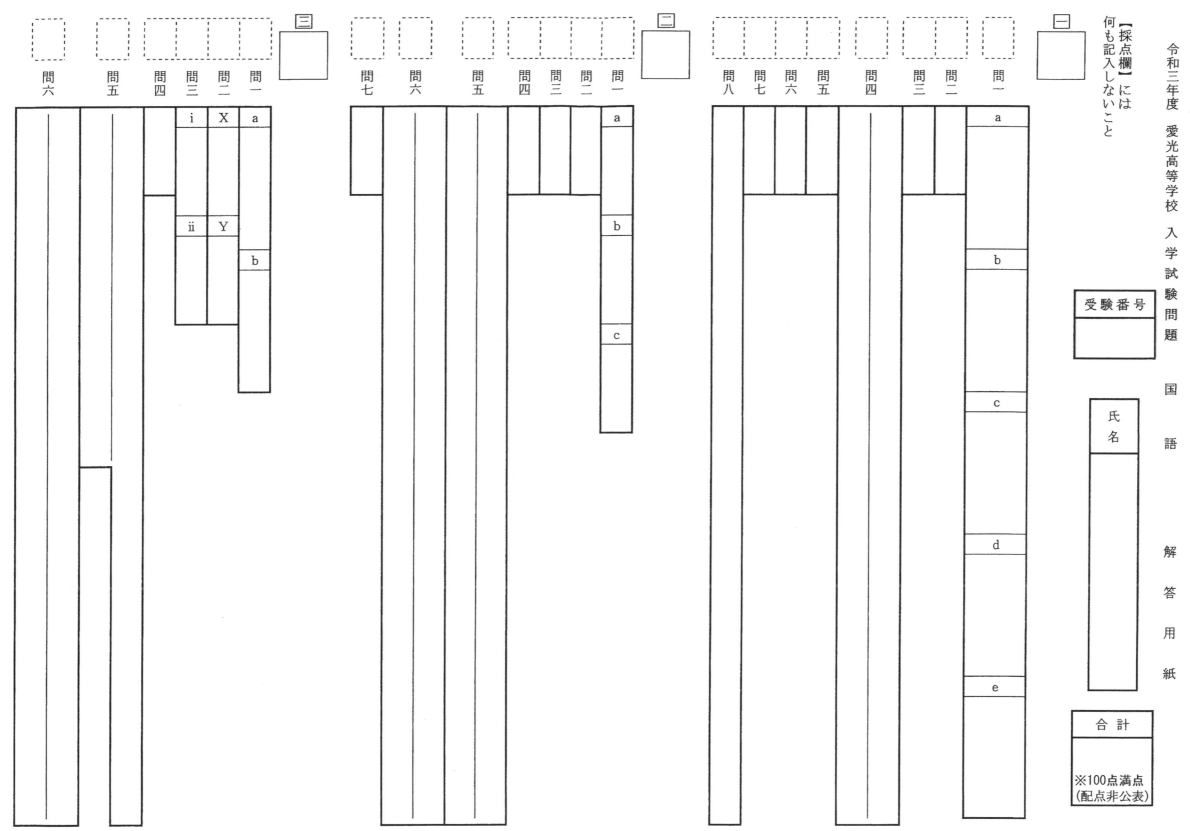

令和３年度　愛光高等学校入学試験　英語　（解答用紙）

I	1	2	3	4	5	6
	7	8
	9	10
II	1	(A) (C) (E) (G)
	2	
	3	(ア) (イ) (ウ)
	4	5
	6	
	7	15 30
	8	
III	1	(A) ... person [ ] like graffiti for that price.
	2	(a) (b) 3 4 (①) (②)
	5	(C) [ ] the history of art, and ...
IV	1	2 3 4 5
V	1	2 3 4 5
VI	1	2 3 4 5
VII	①	
	②	
	③	my mother [for the next morning / little / me and my sister / buy / breakfast / told / and gave / to / us / a] money.
	④	

（得点）

※100点満点
（配点非公表）

受験番号　番	氏名

令和３年度　愛光高等学校入学試験問題　理科（解答用紙）

※100点満点
（配点非公表）

【１】

A	(1)	(i)		(ii)		(iii)					
	(2)	(i)	①		②		(ii)	①		②	
	(3)	あ		い		う					
B	(4)	a		b		c		(5)	の法則		
	(6)	①		②		③		(7)		(8)	

【２】

(1)		(2)		(3)		(4)	C		D
(5)	X		Y		Z				

【３】

(1)		(2)		(3)	(i)	g	(ii)	g
(3)	(iii)	亜鉛：アルミニウム ＝　　　：	(iv)	cm³				

【４】

(1)	亜鉛板		銅板						
(2)		(3)		(4)		(5)	g		
(6)	A		B		C		D		E

【５】

A	(1)	N	(2)	N	(3)	J
B	(4)	N	(5)	N	(6)	cm
C	(7)	N	(8)	cm		

【６】

(1)	A	Ω	B	Ω	(2)	図4	W	図5	W
(3)	W	(4)	A	W	B	W			

受験番号（　　　　　　　）　名前（　　　　　　　　　　　　　　　　）

2021年度 愛光高等学校入学試験 解答用紙（社会）

※小計・合計欄には記入しないこと

1

問1 ［　］ 問2 ［　］ 問3 ［　］ 問4 ［　］ 問5 ［　］

問6 ［　　　　］現象 問7 ［　］ 問8 ［　］

小計

2

問1 a ［　］ b ［　］ c ［　］ 問2 ［　］ 問3 ［　］ 問4 ［　］ 問5 ［　］ 問6 ［　］

問7 ［　　　　］（15字）

問8 ［　］ 問9 ［　］ 問10 ［　］

小計

3

1 ［　　　　］ 2 ［　　　　］ 3 ［　　　　］

問1 ［　］ 問2 ［　］ 問3 ［　］ 問4 ［　］

問5 ［　　　　］ 問6 ［　］

小計

4

問1 ［　］ 問2 ［　］ 問3 ［　］ 問4 ［　］ 問5 ［　］

問6 ［　］ 問7 ［　］ 問8 ［　］ 問9 ［　］

小計

5

問1 ［　］ 問2 ［　　　　］ 問3 ［　］

問4 ［　　　　］ 問5 ［　　　　］

問6 ［　］ 問7 ［　　　　］ 問8 ［　　　　］

小計

6

問1 ［　｜　］ 問2 ［　］ 問3 ［　］ 問4 ［　］ 問5 ［　］ 問6 ［　｜　｜　］ 問7 ［　］

問8 ［　　　　］（50字）

小計

受験番号		氏名	

合計

※100点満点
（配点非公表）

一　次の文章を読んで、後の問いに答えなさい。

　ここまで私たちは、事実として述べられた主張と考えとして述べられた主張（推測と意見）を区別してきた。だが、読者の中には、事実と考えがそんなに明確に区別できるのだろうかという疑問を抱いた人がいるかもしれない。そして私はその疑問は正しいと言いたい。とはいえ、前節で述べてきたことを[a]てっかいするというわけではない。事実として主張されているのか考えとして主張されているのかは区別しなければいけない。しかし、そこにはもっと[b]しんこくな問題が潜んでいる。

　実は、こうした区別のだいじさを教えることはいまやまったく目新しいものではない。平成二十年の指導要領でも、小学五年生と六年生で事実と意見の区別を教えることとされている。おそらく❶そうした流れの嚆矢《こうし》となったのは、一九八一年に出版され、現在も読まれ続けている木下是雄『理科系の作文技術』（中公新書）ではないだろうか。

　その本の第七章は、「事実と意見」と題されており、その冒頭でこんな話が紹介されている。――アメリカで小学生用に編集された言語技術の本があり、あるときその一冊を開いてみた。小学五年生用である。そこに、次のような例文が挙げられていた。

　ジョージ・ワシントンは米国の最も偉大な大統領であった。
　ジョージ・ワシントンは米国の初代の大統領であった。

　これに関してどちらが事実を記述したものか、事実と意見はどう違うか、といった質問が出されている。「偉大な」というのは意見であって事実ではない、というわけである。木下氏はこれを読んで衝撃を受けたという。これにかぎらず、この教科書のシリーズではさまざまな箇所で事実と意見に関する区別が教えられていた。そしてこのことを受けて、木下氏は事実と意見を区別することの重要性を説くのである。

　私も事実と意見を区別することの重要性には同意する。すでに述べたように、自分の意見にすぎないことを事実として主張するのは、[c]さぎである。しかし、『理科系の作文技術』が自然科学の論文作法を教える本だということを忘れてはならない。自然科学であれば、事実を述べようとする主張と意見を述べる主張はかなり明確に区別できるだろう。だが、❷自然科学以外では必ずしもそうはいかない。

　ここで、木下氏がアメリカの教科書を引き合いに出していたのに対抗するというわけではないが、日本の中学二年生用の教科書『新編新しい国語２』（東京書籍）に掲載されている香西《こうざい》秀信「『正しい』言葉は信じられるか」を紹介してみたい。単純に「事実と意見を区別せよ」と[d]さとすのではなく、むしろ「事実」とは何なのだろうと考えさせる文章である。

　香西氏は次の二つの新聞報道を提示し、比較するように求める。

［A新聞］　○○大臣を取り囲んだ市民から、多くの質問や疑問の声があがったが、大臣はそれを平然と無視した。
［B新聞］　○○大臣を取り囲んだ群衆から、多くの罵声が浴びせられたが、大臣は冷静さを失わなかった。

　そしてこの二つの書き方について香西氏は「どちらが事実か、と問うことは意味がない」と述べる。どちらもまちがいではない。しかし、❸与える印象は正反対と言ってもよい。

　香西氏の示したような事例はけっして珍しいものではない。例えば、辺野古《へのこ》への基地移設問題について最高裁が結論を下した。それに対して、読売新聞は「辺野古訴訟　国勝訴確定へ」と一面に大きく見出しを掲げ、毎日新聞は「辺野古訴訟　沖縄県の敗訴確定へ」と掲げた。もちろん、それは「国の勝訴」であり、同時に「沖縄の敗訴」である。しかし、新聞社はどちらかを選ばねばならない。読者は、そこに❹新聞社のまなざしも読み取るべきだろう。

　このような事態を前にすると、単純に「事実と意見を区別すべし」と言って済ますことはできなくなる。どんな事実描写も必ず特定の見方のもとにある。自然科学では基本的な考え方が共有されているために、特定の見方のもとで事実を捉えていることはあまり問題にならないかもしれない。しかし、私たちの生活に関わるさまざまな事実、人物や社会についての、あるいは[e]ごらくや芸術についての多くの事実は、単一の見方のもとで安定しているわけではない。そこには複数の見方があり、事実は多面的なものとして現れるのである。

　私たちはそれを「ものは言いよう」という言葉で言い習わしてもきた。あるいは、「よく言えば……、悪く言えば……」のような言い方もする。例えば、「トビオはよく言えばマイペースだが、悪く言えば空気がよめないやつだ」のように。

　では、❺私たちは「よくも悪くもない」中立な描写以外は事実描写として認めてはならないのだろうか。私はそうは思わない。自然科学であればそれでよいかもしれない。しかし、私たちの生活に関わる多くのことがらは一面的な記述にとどまるものではない。どんな事実描写もなんらかの「言いよう」のもとにあり、複数の「言いよう」のもとにある。ただ一つの客観的事実とそれをめぐる複数の主観的意見があるというのではない。私たちはむしろ事実そのものの多面性を認めねばならない。そして、事実の多面性を認めた上で、その危険性についても十分に理解しておく必要がある。

　自分の見方を絶対視して一面的に決めつけてしまうのではなく、他の見方はないか、事実の多面性に対する感受性を鋭敏にしなければならない。❻そのためにも、一つのものごとをさまざまに表現する国語力が要求される。

（野矢茂樹『増補版　大人のための国語ゼミ』　※本文を改めた部分があります。）

問一　二重傍線部a「てっかい」、b「しんこく」、c「さぎ」、d「さとす」、e「ごらく」を漢字に直しなさい。送りがなの必要なものはそれも書きなさい。

問二　傍線部❶「そうした流れの嚆矢」とありますが、ここではどういうことを言っていますか。その説明として最も適切なものを、次の中から一つ選び、記号で答えなさい。

ア　事実と意見との違いは、小学生であっても理解できると考える人が増えるようになっていくいきさつ。
イ　事実と意見とを明確に区別することなどできるのだろうかと、人々が疑問を持つようになっていく原因。
ウ　事実を述べる時に、それが推測なのか、個人の主張なのかの区別を大切にするようになっていく出発点。
エ　事実と意見との区別をしながら、述べられた主張に接していくことを人々が重視するようになっていくきっかけ。
オ　事実と意見を区別することの重要性を、大人はともかく子供に対してだけでも教えるようになっていく前触れ。

問三　傍線部❷「自然科学以外では必ずしもそうはいかない」とありますが、ここではどういうことを言っていますか。その説明として最も適切なものを、次の中から一つ選び、記号で答えなさい。

ア　自然科学以外の分野では、時として事実と意見との区別を重要視しないことがあるということ。
イ　自然科学以外の分野では、常に事実と意見との境界線がぼんやりとしか存在しないということ。
ウ　自然科学以外の分野では、いつも事実と意見とをはっきりと区別できるとは限らないということ。
エ　自然科学以外の分野では、必ず事実と意見とを明確に分けて考えなければならないということ。
オ　自然科学以外の分野では、決して事実と意見とを明確に区別することはできないということ。

問四　傍線部❸「与える印象は正反対」とありますが、それぞれの新聞から人々が受ける印象として、最も適切なものを、次の中から一つ選び、記号で答えなさい。

ア　A新聞では人々の意見を聞き入れない様子が描かれることで、大臣が冷淡な人間であるという印象を受けるのに対し、B新聞では人々の罵声にも毅《き》然と対処する様子が描かれることで、大臣が落ち着いた人間であるという印象を受ける。
イ　A新聞では人々の意見を上手に受け流している様子が描かれることで、大臣が世渡りに慣れた人間だという印象を受けるのに対し、B新聞では人々からの罵声を浴び続ける様子が描かれることで、大臣が頼りない人間だという印象を受ける。
ウ　A新聞では市民から上がる声に堂々とした態度で対応をする様子が描かれることで、大臣に余裕があるという印象を受けるのに対し、B新聞では罵声にも冷静さを保つ様子が描かれることで、大臣が人の話を聞かない人間であるという印象を受ける。
エ　A新聞では大臣に声を上げる市民の様子が描かれることで、人々がまとまって行動しているという印象を受けるのに対し、B新聞では大臣に罵声を浴びせる群衆の野蛮な様子が描かれることで、人々が無秩序に行動しているという印象を受ける。
オ　A新聞では大臣にあまり激しい意見を言わない様子が描かれることで、人々が冷静に行動しているという印象を受けるのに対し、B新聞では罵声を浴びせるほどに激しく意見を言う様子が描かれることで、人々が怒りに我を忘れているという印象を受ける。

問五　傍線部❹「新聞社のまなざしも読み取るべきだろう」とありますが、ここではどういうことを言っていますか。説明しなさい。

問六　傍線部❺「私たちは『よくも悪くもない』中立な描写以外は事実描写として認めてはならないのだろうか。私はそうは思わない」とありますが、筆者がこのように言うのは、私たちの生活に関わる事実がどのようなものだと考えているからですか。説明しなさい。

問七　傍線部❻「そのためにも、一つのものごとをさまざまに表現する国語力が要求される」とありますが、筆者は、どういうことが言いたいのですか。その説明として最も適切なものを、次の中から一つ選び、記号で答えなさい。

ア　一つのものごとには様々な見方があり相手がそれについてどう考えているかはわからないので、自分の見方をしっかりと相手に伝えられるようになるためにも、相手の考えを尊重しながらものごとを表現する力を身に付けていくべきである。
イ　表現された事実は人々のいろいろな見方を含んでいるので、あるものごとについて自分が今見ている以外の見方がないか常に注意を払えるようにするためにも、自身も同じ一つのことを多様なことばを用いて表現する力を身に付けていくべきである。
ウ　事実には絶対的な一つの表し方というものはそもそも存在しえないので、自分が何かを言い表すときには多くの人が納得できるようなものにするためにも、常に中立の立場に立ってものごとを表現できる力を身に付けていくべきである。
エ　事実とは複数の見方が重なり合うことで構成されているものであるので、その本質にある客観的事実を見出《みいだ》すことのできる国語力を育んでいくためにも、ものごとを筋道立てて考えるための論理的思考力を身に付けていくべきである。
オ　一つの客観的事実に対して人はそれぞれの意見や見解を持つようになるものなので、その一つ一つについてどのような見方で捉えているかを知るためにも、一つのものごとをそれぞれの場面に応じて言い表す力を身に付けていくべきである。

二　次の文章を読んで、後の問いに答えなさい。

　肺炎を患《わずら》う妹の薬代を工面するため、兄弟は父の言いつけで包みを持って父の馴《な》染《じ》みの酒場へと赴いたが、包みに入った米は金には換えられない代物だと酒場の亭主から包みを突き返され、兄弟は金を受け取ることができなかった。しぶしぶ帰る道すがら、どこからか木犀《もくせい》の甘い香りが漂ってきた。兄は弟に木犀の花を持ち帰ろうと提案し、包みを置いて二人で木犀のありかを懸命に探したが、見つからない。

「ここはどこだろう」
兄の a語尾がふるえていた。あたりの家並《なみ》はまったく見おぼえがない。月の光をあびて黒々としずまりかえっている家は、うずくまった獣のかたちに似ていた。弟は夜の光が露《あら》わにしたこの異様な世界のたたずまいに酔った。
「え?」
「いや、何でもない」

と弟は b口ごもった。目のまえに出現した夜景の珍しさを再び兄に語ろうとしかけて、そのとき自分の見ている物を兄もまた必ずしも見ているとは限らない、ととっさに理解したのである。彼は、え？　と応じた兄の口調に不安といらだちしか感じとることができなかった。

兄弟は同時に軒下の暗がりをうかがった。あらあらしい息づかいがそこからきこえてきた。目が闇になれると、数匹の野犬が何かを喰《く》いちぎっているのが見えた。うち一匹が頭をあげて光る目を兄弟にむけた。二人は犬の目をみつめながらそろそろと後ずさり、何気ないふうを装ってまわれ右をし、背が鋭い牙で裂かれるような感覚をおぼえた瞬間、c いっさんに走りだした。

曲《まが》り角をどう曲ったものかおぼえていない。五、六匹の獰《どう》猛な野犬が牙をむきだして背後に迫っていると思われた。夢ではいつもこうして何か兇《きょう》暴なものに襲われ、ひたすら逃げているのを弟は思いだした。夢ならば空中を飛ぶこともできる。しかしこの重い躰《からだ》。彼は今が夢でなく、現実に〝何か兇暴なもの〟が襲いかかろうとしていることを痛切に思い知った。もう駄目だ、息がつけなくなって弟はそこに倒れ、手にふれた石をつかんで身がまえた。うしろの犬は思ったよりみすぼらしい痩せ犬で、しかも一匹だけである。

彼が立ちあがって石をふりあげると、犬は尾をたれ、あわれっぽく鼻をならして弟の足をかいだ。

そこはさっき二人が包みをおいた所だった。

「無い」

兄が悲鳴をあげた。それは防火用水槽のかげから消えている。

「別の場所だったかもしれない」

家々の軒下に一個はある水タンクのかげを二人は残らずさがした。それはなかった。

「帰ろう」

弟は兄をうながした。結局こうなるよりほかはなかったのだ。弟は木犀がふたたび闇の奥で搏《はく》動をうつように強く匂うのを感じた。月の光が木犀の匂いのために冷たく凝結したようにでなく、さざなみだった水のように見える。兄がふるえながらつぶやいた。

「まっすぐ帰ればよかったんだが」

目のまえに母が現れた。弟が母を認めるまえに兄は母にとりすがってすすり泣きはじめた。そうして酒場での dてんまつを報告した。❶弟はなかばあっけにとられ、泣きだしたい感情がみるみる失《う》せていくのをおぼえた。母は慰めるように兄の背をさすり、うなずいている。母を街角に見出《みいだ》したせつな、彼も兄と同じく母に躰を投げかけて泣きたいという衝動にかられたのだが、兄はわずかに早く弟をぬいていたのだった。

弟はちょうど出征の日、父の壮行の挨拶が終《お》るのを巧みに見はからって兄がだれよりも早く、万歳、とさけんだときのことを思いだした。あのときも彼は兄に先をこされてひるんだのだった。

落胆がしかし今は何か別のものに少しずつ変質してゆく。兄とともに母に抱かれていたら、店でのはずかしめも木犀のもたらした昂《こう》奮も犬におそわれた恐怖も包みを盗まれた失望も、そのすべてを母の暖《あたたか》いふところで優しくいやされただろう。

兄がにわかに顔をあげ母につげるのをきいた。

「女の人が桃を出してくれたけどね、食べなかったよ」

そのとき弟の内部で落胆は怒りに変《かわ》った。

——は、と兄は弟の名前をいった。

「手を出して取ろうとしたけれどぼくはやめさせたんだ」

「❷嘘《うそ》だ、食べたんだ、食べてやったんだ」

弟はさけんだ。

その瞬間、あれほど食べたいと思っていた桃、店を出てからも彼を無念がらせた一個の白桃が、きゅうに彼のきらいな青臭いリンゴに変ったようだった。彼は激しい解放感をおぼえた。それと同時に怒りがますます強く彼の内でふくれあがった。彼は荒れ狂う怒りの発作にかられて足踏みした。

「食べたとも、兄さんの知らないうちに食べてやったんだ。ふん何だ。あんなもの」

❸兄はけげんそうに弟を見た。

「嘘をつけ」

「食べてやったんだよ」

このいうにいわれぬ快感は嘘をつくこと以外から来るとは思えない。ふと父の姿がうかんだ。わが家の暗い電燈《とう》に新聞をかざして父は今も〝マックめの占領政策〟にぶつぶついっているだろうか。

そこまで考えたとき、弟の怒りはしだいにひえびえとしたものに変るのを意識した。店での一部始終は自分がよく知っている。兄よりも詳しく見ていたのだから、弟はそう考えた。なぜかそう確信できた。だとすれば父に報告するのは母ではいけなくて、❹まして兄ではなおさら駄目であり、自分でなければならない。父は失望するであろうが、兄や母がつげるより自分の報告が父の失望をかるくすると信じられた。

父は木犀をさがしてうろついたことも許してくれるだろう。許さないとしてもそれを理解し、叱ることはよもやないだろう。よし、叱られるとしても自分は男らしく罰をうけよう……。兄のすすり泣きはまだ終ることのないようにつづいていた。❺しらじらしいものを聞く思いで弟は兄の声を耳にしていた。

弟はすでに父が、出征の日、万歳、といわなかった自分を初めから憎んでなどいなかったと考え、母たちを後に家へ走りはじめた。黒い眼帯をかけたような家々の壁に、木の影が網目模様を織った。それはまた道路をまだらにいろどって縞馬《しまうま》の腹のように見せていた。今、彼のまえにひろがっているのは、さっき彼を酔わせた月の光によって変貌した街だった。

彼はなぜ昼の風景と似ても似つかぬ夜の世界が、自分をこれほどまで有頂天にさせるのか理解できかねた。しかし、この異質の美しさを兄に説明しかけてやめたのは正しかったとしても、父が自分の話をきいて自分の感じたように夜の世界を素《す》晴《ばら》しいと見るかどうかはあやしいものだった。

❻はたと少年は走るのをやめた。そこはもう母たちからもそしてまだ家からも十分に遠かった。

（野呂邦暢『白桃』　※本文を改めた部分があります。）

問一　次のそれぞれの問いに答えなさい。

1　二重傍線部a「語尾がふるえていた」・b「口ごもった」・c「いっさんに走りだした」のここでの様子の説明として最も適切なものを、次の中から一つずつ選び、それぞれ記号で答えなさい。

a「語尾がふるえていた」

ア　道に迷った事実を何とかして弟に隠そうと、意地を張っている様子。
イ　弟の前で兄としての面目を失って、暗闇の中途方に暮れている様子。
ウ　暗い中見知らぬ場所に迷い込んだ不安から、落ち着かない様子。
エ　自分を頼ってばかりで気が回らない弟に対して、苛立《いらだ》っている様子。
オ　辺りも暗くなったのに、未《いま》だ木犀が見つからない焦りを堪《こら》えている様子。

b「口ごもった」

ア　兄よりも自分の方が優れていることに気づいたが、言うのをやめる様子。
イ　兄の不安や苛立ちを察して、何とか気持ちをなだめようとしている様子。
ウ　自分の思いをどうにかして兄に伝えようとしたものの、あきらめている様子。
エ　自分の気持ちを兄に理解されない悲しみから、言葉を失っている様子。
オ　自分の感じたことを兄に思わず話しかけようとして、ためらっている様子。

c「いっさんに走りだした」

ア　野犬に追いつかれないように、全て投げ出して逃げていく様子。
イ　野犬の出現に動揺するあまり、無意識に走り出している様子。
ウ　野犬に襲われる恐怖を感じ、わき目もふらず必死に逃げ出す様子。
エ　野犬に気づかれないよう、その場からそっと離れていく様子。
オ　野犬を威嚇しようとして大きな声をあげながら、逃げ去る様子。

2　二重傍線部d「てんまつ」と同じ意味の言葉を、本文中のここより後から五字以内で探して抜き出しなさい。

問二　傍線部❶「弟はなかばあっけにとられ、泣きだしたい感情がみるみる失せていくのをおぼえた」とありますが、このときの弟について説明しなさい。

問三　傍線部❷「嘘だ、食べたんだ、食べてやったんだ」とありますが、このように弟が嘘をついた理由の説明として最も適切なものを、次の中から一つ選び、記号で答えなさい。

ア　自分一人だけで母の愛情を独占しようとする兄を、あわてさせてやろうと考えたから。
イ　兄よりも自分の方が強い存在であることを誇示して、うまく体裁を繕おうとしたから。
ウ　兄の言うことだけを盲目的に信じて疑わない母を、落胆させてやろうと思ったから。
エ　弟である自分を利用して母の歓心を買おうとしている兄を、許しておけなかったから。
オ　何もわからない子供だと思って自分を軽くあしらう兄に対し、腹を立てたから。

問四　傍線部❸「兄はけげんそうに弟を見た」とありますが、このときの兄の様子を説明したものとして最も適切なものを、次の中から一つ選び、記号で答えなさい。

ア　女の人が出してくれた桃を食べてやったのだという嘘をついて、兄である自分に恥をかかせようとする弟の策略にはまることのないように、弟の出方を慎重にうかがっている様子。
イ　女の人が出してくれた桃をあの時食べたのだという弟の発言を聞いて、自分が記憶している内容と弟の話す内容の違いに戸惑い、母はどちらを信じてくれるのかと不安になっている様子。
ウ　女の人が出してくれた桃はあの時食べたのだと弟が言い張ることで、自分が嘘をついていることが明らかになり、さらに母の信用を失ってしまうのではないかと恐れている様子。
エ　女の人が出してくれた桃はあの時食べてやったのだと弟が母の前で自慢げに話すことで、母が自分よりも弟に関心を示してしまうのではないかと思い、弟をうとんじている様子。
オ　女の人が出してくれた桃をあの時食べているはずがないにもかかわらず、食べたという嘘をついて兄である自分の発言を頑《かたく》なに否定する弟の意図が分からず、不審がっている様子。

問五　傍線部❹「まして兄ではなおさら駄目であり、自分でなければならない」とありますが、弟がこのように考えたのはなぜですか。その理由を説明しなさい。

問六　傍線部❺「しらじらしいものを聞く思いで弟は兄の声を耳にしていた」とありますが、このときの弟について説明したものとして最も適切なものを、次の中から一つ選び、記号で答えなさい。

ア　涙を流して母の庇護を求めようとするだけで、潔さのない兄を冷たく見放している。
イ　罰を恐れて泣いているだけで、男らしい態度をとることのできない兄を軽蔑している。
ウ　嘘がばれていることには全く気付かず、母に甘え続けている兄を哀れんでいる。
エ　弟に罪をなすりつけて、自分一人だけが許されようとしている兄を嫌悪している。
オ　母の前で涙を見せ、素直に甘えることのできる純朴な兄をうらやましく感じている。

問七　傍線部❻「はたと少年は走るのをやめた。そこはもう母たちからもそしてまだ家からも十分に遠かった」とありますが、ここではどのような弟の姿を描いていると言えますか。その説明として最も適切なものを、次の中から一つ選び、記号で答えなさい。

ア　昼の世界とは異なる夜の世界に心惹《ひ》かれる理由に気づいた途端、父や母や兄のいる日常の世界がみすぼらしいものに感じられ、困惑している弟の姿を描いている。
イ　母や兄はもちろん父でさえも、自分の感じている夜の世界の異様な美しさをそのまま理解してくれるとは限らないということに気づき、一人たたずむ弟の姿を描いている。
ウ　自分のよき理解者である父親だけは兄よりも自分の言うことを信じてくれると思っていたが、時間が経《た》つにつれ、不安な気持ちが湧き起こっている弟の姿を描いている。
エ　いくら兄に腹を立てたからとはいえ、こんな夜に兄や母を置き去りにして一人家に帰れば父の怒りを買うに違いないと、軽はずみに行動したことを悔やむ弟の姿を描いている。
オ　父や母や兄との煩わしい人間関係に悩むあまり、月の光によって変貌した幻想的な世界の中に身を投じ、現実から逃避しようとしている弟の姿を描いている。

三　次の文章を読んで、後の問いに答えなさい。

*修行者法師《しゅぎゃうじゃほっし》、二人《ににん》道に行き連《つ》れ（旅の途中で道連れになって）、相語《あひかた》らひて、修行しけるに、ある里に泊りて、ア一人の修行者、夜更《ふ》けて、秘《ひそ》かに家主《いへあるじ》に云《い》ひけるは、「イこれに候《さうら》ふ法師は、由緒《ゆいしょ》ありて（正当な理由があって）、召し仕ふ a【べし】もので候へども、時に、売り候ふべし。いくいくらに買はせ給ふべし」と約束して、既に値《あたひ》を定めつ。

ウこの一人の法師、❶この事を、壁を隔てて b【聞く】けり。「不思議の事なり。我を、この法師、売る事よ」と思ひて、暁《あかつき》、エこの法師が寝入りたるひまを窺《うかが》ひて、内に入りて、「夜《よ》べ申し候ひし値、給はり候はん。❷いそがしく候ふ。この法師はこれに寝て候ふなり」とて、値を取りてつい出《いで》て去りぬ（そそくさと出て行った）。

この法師、目覚めて見れば、オ一人の法師なし。さて、❸支度《したく》相違して、かへりて売られて、責め使はれけり。

由《よし》なく人を*誑惑《わうわく》せんとして、❹我が身を煩《わづら》はす。因果の道理違《たが》はずこそ。古人云はく、「人を謗《そし》りては、己《おのれ》が失を思ひ、人を危ぶめては、己が落ちん事を思へ」と云へり。❺実《まこと》なるをや（真実だなあ）。

（『沙石集』）

［注］＊修行者法師……修行者である法師。　＊誑惑……人をたぶらかし惑わすこと。

問一　a【べし】・b【聞く】を、本文に合うように適切な形に直しなさい。

問二　二重傍線部ア「一人の修行者」と同じ人物を指すものを、二重傍線部イ～オから一つ選び、記号で答えなさい。

問三　傍線部❶「この事」とはどういうことですか。その内容を簡潔にまとめなさい。

問四　傍線部❷「いそがしく候ふ」とありますが、このように言う理由を説明しなさい。

問五　傍線部❸「支度相違して」を言い換えたものとして最も適切なものを、次の中から一つ選び、記号で答えなさい。

ア　残された法師は努力が無駄になって
イ　残された法師は準備が遅れて
ウ　残された法師は思惑《おもわく》が外れて
エ　残された法師は行き違いになって
オ　残された法師は注意を怠って

問六　傍線部❹「我が身を煩はす」とありますが、この話ではどういうことに当たりますか。本文中から十五字以内で書き抜きなさい。（句読点があれば、一字に数えます。）

問七　傍線部❺「実なるをや」とありますが、ここには筆者のどのような思いがこめられていますか。その説明として最も適切なものを、次の中から一つ選び、記号で答えなさい。

ア　人を信用するということは、たとえどんなことが起こっても相手を許す覚悟が必要なのだなあということ。
イ　自分にも災いが降りかかるから、人をひどい目に合わせるようなことをしてはいけないのだなあということ。
ウ　いつ裏切られるかわからないから、人と取引をするときは用心しなければならないのだなあということ。
エ　人を自分の思い通りにしようと思ったら、常に先手を打たなければならないのだなあということ。
オ　人が危ない目にあっているときは、自分にも危険が迫っていることを忘れてはいけないのだなあということ。

令和２年度 愛光高等学校入学試験問題　数学　（その１）

※100点満点
（配点非公表）

受験番号（　　　　　　）氏名（　　　　　　　　　　）

（60分）　（注意）［1］は答だけでよいが，［2］［3］［4］［5］［6］は式と計算を必ず書くこと。

［1］ 次の(1)～(5)の［　　］に適する数または式を，下の解答欄に記入せよ。

(1) x^3y-5x^2y-6xy を因数分解すると［①］である。

(2) $(3ab)^3\times\left(-\dfrac{2a}{b^2}\right)^3\div\left(-\dfrac{3a^5}{b^3}\right)\times\dfrac{ab}{18}=$［②］

(3) $\sqrt{1.08}\times\left(\dfrac{2}{\sqrt{18}}+\sqrt{18}\right)+\left(\sqrt{2}-\sqrt{3}\right)^2=$［③］

(4) 2020 に 3 桁の整数［④］をかけると平方数になる。また，2020 に 2020 以外の 4 桁の整数［⑤］または［⑥］をかけると平方数になる。

(5) 右の図は正七十二角形の一部で，A, B, C, D, E はとなり合う頂点である。2 つの対角線 AC, BE の交点を F とするとき，
$\angle$ABC =［⑦］°，$\angle$BFC =［⑧］°である。

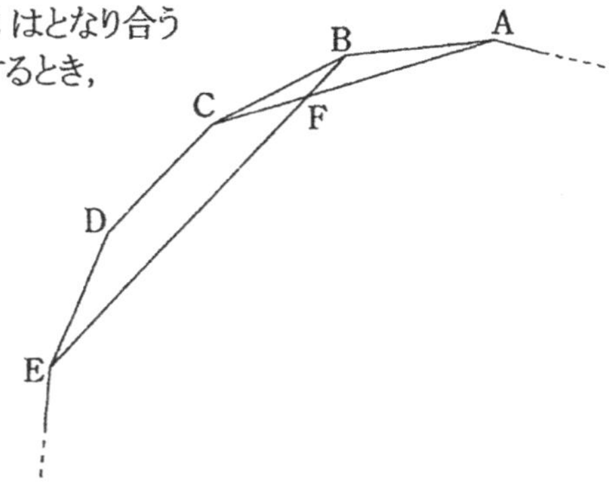

【解 答 欄】

①		②		③
④	⑤	⑥	⑦	⑧

［2］ ある電力会社では，1ヶ月の電気料金を次のア，イ，ウのように定めている。

ア. 使用した電力量が 120kWh(キロワット時)を超えないときは，使用した電力量に関係なく基本料金 x 円だけである。

イ. 使用した電力量が 120kWh を超えて 300kWh までは，その超えた分 1kWh につき，y 円を基本料金に加える。

ウ. 使用した電力量が 300kWh を超えるときは，その超えた分 1kWh につき，$1.25y$ 円を 300kWh のときの電気料金に加える。

ある家庭では，8 月に 376kWh 使用し，6340 円の料金を支払った。しかし，このあと 10 月に基本料金だけが 5%値上がりしたので，12 月には 294kWh 使用し，4362 円の料金を支払った。このとき，x，y の値を求めよ。

答 $x=$　　　　　，$y=$

［3］ 縦 10cm，横 14cm の長方形の紙がある。この紙の四隅から，同じ大きさの正方形を切り取って折り曲げてふたのない直方体の容器を作ったが，誤って予定していたよりも切り取る正方形の 1 辺の長さを 1cm だけ小さくしてしまったため，予定より容積が $24cm^3$ だけ増えた。はじめに切り取る予定だった正方形の 1 辺の長さを求めよ。

答

令和２年度 愛光高等学校入学試験問題　数学　（その２）

受験番号（　　　　　　）氏名（　　　　　　　　　　）

4 右の図のように，放物線 $y=2x^2$ と直線 $y=x+3$ が２点A, Bで交わっている。このとき，次の問いに答えよ。

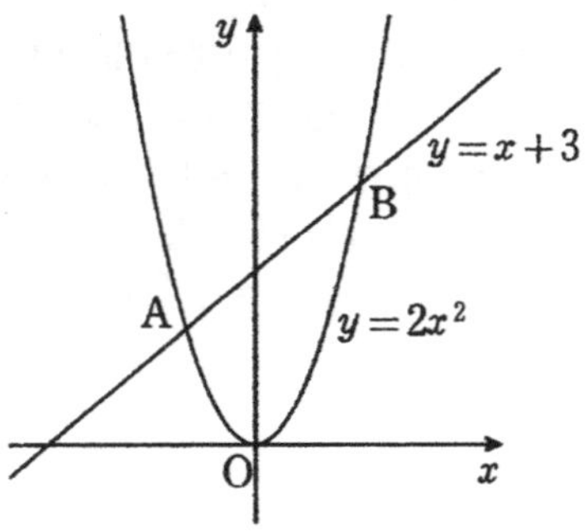

(1) ２点A, Bの座標を求めよ。

答 A(　　　,　　　), B(　　　,　　　)

(2) ABを１辺とする正方形ABCDを作る。ただし，２点C, Dの y 座標はともに正である。原点を通り，この正方形の面積を２等分する直線の方程式を求めよ。答だけでよい。

答＿＿＿＿＿＿＿＿

(3) $y=2x^2$ 上に点Eをとる。三角形ABEの面積が，(2)の正方形ABCDの面積の半分になるとき，点Eの x 座標をすべて求めよ。

答＿＿＿＿＿＿＿＿

5 正六角形ABCDEFがある。大小２つのさいころを同時に投げて，出た目の数をそれぞれ a, b とする。このとき，次の問いに答えよ。

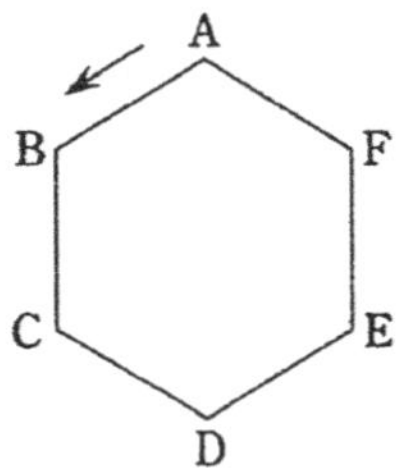

(1) 点Pは最初頂点Aにあり，$a+b$ の値の分だけ

A→B→C→…→F→A→B→…

のように頂点を順に移動する。このとき，点Pが頂点Cにある確率を求めよ。

答＿＿＿＿＿＿＿＿

(2) 点Pは最初頂点Aにあり，$a(b+1)$ の値の分だけ(1)と同じように移動する。このとき，点Pが頂点Dにある確率を求めよ。

答＿＿＿＿＿＿＿＿

6 右の図のようにABを直径とする円の周上に，AC=2，AD=$2\sqrt{7}$，CD=6となるように２点C，Dをとる。Aから線分CDに垂線AHを引く。このとき，次の問いに答えよ。

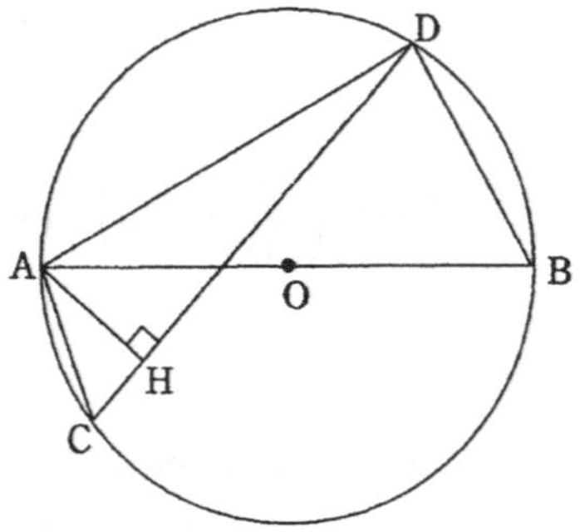

(1) CHの長さを求めよ。

答＿＿＿＿＿＿＿＿

(2) △ACH∽△ABDを証明せよ。

(3) ２つの線分AB，ADとAを含まない弧BDで囲まれた部分の面積を求めよ。

答＿＿＿＿＿＿＿＿

※音声と放送原稿非公表

（70分）

Ｉ． リスニングテスト問題：　放送の指示に従って問題を解き，その答えを解答用紙に記入しなさい。

Question No. 1

a. Yes, I am.
b. No, I am not.
c. Yes, I do.
d. No, he doesn't.

Question No. 2

a. This is my father.
b. It is my mother's.
c. That is me.
d. They are mine.

Question No. 3

a. It is five.
b. It is Friday.
c. It is Golden Week.
d. It is May.

Question No. 4

a. Becky saved thirty dollars.
b. The dress cost twenty dollars.
c. Becky paid forty dollars.
d. The dress was originally eighty dollars.

Question No. 5

a. Nancy's mother was happy about her decision.
b. Nancy was upset with her mother's job.
c. Nancy's mother decided to stop working.
d. Nancy's decision upset her mother.

Question No. 6

a. What does Bob clean every morning before school?
b. Which school does Bob go to every morning?
c. Why does Bob clean his room before school?
d. When does Bob leave for school every morning?

Question No. 7

What is the date of the news?

Question No. 8

When will the weather start to improve?

Question No. 9

Which track was he traveling on?

Question No. 10

What does the bag have on both sides?

Shinkansen Schedule

City	Track 1	Track 2	Track 3
Osaka	9:20	9:45	10:00
Kobe	9:40	10:10	10:25
Okayama	10:00	↓	10:40
Fukuyama	↓	↓	11:35
Hiroshima	11:45	12:14	12:47

Ⅱ．次の英文を読んで，設問に答えなさい。星印（*）の語は（注）を参考にしなさい。

When you think of an invention, what comes to mind? Is it something useful? Every day, people all over the world (1) up with new inventions. These inventions often give us a better way to do something. Most inventions make life easier or more (2)enjoyable. An invention isn't always a thing. An invention can also be a process. Examples of processes are ways of making certain *metals or glass, or even kinds of cheese.

(3) For example, let's look at the wheel. Long ago, the only way people could get from place to place was to walk. It sometimes took days to walk long distances. Then, someone invented the wheel. Next, people started putting wheels on *logs and boards. Thanks to these simple carts, carrying people and goods over long distances became easier. Then people started using horses and other animals to pull the carts. Riding on carts was less work than walking and made it easier for traveling.

In the 1800s, the gasoline engine was invented. The engine could be placed on carts and used to give power to them. (4) were not needed as much. Engines have led to the invention of many other things that help to move people and goods from place to place. Some of these inventions are steamboats, cars, trains, and airplanes. With these inventions people and goods could cross whole *continents in just a few days.

Over time, more inventions made engines better. Today, planes with jet engines can fly all over the world very quickly. The jet engine, and humans' strong wish to fly higher and faster, led to the invention of a more powerful engine, the rocket engine. The rocket engine helps to send people into space and to the Moon. (5)It took many steps and years to get people from the first airplane to the spacecraft that took humans to the Moon.

People wanted to *explore space. Space is different from Earth. Space has no air. It means there is no oxygen and no air pressure. Space is also very cold. People can not be safe in space without (6)the right equipment. Scientists needed to invent ways for people to breathe in places with no air. They needed to invent new materials to keep both humans and spacecraft safe from extreme temperatures. (7), many new products were invented because people wanted to explore space.

Of all the inventions of the last fifty years, there is (8) than the computer. The computer is a machine that has many parts. Many people improved their techniques and have made the computer we use today.

Many historians think that a German scientist invented the computer. In 1941, he used old materials to build the first computer. It could be programmed. It was used to do difficult math problems. Later, two professors in the United States invented a more powerful computer. It was the first electronic digital computer. It was the size of a desk. It had more than 300 glass tubes and used one mile of wire. It weighed 700 pounds. That is 140 bags of flour.

In 1944, two inventors worked together to build an even bigger and better computer. It was 55 feet long and 8 feet high. It filled a giant room and weighed 5 tons, or about as much as one elephant. It used lots of energy and needed a way to keep it cool.

In 1947, the transistor was invented. This meant that computers would no longer need hundreds of large glass tubes, and smaller computers could be built. The invention of *integrated circuits then took the jobs of many electronic parts and put them into one part. Then microprocessors were invented. They took lots and lots of integrated circuits and put them into one microchip. These improvements led to the computers we use today.

Still computers needed other inventions. People needed to invent software to make the computer do different tasks. Also, people wanted thinner screens and *mice that were easier to use. Even more inventions came as people discovered new things to do with the computer.

Computers developed the way for the Internet, a whole new way of communicating. Websites, emails, and high-speed Internet connections soon followed. These things made communicating with people all over the world easy. What will computers do in the future? What will be invented then? Perhaps you think that you have little space for new inventions because all the good things have been invented. But (9)that is not true. There will always be a need to make things better. With each new invention, creation, and exploration, another is sure to follow. Maybe you will be the person who will invent the next product to make life easier or more exciting for us all!

（注）metal 金属　log 丸太　continent 大陸　explore 探検する，調査する　integrated circuits 集積回路
mice mouse(マウス)の複数形

設問

1. 空所(　1　) に最も適する語を以下から選んで記号で答えなさい。

　ア．keep　イ．catch　ウ．make　エ．come

2. 下線部(2)と同じ意味で使われている単語を本文中から探して１語書き抜きなさい。

3. 空所(　3　) に最も適する文を以下から選んで記号で答えなさい。

　ア．Only a few inventions are similar to others.

　イ．One invention often leads to another invention.

　ウ．Simple inventions don't always improve situations.

　エ．Some inventions are unique and others are hopeless.

4. 空所(　4　)に最も適する語句を以下から選んで記号で答えなさい。

　ア．New inventions　イ．Examples of processes　ウ．Logs and boards　エ．Horses and other animals

5. 下線部(5)を日本語にしなさい。

6. 下線部(6)はどのような機能を持つべきか，句読点を含む３５字前後の日本語で答えなさい。

7. 空所(　7　)に最も適する語句を以下から選んで記号で答えなさい。

　ア．In fact　イ．Instead　ウ．Even so　エ．However

8. 空所(　8　)に次の語句を並べ替えて意味が通る文を作りなさい。

　there is [changed / that / nothing / our lives / more / has] than the computer

9. 下線部(9)を that が指すものを明らかにして日本語にしなさい。

10. 本文の内容と一致する英文を以下から２つ選び，記号で答えなさい。

　ア．Processed cheese is one of inventors' favorites and it is served on metal or glass plates.

　イ．A German inventor got his patent for glass tubes and electronic digital computers.

　ウ．The first digital computer became lighter, thinner, shorter and smaller in 1944.

　エ．Integrated circuits came after the transistor, and they were followed by microprocessors.

　オ．The major obstacle of inventing software was to make the computer do different tasks.

　カ．Computers played an essential part in the development of global communication.

Ⅲ．Parker と Nate は大学生である。次の２人の対話を読んで，設問に答えなさい。星印（*）の語は（注）を参考にしなさい。

Parker： Hey Nate, I feel the *sociology test is going to be very difficult. I have studied very (A), but I'm getting more and more worried about it. The test is next Monday, right?

Nate： Yeah. This test is going to be difficult, but you have studied all the materials so I know you are pretty prepared. Let's do a review from the first chapter. [1]

Parker： Sure. Shall we start?

Nate： Well, in the first chapter, we see the three basic points of view in sociology. What are these three points of view?

Parker： They are the *Functionalist, the *Conflict, and the *Interactionalist point of view. Is that right?

Nate： You got it. Good job!

Parker： Thanks. What does each point of view teach us?

Nate： Well, you know about the Functionalist point of view. It is the easiest one to remember.

Parker： Yes. (B)It says that everyone has a function in life and their [put / actions / will / together] for the benefit of society. Is that correct?

Nate： That is correct! Then, I think you understand very well about the other two points of view, right?

Parker： Yes, I can explain those clearly, (a) I don't have to do a review on the Conflict and the Interactionist. Let's go on to the next chapter.

Nate： OK. In the second chapter, we learned about some *scholars who did the study of modern sociology.

Parker： I think this chapter is really (A). I have read the chapter and my notes from the classes over and over again, and I'm still very confused.

Nate： Yeah, we should write down each scholar's ideas and then carefully compare their similarities and differences. (C)Our teacher [ask / will / a / us / short / write / essay] as part of the exam.

Parker： Oh, really? Actually, I am not good at writing. For me, putting my thoughts on paper really takes time. We have only an hour to finish the exam, don't we?

Nate： Try to relax and take it easy. Things get worse when you don't have control of yourself.

Parker： [2] Thanks for encouraging me.

Nate： No problem. After we finish studying the second chapter, why don't we take a break? (b) you like, we can have a cup of tea or coffee. But before that, we can study a little bit more, right?

Parker： Yeah, you're right. Let's get back to studying.

（注） sociology 社会学　Functionalist 機能主義　Conflict 対立・矛盾　Interactionalist 相互作用説
scholars 学者

設問

1. 空所(A)に共通して入る１語を答えなさい。
2. 空所[1], [2]に入れるのに最も適する文を下のア～オから選び，記号で答えなさい。
   ア．Yeah, you can say that again.　イ．Does that sound OK to you?　ウ．Sorry, but I can't understand.
   エ．Listen to me carefully, OK?　オ．How long did you control yourself?
3. 下線部(B), (C)の[ ]中の語を並べ替えて意味の通る英文を完成させなさい。ただし，それぞれ不足している１語を補うこと。
4. 空所(a), (b)に入れるのに最も適する接続詞を下のア～オから選び，記号で答えなさい。ただし，文の先頭に入るものも選択肢は全て小文字で示してある。
   ア．but　イ．because　ウ．if　エ．so　オ．though

Ⅳ．最も強く発音する箇所の母音の発音が他の３語と異なるものを記号で答えなさい。

1. ア．agree　イ．accident　ウ．balance　エ．talent
2. ア．Australia　イ．average　ウ．apron　エ．April
3. ア．success　イ．percent　ウ．breakfast　エ．advantage
4. ア．facility　イ．competition　ウ．creativity　エ．architect
5. ア．official　イ．image　ウ．climate　エ．forgive

Ⅴ．各組の２文の意味がほぼ同じになるように，（　　）にそれぞれ１語を入れなさい。

1. Why don't we take a walk?
   (　　) about (　　) a walk?
2. While we were staying in New York, we visited several museums.
   (　　)(　　) stay in New York, we visited several museums.
3. The ice on the lake is quite thin, so children can't play on it.
   The ice on the lake is (　　) thin for children (　　) play on.
4. I have decided to buy this house.
   I have made (　　) my (　　) to buy this house.
5. How well their mothers cook!
   What (　　)(　　) their mothers are!

Ⅵ．次の英文のうち誤りのあるものについては，誤りを含む下線部の番号を答えなさい。誤りがないものについては，解答欄に○を記入しなさい。

1. ①How do you think ②of that ③surprising report?
2. Lots of ①flowers which he ②picked up for her ③smell sweetly.
3. This pamphlet ①reminds you ②to the importance of ③brushing your teeth.
4. She doesn't ①dance much now, but I ②know that she ③was used to a lot before.
5. The engineers chose to ①quit their jobs at the factory because they ②could no longer ③believe in the safety of nuclear energy.

Ⅶ．次の文の下線部①，④については解答欄に与えられている英文のうち，[　　]内の語句を並べ替えなさい。下線部②，③については，日本語の内容を表す英語を書きなさい。

昨年，ブラックホールが史上初めて撮影されたというニュースが世界中を駆けめぐりました。2019年４月10日，①世界中の科学者が，地球上の８つの電波望遠鏡施設を接続してブラックホールの画像を作成したことを発表しました。地球規模で作り上げられたこの仮想天文台は，地球から5500万光年離れたM87銀河の中心に存在する超巨大なブラックホールの姿を，かつてない精密さで撮影することに成功しました。②このブラックホールは，私たちの太陽系(Solar System)の大きさよりもはるかに大きいのです。また，画像にはオレンジ色の光が写っています。③これはブラックホールに吸い込まれている超高温ガス（the superheated gas）です。④初のブラックホール画像を手に入れたことで，研究者たちはこの不思議な物体についてより多くのことが学べるようになるでしょう。

（60分）

【１】 次の文章を読み，下の問いに答えよ。

被子植物の増殖方法には，①種子を用いて新たな個体を作る方法と，②種子を用いずに新たな個体を作る方法がある。それぞれの増殖方法には，前者では花を咲かせる必要があるが，後者では花を咲かせる必要がないという根本的な違いがある。また，それぞれに利点と欠点があり，結果として植物は状況に応じた有利な方法で増殖していると考えられる。

ところで，花には③完全花と不完全花の２種類があり，完全花は花の構造がすべてそろっているのに対し，不完全花は花の構造のうちのいずれかが不足している。例えば，農作物として栽培されているウリ科の雄花《おばな》は（　④　）をもたず，イネの花は花びらをもたない。これまでは品種改良を行う上で，⑤完全花は不完全花より手間がかかっていた。しかし，ある研究グループは⑥もともと花粉のできないナタネを使い，ゲノム編集技術を用いて遺伝子 X を働かなくすると，正常に機能する花粉ができるようになることを確認した。このように，ゲノム編集技術で遺伝子の働きをコントロールできれば，⑦完全花でも簡単に品種改良ができるようになると考えられる。

（１） 被子植物の増殖方法としての下線部①・②を比較したとき，それぞれの利点として挙げられるものを，次の(ア)～(カ)から２つずつ選び，記号で答えよ。

（ア） 親個体と全く同じ形の子個体を生じる　　（イ） 減数分裂をせずに増殖する

（ウ） 環境の変化に適応できる可能性がある　　（エ） 一般に初期の成長速度が速い

（オ） 親個体よりも必ず優れた形質をもつ　　（カ） 一般に乾燥や寒さに強い

（２） 下線部③で，完全花の構造は中心部からどのような順に構成されているか。次の花の構造(ア)～(エ)を正しく並べよ。

（ア） おしべ　　（イ） がく　　（ウ） 花びら　　（エ） めしべ

（３） ④に入る花の構造は何か。(２)の(ア)～(エ)から１つ選び，記号で答えよ。

（４） 下線部⑤の原因として最も適当なものを次の(ア)～(エ)から１つ選び，記号で答えよ。

（ア） 人工受粉　　（イ） 自家受粉　　（ウ） 無性生殖　　（エ） 有性生殖

（５） 下線部⑥のナタネが，花粉を作ることができない理由を次の(ア)～(エ)から１つ選び，記号で答えよ。

（ア） 花粉を作る遺伝子をもともともっていない。

（イ） 花粉を作る遺伝子が突然変異し，正常に機能していない。

（ウ） 遺伝子 X が働くことで，花粉を作る遺伝子の働きが抑制されている。

（エ） 遺伝子 X が働くことで，花粉を作る遺伝子の働きが促進されている。

（６） 下線部⑦について，完全花を咲かせる植物で効率的に品種改良を行いたい。そのときに，ゲノム編集技術を用いて作成すべき有効な特徴をもつ植物は何か。次の(ア)～(エ)から１つ選び，記号で答えよ。

（ア） 子房を作らない植物　　（イ） 花粉を作らない植物　　（ウ） がくを作らない植物　　（エ） 花びらを作らない植物

【２】 ヒトの体温調節に関する次の文章を読み，下の問いに答えよ。

ヒトの身体の温度は内部の核心部と表面の外郭部で異なっており，異なる室温で体温を測定すると，右図のようになった。ヒトの体温はほぼ 37℃になるように調節されているが，これは体内で発生する熱と体から逃げていく熱とのバランスをうまくとっているからである。例えば，外気温が 25℃の環境でランニングをすると，筋肉で発生した熱が体から全く逃げていかなければ 30 分ほどで体温は 40℃を超えてしまうが，実際の体温は 1℃程度しか上昇しない。これは，体内で発生した熱を体の表面から放熱できたからである。

体の表面からの放熱方法には，①外気温度が皮膚温度よりも低い場合に有効な方法と，②外気湿度が低い場合に有効な方法がある。

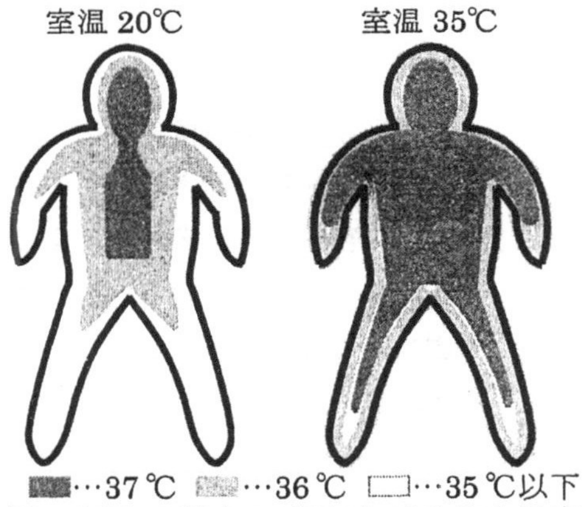

図　室温 20℃と 35℃における体内温度の分布

（１） ヒトのように，体温をほぼ一定に保つことのできる動物を何と呼ぶか。**漢字**で答えよ。

（２） 体温をほぼ一定に保つことのできるセキツイ動物に共通している心臓のつくりを，次の(ア)～(エ)から１つ選び，記号で答えよ。

（ア） 一心房一心室　　（イ） 二心房一心室　　（ウ） 一心房二心室　　（エ） 二心房二心室

（３） ヒトで体温が一定に保たれているところはどこか。文章中から３文字で抜き出して答えよ。

（４） 下線部①の方法で放熱するとき，体でどのような変化が起これば効果的か。次の(ア)～(エ)から１つ選び，記号で答えよ。

（ア） 体の表面の血管を収縮させ，皮膚血流を増加させる。　　（イ） 体の表面の血管を拡張させ，皮膚血流を増加させる。

（ウ） 体の表面の血管を収縮させ，皮膚血流を減少させる。　　（エ） 体の表面の血管を拡張させ，皮膚血流を減少させる。

（５） 下線部②の方法で放熱するときに効果的だと考えられるものを，次の(ア)～(オ)からすべて選び，記号で答えよ。

（ア） 汗をかいたら，自然に乾くまで放っておく。　　（イ） 汗をかいたら，乾燥したタオルで直ぐにふき取る。

（ウ） 適度に塩分を補給する。　　（エ） 乾きやすい素材の服を着る。

（オ） 白い帽子を深くかぶる。

【３】 自然災害に関する次の文章を読み，下の問いに答えよ。

①火山活動や気象現象は，地球上の生物に対して多くの恵みをもたらす一方で，災害を引き起こすことがある。火山が噴火するときに，②火口から放出される火山灰や火山弾などが広い範囲に降りそそぐことで，公共交通機関や家屋などに被害がもたらされることがある。③台風や集中豪雨は洪水や土砂災害を引き起こし，家屋の損壊や浸水，場合によっては人的被害をもたらすこともある。また，地震活動は，④津波や土地の隆起・沈降，［　　］などを引き起こす可能性がある。これらの災害から人身を守るために，気象庁をはじめとした行政機関は，⑤緊急地震速報などの警戒情報の発信を行っている。

（１） 文章中の空欄［　　］に入る，『地震動により，水分を多く含む土壌で地面がやわらかくなる現象』を示す語を**漢字**で答えよ。

（２） 下線部①に関連して，次の現象と人類への恵みについて述べた文のうち，**誤っているもの**を(ア)～(エ)から１つ選び，記号で答えよ。

(ア) 山が沈降することによって形成されたリアス海岸では，複雑な地形を活かした魚介類の養殖が行われている。

(イ) 火山付近では，地下のマグマの熱でつくられた水蒸気によって，バイオマス発電が活発に行われている。

(ウ) 川の氾濫によって運ばれた土砂によって，人の住みやすい肥沃な平野がつくられる。

(エ) 台風がもたらす大量の雨によって，渇水状態のダムの水量が回復することもある。

（３） 下線部②の総称を何と呼ぶか。**漢字**で答えよ。

（４） 下線部③に関連して，次の文章は台風について説明したものである。文章中の［ X ］，［ Y ］に当てはまる語をそれぞれ**漢字**で答えよ。

低緯度地域において発生した［ X ］低気圧があたたかい海上で発達することで，一定以上の平均風速の領域を持つようになると，台風と呼ばれるようになる。夏から秋にかけて日本の上空を流れる［ Y ］の影響によって，台風はこの季節に日本に上陸しやすい。台風の発達には，あたたかい海面から供給される水蒸気が必要なため，上陸して水蒸気の供給が少なくなると勢力を弱めていくこととなる。

（５） 下線部④について述べた文のうち，**誤っているもの**を(ア)～(エ)から１つ選び，記号で答えよ。

(ア) 津波は海水の表面付近のみが動く現象であり，伝わる速度が速い。

(イ) 津波は非常に大きなエネルギーを持っており，数千 km 以上先まで伝わることがある。

(ウ) 土地の隆起・沈降は，海溝型地震と内陸型地震のどちらにおいても発生することがある。

(エ) 土地の隆起・沈降は，地震が発生する瞬間以外にも生じていることがある。

（６） 下線部⑤について述べた次の文章中の下線部(ア)～(エ)から，**誤りが含まれているもの**を１つ選び，記号で答えよ。

緊急地震速報は，(ア)地震の発生後に主要動の到達時刻や震度を予想し，可能な限り早く知らせる情報のことである。これは，(イ)初期微動と主要動の揺れの大きさの差を利用しており，(ウ)震源に近い地震計で初期微動と主要動を観測することによって予測を行い，テレビや携帯電話などのメディアを用いて情報を拡散している。(エ)S波はP波より遅いため，多くの地点では主要動が到達する前に情報を伝えることが可能であるものの，情報を受け取るのが主要動到達の直前になってしまう地点もある。それでも，揺れに備えるための有効な情報として広く活用されている。

（７） 火山災害や土砂災害などによる人的被害を減らすために，各市町村では被害の恐れのある地域や，避難に関する情報を示した災害予測図を作成している。この図の一般的な名称を**カタカナ**で答えよ。

（８） 広範囲に降った雨水が河川に集まり，急激な増水が生じることで，洪水は発生する。流域面積（降水が河川へと流れる面積）が 400 km^2 である河川の全域で１時間当たりの降水量が４mm の雨が３時間降り注ぎ，地面に吸収されることなく河川に流れ込むとすると，この降水によって増える水量は何Ｌか。解答欄に**右詰め**で答えよ。

【４】 水溶液に含まれているイオンと水溶液の性質との関係を調べるため，ある濃度の硝酸と水酸化カリウム水溶液を用いて，次のような操作で実験を行った。この実験について，下の問いに答えよ。

【操作１】　硝酸に水酸化カリウム水溶液を表のような条件で加えて，水溶液Ａ～Ｅをつくった。

水溶液	A	B	C	D	E
硝酸(mL)	10	10	10	10	10
水酸化カリウム水溶液(mL)	2	4	6	8	10

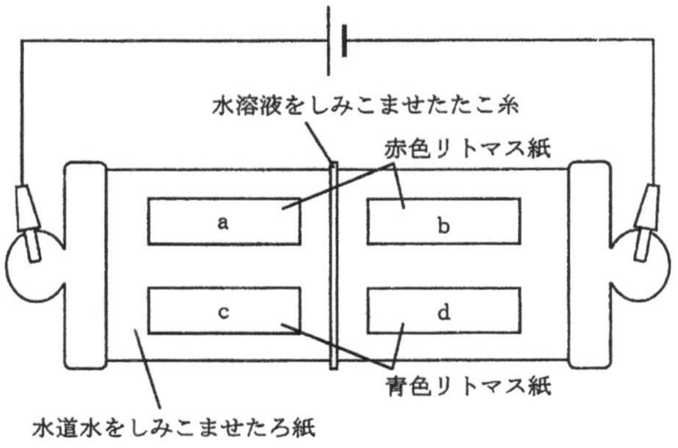

【操作２】　水道水をしみこませたろ紙の上に赤色リトマス紙ａ，ｂと青色リトマス紙ｃ，ｄを図のように置き，ろ紙の両端を金属クリップで挟み，電源装置をつないだ。ろ紙の中央に水溶液Ａをしみこませたたこ糸を置き，リトマス紙ａ～ｄがどのように変色するかを確認した。水溶液Ｂ～Ｅについても，同様に実験を行った。

【操作２の結果】　水溶液Ａ，Ｂを用いた場合と，水溶液Ｃ，Ｄ，Ｅを用いた場合で，それぞれ同じリトマス紙が変色した。

（１）　硝酸と水酸化カリウム水溶液の反応を化学反応式で表せ。

（２）　水溶液Ｅをつくる際，硝酸に加えた水酸化カリウム水溶液の体積と水溶液中の**水素イオンの数**との関係を示すグラフのおおよその形として，最も適当なものを(ア)～(ク)から１つ選び，記号で答えよ。

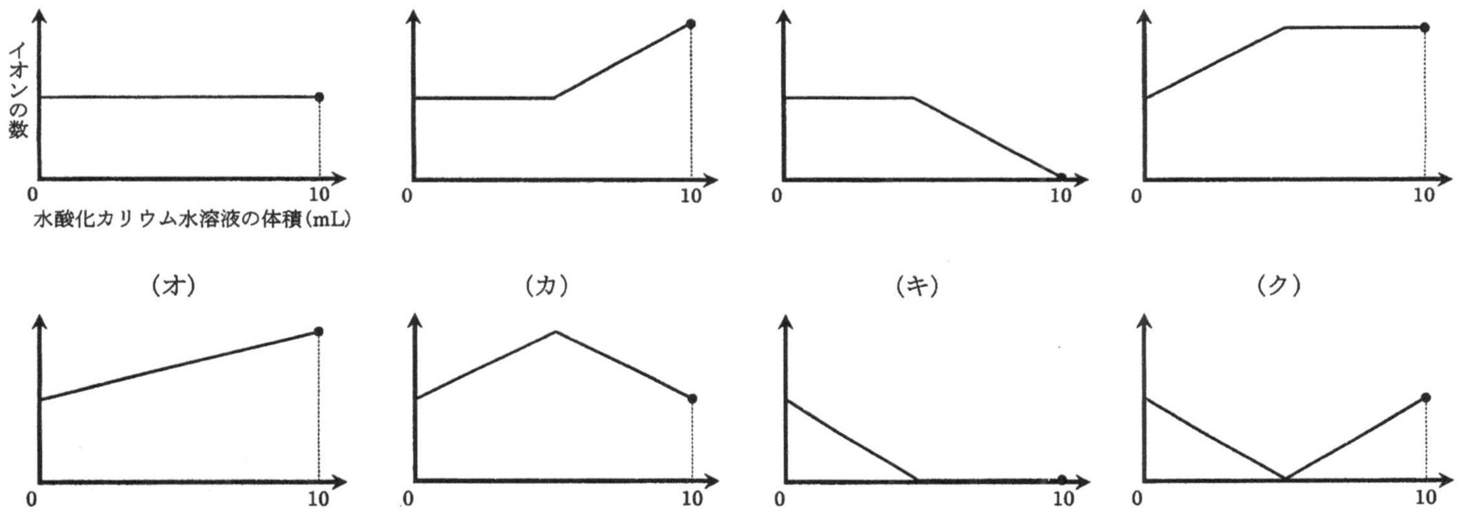

（３）　水溶液Ｅをつくる際，硝酸に加えた水酸化カリウム水溶液の体積と水溶液中の**イオンの総数**との関係を示すグラフのおおよその形として，最も適当なものを(２)の選択肢(ア)～(ク)から１つ選び，記号で答えよ。

（４）　この実験において，『水素イオンと水酸化物イオン以外のイオンはリトマス紙の色の変化に影響を与えない』ということを確認したい。【操作２】と同様の方法でこれを確認するためには，たこ糸に何の水溶液をしみこませればよいか。物質名で答えよ。

（５）　【操作２】を行った結果，変色したリトマス紙はどれか。水溶液Ａ，Ｂを用いた場合と，水溶液Ｃ，Ｄ，Ｅを用いた場合について，図のリトマス紙ａ～ｄからすべて選び，記号で答えよ。

（６）　10 mL の水溶液Ａと 5 mL の水溶液Ｅを混合し，水溶液Ｆをつくった。水溶液Ｆを用いて【操作２】を行ったとき，変色したリトマス紙はどれか。図のリトマス紙ａ～ｄからすべて選び，記号で答えよ。

【５】 次の文章を読み，下の問いに答えよ。

西暦1800年前後にイギリスで産業革命が起こって以来，人類のエネルギー消費量は増加の一途をたどることとなった。そのエネルギーの供給源は主に化石燃料であり，化学的には，化石燃料に含まれる多量の有機化合物（炭素化合物）の燃焼によって得られる熱エネルギーを取り出して利用している。

ところで，炭素（C）を空気中で完全燃焼する際の化学反応式は，

［化学反応式］

と表される。また，炭素１gの完全燃焼から生じる熱エネルギーは33kJである。ここで，水１gの温度を１℃上昇させるのに必要な熱エネルギーは4.2J，水の密度は1g/cm³であるから，この33kJの熱エネルギーで水１Lの温度を理論上［ア］℃上昇させることが可能である。

さて，一般の家庭などで広く普及しているガス燃料としては，プロパンガスが挙げられる。プロパンは，主に石油から得られる有機化合物のひとつで，その化学式はC_3H_8である。プロパンを空気中で完全燃焼させると，プロパンガス１Lあたり100kJの熱エネルギーが生じる。プロパンガスは，その燃焼時の発熱量が大きいことから，風呂釜や湯沸かし器などの燃料としてよく用いられている。

（１） 文章中の空欄［化学反応式］にあてはまる化学反応式を書け。

（２） 文章中の空欄［ア］にあてはまる数値を答えよ。ただし，小数点以下が出るときは，四捨五入して整数値で答えよ。

（３） 文章中の下線部の化学反応式を書け。

（４） ある家庭のお風呂に，水温22℃の水190Lをはり，プロパンガスを燃料にしてお湯を沸かしたが少し熱すぎたので，水温22℃の水10Lを加えてお湯の温度が42℃になるように調節した。このとき，プロパンガスは何L使われたか。ただし，この風呂釜では，燃焼したプロパンガスから生じる熱エネルギーの70％が水に吸収され，吸収された熱量はすべて水の温度上昇に使われるものとする。なお，小数点以下が出るときは，四捨五入して整数値で答えよ。

（５） ある家庭用のガス湯沸かし器は，プロパンガスを燃焼して22℃の水を76℃のお湯にすることができる。できたお湯は，図に示すように，蛇口部分で水と混合することにより温度を調節して使われる。いま，お湯と水の両方の蛇口を開けて40℃のぬるま湯が毎秒120cm³の量で流れ出るように調整した。このとき，蛇口で混合する水の量は毎秒何cm³か。また，この湯沸かし器では，毎分何Lのプロパンガスが消費されるか。ただし，水の温度は22℃とし，この湯沸かし器では燃焼したプロパンガスから生じる熱エネルギーの81％が水に吸収され，吸収された熱量はすべて水の温度上昇に使われるものとする。なお，小数点以下が出るときは，四捨五入して整数値で答えよ。

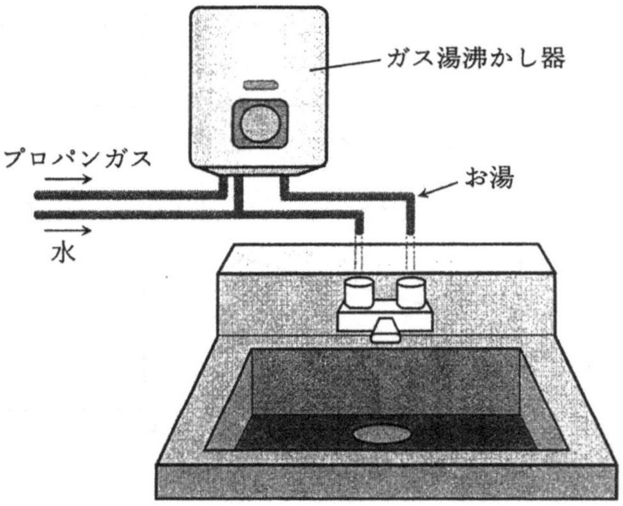

【６】 6Vの電池と10Ωの抵抗R_1～R_7を図のように接続した。図の端子aは，端子b～dのいずれかひとつと接続することができる。次の問いに答えよ。

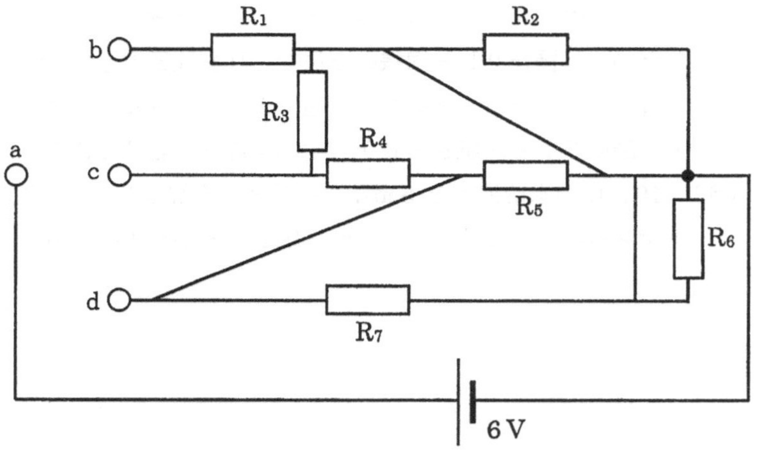

（１） 端子aを端子bと接続したとき，抵抗R_1，R_2を流れる電流はそれぞれ何Aか。

（２） 端子aを端子cと接続したとき，回路全体の合成抵抗は何Ωか。また，回路全体の消費電力は何Wか。

（３） 端子aを端子b～dのどの端子と接続しても電流が流れない抵抗がある。その抵抗はR_1～R_7のどれか。ただし，答えが複数ある場合はすべて答えよ。

（４） 抵抗R_5の消費電力が最も大きくなるのは，端子aを端子b～dのどの端子と接続したときか。また，その消費電力は何Wか。

【７】 次のⅠ・Ⅱの各問いに答えよ。

Ⅰ．「氷山の一角」という言い方があるが，氷山の一角がどの程度であるかを調べてみた。まず，図１のような形状の物体を用意し，図２のように，１N の力を加えると 0.5 cm 伸びるばねにつるして，底面が水面に平行になるように水の中に沈めていった。このとき，底面の深さとばねの伸びの関係は表のようになった。ただし，100 g の物体にはたらく重力の大きさを１N，水の密度を 1.0 g/cm^3 とする。

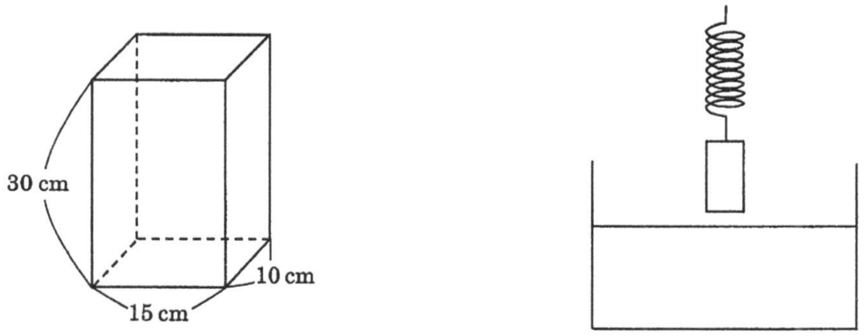

図１　　　　図２

深さ(cm)	0	4	8	12	16	20	24	28	32	36	40
ばねの伸び(cm)	49.5	46.5	43.5	40.5	37.5	34.5	31.5	28.5	27.0	27.0	27.0

（１） 物体の密度は何 g/cm^3 か。

（２） 物体を 20 cm 沈めたとき，物体にはたらいている浮力の大きさは何 N か。

（３） 深さ 20 cm における水圧は何 Pa か。

次に，図１のような形状の氷を用意し，物体を沈めたときと同じように氷を沈めていくと，完全に沈む前にばねの伸びは 0 cm になった。ただし，氷は水にとけないものとし，氷の密度は 0.92 g/cm^3 とする。

（４） ばねの伸びが 0 cm になったとき，氷の底面の深さは何 cm か。

（５） （４）のとき，氷全体の体積の何％が水面より上に出ているか。

（６） この実験から，物体にはたらく浮力の大きさは物体が押しのけた水の重さに相当することがわかる。海に浮いている氷山の場合，海面より上に出ている部分の体積の割合は，（５）の値よりも大きくなるか，小さくなるか。ただし，氷山は純粋な水が凍ったものとし，海水の密度は水よりもわずかに大きい。

Ⅱ．図３のように，傾きを変えることができる斜面 AB と水平面 BC がなめらかにつながっている。斜面にも水平面にも摩擦はない。この斜面上の点 P から物体を静かに放したとき，物体を放してからの時間と速さの関係を表すとグラフのようになった。下の①～③の条件で，斜面上のある位置から同じ物体を静かに放したとき，物体を放してからの時間と速さの関係を表すグラフとして最も適当なものを，下の(ア)～(ケ)からそれぞれ選び，記号で答えよ。ただし，選択肢中の点線は，図３のときのグラフを示している。

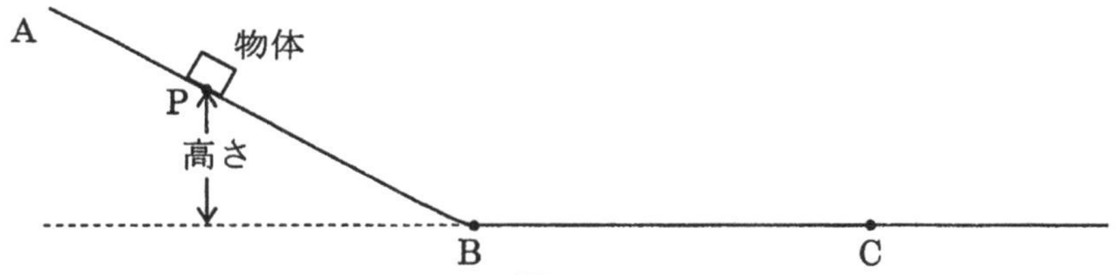

図３

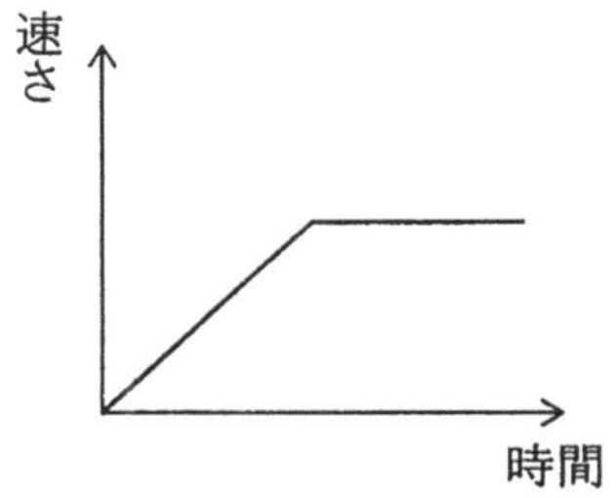

図３のときのグラフ

① 図３のときと斜面の傾きを変えずに，点 P より高い位置から放す。

② 図３のときより斜面の傾きを小さくし，点 P と同じ高さから放す。

③ 図３のときより斜面の傾きを大きくし，点 P より低い位置から放す。

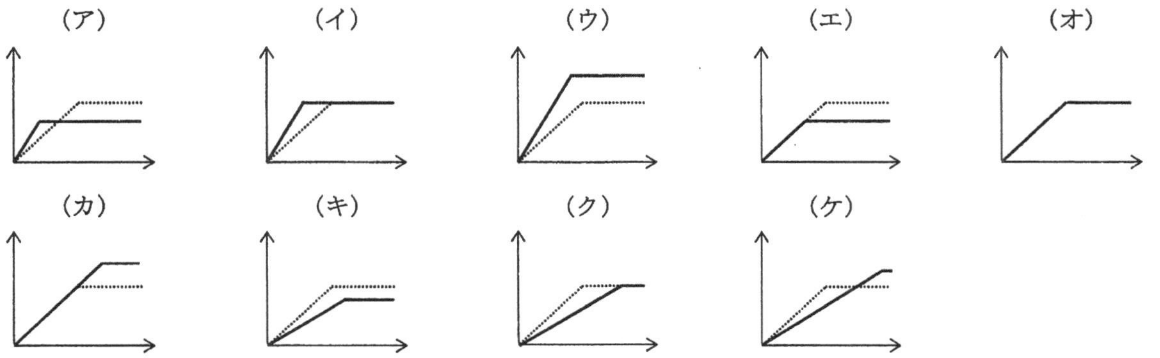

（60分）

《答えはすべて解答用紙に記入しなさい。選択問題については，記号や番号で答えなさい。》

1　次の文【A】～【C】は，それぞれある県について述べたものである。これを読み，後の問に答えなさい。

【A】全国の活火山数の10分の１にあたる，11の活火山がある。そのうち，県南部に突き出した２つの半島にはさまれた湾には［１］という火山がある。この火山はかつての噴火により片方の半島とつながったもので，この県の代表的な観光名所になっている。(ア)現在でも頻繁《ひんぱん》に噴火するため，対岸に位置する県庁所在都市の住民などに火山灰の被害をもたらしている。古くから火山活動が多かった同県には，火山灰が積もった台地が広く分布し，かつては農業上の制約が大きかったが，(イ)戦後は台地の開発が進み，様々な農畜産物が生産できるようになった。

【B】(ウ)北部には標高3,000mを超える山を含む高い山脈や山地があり，それらからいくつかの河川が海へ注いでいる。そのうちの１つの河川沿いは，本州を二分する［２］とよばれる地溝帯の西縁のラインに当たり，そのラインを境界として東西で地質が異なっている。ラインの東側にはいくつかの活火山がみられるほか，大昔の火山活動などによってつくられた大きな半島があり，温泉を中心とする観光業や沿岸漁業などがさかんである。これに対し，(エ)ラインの西側には台地や平野が多く，特徴ある農業や工業がみられる。

【C】西部の県境付近には長大な山脈が連なり，火山が分布しており，他方で東部には高地が海岸部まで広がっている。これらの山地・高地では古くから農耕用や軍用の馬の飼育がさかんで，第二次世界大戦後は肉牛・乳牛・豚などの畜産業が発達した。西部の山脈と東部の高地の間には河川が形成した南北に細長い盆地がある。この盆地は(オ)古くから米作りがさかんな地域であるほか，中心的な都市が立地しており，(カ)南北に高速道路や新幹線が通っている。高地の東側に連なる海岸部のうち，北部は海岸段丘，南部は［３］とよばれる地形となっており，後者では養殖業が発達している。

問１　文中の空欄［１］～［３］にあてはまる語句を記入しなさい。

問２　文【C】が示す県名を答えなさい。

問３　下線部(ア)について，この火山の夏と冬の噴火で出た火山灰の量が同じであった場合でも，夏の方が冬と比べて同県庁所在都市への降灰量が多いと考えられる。それはなぜか。気候上の要因に着目して30字以内で述べなさい。（文【A】の県庁所在都市のことを，「この都市」と表してもよい。）

問４　下線部(イ)に関連して，文【A】の県は，現在日本有数の畜産県になっている。次の表は，肉用牛，豚，肉用若鶏いずれかの飼育頭数における上位４都道府県と全国合計に占める割合（2018年２月１日現在）を示したものである。表中の①～③と家畜名の組み合わせとして正しいものを，下の（あ）～（か）のうちから１つ選びなさい。なお，表中の【A】・【C】は，文【A】・文【C】が示す県名にそれぞれ対応している。

（あ）①　肉用牛　②　豚　③　肉用若鶏
（い）①　肉用牛　②　肉用若鶏　③　豚
（う）①　豚　②　肉用牛　③　肉用若鶏
（え）①　豚　②　肉用若鶏　③　肉用牛
（お）①　肉用若鶏　②　肉用牛　③　豚
（か）①　肉用若鶏　②　豚　③　肉用牛

	①		②		③	
１位	【A】	13.8%	宮崎県	20.5%	北海道	20.9%
２位	宮崎県	8.9%	【A】	19.3%	【A】	13.1%
３位	北海道	6.8%	【C】	16.2%	宮崎県	9.7%
４位	千葉県	6.7%	青森県	5.1%	熊本県	5.1%

（『日本国勢図会 2019/20』により作成）

問５　下線部(ウ)の山脈名を，次の中から１つ選びなさい。
（あ）越後山脈　（い）飛驒山脈　（う）赤石山脈　（え）木曽山脈

問６　下線部(エ)に関連して，この県内の同ライン西側の地域における産業や都市について述べた次の文のうち，誤っているものを１つ選びなさい。
（あ）沿岸部には，明治維新後に旧幕臣らが茶園を開発したことで茶の栽培がさかんになった台地がある。
（い）県庁所在都市とは別の政令指定都市があり，そこでは楽器の製造がさかんである。
（う）沿岸部の平野や台地上を中心に，自動車・二輪車などの輸送用機器の製造がさかんである。
（え）隣県から流れ込む「暴れ川」として有名な河川の下流部で，アルミニウムの精錬や加工がさかんである。

問７　下線部(オ)に関連して，この県の米の収穫量は，「やませ」とよばれる局地風の影響によって，年によって大幅に減少するということがみられてきた。この風の特徴として正しいものを，次の中から１つ選びなさい。
（あ）夏の気温低下をもたらす北西風　（い）夏の気温低下をもたらす北東風
（う）夏の気温上昇をもたらす南西風　（え）夏の気温上昇をもたらす南東風

問８　下線部(カ)に関連して，これらの交通網の整備は人の移動や物流に変化をもたらし，人々のくらしや産業にも影響を与えているが，同様の例は，他の地域にもみられる。右の写真は，1988年に発行された「さようなら宇高連絡船乗船記念証」（一部修正している）を示している。この年に，ある「巨大な構造物」が完成し，それにともない代わりとなる交通機関が整備されたことで，宇高連絡船は廃止され，人々の移動や生活に変化が起きた。この「巨大な構造物」とは何か，具体的な名称を記しなさい。

2　次の文【A】・【B】を読み，後の問に答えなさい。

【A】木綿はインドなどの地域が原産地といわれており，すでに(ア)インダス文明のころから栽培されていた。その後，アラビア半島で栽培されるようになり，(イ)アラブ人商人を通じてスペインやイタリアにもたらされた。(ウ)大航海時代以降，インド産の綿織物はヨーロッパで珍重されていたが，17世紀に(エ)イギリス東インド会社がアジアに進出したため，ヨーロッパにさらに流通するようになった。こうして綿織物の需要は高まり，やがてイギリス国内での生産がおこなわれるようになり，さまざまな機械が発明され，綿織物工業から(オ)産業革命がはじまった。

問１　下線部(ア)について述べた文として正しいものを，次の中から１つ選びなさい。

（あ）月の満ち欠けに基づく太陰暦や，時間を60進法で測ることが考え出された。
（い）上下水道や公衆浴場などが整備された，モヘンジョ・ダロに代表される都市が造られた。
（う）神のように敬われた国王の墓としてピラミッドが造られた。
（え）各地に丘の上の神殿とふもとの広場とを中心としたポリスが建設された。

問２　下線部(イ)に関連して，アラブ人商人たちが信仰していたイスラム教について述べた文として誤っているものを，次の中から１つ選びなさい。

（あ）神の像を造って拝んではならないとされた。
（い）『コーラン』を聖典とし，唯一の神アラーを信仰した。
（う）ユダヤ教やキリスト教の影響を受けたムハンマドによって開かれた。
（え）神に仕えるバラモンを頂点とする身分制度がつくられた。

問３　下線部(ウ)に関連して，スペインとポルトガルの植民地の境界線が1494年にさだめられたが，その境界線として正しいものを，右の地図中の（あ）～（え）から１つ選びなさい。

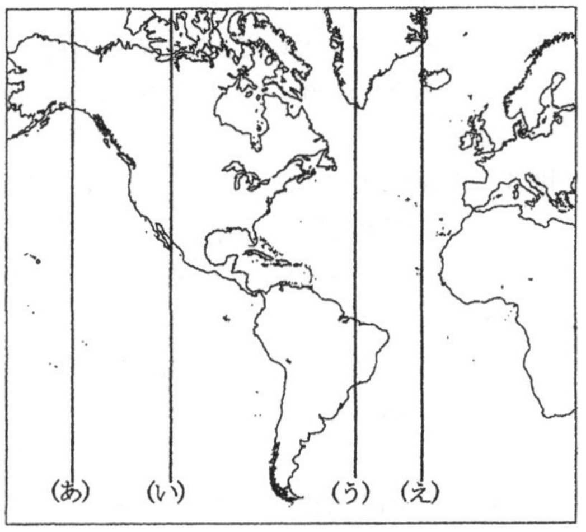

問４　下線部(エ)について，イギリス東インド会社に関連して述べた文X・Yについて，その正誤の組み合わせとして正しいものを，下の中から１つ選びなさい。

X　イギリス東インド会社は，鎖国体制下の日本と貿易し，利益をあげた。
Y　イギリス東インド会社に雇われていたインド人兵士の反乱が各地に広まり，インド大反乱がおこった。

（あ）X　正　　Y　正　　　（い）X　正　　Y　誤
（う）X　誤　　Y　正　　　（え）X　誤　　Y　誤

問５　下線部(オ)に関連して，産業革命がすすんだ19世紀のヨーロッパ諸国について述べた次の文Ⅰ～Ⅲを，古い順に正しく並べかえたものを，下の中から１つ選びなさい。

Ⅰ　ドイツはビスマルクの指導の下で富国強兵をすすめ，統一帝国となった。
Ⅱ　フランスでは，外国との戦争で活躍したナポレオンが権力をにぎり，皇帝となった。
Ⅲ　アヘン戦争に勝利したイギリスは，清との間に不平等条約を結んだ。

（あ）Ⅰ-Ⅱ-Ⅲ　（い）Ⅰ-Ⅲ-Ⅱ　（う）Ⅱ-Ⅰ-Ⅲ　（え）Ⅱ-Ⅲ-Ⅰ　（お）Ⅲ-Ⅰ-Ⅱ　（か）Ⅲ-Ⅱ-Ⅰ

【B】養蚕は，中国に起源があるとされており，(カ)殷の遺跡からも絹製品が発見されている。(キ)漢の時代には主要な交易品として，生糸がいわゆる(ク)シルクロードを通じてヨーロッパに伝わった。やがて，(ケ)地中海沿岸の一部で養蚕がおこなわれたこともあったが，広がることはなかった。日本には弥生時代に養蚕が伝わったとされるが，生糸の品質は中国産に比べて劣っていたため，(コ)中国との貿易でさかんに輸入されてきた。江戸時代になると，幕府が諸藩に生産を奨励したこともあり，ようやく中国からの輸入品に劣らない品質の生糸が作られるようになった。

問６　下線部(カ)に関連して，この他にも，殷の遺跡から発見されたものとして正しいものを，次の中から１つ選びなさい。

（あ）

（い）

（う）

（え）

問７　下線部(キ)について述べた文として正しいものを，次の中から１つ選びなさい。

（あ）北方の遊牧民族の侵入を防ぐために，万里の長城をはじめて築いた。
（い）律令などの法律を作り，戸籍に登録した人々に土地を分け与え，税や兵役を負担させた。
（う）朝鮮半島に進出し，楽浪郡などを設置した。
（え）皇帝に仕えるための役人を試験で選ぶようになった。

問８　下線部(ク)に関連して，シルクロードに関するできごとについて述べた次の文Ⅰ～Ⅲを，古い順に正しく並べかえたものを，下の中から１つ選びなさい。

Ⅰ　シルクロードを通ったイタリア人のマルコ・ポーロは，「世界の記述」を書いた。
Ⅱ　インドでおこった仏教が，シルクロードを通して中国にはじめて伝えられた。
Ⅲ　唐の都の長安には，シルクロードを通って多くの商人や使節が訪れた。

（あ）Ⅰ-Ⅱ-Ⅲ　（い）Ⅰ-Ⅲ-Ⅱ　（う）Ⅱ-Ⅰ-Ⅲ　（え）Ⅱ-Ⅲ-Ⅰ　（お）Ⅲ-Ⅰ-Ⅱ　（か）Ⅲ-Ⅱ-Ⅰ

問9　下線部(ケ)について，この地域でおきたできごとについて述べた文として誤っているものを，次の中から１つ選びなさい。

（あ）ローマは，イタリア半島全体に支配を広げると，その後，地中海を囲む地域を征服した。

（い）イスラム教徒に支配された聖地エルサレムを奪回するため，教皇の呼びかけによって十字軍が送られた。

（う）イタリアを中心にギリシア・ローマの文化を復興させようとする学問や芸術の動きがおこった。

（え）正教会と結びついたビザンツ帝国は，オスマン帝国を滅ぼした。

問10　下線部(コ)に関連して，中国が日本とおこなってきた貿易に関連して述べた文X・Yについて，その正誤の組み合わせとして正しいものを，下の中から１つ選びなさい。

X　平清盛は，宋との貿易のために航路を整え，大輪田泊の港を整備した。

Y　足利義満は，明から与えられた勘合を用いた貿易をおこなった。

（あ）X　正　Y　正　　（い）X　正　Y　誤　　（う）X　誤　Y　正　　（え）X　誤　Y　誤

3　次の文を読み，後の問に答えなさい。

令和元年を迎え，およそ30年続いた平成は終わりを告げた。平成元年に起こったことや，その後の影響を振り返ってみたい。

令和元年に［A］%に増税された(ア)消費税は［B］%の税率で平成元年にはじめて導入された。新たに税ができたことによって負担が増えた国民は自民党政権への不信感を持つようになった。この消費税の導入や，(イ)リクルート事件，牛肉・オレンジの農産物輸入自由化などが逆風となり，この年に行われた参議院議員選挙で自民党は大敗し，過半数を割る結果となった。自民党はその後も後退を続け，やがて(ウ)55年体制は崩壊していく。日経平均株価が史上最高値を記録したのも平成元年の年末である。翌年以降株価は低落し，バブル経済は終焉を迎えて，長い不況の時代に突入する。このころには「(エ)失われた10年」は始まっていたと言えるかもしれない。

問1　文中の空欄［A］・［B］に当てはまる数字の組み合わせとして正しいものを，次の中から１つ選びなさい。

（あ）A　5　B　3　　（い）A　8　B　3　　（う）A　10　B　3

（え）A　8　B　5　　（お）A　10　B　5　　（か）A　15　B　5

問2　下線部(ア)に関して，以下の設問に答えなさい。

（1）消費税について述べた次の文の空欄［X］～［Z］に当てはまる語句の組み合わせとして正しいものを，下の（あ）～（く）の中から１つ選びなさい。

消費税は税金を納める人と負担する人が異なることから［X］に分類される。同じ値段の商品に対しては，誰もが同じ税額を負担することになることから［Y］を持つ。つまり消費税が課せられると，所得の［Z］人ほど大きな負担となる。

	（あ）	（い）	（う）	（え）	（お）	（か）	（き）	（く）
［X］	直接税	直接税	直接税	直接税	間接税	間接税	間接税	間接税
［Y］	累進性	累進性	逆進性	逆進性	累進性	累進性	逆進性	逆進性
［Z］	多い	少ない	多い	少ない	多い	少ない	多い	少ない

（2）次の図は，日本の一般会計税収（決算）に対する消費税，所得税，法人税の割合の推移を示したものである。図中の［X］～［Z］は所得税，消費税，法人税のいずれかである。図中の［X］～［Z］に当てはまるものの組み合わせとして正しいものを，下の（あ）～（か）の中から１つ選びなさい。

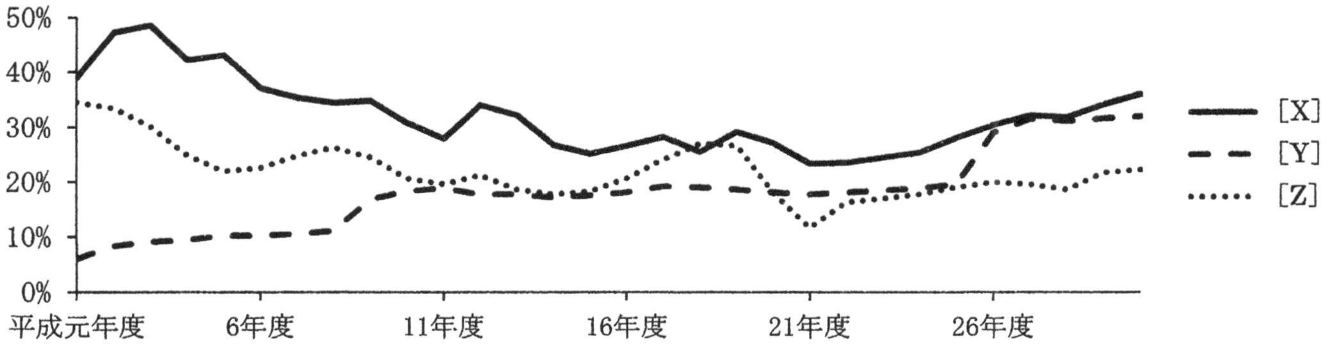

（財務省ホームページより作成）

	（あ）	（い）	（う）	（え）	（お）	（か）
［X］	消費税	消費税	所得税	所得税	法人税	法人税
［Y］	所得税	法人税	消費税	法人税	消費税	所得税
［Z］	法人税	所得税	法人税	消費税	所得税	消費税

問3　下線部(イ)に関連して，リクルート事件をはじめ数々の汚職事件が起きたことを受けて，1990年代に政治改革が行われた。この政治改革について述べた次の文X・Yについて，その正誤の組み合わせとして正しいものを，下の中から１つ選びなさい。

X　衆議院議員総選挙において，小選挙区比例代表並立制が導入された。

Y　政府が政党の政治資金の一部を補助する，政党交付金の制度が廃止された。

（あ）X　正　Y　正　　（い）X　正　Y　誤　　（う）X　誤　Y　正　　（え）X　誤　Y　誤

問4　下線部(ウ)に関連して述べた次の文X・Yについて，その正誤の組み合わせとして正しいものを，下の中から1つ選びなさい。

X　自民党と社会党の間で政権交代が繰り返された体制である。

Y　この体制下で日本国憲法の改正発議がなされた。

(あ) X　正　Y　正　　(い) X　正　Y　誤　　(う) X　誤　Y　正　　(え) X　誤　Y　誤

問5　下線部(エ)に関連して，この時期に経済を浮揚させる目的で「聖域なき構造改革」というスローガンのもと，さまざまな政策がとられた。これについて以下の設問に答えなさい。

（1）このスローガンを掲げた首相は誰か，次の中から1つ選びなさい。

(あ) 田中角栄　　(い) 細川護煕　　(う) 村山富市　　(え) 小泉純一郎　　(お) 鳩山由紀夫

（2）この構造改革について述べた次の文のうち，誤っているものを1つ選びなさい。

(あ) 市場原理を重視して，郵政三事業を民営化した。

(い) 労働者派遣法を改正し，派遣労働ができる業種を削減した。

(う) 国の税収を地方公共団体の税収へと移す税源移譲が行われた。

4　次の会話文は，ある中学校の社会科の授業のようすである。この文を読み，後の問に答えなさい。

先　生：これから「公民」の学習を開始しますが，現在，私たちが生きる社会がどのような特色をもっているか，考えてみたいと思います。「現代社会は，〇〇化の時代だ」という具合に「〇〇化」の部分を思いつくままにあげてください。

Aさん：(ア)今の日本では，「少子高齢化」が進んでいることが話題になっています。(イ)働く人の減少とともに，高齢者の医療や福祉に費用がかかることが問題になっています。

先　生：やがて(ウ)「少子高齢化」の問題は多くの国に広がるでしょうから，これは日本だけの問題にとどまりませんね。その他にはどんな特色を思いつきますか。

Bさん：(エ)パソコンやスマートフォンが普及し，多くの人がインターネットを利用するようになって，「情報化」が進んでいる社会だといわれていると思います。

先　生：たしかに，コンピューターやインターネットなどの情報通信技術（ＩＣＴ）の発達で，情報の果たす役割が大きくなっていますね。さて，「情報化」にも関係があることで，他に現代社会の特色を思いつきませんか。

Cさん：情報がすぐに世界中に伝わるようになっており，「グローバル化」が進んでいると思います。街に出ると，外国の人もよく見かけます。

先　生：そうですね，情報や人の行き来が盛んになり「グローバル化」が進んでいますね。他に「グローバル化」を感じることはありませんか。

Dさん：みのまわりのものや食べるものも外国から輸入したものが多いです。

先　生：そう，それに日本の企業が海外に進出しています。(オ)「グローバル化」によって，ヒト・モノ・カネ・情報が自由に行きかうようになりました。ただ，「グローバル化」とは，それだけにとどまりません。

Eさん：一国では解決できない問題が増えていて，国際協力が必要不可欠な時代になっているのも「グローバル化」ですよね。

先　生：いい指摘ですね。一国では解決できない問題とは，どんな問題が考えられますか。

Fさん：南北問題や地球環境問題，それに地域紛争の発生などでしょうか。

先　生：まさに，そのとおりです。南北問題や地球環境問題を解決するためにも，X な社会の実現が求められています。それに，民族や宗教，文化の違いによる地域紛争は，国際社会の介入を要するものもあります。その解決には，(カ)多文化共生の立場に立った異文化理解が重要です。いろいろキーワードもあがりましたね。では，これからの授業で，これらの問題について理解を深めていきましょう。

問1　下線部(ア)に関連して，以下の設問に答えなさい。

（1）次の文Ⅰ～Ⅲについて，その正誤の組み合わせとして正しいものを，下の中から1つ選びなさい。

Ⅰ　子育てを支援するため，少子化社会対策基本法が制定され，雇用環境の整備や保育サービスの充実が進められている。

Ⅱ　75歳以上の高齢者は独自の医療保険に加入する後期高齢者医療制度が導入されている。

Ⅲ　日本の年間の出生数は，近年100万人を下まわっている。

(あ) Ⅰ　正　Ⅱ　正　Ⅲ　正　　(い) Ⅰ　正　Ⅱ　正　Ⅲ　誤　　(う) Ⅰ　正　Ⅱ　誤　Ⅲ　正

(え) Ⅰ　正　Ⅱ　誤　Ⅲ　誤　　(お) Ⅰ　誤　Ⅱ　正　Ⅲ　正　　(か) Ⅰ　誤　Ⅱ　正　Ⅲ　誤

(き) Ⅰ　誤　Ⅱ　誤　Ⅲ　正　　(く) Ⅰ　誤　Ⅱ　誤　Ⅲ　誤

（2）男女別に年齢ごとの人口を表したグラフは人口ピラミッドといわれる。以下に示す図①～③は，2015 年の日本の人口ピラミッドのうち０～24 歳，25～49 歳，50～74 歳のいずれかであり，図１のⅠ～Ⅲに当てはまる。Ⅰ～Ⅲと①～③の組み合わせとして正しいものを，下の中から１つ選びなさい。

①

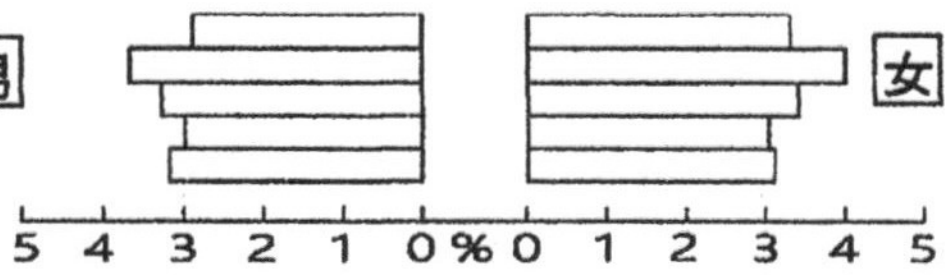

②

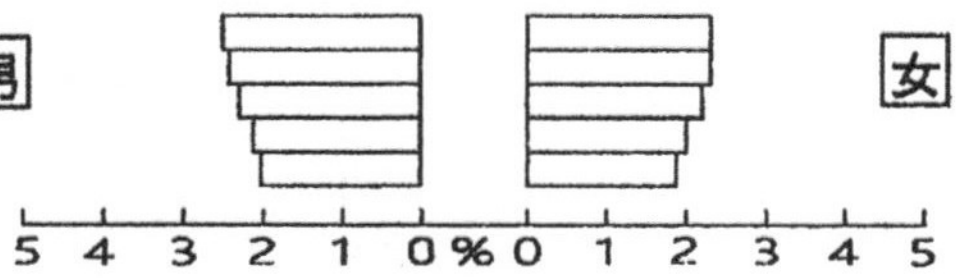

③

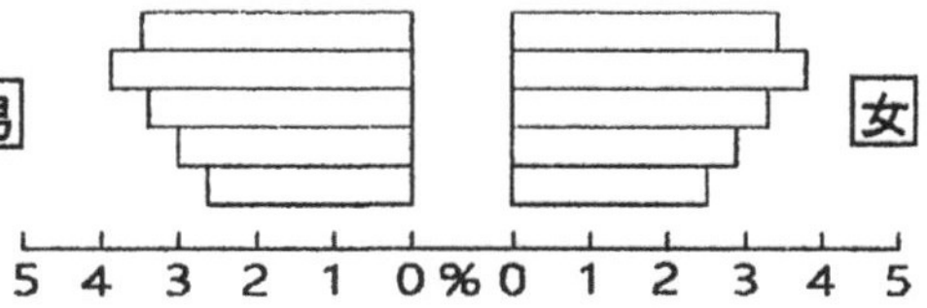

図１　年齢別人口の割合

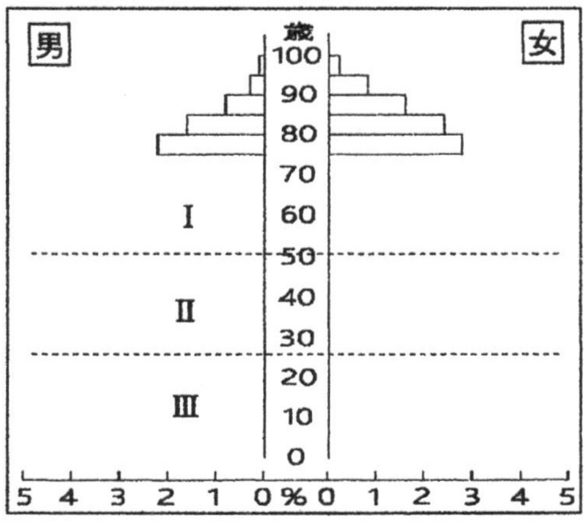

総務省ほか

（あ）Ⅰ　①　　Ⅱ　②　　Ⅲ　③　　（い）Ⅰ　①　　Ⅱ　③　　Ⅲ　②　　（う）Ⅰ　②　　Ⅱ　①　　Ⅲ　③
（え）Ⅰ　②　　Ⅱ　③　　Ⅲ　①　　（お）Ⅰ　③　　Ⅱ　①　　Ⅲ　②　　（か）Ⅰ　③　　Ⅱ　②　　Ⅲ　①

問２　下線部(イ)に関連して，次の文の空欄［　　］に当てはまる語を答えなさい。

> 人口を年齢別に区分した場合，一般に，14 歳以下を年少人口，65 歳以上を老年人口と呼ぶ。それに対して，15 歳以上 64 歳以下は［　　］人口と呼ばれている。

問３　下線部(ウ)に関連して，図２は日本，アメリカ，ドイツ，中国の人口に占める老年人口の割合である高齢化率の推移と将来推計を示したものである。図中の①～③はアメリカ，ドイツ，中国のいずれかである。①～③と国名の正しい組み合わせを，次の中から１つ選びなさい。

図２　主な国の高齢化率の推移

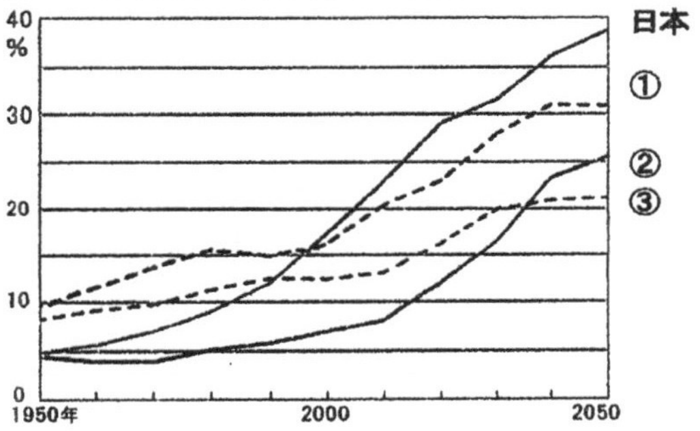

（2014 年刊　世界の統計）

（あ）①アメリカ　②ドイツ　　③中国　　　（い）①アメリカ　②中国　　③ドイツ
（う）①ドイツ　　②アメリカ　③中国　　　（え）①ドイツ　　②中国　　③アメリカ
（お）①中国　　　②アメリカ　③ドイツ　　（か）①中国　　　②ドイツ　③アメリカ

問４　下線部(エ)に関連して述べた次の文うち，誤っているものを１つ選びなさい。

（あ）日本では，選挙期間中に候補者がホームページやブログを利用した選挙運動を行うことは，現在も禁止されている。

（い）日本ではパソコンやインターネットの普及が進んでいるが，現在も情報の格差の問題がある。

（う）「アラブの春」では，ソーシャル・ネットワーキング・サービスを通じた情報が大きな影響を与えた。

問５　下線部(オ)に関連して述べた次の文のうち，誤っているものを１つ選びなさい。

（あ）生産拠点を海外に移す日本企業も増え，日本国内では産業の空洞化が問題となっている。

（い）各国間でＦＴＡが結ばれるようになり，ＷＴＯ(世界貿易機関)は廃止された。

（う）旅行などで日本を訪れる外国人が増えているが，日本に居住する外国人も 200 万人を超えている。

問６　下線部(カ)について述べた次の文Ｘ・Ｙの正誤の組み合わせとして正しいものを，下の中から１つ選びなさい。

Ｘ　価値判断には尺度が必要であり，自国の文化の価値観を絶対のものとみなした上で他の民族や文化について判断を下すことが必要である。

Ｙ　国家や社会の中で異なる文化が互いに共存できるよう，障害となる要素を政策によって除去する必要もある。

（あ）Ｘ：正　Ｙ：正　　（い）Ｘ：正　Ｙ：誤　　（う）Ｘ：誤　Ｙ：正　　（え）Ｘ：誤　Ｙ：誤

問７　本文中の空欄［Ｘ］には，次の文の空欄［　　］と同じ漢字４字の語が当てはまる。この語を答えなさい。

> ［　　］な社会の実現とは，環境の保全と経済や社会の発展のバランスをとりながら，私たちが現在の生活の質を落とさずに日常の生活を送りつつ，私たちの子孫を含む全ての人々が豊かで快適な生活を維持できる社会を実現することを意味している。

5　次の【A】～【D】は，それぞれの図や写真について述べたものである。これらを読み，文中の空欄［1］～［4］にあてはまる語句を書きなさい。また，後の問に答えなさい。

【A】右の写真の船は，かつて唐と日本を往復していた遣唐使の船を復元したものである。舳先《へさき》は2つにわかれ，船底も平らになっており，現在の船とは全くちがう構造をしていた。そのため強度も安定性も，ともに欠けており，途中で遭難することもまれではなかった。それでも，当時の政府は数十年に一度の割合で遣唐使の船を派遣し，(ア)唐のすすんだ政治制度の導入を図ったり，(イ)仏教やさまざまな文化を学んだりして国の発展に役立てようとした。しかし，この船も，唐が衰退していくなかで，894年に［1］の提案で派遣が中止され，それ以後は，長い間，中国との正式の外交関係はなくなってしまった。

問1　下線部(ア)について，次の文は中国の政治制度の導入にともない，日本の政治の制度が変化していったことについて述べたものである。各文を古いものから年代順に正しく並べ替えたものを1つ選びなさい。

（あ）①⇒②⇒③　（い）①⇒③⇒②　（う）②⇒①⇒③　（え）②⇒③⇒①　（お）③⇒①⇒②　（か）③⇒②⇒①

① 都を難波宮に移し，そこで，豪族が支配していた土地と人民を国家が直接支配する方針を示した。
② 唐の法律にならって，全国を支配するためのしくみや刑罰の決まりをまとめて，大宝律令を制定した。
③ 飛鳥の地に，中国の都にならい道路によって区画を定めた，日本で初めての本格的な都を造った。

問2　下線部(イ)に関連して，こうした唐の文化の影響を受けた日本の文化について述べた次の文のうち，正しいものが2つある。その組み合わせを1つ選びなさい。

（あ）①②　（い）①③　（う）①④　（え）②③　（お）②④　（か）③④

① 唐の鑑真は，何度も失敗を繰り返しながらも日本を訪れ，日本の都に東大寺を造る事業にとりかかった。
② 遣唐使とともに唐にわたった最澄と空海は，新しい仏教を学び，帰国後は山奥の寺で厳しい修行をした。
③ 中国の歴史書の影響を受けて「日本書紀」が作られ，天皇が日本を治めることの正統性を示そうとした。
④ 唐の絵画の技法を採用して，「伴大納言絵巻」のような，長い巻物に絵と文章を載せた絵巻物が作られた。

【B】右の絵は，2度にわたって戦われた元寇のうち，1281年に行われた［2］の役のようすを描いたものである。中央の大きな船は，博多湾の石塁によって上陸を阻止された元軍の船で，右から日本の武士が乗った小舟が迫り，戦っているようすを示している。(ウ)このころの鎌倉幕府は，関東だけでなく，九州を含め全国各地を支配しており，九州北部でおこったこの戦乱でも，幕府は御家人を動員して元軍と戦って勝利した。しかし，(エ)この戦いの後，幕府の政治はしだいに不安定になっていき，最後は新しい政府にとってかわられるなど，しばらくは混乱の時代が続いた。

問3　下線部(ウ)について，次の文は鎌倉幕府が支配力を広げていくなかでおこったできごとを述べたものである。各文を古いものから年代順に正しく並べ替えたものを1つ選びなさい。

（あ）①⇒②⇒③　（い）①⇒③⇒②　（う）②⇒①⇒③　（え）②⇒③⇒①　（お）③⇒①⇒②　（か）③⇒②⇒①

① 幕府は，武士の社会の慣習などに基づいて御成敗式目を制定し，裁判での判断の基準を定めた。
② 幕府は，後鳥羽上皇を隠岐に流すとともに，上皇側についた貴族や武士の領地を取り上げて，そこに新しく地頭を任命した。
③ 北条時政が2代将軍源頼家を倒して源実朝を3代将軍につけ，幕府の実権を握り執権となった。

問4　下線部(エ)に関連して，このころの政治や社会について述べた次の文のうち，正しいものが2つある。その組み合わせを1つ選びなさい。

（あ）①②　（い）①③　（う）①④　（え）②③　（お）②④　（か）③④

① 近畿地方を中心に，幕府の命令に従わず，荘園領主とも争って年貢を奪ったりする，悪党とよばれる勢力が活動した。
② 永仁の徳政令が出され，庶民や武士に対して，質入れしたり売ったりした土地を無償で取り戻させることになった。
③ 後醍醐天皇は幕府を倒そうとして失敗して隠岐に流されたが，楠木正成や足利尊氏を味方にして鎌倉幕府を滅ぼした。
④ 鎌倉幕府の滅亡後，足利尊氏は後醍醐天皇のもとで新しく幕府を開いたが，各地の武士の不満が高まり，2年で滅びた。

【C】右の絵は，豊臣秀吉が行った朝鮮出兵のときに，朝鮮水軍の司令官であった［3］が使用した亀甲船を描いたものである。敵が乗船してこないように，船の上部を鉄板でおおい，鋭利な刃を植え付けていたらしい。船体の横にあけられた穴からは大砲や銃で攻撃をしかけるようになっており，日本の水軍を苦しめたといわれる。(オ)1590年に日本の全国統一に成功した秀吉も，朝鮮との戦いには完全に失敗し，7年間にもおよぶ長い戦いで朝鮮の人々を苦しめたうえに，日本の大名や武士・農民に対しても重い負担をかけて苦しめることになった。そのため，秀吉の死で戦争が終わった後，(カ)豊臣政権の内部には動揺や対立が生まれ，やがて新しい政府が生まれることになった。

問5　下線部(オ)に関連して述べた次の文のうち，正しいものが2つある。その組み合わせを1つ選びなさい。

（あ）①②　（い）①③　（う）①④　（え）②③　（お）②④　（か）③④

① 秀吉は同盟していた徳川家康の軍とともに，鉄砲隊を有効に使うことで，長篠の戦いで武田勝頼を破ることができた。

② 秀吉は朝廷から関白に任命されると，全国に停戦を命令し，それに従わなかった島津氏を攻撃して降伏させた。

③ 秀吉は検地を行い，田畑の面積や予想される収穫量を調べることで大名の領地の石高を把握し，それに応じた軍役を義務づけた。

④ 秀吉は長崎がイエズス会に勝手に寄進されていることを知り，すべての人々のキリスト教信仰を禁止する禁教令をだした。

問6　下線部(カ)に関連して，次の文は朝鮮出兵の後のできごとについて述べたものである。各文を古いものから年代順に正しく並べ替えたものを1つ選びなさい。

（あ）①⇒②⇒③　（い）①⇒③⇒②　（う）②⇒①⇒③　（え）②⇒③⇒①　（お）③⇒①⇒②　（か）③⇒②⇒①

① 徳川家康は全国の大名を動員して，大阪城にたてこもる豊臣氏やそれに従う武将を包囲した。

② 全国の大名が，石田三成のもとに集まった西軍と徳川家康に従った東軍とに分かれて戦った。

③ 徳川家康が朝廷から征夷大将軍に任命され，江戸に幕府を開いた。

【D】右の絵は，1886年におこった［4］号事件を描いたものである。この船は和歌山県沖で沈没したのだが，そのとき，イギリス人の船長ら乗組員だけが脱出して助かり，25名の日本人の乗客は救助されず全員死亡してしまった。事件のあと，イギリスの領事による裁判が行われたが，船長に対して軽い罰を与える判決が出されたため，日本国民は反発し，条約改正を求める世論が高まった。(キ)欧米諸国との条約改正交渉は，この後も難航し，長引いていったが，(ク)国内で政治や社会のしくみが整備され近代国家として評価されるようになると，1894年に領事裁判権の廃止に成功することになった。

問7　下線部(キ)に関連して，条約改正交渉は1870年代から長期にわたって続けられたが，次の文はそれに関連して述べたものである。各文を古いものから年代順に正しく並べ替えたものを1つ選びなさい。

（あ）①⇒②⇒③　（い）①⇒③⇒②　（う）②⇒①⇒③　（え）②⇒③⇒①　（お）③⇒①⇒②　（か）③⇒②⇒①

① 井上馨外務大臣は鹿鳴館で舞踏会を開くなどの欧化政策をとりながら，改正交渉を行った。

② 岩倉具視を責任者とする大規模な使節団が欧米に派遣され，改正のための交渉を行った。

③ 大隈重信外務大臣はイギリスなどとの改正交渉を行ったが，その内容に反発した人物によって襲われて負傷した。

問8　下線部(ク)に関連して，このころの政治や社会のしくみの整備について述べた次の文のうち，正しいものが2つある。その組み合わせを1つ選びなさい。

（あ）①②　（い）①③　（う）①④　（え）②③　（お）②④　（か）③④

① 直接国税を15円以上納める男子に選挙権が与えられ，衆議院議員の総選挙が行われた。

② 帝国憲法が制定され，「臣民」とされた国民には法律の範囲内で言論・集会の自由が与えられた。

③ 教育勅語が出され，6歳以上のこどもに対して義務教育を行うために，小学校を全国に設置することが定められた。

④ 内閣制度がつくられ，帝国議会で選ばれた内閣総理大臣は，天皇に対して責任を負って仕事をすることとなった。

6　ある中学校の社会の授業で，「わたしの身の回りのモノからアフリカについて考える」という宿題が出された。次の文は，2人の生徒の発表のようすである。この文を読み，後の問に答えなさい。

【A】私は，(ア)スマートフォンについて調べました。(イ)スマートフォンの製造にはレアメタルなどの鉱物資源が欠かせません。なかでも，コンデンサを作るために必要なタンタルなどが採掘されるコンゴ民主共和国では，それらをめぐって，国や武装勢力などによる紛争が起きていると知りました。世界的にレアメタルの需要が高まれば高まるほど，より多くの資金がそれぞれの勢力に流れ込み，紛争による犠牲者が増え続けるという構造が出来てしまっていると言われています。私たちは便利で豊かな生活を求めがちですが，そのことが(ウ)アフリカでの紛争につながっていると知り，ショックを受けました。政府や企業だけでなく，私たち消費者もこういった問題の責任を意識しなければいけないと思いました。ただ，私にはスマートフォンのない生活は想像できないので，毎年のように発売される最新モデルに買い替えたいという気持ちを少し抑えて，今手元にあるものを使い続けてみるとか，(エ)使い終わった電子機器はリサイクルに出してみるとか，そうした小さな取り組みから始めていけたらと思います。

【B】僕は，チョコレートについて調べました。チョコレートの原料であるカカオ豆は，(オ)植民地の時代にヨーロッパ人によって南アメリカからアフリカに持ち込まれ，(カ)プランテーションで栽培されるようになりました。現在では，西アフリカのギニア湾岸諸国が世界の生産のおよそ6割を占めていて，なかでも，コートジボワールは生産額，輸出額ともに世界の3割に達します。(キ)カカオ豆のような商品作物の生産者は，不利な価格を押し付けられたり，急激な価格変動によって生活をおびやかされたりすることもめずらしくありません。このような問題を解決するために，生産者の労働に見合った価格で農産物などを買い入れる，フェアトレードという新しい形の貿易が世界で広がりをみせていると知りました。この認証を受けた商品を購入することで，より良い未来をつくることに貢献できるような消費を心がけてみるのも良いのかもしれません。

問１　下線部(ア)に関連して，次の表は，インド，中国，日本のインターネット利用者率，携帯電話契約率，固定電話契約率を示したものである。国名とX～Zとの正しい組み合わせを，下の（あ）～（か）の中から１つ選びなさい。

（単位：%）

	インターネット利用者率	携帯電話契約率	固定電話契約率
X	29.5	87.0	1.9
Y	53.2	96.9	14.7
Z	92.0	129.8	50.6

統計年次は，2016年。　（『データブック　オブ・ザ・ワールド2018』より作成）

	（あ）	（い）	（う）	（え）	（お）	（か）
インド	X	X	Y	Y	Z	Z
中国	Y	Z	X	Z	X	Y
日本	Z	Y	Z	X	Y	X

問２　下線部(イ)に関連して，次の図は，すず鉱，銅鉱，ボーキサイトのいずれかの主な産地を示したものである。鉱物資源名とX～Zとの正しい組み合わせを，下の（あ）～（か）の中から１つ選びなさい。

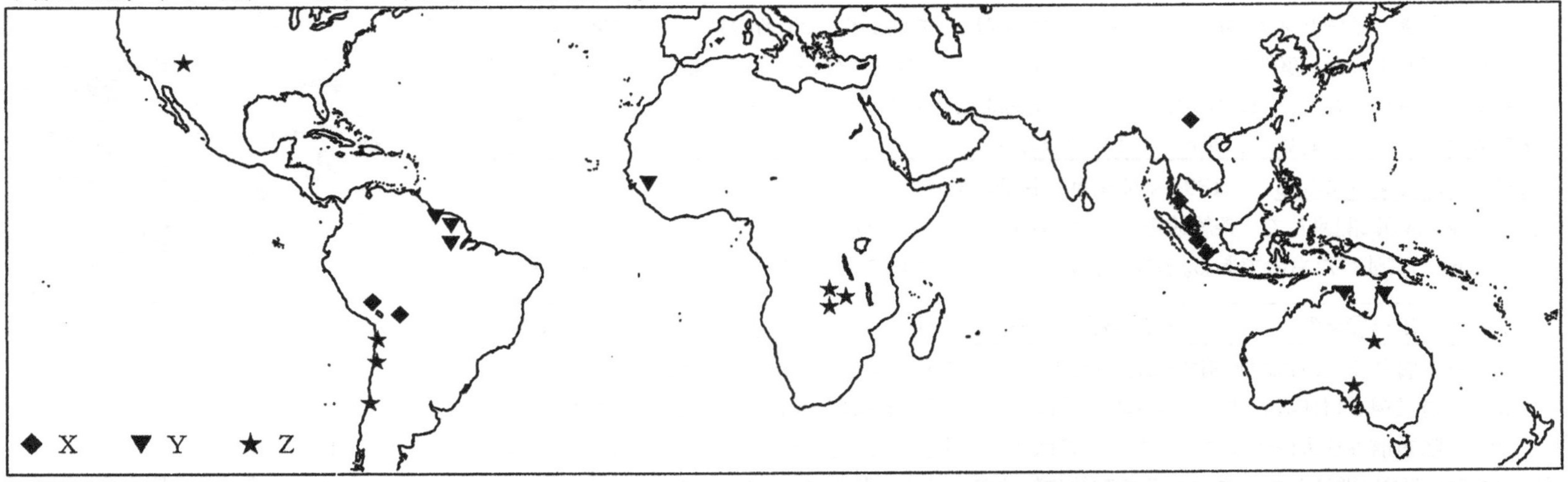

統計年次は，2014年。　（Direcke Weltatlas，UN Comtrade ほかより作成）

	（あ）	（い）	（う）	（え）	（お）	（か）
すず鉱	X	X	Y	Y	Z	Z
銅鉱	Y	Z	X	Z	X	Y
ボーキサイト	Z	Y	Z	X	Y	X

問３　下線部(ウ)に関連して，次の文は，アフリカのある国で起きた紛争とその後の復興について述べたものである。この国として適当なものを，下の中から１つ選びなさい。

この国では，多数を占めるフツ人と少数派のツチ人が長い間共存してきた。しかし，植民地時代に両者の対立が起こり，独立後もそれは続いた。さらに1990年に始まった紛争では，国民の10人に１人が殺害されるような大量虐殺が起きた。その後成立した少数派の政権は，ソフトウェア開発などのＩＣＴ産業に力を入れるなど，経済の立て直しを進め，「アフリカの奇跡」と呼ばれる復興をとげた。

（あ）ソマリア　　（い）南アフリカ共和国　　（う）南スーダン　　（え）ルワンダ

問４　下線部(エ)に関連して述べた次の文を読み，空欄［　　］に当てはまる語句を漢字４字で答えなさい。

都市などで，ごみとして大量に廃棄される電子機器には，回収・解体すれば，再利用が可能なレアメタルなどの貴重な資源が多く潜在している。こうした廃棄された電子機器類やそこに含まれる資源を［　　］と呼んでいる。

問５　下線部(オ)に関連して，アフリカでは現在でも旧宗主国の言語を公用語にしている国が多くある。次の図中の濃く示された国々の公用語として適当なものを，次の中から１つ選びなさい。

（あ）英語
（い）スペイン語
（う）フランス語
（え）ポルトガル語

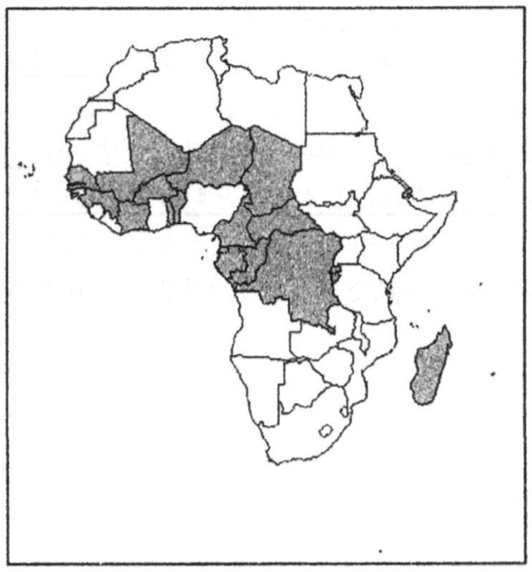

（『データブック　オブ・ザ・ワールド2018』より作成）

問６　下線部(カ)に関連して，次の図は，コーヒー豆の生産量，茶の生産量，綿花の生産量のいずれかについて，アフリカ全体の生産量に対する国ごとの割合を示したものである。農産物名とＸ～Ｚとの正しい組み合わせを，下の（あ）～（か）の中から１つ選びなさい。

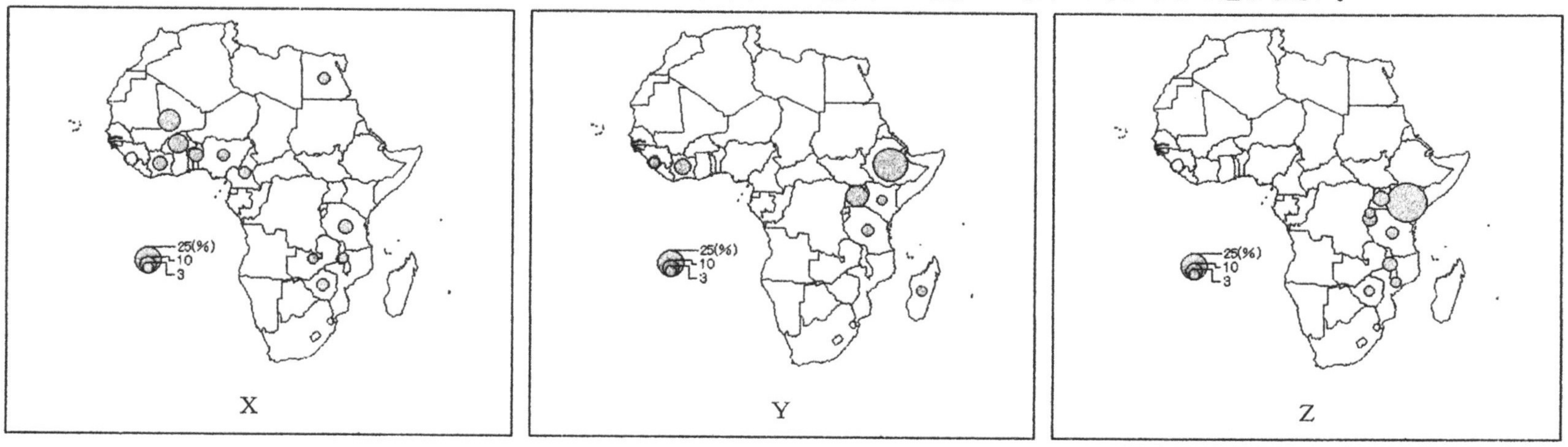

３％未満の国々は省略した。統計年次は，コーヒー豆・茶が 2017 年，綿花が 2013 年。　　(FAOSTAT より作成)

	(あ)	(い)	(う)	(え)	(お)	(か)
コーヒー豆	X	X	Y	Y	Z	Z
茶	Y	Z	X	Z	X	Y
綿花	Z	Y	Z	X	Y	X

問７　下線部(キ)に関連して，植民地時代の経済構造に由来し，特定の商品作物や鉱物資源などの輸出にたよる経済を何と呼ぶか，答えなさい。

令和二年度　愛光高等学校　入学試験問題　国語　解答用紙

【採点欄】には何も記入しないこと

受験番号

氏名

合計

※100点満点
(配点非公表)

一

問一　a　b　c　d　e

問二

問三

問四

問五

問六

問七

二

問一　1　a　b　c　2

問二

問三

問四

問五

問六

問七

三

問一　a　b

問二

問三

問四

問五

問六

問七

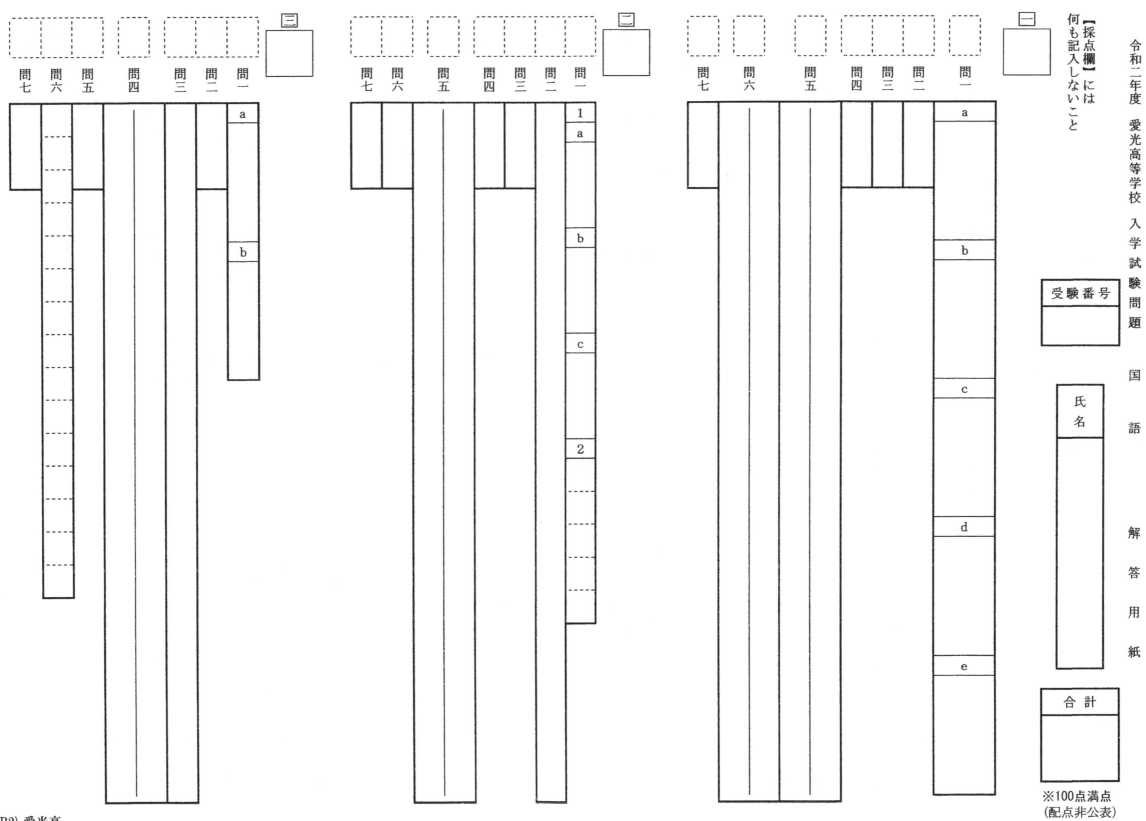

令和２年度　愛光高等学校入学試験　英語　（解答用紙）

Ⅰ	1	
	2	
	3	
	4	
	5	
	6	
	7	
	8	
	9	
	10	
Ⅱ	1	
	2	
	3	
	4	
	5	
	6	
	7	
	8	there is [ ] than the computer.
	9	
	10	
Ⅲ	1	
	2	[1] [2]
	3	(B) ... their [ ] for the benefit of society.
		(C) Our teacher [ ] as part of the exam.
	4	(a) (b)
Ⅳ	1	
	2	
	3	
	4	
	5	
Ⅴ	1	
	2	
	3	
	4	
	5	
Ⅵ	1	
	2	
	3	
	4	
	5	
Ⅶ	①	scientists around the world [that / connected / on Earth / they / an image of / facilities / eight radio telescope / to produce / announced] a black hole.
	②	
	③	
	④	Having the first image of a black hole will [mysterious / more / this / to / researchers / about / object / learn / allow].

(得点)

受験番号　　番　氏名

※100点満点
（配点非公表）

令和２年度　愛光高等学校入学試験問題　理科（解答用紙）

※100点満点
（配点非公表）

【１】

(1)	①	,	②	,	(2)	→ → →	
(3)		(4)		(5)		(6)	

【２】

(1)		(2)			
(3)		(4)		(5)	

【３】

(1)		(2)		(3)			
(4)	X		Y		(5)		(6)	
(7)		(8)	L				

【４】

(1)		(2)		(3)				
(4)		(5)	A，B		C，D，E		(6)	

【５】

(1)		(2)				
(3)		(4)	L			
(5)	水の量	毎秒	cm³	プロパンガス	毎分	L

【６】

(1)	R_1	A	R_2	A	(2)	抵抗	Ω	電力	W
(3)		(4)	端子		電力	W			

【７】

I	(1)	g/cm³	(2)	N	(3)	Pa
	(4)	cm	(5)	%	(6)	
II	①		②		③	

受験番号（　　　　　　）　名前（　　　　　　　　　　　　　　）

2020年度 愛光高等学校入学試験 解答用紙（社会）

※小計・合計欄には記入しないこと

1

問1 1 2 3

問2 県

問3

問4 問5 問6 問7 問8

小計

2

問1 問2 問3 問4 問5

問6 問7 問8 問9 問10

小計

3

問1 問2 (1) (2) 問3

問4 問5 (1) (2)

小計

4

問1 (1) (2) 問2 問3

問4 問5 問6 問7

小計

5

1 2 3

4

問1 問2 問3 問4

問5 問6 問7 問8

小計

6

問1 問2 問3 問4

問5 問6 問7 経済

小計

受験番号		氏名	

合計

※100点満点
(配点非公表)